清宫档案话玉器

李宏为 著

华中科技大学出版社
http://www.hustp.com
中国·武汉

图书在版编目(CIP)数据

清宫档案话玉器/李宏为著.—武汉. 华中科技大学出版社,
2019.10
ISBN 978-7-5680-5615-1

Ⅰ.①清… Ⅱ.①李… Ⅲ.①宫廷—古玉器—研究—中国—清代
Ⅳ.①K876.84

中国版本图书馆 CIP 数据核字(2019)第 181272 号

清宫档案话玉器
Qinggong Dang'an Huayuqi

李宏为 著

策划编辑:吴素莲
责任编辑:吴素莲
封面设计:北京时间玫瑰文化传播有限公司
责任校对:曾 婷
责任监印:朱 玢
出版发行:华中科技大学出版社(中国·武汉) 电话:(027)81321913
武汉市东湖新技术开发区华工科技园 邮编:430223
印 刷:湖北新华印务有限公司
开 本:710mm×1000mm 1/16
印 张:25.25 插页:16
字 数:417 千字
版 次:2019 年 10 月第 1 版第 1 次印刷
定 价:65.00 元

元

青玉松石仙人纹砚台

『大明殿宝』款

尺寸：14.2 厘米 ×19.2 厘米

元

青白玉亭阁松鹤灵芝纹臂搁

『天历之宝』『文玩』款

尺寸：17.5 厘米 ×6 厘米

明　青白玉双童子洗

尺寸：16 厘米 ×6.5 厘米

明　青白玉四凤纹洗　“天”款

尺寸：11 厘米 ×3.5 厘米

明末清初

白玉镂雕八仙过海摆件

尺寸：47 厘米 ×32 厘米

清雍正　青白玉龙纹瓣口盘　“雍正年制”款

尺寸：19 厘米 ×11 厘米

清乾隆　黄白玉廷臣巡察船　“乾隆年制”“古稀天子”“赏”款

尺寸：16.5 厘米 ×6 厘米

清乾隆

黄白玉廷臣巡游船　『乾隆』款

尺寸：32厘米×11厘米

清乾隆　青白玉盖碗 1 对　“三希堂”“文玩”款
尺寸：7.5 厘米 ×5 厘米

清乾隆　青玉菊瓣纹盖碗 1 对　“乾隆年制”款
尺寸：8 厘米 ×6 厘米

清乾隆

痕都斯坦玉兰菊纹刻诗碗 『文玩』款

尺寸：12.5厘米 ×4厘米

清乾隆　青玉二龙戏珠葵口盘 1 对　“乾隆年制”款

尺寸：直径 20.5 厘米、19.5 厘米

清乾隆　青玉花卉纹盘　“乾隆年制”款

尺寸：直径 16.3 厘米

清乾隆

碧玉龙纹凤首嘴凤鸟盖壶 “乾隆年制”款

尺寸：19厘米×15.5厘米

清乾隆　青白玉凤首嘴荷花莲子纹壶　“乾隆”款

尺寸：13.5 厘米 ×6.5 厘米

清乾隆　青玉亭阁松鹤仙人纹瓶　“乾隆年制”“文玩”款

尺寸：14 厘米 ×16.5 厘米

清乾隆　白玉文房 6 件套　“乾隆年制”“文玩”款

尺寸：笔管 23 厘米

清乾隆　白玉五龙云纹洗　“乾隆年制”款

尺寸：15 厘米 ×8 厘米

清乾隆　白玉九桃双盂洗　“乾隆年制”款

尺寸：17 厘米 ×13 厘米

清乾隆　青玉二龙戏珠纹洗　“乾隆年制”款

尺寸：11.5 厘米 ×3.5 厘米

清

青玉饕餮纹双环耳提梁卣

尺寸：14.5 厘米 ×27 厘米

清

黄玉镂空雕蝙蝠灵芝如意

尺寸：26厘米

清乾隆　青玉松树亭阁仙人纹三镶如意　“乾隆年制”款

尺寸：36.5 厘米

清　黄玉“马上封侯”摆件

尺寸：9 厘米 ×14.5 厘米

清

白玉唐王维《竹里馆》刻诗扇

落『文正』谥号

尺寸：24.5厘米×13.7厘米

注：北宋以后，“文正”被认为是人臣无以复加的极美谥号，皇帝不轻易赐予。历史上得此殊荣者，北宋9人、元5人、明4人。清代共有8个大臣享有“文正”谥号，他们是唐斌、刘统勋、朱珪、曹振镛、杜受田、曾国藩、李鸿藻、孙家鼐

清
白玉镂空雕牛郎织女故事图摆件
尺寸：16 厘米 ×27.5 厘米

清　黄玉鲤鱼荷花莲藕洗

尺寸：13 厘米 ×9 厘米

清　白玉松山亭阁仙人弈棋摆件

尺寸：15 厘米 ×17.5 厘米

清
白玉观音童子摆件
尺寸：15厘米 ×13厘米

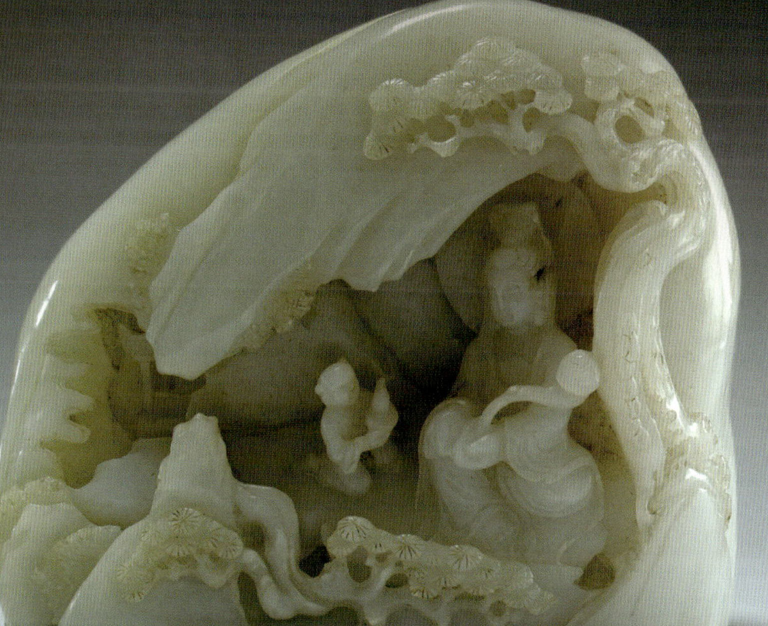

清　青白玉松山亭阁仙人摆件

尺寸：11 厘米 ×17.5 厘米

清　青白玉渔翁捕鱼瓶摆件

尺寸：22 厘米 ×17 厘米

清　青白玉鱼鹰捕鱼莲藕摆件

尺寸：27 厘米 ×11 厘米

清　青玉镂雕葡萄瓶

尺寸：12 厘米 ×21.5 厘米

清　白玉瑞兽暖手

尺寸：8 厘米 ×3.5 厘米

清　白玉、青玉瑞鸟盒 1 对

尺寸：9.5 厘米 ×7.5 厘米

清

白玉饕餮纹双环耳瓶

尺寸：9厘米×2厘米

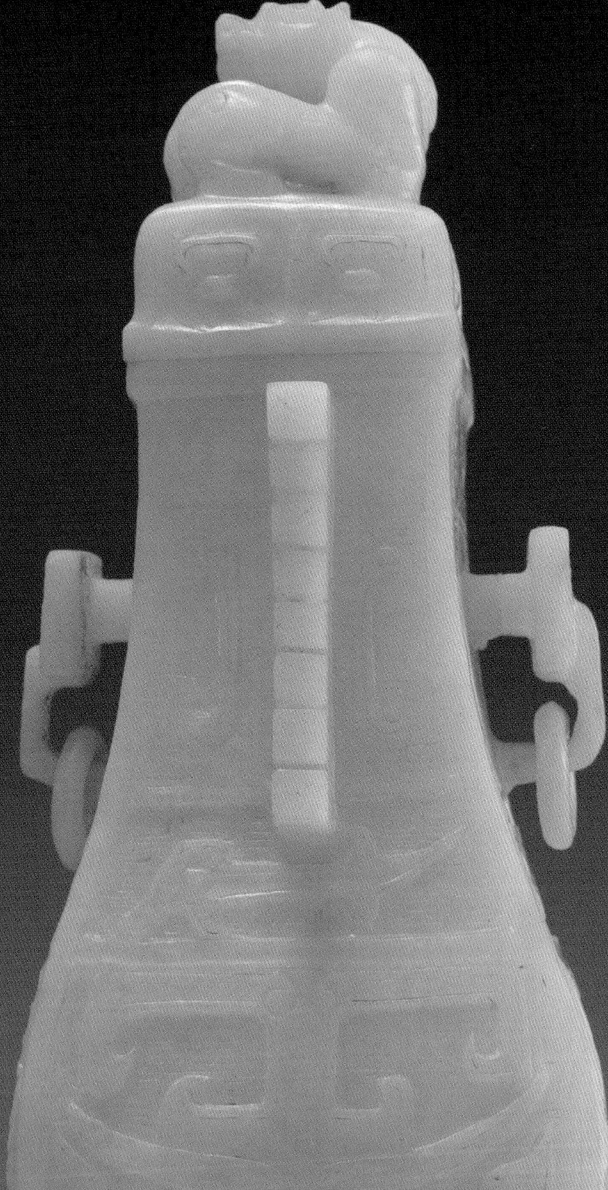

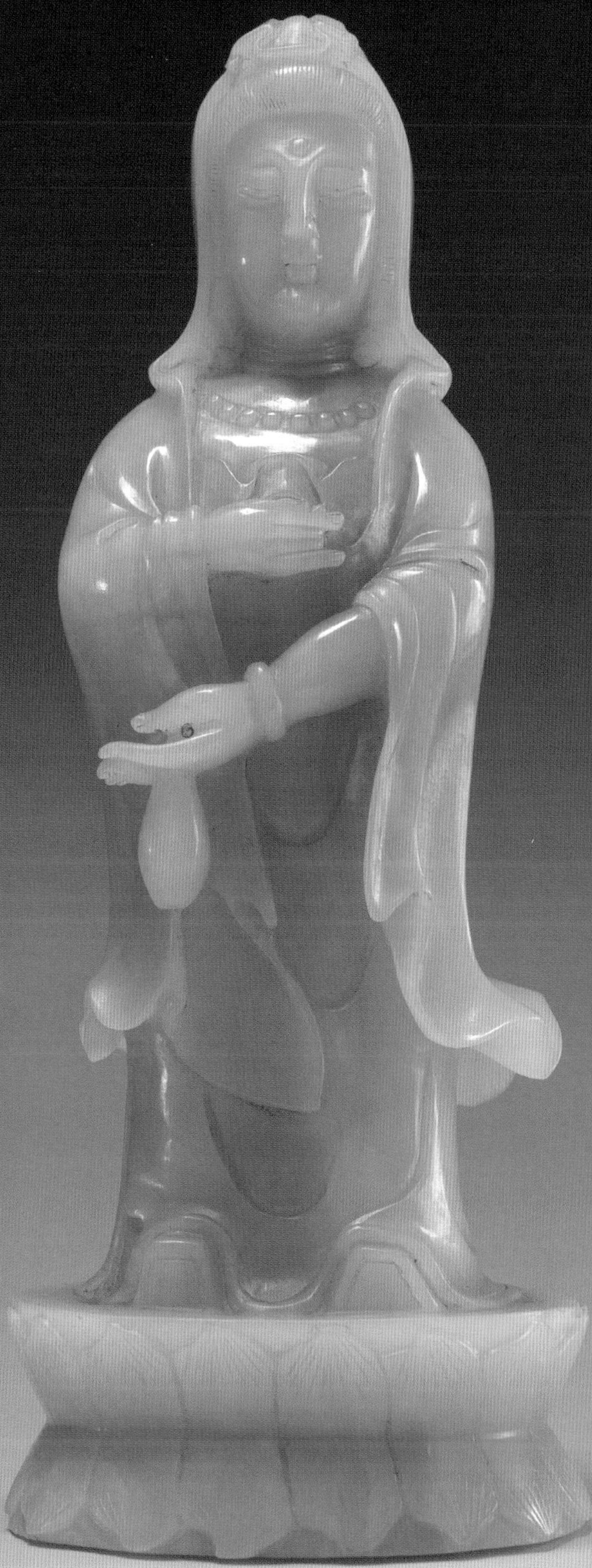

清

青白玉莲花观音菩萨

尺寸：10厘米×25.5厘

清　碧玉莲花观音菩萨

尺寸：8 厘米 ×17.5 厘米

清
白玉弥勒佛
尺寸：15厘米×10厘米

清　白玉圆棍手镯 1 对

尺寸：外径 8 厘米、内径 6 厘米

清　黄玉松树人物纹扳指

尺寸：外径 3.6 厘米、内径 2.6 厘米

注：本书玉器图片精选自民间收藏。

前言 FOREWORD

李宏为

中国第一历史档案馆是专门保存清代中央国家机关及皇室档案的中央级国家档案馆，其前身是1925年成立的北平故宫博物院文献馆，现存清代档案一千万件（册）。《清宫档案话玉器》一书，以该馆保存的清代乾隆朝造办处档案为主要文献资料，对乾隆朝宫廷玉器制作进行了较为详实地描述和记录，是研究、考证、鉴定清代乾隆朝玉器，了解乾隆皇帝玩玉、赏玉、藏玉的专业性通俗读物。

清代乾隆朝，是继战国、汉代以后中国玉器发展史上的又一高峰，是中国历史上唯一留存下来大量珍贵玉石、玉器档案史料的封建朝代，也是迄今为止，我们能够以原始文献为依据，较为详实地见证中国古代帝王与玉如何结缘的封建王朝。

自古君王爱玉，佩玉之风长盛不衰、蔚成风尚，但像乾隆皇帝那样痴迷于玉，并把宫廷玉作为一种文化推向极致的，可谓是“千古一帝”。他用“玉德”治国理政、体恤民情、和谐边疆，是一位令人称颂的封建皇帝。他所缔造的古代玉器王国，在中国玉器发展史上更是“千古绝唱”。

今天，人们将乾隆皇帝称为“玉痴”，视乾隆朝玉器为玉器收藏领域里的明珠和瑰宝，但能够较为准确地了解和把握乾隆朝宫廷玉器历史和鉴赏知识的人，为数并不多。然而坊间的各种传说却不少，有的未经考证可靠史料依据，以致以讹传讹；有的对封建帝王缺乏全面了解，存在认识上的迷失；有的一味追求商业利益，罔顾社会影响和现实的存在。

《清宫档案话玉器》是本人另一部玉器专著《乾隆与玉》的缩印本，值此出版之际，本人想借此机会与广大玉器收藏者、鉴赏者，以及文玩古董爱好者，谈一谈我对乾隆朝宫廷玉文化的一点认识，说一说在乾隆朝玉器鉴赏上可能存在的一些误区，以与广大读者商榷。

一、“和田玉”应该称作“新疆玉”

今天人们所说的和田玉，古时称“昆山玉”或“钟山玉”，即指昆仑山一带的玉石。传统狭义上的和田玉，应该是因和田地区玉龙喀什河和哈拉哈什河盛产上品玉石子料而得名。国家标准化机构将新疆，乃至新疆周边省份和国家所产玉石，不按地域划分，而一律按矿物（透闪石）成分命名为和田玉，值得商榷。

乾隆朝，新疆玉石产地很多，主要有北疆的和阗（今新疆维吾尔自治区和田地区和田市）、叶尔羌（今新疆维吾尔自治区叶尔羌市），南疆的玛纳斯（今新疆维吾尔自治区昌吉回族自治州玛纳斯县）等地区。乾隆朝，和阗地区归叶尔羌管辖，和阗设总兵官一人，后增设办事总兵官一人，而叶尔羌设办事大臣一人、领队大臣一人。

乾隆朝，和阗地区的玉龙喀什河和哈拉哈什河，因生产品质优良的玉石子料，自然成为朝廷玉石子料的主要来源。其优质的玉石子料，成为人们趋之若鹜的猎取对象，名声也广为传颂，其闻名遐迩也是自然的事情。

叶尔羌也是朝廷的重要产玉地区，其重要性和受朝廷的重视程度，一度排在和阗之前。叶尔羌管辖的密尔岱山，史称“玉山”，产玉历史可追溯到汉代，甚至更早。它以盛产优质山料玉而闻名，是历朝历代皇室贵族玉器石材的主要来源。今天北京故宫博物院所藏乾隆朝“大禹治水”（乾隆称之为“大禹开山”），其数千斤重的石材就取自密尔岱山。因密尔岱山是朝廷供应山料玉石的基地，为防止私人开采曾一度封禁。

乾隆朝，新疆天山北麓的玛纳斯，也是朝廷重要的玉石产区。它以盛产质地优良的碧玉而享誉全国，是朝廷新疆碧玉的主要玉石来源。由于该地区所产碧玉质地温润、纯净，为防止当地私自开采，朝廷曾一度封山，禁止开采，并在周边设卡稽查。朝廷下令玛纳斯封山并禁止开采碧玉，说明它在乾隆皇帝的心目中，地位堪与密尔岱山相比，是朝廷御用玉石的重要基地。

一般来说，玉石产地即是玉石交易之地。但清代新疆的玉石交易中心既不在和阗，也不在叶尔羌，而是在今天新疆维吾尔自治区中部、天山山脉中段南麓的阿克苏地区。阿克苏是乾隆朝著名的玉石交易中心，原由乌什大臣派游击一员在此办事，但乾隆皇帝以为不妥，特谕“派内地大臣一员驻扎稽查”。这也说明，在清代乾隆朝，新疆玉石已经成为一种产业，并不局限在一地一区，而是遍布新疆的天山南北。

中国“四大名玉”中，产自河南省南阳市的独山玉（也称“南阳玉”）、陕西省西安市蓝田山的蓝田玉、辽宁省鞍山市岫岩满族自治县的岫岩玉，包括近三十年来新开发的青海玉，均以产地命名，而唯独新疆“和田玉”未按产地区域命名，而是按透闪石成分命名，并将产自不同区域甚至国家的玉石，皆归于一个行政区命名。如此，“和田玉”就不单是指产自新疆各地的玉石，还涵盖了青海玉、俄罗斯玉、韩国玉等，不免造成人们认识上的困惑和玉石市场的混乱。

“和田玉”称作“新疆玉”，有利于人们对新疆玉石的全面了解和认识，有利于新疆玉石产业的协调与发展，更有利于中国真正的玉石珠宝被世人所接受并走向世界。

二、“羊脂玉”称谓的由来和科学性

今天，人们将质地细腻滋润、油性好、色呈脂白，犹如羊油的玉石称之为“羊脂玉”，并将其归为新疆优质白玉子玉中的极品。这种称谓听起来名副其实，但让人感觉带有浓郁的人为因素和商业色彩，且有许多值得商榷的地方。

中国历史上从什么时候开始出现“羊脂玉”的称谓呢？远的不说，因为没有文字可考。有档案文字可查的，应该是乾隆十六年（1751），湖广总督阿里衮呈献给乾隆皇帝的脂玉吉庆和脂玉松寿花插，这是“羊脂玉”第一次出现在历史文献记载中。但这两件“脂玉”玉器，都被乾隆“驳回”了。

据中国第一历史档案馆乾隆朝《造办处各作成做活计清档》不完全统计，乾隆皇帝在位六十年，在朝廷内外有资格进献贡物的皇亲国戚、部院大臣、总督巡抚等官员呈进的一万五千零七十三件（盒、匣、份）玉器中，他只象征性接受了一千七百六十一件（盒、匣、份），其中并非刻意接受，而只是捎带顺便收了两件“脂玉”玉器。这些接受的玉器，作为乾隆联系属下感情、馈赠有功臣僚之用。其余一万三千三百一十二件（盒、匣、份）都退还给了进献官员，其中包括“脂玉”三百三十五件。

分析这些进献“脂玉”的官员，以北方官员居多，特别是身居京城的亲王、郡王、贝勒、大学士、尚书、都御史、内务府大臣，以及盐政和山东、甘肃、河南等地官员。这些王爷大臣，为亲近皇上，将白玉细分出“脂玉”，以讨皇上的欢心。但乾隆似乎并不领这份情，因为在乾隆的心目中，从一开始就没有认可“脂玉”的存在。乾隆五十六年（1791）以后，“脂玉”从大臣们进献的玉器清单中消失。

“羊脂玉”的出现，从一开始就有个人喜好、商业炒作、利益驱动的嫌疑，它不是一个严谨和科学的称谓。因为白色本身就是一个广义的概念，它可细分为乳白、象牙白、珍珠白、牛油白、羊脂白、葱白、鱼肚白、雪白、纯白、灰白等十余种白色。这些白色界定起来，本身就有许多模糊、边缘化之处，是“你中有我、我中有你”。单独分出“羊脂玉”，无疑给玉石颜色的科学分类带来了困难和混乱，也给人们对白玉颜色的辨识和认知带来了迷茫和困惑。

乾隆朝，乾隆皇上将玉石分为白玉、青白玉、青玉、黄玉、碧玉五色（墨玉在清宫档案中没有出现过）。九五至尊，象征帝王的权威，也符合物质世界里的金、木、水、火、土五行之说。五色玉石中的青白玉，是白玉和青玉的过渡色，也存在不易确定标准的问题。但乾隆为什么要将青白玉单独划分出来呢？这里有乾隆的特殊用意。乾隆以玉治国，以玉治吏，用青白玉比喻“清白”，告诫官员要“清清白白”做人。所以，在乾隆朝，宫廷玉器中大量使用青白玉，特别是制作玉册，除了有佛教内容的玉册一般用白玉表示敬重外，其他有关政教民依内容的玉册，基本使用青白玉或青玉。如著名的乾隆御制玉册《开惑论》《南巡记》《为君难》《十全记》《自强不息》等，用的就是青白玉或青玉。

乾隆朝，清宫档案记载的新疆玉石种类，只有子玉和山料玉。子玉主要产自和阗的玉龙喀什河和哈拉哈什河。和阗管辖的哈浪圭塔克和叶尔羌所属的叶尔羌河，也出产少量质地优良的子玉。山料玉主要产自叶尔羌所属的密尔岱山。不知从何时起，有人在子玉与山料玉之间又细分出“山流水”，意喻山料玉被雨水、泥石流或冰川冲刷，搬运至河道里而形成的玉石种类。挖掘历史资料，找不到“山流水”称谓的由来，更不知古人制作的玉器，哪个是属于“山流水”料。

“山流水”这种称谓，应该是今天采玉人或玉商的“发明创造”，它鉴别起来则似是而非，形容起来也模糊不清。如果冲刷入河年代久远，表面已经风化剥解，且有的已形成皮色，应称之为子玉，反之就是山料玉。山料玉是没有被风化表皮的原生矿石，除此之外，都应归入子玉。至于“戈壁玉”，因表皮已经风化剥解，并已形成鹅卵石状，也应归入子玉。

乾隆皇帝喜欢带皮色的子玉，有时也称其为“皮糙玉”，而且在制作玉器时，往往要嘱咐一句“仅颜色处做”，或“留皮色”。有的皮糙玉有石性和绺裂，不能承做器物，乾隆也舍不得丢弃，令“着收贮”，留着以后找机会用。这种带皮色的子玉，乾隆一般将其定为一等（头等）玉石，所承做出来的玉器，往往在乾清宫等重要场所摆放。为此，将子玉原石中带皮色且油性好的白玉、黄玉定为上品，其他定为中品或一般，就足以区分和鉴别子玉的等级了。

现代医学已经进入到了分子学研究阶段，但玉对临床医学来说，并没有什么实际意义。今天的玉石和玉器是大众文玩，主要用于广大收藏爱好者赏玩、观赏和娱乐，而不是深入细致的理论研究和学术探索，更不应刻意卷入太多的商业利益和人为炒作。如果刻意强调和追求后者，就与今天人们玩玉、鉴玉、赏玉和藏玉的本质属性背道而驰了。

三、乾隆朝玉器制作成本与今天玉器价格比较

今天，国家发展、经济腾飞，商品的价值属性在不断完善和体现。玉器作为可交换的商品，其制作成本、历史文化、艺术工艺、技术水平就是它的艺术价值，观赏性就是它的使用价值。其价值属性也应该是艺术价值和使用价值的统一。

但是，今天的玉器市场，大多背离了玉器的价值属性。玉石比玉器贵，新玉比古玉价格高。玉器特别是古玉器的价值，被大大地低估，这既不利于玉器作为商品的正常交流和交易，也不利于祖国优秀传统文化的保护和传承。原因是多方面的，这里仅就乾隆朝玉器制作成本和今天玉器价值，做一简单对比，抑或对今天玉器价值的评估和认定有一定的帮助。

现在国际上金银价对比，与清代有很大差别，如按此方法换算，无法较准确地反映清代白银与今天人民币的比值。而且，清代白银采用十六两制，

今天是十两制，换算起来也有难度。如果按两个时代人们薪酬水平来计算，可能还有比较性。

乾隆朝，宫廷造办处工匠按照手艺高低分等次，每月钱粮银二两至十二两不等。其中，普通工匠二两，一等工匠八两，特等工匠十二两。另外，每个季度再赏给衣服银十两至十八两不等。按今天普通工人每月三千元至四千元、熟练技工七千元至八千元、高级技工一万元计算，乾隆朝和今天比较，白银与人民币的比值，大约是一比八百。

乾隆朝官员的每年俸禄，七品正副县令，四十至六十两；五品同知知州，八十至一百两，二者外加二十至五十石不等的俸米，与今天公职人员的薪酬比较，白银和人民币的比值，大约也是这个数。

清代工资待遇最高的亲王，每年俸银一万两，如按一比八百比例，折合今天人民币是八百万元。清代宗室的一个三等奉国将军，一年薪水只有区区一百六十两白银，折合人民币十二点八万元，不及今天一个银行中等职员年薪的三分之一。

以上综合计算，清代白银和今天人民币的比值定为一比八百，应该是可以接受的。

乾隆朝，密尔岱山山料玉，官方开采价是每斤一钱。而民间走私的密尔岱山山料玉，根据玉石的品质，每斤四两至四十两不等。

乾隆四十四年（1779）十一月初一日至乾隆四十五年（1780）七月三十日，造办处承做了一件青白玉人物山石树木陈设，用密尔岱山青白玉一百五十八斤，历时九个月，共二百五十六个工作日。用外雇匠一千二百六十八个工，每工银一钱五分四厘，计银一百九十五两二钱七分二厘；玉匠四百六十四工，每工银一钱五分四厘，计银七十一两四钱五分六厘；食钱粮家匠二百工，每工饭银三分六厘，计银七两二钱；买办羊油蜡、马尾、紫胶等项，用银三两三分三厘。以上共计工饭买办银二百七十七两五钱八分八厘。再加上玉石原料每斤一钱，一百五十八斤玉石原料银共计十五两八钱。最终，这件青白玉人物山石树木陈设，不含利润的成本价，总计二百八十八两三钱八分八厘，折合今天人民币二十三万零七百一十点四元。当时这个价格，非达官显贵、富商巨贾不能及。

对比今日，如果制作一件百十斤重的新疆青白玉人物山石树木陈设，并按照乾隆朝当年的制作成本翻番定价，五十万元人民币也不算多。如果它是一件清代乾隆朝的青白玉人物山石树木陈设，再加上它的历史价值、文物价值、收藏价值，其售价再翻两番，即人民币二百万元，也应不足为奇。今天这个价格，对一般玉器收藏爱好者来说，也是望尘莫及。

今天新玉器的制作成本，与乾隆朝时相比，应该相差不多。二者之间的售卖价格，也应该差距不大。但今天新玉器的价格，有的比古旧玉器价格还高，这的确是一个怪现象，令人费解。

中国文化市场，既是中华传统文化繁荣发展的重要组成部分，也是大众文化产品和艺术品交流交换的重要场所。这种国家办文化、政府导向型的文化市场，既需要法律规范，也需要政策扶持和积极引导，否则难以健康有序，更谈不上繁荣发展。

四、“玉不琢，不成器”

今天的玉器收藏中，不少人喜欢收藏玉石原石，并以玉石原石为美，作为个人喜好，本无可厚非，特别是带皮色的原石子料，摆放在那里，确实有一种天然的美、原始的美，大自然的美。事物往往不以人的意志为转移，有时过分渲染或强调某一点，其事物本质的东西容易被忽略，甚至弱化。如果其中还夹杂着商业目的，就令人难以理解了。现在一块上品玉石子料原石，价格往往比用其雕琢出来的一件玉器还要高。导致玉石不是用来雕琢器物，而是作为价格炒作的工具，就不得不说是一种物极必反的文化倒退现象了。

“玉不琢，不成器”。自从古代先人对玉石有了认识之后，玉石都在不断的改变和创新雕琢工艺技术中一路走来，使之由最初的石头，到简单的石质工具，再发展成为王公贵族和今人追捧赏玩的玉器。

荀子《天论》曰：“在天者，莫明于日月；在物者，莫明于珠玉。故日月不高，则光辉不赫；珠玉不睹乎外，则王公不以为宝。”这说的是，玉石虽然与其他石头有所不同，但如果不加以雕琢成器，则王公贵族们也不会视其为宝。

庄子在《马蹄》中说：“百玉不毁，孰为珪璋。”这说明，玉石在先人们看来，就是要雕琢成器的，否则很难体现它的观赏价值和实用价值。一个人，只有才华横溢，才能与众不同；一块玉石，只有雕刻琢磨，才能摆脱石头的称谓。正如荀子在《大略》中云：“人之于文学也，犹玉之于琢磨也。”

玉石与奇石不同，奇石质地疏松，硬度不强，不宜雕琢成器物。奇石在大自然中，因其自然天成、造型独特、数量庞大，很容易被人们发现。玉石则不同，山料玉石大多因矿脉形成，不在地表，需经爆破开采，不存在自然天成的外部特征。即便是玉龙喀什河中的子玉，虽温润光泽，但皆为造型单一的鹅卵石状，也谈不上形制美、纹饰美。没有被雕琢，其光泽美和温润美也没有最大限度地展现出来。

玉器是材质美、造型美、纹饰美和工艺美的统一，它成就了玉石美的最高境界。玉石只有在雕琢加工过程中，才能发现和最大限度地展现它的结构美、韧性美、光泽美和温润美。古人云：“玉虽有美质，在于石间，不值良工琢磨，与瓦砾不别。”

从远古时代到清代乾隆朝，人们在没有电动工具和各种规格尺寸的金刚钻头的情况下，完成了超难度的雕琢工艺，有的雕琢技艺已经失传，有的至今也不清楚它是如何完成的。古代玉器，给我们今天的研究、考证和鉴定，留下了无限的遐想空间。

历史是承前启后的，文化是传承发展的。在历史的进步和文化的发展中，人们创新出许多新思想、新思维、新观念，使历史更进步，文化更先进。但我们在发展中，不应该忘记传承优秀的历史文化。今天，我们品味和传承古人雕琢玉器的美，这种美应该是淳朴的美、内在的美、庄重的美、大气的美，这也是玉石作为珠宝和大众文化的本质属性。

五、文物鉴定的证据原则

乾隆朝，前朝留下来大量的古旧玉器，对这些器物的鉴定，已经是宫廷制玉工作的一个重要环节。乾隆皇帝对古旧玉器的鉴定工作十分重视，常常下旨“认看”，或“认看等次”。当时宫廷造办处的兼职鉴定专家主要有刘景贤、杨起云等，他们往往以“真”“旧”“老东西”“好的”“古玩”等回复乾隆皇上。这看似简单朴实的几字鉴定术语，却基本反映了被鉴定器物的历史风貌和本质特征。

纵观今日的文物鉴定市场，各种鉴定会、鉴宝会覆盖了全国各大中小城市，国家电视媒体也娱乐其中，这本该是件促进民间收藏发展、活跃群众文化生活的好事，但少数不良鉴定“专家”，受金钱利益驱使，常常对被鉴定物指鹿为马、信口开河，使这个平台被社会大众所诟病；甚至有的资深鉴定专家，也做出了有失身份的事情。拍卖机构急功近利，热衷于拍品的“传承有绪”。有的收藏者，由于自身缺乏基本文物鉴赏知识，迷信专家，个人蒙受损失。如此怪象和乱象，催生出不少社会矛盾和纷争。

鉴定一个器物是否是历史遗存，应该遵循证据原则。被鉴定物应有完整的证据链，证据间的相互印证和有序衔接，构成了该器物的完整流传过程。只有具备了这些证据，该器物的鉴定才能科学、准确和有效。如对一件超过二百年的古玉、古瓷来说，所谓的“传承有绪”根本就不存在。你说这件古玉是祖上传下来的，祖上是乾隆朝的重臣；他说这件花瓶是海外淘的，花瓶的祖先是康熙朝来华传教士；等等。有照片为证吗？没有，因为那时候还没有照相术。有文字记载吗？即使有，你又怎样证明文字记载的就是这件古玉、花瓶呢？所以，只能说是口头上的“代代相传”。但这种口头说的传承，没有证据印证，不能作为凭证，即所谓“空口无凭，有据为证”。这样的“传承有绪”，违背了法律意义上的“证据裁判原则”，在文物鉴定上是无效的。

文物鉴定专家是指在文物学术、研究、技艺上有专长和特殊造诣的人，一般是指各博物馆院、研究院所的研究人员，大专院校文博系的讲师教授，文物拍卖机构的专业从业人员。他们有丰富的文物工作经历和经验，受人尊敬，其鉴定意见固然重要。但对不懂任何鉴赏知识的广大收藏者来说，对专家也不能过于崇拜，更不能迷信。殊不知盲目地崇拜和迷信能使他人迷失方向，也能使他人忘乎所以，更能使他人走上神坛而飘飘然。中国有文字记载的历史有两千多年，文物浩如烟海。康熙朝六十年，景德镇“窑火三千”，每年烧造瓷器的数量和品种，超出正常人的想象，一个专家穷其一生去研究、考证，恐怕也难搞明白康熙一朝到底烧了多少件瓷器，有多少瓷器品种，更别说鉴定清楚。所以，当有专家说，中国上下五千年的陶瓷，外加青铜器、玉器、漆器、木器，他都能鉴定时，你还迷信专家吗？而且，当一件“金缕玉衣”被估价二十四亿元人民币时，你还迷信专家吗？当一件有争议的古代器物被“一锤定音”时，你还迷信专家吗？当元代青花瓷已成熟烧造了几十年，却说存世不足百件时，你还迷信专家吗？更有甚者，当一件包裹在报纸里的瓷器，未打开就知道是赝品；当开鉴定证书如开动印钞机时，你还迷信专家吗？……

某件没有款识和重要朝年特征的清代玉器或瓷器，如果能看出是“老的”“旧的”，就可以打五十分，说明你能分辨新旧；如果能看出是清代的，就可以打个六十分及格，说明你具备基本的鉴赏知识，是一个鉴定高手；如果能看出是清初、清中、清末，或是明末清初、清末民初的，就可以打八十分优秀，说明你学有所成，或“久经沙场”，可以称之为专家了。如果仅凭雕工、造型、纹饰、包浆等基本鉴定要素，就贸然断定是清代某朝的玉器，或某朝某人设计烧造的瓷器，这就要打一个问号了，因为这些基本鉴定要素不足为证。这件玉器（瓷器）和清代某朝之间没有法律意义上的“合格证据”，二者之间不能相互印证，不能排除合理的怀疑，应该是不确定和不可采信的。如果是专门从事研究鉴定现代翡翠宝石的，也凑热闹而对古瓷古玉鉴定“指点江山”，你千万别相信，因为这是名副其实的古玩鉴定“砖家”。

我们要有古人对待和鉴定古玩器物的谦卑胸襟，尊崇恭敬老祖宗留给我们的这些宝贵文化财富，怀着一颗忐忑不安的心，对鉴定工作要谨小慎微、如履薄冰，认真负责任地对待每一件被鉴定物。如果看得明白，就大胆而理直气壮地引证、给出证据，直言不讳；如果心存疑虑，就要谦虚谨慎，而不轻易地妄下定论；如果真的看不懂，就直言“对不起”“看不明白”“不懂”、“没有研究”。这才是真正谦恭虚己、令人尊敬和崇拜的文玩古董鉴定专家。

我相信人与物是有眼缘的，物的灵性是能够被人感应的。对一件被鉴定物，具有一定文物鉴赏知识和收藏经历的拥有者本人，他的鉴定意见是很重要的。因为这个物件跟随收藏者多年，藏者每天琢磨、研究、观赏和上手把玩，可以说人与物已经“心有灵犀”“融会贯通”了，因此对它的新熟老旧，应该有一个基本的认识和把握。这些民间古玩“实战派”，对自己藏品多年的研究意见，与专家几秒钟的过眼鉴定画个等号，实不为过。所以，我对大众收藏文物鉴定的认识是“三个三分之一”：专家意见占三分之一；收藏者本人的认识（有一定鉴赏知识和收藏经历的）占三分之一；剩下的三分之一，留给时间和历史去检验吧。

六、乾隆皇帝有咏玉诗八百首？

当今民间流传着一种说法，即乾隆皇帝当年御制赞美和阗玉的诗有八百首。此说法流传甚广，似乎已被世人所接受，不少专家学者也认可并频繁引用。

这种说法之所以流传开来，归纳起来有以下几个原因，一是乾隆皇帝喜欢诗词创作，留存下来大量的“御制诗”；二是乾隆皇帝喜欢玉石，已到“痴”的程度，创作百八十首咏玉诗，应该是正常的事；三是坊间有印刷出版的乾隆皇帝咏玉御制诗为证。

乾隆十六年（1751），乾隆皇帝首次南巡时，利用南下江南的机会，邀请“各省士庶、绅士、单寒苦志力学者”，采取呈现诗赋的方法，从中挑选可塑造人才。这些诗赋由乾隆皇帝命题，学子创作。被乾隆皇帝选中的诗赋，其创作者可以直接进京做官。如果参加进献诗赋的是进士或举人，并考取一等者，则直接授为内阁中书，遇缺即补。如果是一般士子，同时考取一等者，则特赐举人，授为内阁中书，学习行走，与考取候补人员，挨次利用。考取二等的进献诗赋者，则赏缎二匹。这也是当时朝廷不拘一格选人用人的一种方式。为此，不少怀才不遇的江南才子，利用作诗作赋，得以实现进京当官、光宗耀祖的梦想。

为考出应试者的诗赋文采和真才实学，乾隆皇帝的诗赋命题，大多为咏叹山川河流、物产环境的大自然景色。应试者为投其所好，选乾隆皇帝喜好的玉石去描写、赞美和歌颂，也是情理之中的事。中国第一历史档案馆保存有不少装帧精美的“乾隆御制诗赋”，据考证，其中大部分不是出自乾隆皇帝之手。

乾隆朝，刊刻出版皇帝朱批奏折曾盛行一时，但有相当一部分是根据皇上的旨意，用朱笔写的“批红”，而非皇上本人亲笔书写。其中大学士黄廷桂奏疏刊刻的雍正皇帝“朱批”，乾隆皇帝就曾发出这样的感叹：“偶阅一篇，其所载皇考朱批，与颁行之朱批谕旨多有未符，几多至两倍，而字句亦多不符。”

刊刻出版朱批奏折是这样，御制诗文也是如此。乾隆皇帝晚年在一次闲暇时，“偶加展阅”这些诗册，发现其中不少借用自己名义“假手捉刀”，斥之“殊属可鄙”。乾隆皇帝对自己诗词的内容和数量有严格要求，他一次对臣下说，“朕所作诗文，皆关政教，大而考镜得失，小而廑念民依，无不归于纪实，御制集俱在，试随手批阅，有吟弄风月浮华之词而于政治民生毫无关涉者乎？若朕所制名集，俱不过词章能事，则朕早将御制四集诗文，概行废而不存矣。”

乾隆皇帝在世时，共印制过五集诗词，其中第一集出自亲王时代，说明经乾隆皇帝本人认可的御制诗文，数量极其有限，“一字一句皆出朕之心思，无一件假手于人”，令天下臣民“咸知朕图治之念，诲人之诚，人人观之，感动奋发”。

嘉庆八年（1803）以后，经嘉庆皇帝批准，又陆续“缮校刊刻”一些乾隆御制诗册，但数量也非常有限。至于今天民间流传的乾隆咏玉诗词八百首，无论是内容、形式，还是数量，都不足以信赖矣。

七、清代宫廷藏玉的来源

今天，北京故宫博物院所藏玉器约三万件，主要源于清宫旧藏。这些古旧玉器，以清代玉器为主，清代玉器中乾隆朝的又占主要部分。明代宫廷旧藏（包括明代以前玉器），数量也不在少数。作者通过对中国第一历史档案馆所藏清宫档案的研究，认为故宫博物院所藏清宫玉器来源，主要有以下几个途径。

一是前朝遗存。明代留存下来的宫廷旧藏，包括明代宫廷承做的玉器和明代以前的玉器。明以前的玉器多为汉代玉器。可能出于鉴定水平的限制，这些被清代宫廷称为的“汉玉”，也应该包括一些商周和唐宋的玉器。

改朝换代，意味着旧的朝代被新的朝代所代替。作为新朝皇帝，摒弃前朝旧物，也是一件理所当然、顺理成章的事。明代旧存玉器以文房用品居多，但这些文房玉器，有一些被乾隆皇帝改做他用了。乾隆十年（1745）正月二十九日，乾隆一次口谕，就将前朝遗留下来的玉笔五十支、玉笔管三十个、玉笔帽十四个，“改做玉别子、轴头用”了。同时，对汉代玉器进行了不同程度的修整。如乾隆十一年（1746）五月十四日，乾隆令将一件汉代白玉单耳杯，“耳子扎去，其去耳子之处将花纹接上”。这些被改造的前朝遗存旧玉器，给今天的鉴定工作带来了一定难度。

这些规模化“改造”前朝遗存玉器，多发生在乾隆朝初年。因为那时朝廷的贡玉制度还没有形成，宫廷玉石数量有限。以后这种规模化“改造”逐步减少，虽也有一些玉器改做，但也多为残器的修补或改做成其他器型。

二是清代宫廷造办处承做。乾隆朝，造办处承做的每一件玉器，都必须得到乾隆皇帝的亲自批准，根据乾隆的口谕，造办处传旨承做。清代宫廷玉器，乾隆朝承做的玉器占了大多数，且无论是玉器质量、品种，还是玉石材料，都是清代其他各朝不能相比的，堪称中华玉器史上的瑰宝。

这些真正意义上的乾隆朝宫廷玉器，主要由以下机构承做完成：内廷制玉作坊、如意馆、启祥宫、金玉作，以及京外的苏州、扬州、天津、杭州、九江、江宁、淮安、凤阳等“八处”。

内廷玉作坊的主要任务，是对前朝旧器的修修补补、抛光见新，或承做一些小件玉器。如意馆的主要任务，是玉石分类、定级、玉器画样和制作。启祥宫的主要任务，是临时承接一些小件玉器的制作。金玉作是乾隆二十二年（1757）新设，与玉作并存了一段时间，后玉作撤销。内廷玉作坊承做的乾隆朝玉器数量，未见档案记载。但乾隆皇帝在位六十年间，内廷玉作坊制作玉器从未间断过，数量应不在少数。

京外“八处”，特别是是苏州和扬州，承担着乾隆朝主要玉器的制作，无论是雕琢技术，还是制作工艺，都代表了乾隆朝玉器的最高水平。据清宫档案不完全统计，从乾隆二年（1737）至乾隆五十九年（1794），京外“八处”共为朝廷制作了四千二百二十二件玉器，其中苏州二千二百二十二件、扬州八百三十二件、天津三百二十八件、淮安二百五十六件、江宁二百零七件、杭州一百八十九件、凤阳九十九件、九江八十九件。

三是王公大臣进献。根据清代定制，每逢皇太后及皇上恭逢万寿等年节，“王公及头品大臣”（包括巡抚等大员）准其呈进贡物，藩司及其以下禁止进贡。官员进贡的物品，是当地的土特产品，而非珠宝珍玩。

乾隆皇帝对臣下进献文玩珠宝一贯持反对态度，称“内务府所藏古器珍玩，何物不有，岂借外间贡物以为美观”何况“古玩非布帛菽粟可比，饥不可食，寒不可衣，本非贵重之物”。他认为进献古玩珍奇的弊端是，“市侩即从而高价居奇”，官员“以为逢迎结纳工具，此于吏治大有关系，不得不防其渐”。

但是，为什么乾隆还是收了一些王公大臣进献的古物珍玩呢？用乾隆的话说是：“以联上下之情”，“难以概行摒却，逐亦许其呈进略观，量存一二。”但大臣们进献的古玉珍玩，绝大部分被乾隆退回了。即使是雕工精良、“脂玉”材质的玉器，抑或是宋代汝、官、哥、钧、定五大名窑的瓷器，或宣德窑瓷器，乾隆也一概退还，并称，“此等费工价而不适于用，朕甚鄙之”。

据不完全统计，从乾隆十三年（1748）至乾隆五十七年（1792），乾隆共接受有资格进献贡物的王公大臣呈进的玉器，共计一千七百六十一件（盒、匣、份），退还一万三千三百一十二件（盒、匣、份）。如今，这些被乾隆接受的臣僚们进献的玉器，已与宫廷造办处承做的玉器，融为了一体，成为乾隆朝宫廷玉器不可分割的一部分。

八、民间流散的清代宫廷玉器

民间流散有清代宫廷玉器，特别是乾隆朝宫廷玉器，这是不争的事实，因为有档案为证。但流散了多少，或有多少与乾隆朝宫廷玉器质量水平相当、“不分伯仲”的玉器，其说法不一，结论也大相径庭。作者仅就中国第一历史档案馆造办处档案的记载，略述清宫玉器流散民间的几个途径。

一是乾隆皇帝赏赐。乾隆元年（1736）二月二十五日，登基不久的乾隆皇帝，接到总理事务兼管内务府事务和硕庄亲王允禄等人的联名上奏，请求皇上将广储司六库所存“年久不堪应用之物”，赏赐内务府人员。乾隆批准了庄亲王等人的请求。这次赏赐给内务府大小官员玉花瓶、玉杯、玉香炉、玉砚、玉壶、玉文房等前朝留存“不堪应用”的玉器，共计一千七百九十八件（套）。

乾隆朝中后期，乾隆还陆陆续续赏赐一些玉器，给他认为工作“得力”的大臣。有些玉器上标有特为皇上或皇室雕刻的文字，如福、禄、寿、禧等字样，赏赐前还要特意磨掉。

清代藩属国的一国之君，也常常得到乾隆皇帝赏赐的玉器。西藏的达赖喇嘛、班禅额尔德尼等地方高官，更是频繁得到乾隆皇帝赏赐的玉器，但赏赐的玉器及托座，一般要刻上“大清乾隆年制”款，以表示西藏是大清朝中央政府管辖下的一个行政区。有时还会刻上“永昌”二字款，表示大清朝中央政府希望西藏永久兴盛。

二是变卖。乾隆朝，乾隆皇帝第一次变卖宫廷旧器是在乾隆元年（1736）登基不久，这次由内务府在崇文门一次变卖了前朝旧存玉花瓶、玉杯、玉盒、玉笔筒、玉香炉等，共计一百二十五件（套）。

乾隆皇帝开始较大规模变卖本朝内廷器物，是从变卖瓷器开始的。乾隆二十四年（1759）二月初四，乾隆令造办处到库中挑一些瓷器，“着崇文门变价”。这次共变卖碗、盘、碟、酒圆、杯、瓶、壶等，共计五百一十一件。

乾隆皇帝变卖本朝玉器较为慎重，变卖是从玉料开始的。乾隆二十五年（1760）三月，造办处呈上启祥宫制作玉器剩下的“回残”（制作玉器剩下的废料）一小块零一点，请示乾隆如何处理，乾隆令“交崇文门变价”。这是清宫第一次变卖玉石的记载。乾隆二十七年（1762）五月二十二，乾隆令将一柄栓双面回头穗并缀两个孔雀石珠的青玉如意，“交崇文门变价”。这是乾隆变卖的第一件乾隆朝玉器。

此后，变卖宫廷玉器越来越频繁，数量也越来越多。乾隆五十年（1785），内务府奉旨进行了乾隆朝规模最大的一次玉器变卖活动，历时十二个月，分二十四次完成，变卖各类玉器共计一千九百六十八件（套）。变卖的玉器，主要是从圆明园、颐和园、香山等处撤换下来的，几乎涵盖了所有宫廷玉器器型和玉石材质。

据档案不完全统计，乾隆朝在崇文门变卖的玉石逾千斤，玉器逾二千件。其中，玉如意有四十二柄之多。由于后来继位的嘉庆、道光皇帝，都对珠宝珍玩不感兴趣，视其“真粪土不若也”，以致到了同治朝，国家内忧外患，同治皇帝令苏州织造购买一件玉如意，得到的答复却是“难以购觅”。

乾隆朝，民间有相当一部分玉器与宫廷所藏玉器，无论是工艺水准、雕琢技艺，还是玉石材质，都不分上下，难以区别。这主要有以下几个原因。

一是京外“八处”制玉作坊，也类似当时景德镇“官搭民烧”的御用瓷器烧造，属于“官搭民雕”。这些制玉匠人，见有好的玉器款式和器型，自行制作售卖或应达官显贵之邀定制，也是合乎常理的。正如乾隆皇帝分析的那样，“其间，一些自行购办者，亦固有之”。这些玉器流入民间，与清宫藏玉难以区分。

二是王公大臣被退回的玉器，与其进献被乾隆皇帝接受的玉器，同属一类。二者在选料、设计、雕琢、工艺等方面几乎没有区别。有的被乾隆退回的玉器，在雕琢技艺、玉石材质等方面，还要胜于被乾隆皇帝接受的玉器，这是因为乾隆接受这些玉器的目的，不是因其做工多么精良、玉石材质多么精美，而只是“赏收一二，略表上下之情”。这两部分玉器，即使是长期从事研究乾隆朝宫廷玉器的专家学者，也不能将二者区分开来。

民间流散的清代乾隆朝玉器，或那个时代民间制作的玉器，是中华民族的宝贵文化财富，它见证了那个时代的经济发展和文化繁荣，是中华玉器史上的一段传奇佳话，也是中华文化发展史上的不朽文明。

九、“不惜工本”说

乾隆朝，国家物阜民丰、盛世华章，所以乾隆皇帝追求御用珍玩制作繁缛奢华、“不惜工本”。二者听起来有非常可信的直接因果关系，故对没有深入研究了解乾隆皇帝的广大普通收藏者来说，怎么可能相信一个权倾朝野、至高无上的封建皇帝，不追求奢华的物质享受呢?

这里先举一个文玩玉器以外的例子，或许大家能对乾隆皇帝崇尚节俭有一个初步的了解和认识。乾隆二十七年（1762）四月，乾隆皇帝第三次南巡到了扬州，见原有行宫较上次南巡时，又经重新改造装修，且花费巨大，大为不快。乾隆对随行大臣及两淮盐政高恒说：“南巡途次建设行宫，不过足供顿宿，原无需过于劳费。乃扬州建行宫，从前吉庆为两淮盐政时，其缮葺已觉较华。而普福任内，必求争胜于吉庆。今闻现任两淮盐政高恒所办，则又意驾普福而之上。踵事增华，长此安穷！”高恒辩解说，改扩建行宫所需银两，均由民间商人捐赠，没用公款一分一厘。乾隆听后更加不悦地说：“朕向来巡幸所至，一切供账具给予内帑，从无丝毫累及闾阎，前后谕旨，屡经谆谆及之，此中外臣民所共悉者。商人亦吾赤子，岂于百姓抚恤之，而于商人则累之耶?”

从玉器镂雕工艺的盛行，看“不惜工本”说。从乾隆朝中期开始，玉雕镂空技艺已经日臻完善和成熟。这种高雅、华美、贵气的镂雕玉器，在今天也是一项高难度的琢玉工艺和财富的象征。到了乾隆朝后期，镂空的玉器皿，包括盘、碗、炉、鼎等，在民间大为流行。苏州、扬州等处的织造、盐政等官员，在个人进献皇上的玉器中，也多购买这类镂空器皿，以追求华丽高雅，但均被乾隆皇帝如数退回。东西是退了，但这种花费巨大，且费时费力的镂空玉器，仍十分盛行。乾隆皇上不想让这种崇尚奢华、劳民伤财的社会风气愈演愈烈，在行将退位前的乾隆五十九年（1794）八月，他给内阁发了一道上谕。乾隆说："近来，苏州、扬州等处呈进贡物，多有镂空器皿，如玉盘、玉碗、玉炉等件，殊属无谓。试思，盘碗俱系盛贮水物之器，炉鼎亦须贮灰，方可燃爇。今皆行镂空又有何用？此皆系该处奸猾匠人，造作此等无用之物，以为新巧，希图厚价获利。而无识之徒往往为其所愚，辄用重资购买，或用价租赁呈进。朕于此等物件，从不赏收。"乾隆认为，这种"相习乘风"的镂空玉器，"致使完整玉料，俱成废弃"。最后，乾隆皇上令内务府传谕扬州、苏州盐政织造等，"此后务须严行饬禁，不准此等奸匠仍行刻镂成做。并出示晓谕，令其一体知悉，以杜奇巧而归淳朴。"

从乾隆皇帝对玉石下脚料的处理，看"不惜工本"说。乾隆朝，制作玉器剩下的下脚料称作"回残"，即便是碎小几钱重的"回残"，也不会随便丢弃，乾隆也会令"着做材料用"。稍大一点的，乾隆会令"着做小式挂件"。重至几百斤的"回残"碎料，乾隆也曾口谕"照从前做过嵌玉宝床做法，仅玉成做宝座"。即使是皇帝的朝珠，乾隆也曾令将制作碧玉杯盘壶上扎下的回残小料，"着做朝珠三挂"。乾隆皇上的扳指、皇后妃子的手镯，也多是用制作瓶、壶、碗时，"掏膛取心"取下的钻心下脚料制作。

从景德镇烧造的宫廷御用瓷器，看"不惜工本"说。乾隆五年（1740）奏准，每年动用九江关税银一万两，为宫廷烧造瓷器。而当时苏州织造（内务府司官原衔品级简用，相当于总督或巡抚品级）每年的养廉银是二万二千两，以后还有增加。但每年景德镇烧造御瓷实际支出仅为七八千两，结余的两千多两白银，均解交造办处充公，作为日常开销，官银用于烧造宫廷瓷器十分有限。乾隆朝，景德镇一年为朝廷烧造的瓷器大约二万件，这些烧造的御瓷，约有一半是粗糙、俗气、釉水不好、有磕碰的"脚货"。这些"脚货"最初"随散贮厂署，听人匠使用"。后除了黄器"脚货"接送京城"以备赏用"外，其余"即在本处变价"，所得银两冲抵内务府日常开销，并不存在坊间盛传的"砸碎掩埋"之说。

从景德镇御窑厂管理人员数量，看"不惜工本"说。乾隆初年，景德镇御窑厂除了九江关监督兼任督窑官外，只有同知、巡检二人代表朝廷在此办理日常御用瓷器烧造，景德镇御窑厂依旧承袭康熙初年"官搭民烧"的办法烧造宫廷瓷器。唐英兼任督窑官后，因他在九江关监督任上工作繁忙，常常无暇顾及瓷器烧造，在他的要求下，朝廷增设了协造二人帮办窑务。但没过多久，内务府为节省朝廷在烧造瓷器上的开支，建议乾隆皇上将此二人裁撤。乾隆采纳了内务府大臣们的意见。乾隆在给内阁的上谕中说："九江关向有协造二员帮办窑务，似属冗设。该处既有同知分驻，又有巡检一员，足资弹压。所有协造二员，准其裁撤。"

乾隆皇帝生活用度上的节俭，并不表明其在彰显天子统治天下的礼仪制度上可以稍作简单或简化，譬如在皇家礼仪、出行仪仗上，礼仪繁琐、车驾豪华、排场讲究、阵容庞大，因为这是祖上传下来的规矩，这是皇权的象征，这是皇帝代表天子统御万民的尊严，这是天下臣民服从统治、听从指挥的必要保障。

十、 乾隆朝玉手把件"暖手"的含义

"人养玉，玉养人。"今天，我们在文玩市场上和收藏者手中，经常能见到许多材质温润、雕琢精美，且被称之为"把件""手把件"的玉雕件。人们捏揉把玩，不离手中。他们在精心养护这大自然的神奇造化，也在细心感知它给人们带来愉悦和健康的天然灵性。

乾隆朝，这种被今人称之为"把件""手把件"小巧玉雕，乾隆皇帝将其称作"暖手"，并有其特殊的含义和作用。

古代君王达官贵人玉不离身，除了显示高贵的身份外，玉石也起到驱灾辟邪、护身保佑的作用。乾隆朝，乾隆皇帝曾谕令制作以小动物为原型的玉雕件，并将其称作"暖手"。除了自己每日握在手里养护、把玩外，也分送重要朝廷大员共享。乾隆深知"人养玉，玉养人"的道理，知道这种天然的玉石不仅能观赏把玩，还能养护身体，医治病痛。为朝廷做过贡献的臣僚得了病，乾隆不仅送医送药，有时也送玉"暖手"对病人身体进行调养。

乾隆三十一年（1766）七月，雍正朝老臣，被乾隆皇上称之为"一能员，不可量也"的原任大学士、陕甘总督、云贵总督杨应琚，因年事已高，加上职场操劳过度，卧病在床。乾隆闻讯，"甚为挂念"；并下旨"加意调摄，并赐荷包及内务府药丸，以冀速痊"。几个月后，杨应琚在呈给乾隆的折子中说，"赏赐药丸调服后，精神长发，饮食加进，痰气日就消减，渴望复元"。

乾隆接到折子，在折子上批语道，“朕本日批阅来奏，喜不胜言。前赐药丸，服之即有成效，着照前再行赏寄。又闻良玉，左右各握其一，可疗风痰之症。今特寄赏玉子暖手二枚，该督可随时掌握，用资颐养”。

玉石的医疗保健功能，早在新石器时代晚期的巫教观念中就已经出现，并称玉是神的享物。《山海经》记载：“瑾瑜之玉，坚栗精密，浊泽而有光，五色发作，以和柔刚，天地鬼神，是食以飨。”这种飨食玉石的观念，实际上是玉石保健功能的萌芽。随后，玉石的保健功能逐渐被道家和医药家发现。葛洪（东晋医药学家）在《抱朴子》中云：“服金者寿如金，服玉者寿如玉。”所以，古代贵族为使自己长生不老，把玉石碾成粉末吞服。明代伟大的医药学家李时珍所著《本草纲目》，更是详细记载了玉石的保健功能。书中说，“玉气味甘平无毒，主治除胃中热、喘息、烦满、止渴。屑如麻豆服之，久服轻身长年”。又说，玉石能“润心肺、助声喉、滋毛发。面身瘢痕，可用真玉日日磨之，久之则自灭”。

当今广大玉石收藏爱好者，藏玉、佩玉、玩玉、赏玉，相信玉石有保健功能，对人的身体健康有益，确实有史可考，有文字为证。当代医学研究也表明，玉石之所以对人体有特殊的保健功能，主要原理有三：一是玉石低温持续性较好，可以降低脑温，稳定头压。二是玉石含有大量对人体有益的化合物，在与人体的接触过程中，产生静电磁场，可以疏通大脑的中枢经络，起到醒脑安神的作用。三是玉石有特殊的按摩作用，通过对人体穴位的刺激按摩，促进血液循环，从而达到经络疏通、气血流畅、脏脉安和的目的。

鉴定一件古代器物，除了要了解该器物本身的技术工艺、时代印记等特征外，了解那个时代的社会政治和经济背景，特别是该器物所处那个时代的人物，也尤为重要。清王朝之所以在中国历史上存在了二百七十六年，与各朝皇帝在政治上清廉吏治、反对奢华有密切关系。顺治皇帝出京巡查，地方官呈送地方礼物，顺治皇帝以“进献礼物出自民间，于理不合，今后永不许进”为由拒绝。康熙皇帝在约见地方官员时说：“各省督抚提镇官员，间令来京陛见，原欲以地方情形及兵民生计面加咨询，具有深意，何须进献。着通行禁止。”雍正皇帝对造办处所造器物的要求是，不要“过于工巧”，主张“量加工价，少异于市肆之物”，认为“人情喜新好异，无所底止”，对过于奢华的器物，更是痛批“华烂之物，开风俗奢侈之端，朕所深恶”，自我评价为“素性，实不喜华靡费，一切器物惟以雅洁适用为贵”。乾隆皇帝南巡各地，地方官员进献当地土特产和珠宝，乾隆视其为“夸多斗靡之举，朕非但不喜，且觉其烦渎可憎”，并令奏事处“概行掷还，传旨申斥”，今后“毋得复有进献”。嘉庆皇帝对古玩的态度是：“此等古玩，饥不可食，寒不可衣，只属无用之物，真粪土不若。”道光皇帝继位不久，即令停止开采新疆贡玉，对珠宝玉器不喜不爱，崇尚节俭，奉行“以朴素先天下，不欲以天下奉一人”，强调“力崇节俭，返本还淳”。以后继位的咸丰、同治、光绪皇帝，也大多继承了祖上对待官员送礼和进献珠玉珍玩的态度。

鉴，即镜子，古代的铜镜就是“鉴”，意喻照着看。“鉴”字用在当今的文物鉴定上，就是以史为鉴，仔细辨别并确定器物的真伪和优劣。今天，我们用现代文明、经济发展、文化进步、科技飞跃的眼光，去审视一个封建社会的皇帝，难免会戴上有色眼镜，褒贬偏颇，甚至会将其批驳得体无完肤、一无是处。连带到宫廷器物制作上，追求豪华、奢靡、华贵的过分渲染和无限夸大，就成了理所当然的理由。

历史留给我们的宝贵文化遗产和优秀传统文化，我们应该恭敬尊重，倍加珍惜。历史上的贤明君王留下来的治国理政思想和文化清廉观念，也应该值得我们借鉴传承，不能忘记。我们不能“数典而忘其祖”，因为他们是我们的祖先。

2019 年 1 月

作者：中国第一历史档案馆研究馆员
中国玉文化研究会第一届理事
中国文物学会第六届理事

CONTENTS 目录

宫廷制玉机构

清代宫廷制玉机构，有京城内务府造办处的制玉作坊，还有京外织造、盐政、关务监督等“八处”。乾隆在位六十年，其中有五十九年每年数次下旨承做玉器，只有最后一年因即将退位和身体状况不佳，而没有再下旨制作玉器。

内廷管理机构

◎一、内务府

内务府全称总管内务府衙门，它是清代直接服务于皇帝及其家族，并管理全部宫廷事务的专门机构。职能是：掌管皇家的财务、典礼、扈从、守卫、司法、工程、制造、作坊、饲养牲畜、园囿行宫、文化教育、皇室的饮食起居、宫廷杂物，以及管理太监、宫女等。其主要财政来源有国库颁银、关税盈余银、两淮盐政生息银、生产所得等。

清代内务府源自满族社会的包衣制度。包衣为满语，汉语意为“家奴”，于十六世纪清太祖努尔哈赤统一东北地区的战争中出现，成员主要是战争的俘虏及罪犯的后代。

关于内务府的设置时间，有说设立于清入关前的，有说顺治定都北京后设立的，但前者的可能性更大些。《清史稿》记载：“初制，设内务府，以归属司其事。入关后，明三十二卫人附之，设内管领处。”

顺治亲政后，由于对内务府近臣不能完全满意，下发过“满洲近臣与寺人兼用”的谕旨，并规定，内务府所属各官员，均由内务府总管引见、补授。内务府事务由皇帝身边信得过的官员负责管理，一直延续了整个清王朝。

康熙时，重新建立内务府，陆续增设了几十个为宫廷服务的附属机构，使内务府的职能更趋于合理和完善。

内务府的最高长官为总管内务府大臣（简称内务府总管），没有职数，由皇亲国戚或皇帝身边的近臣担当，初为正三品。雍正十三年（1735），内务府大臣比照各部侍郎，改为正二品。

◎二、造办处

造办处是隶属于内务府并专门负责制造木器家具、被褥服饰、金银玉器、铜铁珐琅等各种皇家御用物品和器皿的机构。

康熙年间，造办处初设于养心殿，也称养心殿造办处。后又迁至武英殿北、右翼门西，门向东，前后五进院，共有廨舍四十三间，今已无存。

初设时，造办处管理大臣和官员无定额，设监造四人、笔帖式一人。

康熙十九年（1680）奉旨，武英殿设立造办处，设监造六人，派侍卫及司员管理，无定员。

康熙二十九年（1690）奉旨，西华门内文书馆设立造办处。

康熙三十年（1691）奉旨，东暖阁裱作移至南裱房，满洲弓箭匠也留在内，其余别项匠作俱移出，将慈宁宫茶饭房做造办处。

康熙三十二年（1693）奏准，造办处设立作坊。

康熙三十五年奉旨，设立玻璃厂，隶属于养心殿造办处，设兼管司员一人。

康熙四十四年（1705）奏准，武英殿造办处砚作，改归养心殿造办处，裁给监造二人。

康熙四十七年（1708）奏准，养心殿匠役人等，俱移至造办处。

康熙五十七年（1718）奏准，武英殿造办处珐琅作，改归养心殿造办处。

康熙朝，造办处已经颇具规模，额设玉匠、刻字匠、镌宝匠、画匠、染纸匠、铸匠、雕銮匠、木匠、竹匠、绳匠、漆匠、金匠、铜匠、灯匠、皮匠等各种匠役四百六十七名，六十三个不同工种。其中，玉作设有玉匠七名、镌宝匠一名、刻字匠十九名。此外，造办处还设库役九名、冰窖夫四十名，参与管理的一等太监二名、二等太监三十八名。

造办处管理太监的收入不高，一等太监每人每月银二两（后减为一两五钱）、米三斗；二等太监每月银一两、米三斗。匠役没有银两收入，但每人每月给米七斗五升（每斗米折银一钱）。此外，库役每人每月给米三斗五升，冰窖夫每人每月给米五升。

雍正元年(1723)奏准,造办处设六品库掌一人,并建立库房。不久,将炮枪处、珐琅作、舆图处、自鸣钟处等俱归并造办处管理,设六品库掌三人、八品催总九人、笔帖式八人。

雍正二年(1724)奉旨,在圆明园增设造办处。

雍正朝,造办处匠役达到五百九十六名。

乾隆十三年(1735)奏准,造办处设立督催所、查核房。

乾隆朝,养心殿造办处设郎中二人、员外郎二人、主事一人、库掌六人、笔帖式十六人。

乾隆朝时,由于业务范围的扩展和机构的扩充,造办处迁出了养心殿,位置大致在中和殿的协和门、熙和门西。此时,造办处的人员也不断地扩张,最高管理层设有管理大臣二人,总管造办处事务,由内务府选派;中层管理者有总管郎中二人、郎中一人、员外郎二人、主事一人、委署主事一人、库掌十人、委署库掌十五人,负责器物的制造;各作基层管理人员有催长十三人、副催长十四人、委署司匠一人、库守八人、栢唐阿四十人、领催二十人、苏拉三十人,承接具体差务。

造办处的作坊自康熙朝初设至乾隆末年,数量不一。多时六十几个,少时也有十几个。至嘉庆朝时,共有制器作坊十四个,分别是:如意馆、金玉作、铸炉处、造钟处、炮枪处、鞍甲作、弓作、珐琅作、玻璃厂、铜錾作、匣裱作、油木作、灯裁作、盔头作。其中,玻璃厂又设有窑房和碾坊,窑房烧造玻璃,碾房碾磨材料。此时各作匠役共计一百九十六名。

如意馆有玉匠、牙匠、画匠,金玉作有镀金匠、累丝匠、磨玉匠、琢玉匠,铸炉处有铸匠、锉匠,造钟处有钟匠,炮枪处有铁匠,鞍甲作有鞍匠,弓作有弓匠,珐琅作有珐琅匠,玻璃厂有玻璃匠、吹玻璃匠,铜錾作有錾匠、铜匠,匣裱作有裱匠,油木作有木匠、漆匠,灯裁作有灯匠、穿珠匠,盔头作有盔头匠等。

造办处下设六个管理机构,负责器物制造的各个工作环节和全部工作流程。它们分别是:钱粮库、活计房、查核房、督催房、汇稿处和档房。

钱粮库:存贮金银并各项材料,按月发放活计用银,支付活计材料。其银两每年由两淮盐政,江宁、苏州等织造,粤海关、凤阳关、九江关监督,定时解到。

活计房:接办上传和各处来文制办活计,登档立题,交有关作承做。

查核房：估计核算活计尺寸做法、料工银钱，由管理大臣酌派司官办理，不固定。

督催房：各作活计，由管理大臣考量其繁简难易，定以时限。如限期内完成者，“承办官量予记功”；逾期未完成者，“核行记过”。凡三个月内记功或记过一次者，不奖不罚；记过二次者，官员罚俸两个月，无品级者鞭责二十；记功二次者，官员准红录一次，无品级者酌量录用。

汇稿处：凡各作实销稿件，由查核房送汇稿处汇办。各作有应缴回银两材料等项，由汇稿处赴钱粮库按款验收照复。其钱粮库发给各作银项已销未销各若干数目，每月缮具清单，送汇稿处呈明存案。

档房：造办处文书机构，办理本处与内务府各机构、各部院衙门、外省各衙署往来文移，登记并收贮档案。

◎三、广储司

广储司隶属内务府，是掌管财务出纳和库藏的机构，“设六库以储上用”，也就是说，皇上的日常用品都储存于此，故在内务府中的地位最高。

由于是管理御用物品的重地，根据清朝定制，皇上每年要亲自选派总管内务府大臣一人，亲自管理。另外还设总办郎中四人，“内二人由各部保送，兼摄”。郎中四人，其中银库二人，监管皮库、瓷库；缎库二人，监管衣库、茶库。主事一人，委署主事一人，职责是“掌库藏出纳之政令”。

广储司下设六库：银库、皮库、瓷库、缎库、衣库、茶库。其中，银库设于弘义阁内，其职能是“贮金钱、珠玉、珊瑚、玛瑙及诸宝石”，每月逢一、四、七日开库收发。

六库库房开启和关闭的时间，有严格的规定。六库每月库房开启日期是：银库、缎库一、四、七日，皮库、衣库二、五、八日，瓷库、茶库三、六、九日。只有在规定的日期，各库才能“开库收发”。

人员进入库房规定严格。雍正四年（1726）奏准：凡开库，令库官司库、未入流司库、库使三人共同启封，事毕照例封识。如遇夜间开库，值宿司库传六库值宿库使，跟随值宿总管率领开库。

清朝宫廷的库房管理制度十分严格，进库房办事必须由司库、库使二至三人到库开启库门，然后“同画押封、粘锁眼”，不准一人开启库房。如果奉旨到库房提取物品，而不是开启库房的日期，则该库官员要报知堂郎中，“方准开库”。

库房夜晚有一库管官员值班，每天下班前，值夜班的司库同库使，要把六库库房的钥匙收集在一起，顺治十二年（1655）奏准交内廷收贮，康熙四年（1665）谕令交乾清门侍卫保管，“次日仍分交六库”。

内廷制玉作坊

内务府造办处的制玉作坊，从康熙朝设立造办处时开始，到乾隆年间，有一个演变发展的过程。

玉作在清初是朝廷的唯一的制玉机构，后来逐渐被如意馆、启祥宫替代。此外，乾清宫、懋勤殿也为朝廷玉器的制作，做了大量的辅助性工作。

康熙朝，玉作额设玉匠七名、镌宝匠一名、刻字匠十七名。

乾隆朝，在宫廷造办处如意馆、启祥宫、玉作等作坊做工的玉匠主要有：姚宗仁，兼玉器画样，雍正七年（1729）入宫；刘景贤，乾隆九年（1744）入宫；杨起云，兼玉器鉴定，乾隆十年（1745）入宫；朱彩，兼刻字刻款，乾隆十年（1745）入宫；邹景德、金振寰、顾觐光，乾隆十二年（1747）入宫；李世金，兼刻款，乾隆十三年（1748）入宫；张君选，擅长雕琢，乾隆二十四年（1759）入宫；文旦，擅长仿古做旧，乾隆二十年（1755）入宫；回族匠围达蜜特、苏约尔达他也、苏丕捞子、苏丕，乾隆二十七年（1762）入宫；六十三，兼刻字，乾隆二十九年（1764）入宫；八十一、七十五，擅长雕琢，乾隆二十九（1764）入宫；蔡天培，乾隆四十年（1775）入宫等。

◎ 一、玉作

康熙朝，造办处的制玉作坊是玉作。此时，玉作的主要任务是承担宫廷内旧存玉器的修补、改制、收拾、光亮见新等基础性工作。同时，也少量加工制作一些简单的玉器。

雍正朝，玉作的工作性质和任务沿袭康熙朝的定例，基本上没有什么改变。

乾隆朝，玉作除了承担小件玉器的制作、改作外，还承担松石、珊瑚、玛瑙、金刚石、玻璃、宝石、金银、竹雕、银母、玳瑁、珐琅、水晶等珠宝的配置和镶嵌工作。

玉作从它成立之日起，就没制作过什么像样的玉器，至多是承揽一些小件玉器的制作。乾隆朝中期，因玉作的活计实在有限，玉作还时时与金银器作坊合署置办器物，合并称之金玉作。

纵观乾隆一朝，玉作的制玉业绩可谓平平，但其机构建制一直到了乾隆晚年也没有正式取消，只不过乾隆一般不会令其制作重要的玉器物罢了。

乾隆五十七年（1792）二月二十七日，造办处准备让玉作“接做”一些活计。“接做”，意思是其他制玉机构的活计太多，做不过来，造办处分一部分活计，由其他制玉作坊代为制作。

此次接做玉器活计，玉作从广储司挑得存贮的二等皮糙玉十块，共重十三斤，并根据玉石的大小、形态，画得卧马、鸠、鹌鹑、双喜拱璧、子孙佩、双环瓶、夔龙杖头、斧佩、双喜娃娃、荔枝等器物。另外又挑得山料玉一块，重九斤八两，画得螭虎宝二份各三方。玉作将以上画样玉石交太监鄂鲁里呈送乾隆御览。

乾隆对玉作挑选的玉石及其画样表示满意，批准“照样准做”。但在决定是否让玉作接做这批活计时，乾隆犹豫再三，最终还是决定“俱留如意馆接做”。

乾隆晚年，玉作做过数量有限的小件玉器，供乾隆欣赏把玩。

乾隆五十七年（1794）九月初一，乾隆从承德避暑回京，为接驾用，玉作奉旨制作了一件白玉金鱼。这件白玉金鱼送呈乾隆御览后，乾隆指示“交木作配座”，而且还要先“画样呈览”。说明乾隆对玉作承做的这件白玉金鱼，还是欣赏和喜欢的。

◎二、如意馆

乾隆元年（1736）下半年，由于玉器制作任务逐渐加大，玉作已经难以胜任玉器的制作。造办处除了玉作制作玉器外，新设立的如意馆开始承接玉器的制作。馆内设有玉匠，开始了正规化、高层次的玉器制造，著名玉匠姚宗仁就在该馆工作了二十余年。

乾隆朝初期至中期，如意馆是宫廷制作玉器的重要作坊，尤其以制作精品小件器物见长。

乾隆朝中期以后，如意馆积压的活计越来越多，乾隆不得不将已经批准由如意馆承做的玉器，下旨改由京外“八处”等地承做。

乾隆三十八年（1773）八月二十三日，如意馆已积压“准样未做玉器五十六件”，其中不少是乾隆非常喜欢，专令如意馆承做的。无奈如意馆活计多、人手少，况且要制作一件好的玉器，也绝非几日之工，乾隆对此也心知肚明。

无奈之下，八月二十六日，乾隆批准将此五十六件玉器活计，“交长芦盐政西宁带去成做”。此时长芦盐政西宁手里玉器活计不多，为表示对皇上的一片忠心，西宁要求“还可以多做几件回去”。于是，乾隆又令造办处“挑得两块四等玉，一块画得云龙樽，一块画得兽面瓶，并随纸样一并交长芦盐政西宁大王成做”。

如意馆后来逐渐演变成宫中绘画之处，郎世宁等西洋画家皆在此供职。另外，圆明园内的洞天深处，也设有如意馆。

◎三、启祥宫

乾隆六年（1741），造办处新成立的启祥宫开始为朝廷制作玉器。此时，内廷玉作、如意馆、启祥宫三家制玉作坊并存。

用宫殿名命名的作坊，本身与宫殿无实际关联，只是就地命名而已。如乾清宫，做些瓷器挑选、配匣、鉴定等与瓷器有关的事情；秘殿珠林，任务是托裱大型字画、册页、手卷，挂屏制作，锦制品制作，改装册页，整修画作等。

玉作、如意馆、启祥宫三家虽然都是制玉作坊，但在分工上还是有所区别。

玉作在清初，特别是雍正朝和乾隆朝初年，一般是对前朝旧存玉器进行修修补补，抛光见新，或做些小摆件，很少承接较大器物。

如意馆是内廷集玉石分类、定级、画样、制作于一体的主要制玉作坊。

启祥宫只承接一些玉器小件器的制作，如乾隆三十一年（1766）八月二十一日，造办处曾挑选二等白玉两块，由如意馆画双猿、刘海戏蟾样，乾隆令“其双猿、刘海戏蟾留启祥宫成做”。此外，启祥宫还承担紫檀木活计的设计制作。

◎四、金玉作

乾隆二十二年（1757），造办处设金玉作，此后四年间，金玉作与玉作并存，随后玉作逐渐淡出，最终完全由金玉作替代。

金玉作应是乾隆朝造办处制玉机构改革的产物。一是当时许多玉器或玉石镶嵌装饰与金银材料分不开，如白玉错金嵌宝石碗等，需要懂得金银拉丝工艺的匠役参与制作，故在金玉作除有磨玉匠、琢玉匠外，还设有镀金匠、纍丝匠，专司制造金玉器物。二是内廷如意馆、启祥宫以及京外苏州、两淮等地制玉场所逐步成熟起来，玉作本身没有什么玉器活计可干，只是制作或改造一些小件玉器。此时将玉作改编为金玉作，似乎是顺理成章的事。

金玉作的主要工作是:玉器刷洗、修补、打磨、改作、安装、打眼、钻孔等；旧金属器熔化、金银器熔化、金属器制作改作、玻璃安装更换、洋瓷瓶黏结、宝石件改作、珠子打眼、收拾铜镜洋镜等。可以看出，此时金玉作已经是宫廷玉器等宝玉石制作的主要作坊了。

京外“八处”

除了内廷有玉作、如意馆、启祥宫三家制玉作坊，京外还有皇上亲自指定的苏州、扬州、天津、杭州、九江、江宁、淮安、凤阳等八处制玉机构，皇上及内廷人员一般将其俗称为苏州织造、两淮盐政、长芦盐政、杭州织造、九江关监督、江宁织造、淮关监督、凤阳关监督，统称京外“八处”。

依据清代定制，“八处”本无承办朝廷玉器制作的任务。由于乾隆皇上喜欢玉器，内廷的玉作坊做不过来，加之南方玉匠手艺好、技术高，这些地方的官员基本上是由皇帝身边的近臣和信得过的官员担任，由上述地方承办玉器制作，就是理所当然的事了。京外“八处”的建立，使乾隆朝制玉事业走上了蓬勃发展的道路。

织造、盐政、监督的职务品级，在清代吏部《中外大小正杂流土之文武官》中没有明确记载。因为这些为皇室承办御用品的官员，都是皇上的亲信和身边非常信任的人。他们根据皇上的喜好和需要，被任命和罢免，所以不会走正规的官员任免程序，并成为定制。

不过，《大清会典》中有如下记载：“总督巡抚兼盐政；盐政及钦差官与各官相见，均与学政同；运使盐道见盐政，与司道见督抚同；科目出身盐大使见盐政，与知县见督抚同。”由此可以看出，盐政、织造、监督等官的品级应为总督、巡抚级，即正二品或从二品。

顺治初年，在明朝旧制的基础上，在苏州、江宁、杭州各设织造局，负责织造上用、官用绸缎布匹，其为内务府机构，但财政支销由户部掌核。江宁、苏州、杭州三处织造的奏销，分由户部江南、浙江二清吏司兼管。同时，三织造职务并非由皇帝身边的人担任，而是由太监兼任。

康熙二年（1663）正月，康熙谕令："特选内务府官各一就任三织造。"除了织造外，还另外配司库一人、笔帖式二人、库使二人，处理日常上用、官用绸缎布匹具体织造事务，每年向朝廷呈交以上织物成品一次。

除了负责织造绸缎布匹外，三织造还兼管关税事务：苏州织造兼管浒墅关，江宁织造兼管西新关，杭州织造兼管北新关。

三织造的官员虽然由皇帝在内务府"贤能司官"中拣选，但其经费却由国家户部、工部支出。户部每年支出二十万零五十五两白银、工部每年支出二十四万七千二百四十四两白银，作为采办蚕丝、购买颜料、换取织缎、支付匠人工资、办理运输等费用。

到康熙年间，江宁、苏州、杭州三织造已拥有织机二千一百零八部。

乾隆朝定制：江宁、苏州、杭州织造官员缺，由内府郎中、员外郎内简选引见补授。同时规定，设织造官三人：江宁织造一人、苏州织造一人、杭州织造一人，均于内务府司员内请旨简放。织造各随司库一人、笔帖式二人、库使二人，以岁供上用、官用之物。

清代税关有户关、工关之分，征收百货税的为户关，属户部；征收竹、木、船钞税的为工关，属工部。乾隆朝以后，江苏的淮安关、江西的九江关、安徽的凤阳关三处，也为朝廷承做玉器。三处的最高行政长官称监督。

清初沿袭明制，各省设巡盐御史。康熙始，改为盐政，以总督或巡抚兼任。

乾隆朝，负责盐业事务的两淮（淮南、淮北）盐政、长芦（直隶）盐政，也开始为朝廷承接玉器制造活计。

京外"八处"在京城都设有办事处，办事处负责人称"坐京家人"，也称"长随"。他们是京外"八处"与宫廷造办处之间的联络官，负责在京城办理接活送货等交接手续，同时也兼职为京外织造、盐政、监督的家人或亲朋好友来京城走亲访友、游山玩水提供服务。

内务府官员习惯称“八处”驻京负责人为“坐京家人”，而乾隆在其谕旨批文中，皆用“长随”之称谓。

“长随”一词最早出自宋太祖赵匡胤的金口御赐。一天夜里，宋太祖赵匡胤冒雪去宰相赵普的府邸，见有一名家人跟随左右，举止恭敬得体，便开玩笑地说：“这是爱卿的长随吧？”从此，长随的称谓流传开来。后来，宰相赵普家的那位长随还得了一个七品官衔，所谓“宰相家人七品官”的说法，即由此而来。

坐京家人（长随）是朝廷编制外的差役，皆由当地人充任。清代朝廷规定，地方官要实行任职回避制度，既不能在家乡任职，也不能在其直系亲戚做官的地方任职。因此，地方官每到一个新地方，为了尽快熟悉当地官场的游戏规则和风土人情，不得不使用当地的这些“能人”代其办事。

◎一、苏州

有“天堂”美誉的苏州是座历史文化名城，从春秋时代开始直到今天，已有两千六百多年的历史了。

三国时，孙权在此扩展势力，建立根据地。“明四家”沈周、文徵明、唐寅、仇英，在此将一千多年来中国绘画中的工笔与写意两大不同流派融为一体，形成一派。更有山花野鸟愉情怡性的拙政园、集清代以前建筑之优点而又自成一体的留园、千人石上说“复社”的虎丘、“沧浪之水濯吾足”的沧浪亭、“亡国何由怨美人”的灵岩山等古代建筑园林和山水名胜，其中灵岩和虎丘更是被乾隆誉为“地方名胜，士民瞻眺之所”。

宜人的自然地理环境，加上厚重的历史文化熏染，历史上这里就“盛产”匠心独具、技艺超凡的能工巧匠。

苏州织造府邸设在苏州，织造用铜印，上刻“管理苏州织造”，印长二寸九分、宽一寸九分。

顺治初年，苏州织造局由监督一人、笔帖式一人、库使一人负责管理，三年一轮换。

康熙朝，苏州织造的奏销事务，由户部十四个清吏司中的江南清吏司代管。

康熙四年（1665）题准：毛青细布等项，由苏州织造承办。

乾隆朝奏准：苏州设纺织机六百六十三张，机匠一千七百八十名，挑花拣绣高手匠二百四十三名。由此可见，当时毛纺细布是苏州纺织业的主要特色产品。

从乾隆二年（1737）起，苏州织造开始正式向宫廷呈递制作的玉器。

乾隆二年（1737）九月初二，造办处七品首领萨木哈，将苏州织造海保委托家人六十五送到的白玉青玉笔抻十件、青玉连环十件，交给太监毛团、胡世杰，呈送皇上御览。

乾隆御览后令造办处颁旨："将白玉笔抻一件、青玉连环十件留在内廷，其余归入织造海保以前送来的玉器内备用。"这批玉器，是雍正九年（1731）海保调任管理苏州织造事务时，承接的第一批宫廷制玉活计。

乾隆对海保承做的这批玉器甚为满意。几个月后的一天，催总白世秀将白玉带板大小一百块、青玉带板大小五十四块，呈送乾隆御览。

乾隆仔细观看这些玉带板，知道它们不是"大清江山"的东西，而是明代的宫廷遗物。他首先想到的就是让海保将它们改做其他器型玉器。于是，乾隆令传旨："着交与苏州织造海保处，仿古款式花纹，酌量做佩、璧、环、合符，三四层妆盒、双连环扇器等件。俟完时俱刻'乾隆年制'款。不必甚急，陆续送来。钦此。"

两天后，乾隆又交给海保明代白玉素带板大小四十块，并传旨，还是让海保承做以上器型玉器，并俱刻"乾隆年制"款。

海保不负皇上所望，这批玉器虽然工艺不算复杂，但数量庞大，共计一百一十三件。海保用了整整一年时间，分五批，将这一百一十三件（套）刻有"乾隆年制"款的玉器制作完成，呈进给乾隆皇上。

海保在雍正朝时就是内务府郎中、皇上身边的近臣，善于揣摩皇上的心思，深知皇上的喜好，实为朝外官员仰望翘首、望尘莫及。乾隆即位后，海保见乾隆对玉器如此喜好痴迷，自然奋勉出力、办事勤干。从乾隆二年（1737）第一次向朝廷呈进玉器开始，就得到了乾隆皇上的充分信任。随后不到一年，即承接朝廷大宗玉器制作。从中可以看出海保的办事能力，以及当时苏州玉器制造业的兴旺强盛。

此后，苏州织造不断接到朝廷制作玉器的活计单，苏州为朝廷制作的玉器源源不断地送进京内。但此时苏州为宫廷制作的玉器仍以小件器物改制、刻款为主，其他玉器的制作，还是以宫内造办处的玉作、如意馆为主。

海保每年送往京城的玉器数量，远远超过了朝廷下发的制作指标，使乾隆对海保产生了怀疑。随后，苏州地方官员频频密奏，揭发海保的种种劣迹，这才引起乾隆对海保的注意和关注。

海保多少也嗅到了一点风声，知道自己一旦东窗事发，难免不被治罪。于是，乾隆四年（1739）九月二十八日，海保奏请皇上，请求“解任进京，伺候阙廷”。显而易见，海保请求解任苏州织造进京当差，是想摆脱罪责，见好就收，溜之大吉。

乾隆也假装糊涂，好像对官员密奏海保的事一点也不知。乾隆说：“此奏出于何心，朕甚不解。”但在暗地里，却令两江总督那苏图秘密调查。

乾隆从那苏图的调查报告中得知，海保每年进送朝廷的玉器，有很大一部分都是海保利用手中的权力从苏州、扬州等地商户中搜刮、强买来的，在当地引起商民的强烈不满。此外，天高皇帝远，海保还借皇帝近臣的身份，生活奢靡，“歌弹吹唱，达旦连朝，扰人父母，跋扈一方”，导致当地官员的举报不断。

乾隆四年（1739）十一月，暂署两江总督、江苏巡抚张渠，题参苏州织造兼管浒墅钞关海保，“贪黩狂妄，暴敛横征，听任家人纵肆，勒买优伶，圈禁商人”。乾隆最终下令，革去海保的职务，“严审定拟具奏”。

乾隆陆续交办一些有难度的玉器器物的制作任务给苏州，是从乾隆八年（1743）时开始的。

乾隆八年（1743）十二月二十一日，乾隆摆弄着手头一套明代白玉杯盘，杯盘上的龙纹花纹甚为平淡，也无隆起。于是，乾隆令传旨苏州织造图拉：“找好白玉仿照此白玉杯盘成做一对，杯盘上做宋龙花纹，俱要拱起，细致成做。”

乾隆十五年（1750）八月十一日，乾隆挑了一块好白玉，令造办处玉画匠姚宗仁画了一张如意仙人纸样，交给图拉承做一件白玉如意仙人。图拉于次年二月二十二日，用了半年时间，在苏州行宫将白玉如意仙人面呈乾隆。此时，乾隆正南巡苏州，对苏州织造图拉承做的这件玉器甚为满意。

从此之后，苏州不断接到朝廷制作玉器的订单。一些玉器名作不断出现在苏州的官玉作坊，如：青白玉题诗璧、青白玉英雄、青白玉道茂叔观莲、白玉放鹤图等。

乾隆十七年（1752）三月三十日，苏州一次送交朝廷二十件白玉螭虎双友卮，而且工艺考究、制作精美。乾隆甚为喜欢，命在紫檀木座上刻年款，包锦袱，配文锦匣，送往乾清宫收藏。

乾隆初年，由于新疆准、回二部没有平定，新疆没有形成对朝廷的玉石恒贡制度，玉石供应多为当地土著领主进献，或朝廷派员前往零星采办，数量有限。由于苏州是明清两代南方商业中心之一，商业氛围浓厚，玉石市场繁荣，新疆的玉石商人不断贩运玉石在此售卖，交易活跃，苏州织造为朝廷承做的玉器，在大多数情况下是在本地市场或到新疆采买玉石来制作的。

苏州这种自办玉石的状况，在乾隆十二年（1747）停止了。这一年的十一月十一日，太监胡世杰交给七品首领萨木哈八块青玉，并传皇上的话："着传与南边（苏州），从前传做玉别子，如买得玉，即成做送来，嗣后不必买办玉；若未买得，用今交去之玉照样成做，嗣后亦不必买办玉，京内陆续将玉发去成做。"

乾隆停止苏州自行采办玉石，自有他的考虑。因为此时已有传闻，说当地官员借采办玉石,滥用职权,损公肥私,借机发财。因当时找不到确凿的证据，乾隆也不便追究查处。乾隆担心这八块青玉起不了多大作用,十五日和十八日，又分别追加了三十二块和三十六块。

乾隆十九年（1754）十月十一日，监察御史安宁将苏州织造托人带到的一件白玉腰圆花囊、一件白玉圆合符转呈乾隆皇帝。乾隆看后，对两件玉器的制作工艺和水准大为不满，遂发布谕旨："安宁所做白玉腰圆花囊、白玉圆合符甚糙！着交如意馆往细致里做。"这是乾隆朝苏州承做朝廷玉器的第一次返工，并由造办处如意馆改做。说明当时苏州的制玉水平，还没有完全达到宫廷的制玉要求及造办处制玉作坊玉工匠的制作水平。

乾隆二十三年（1758）十二月三十日，乾隆再次对安宁制作的玉器提出了批评。两年前，乾隆得到了一块上好的黄玉，爱不释手。该玉质地细腻，颜色纯正，抚之有油腻感，是块上好的黄玉子儿料。黄玉子儿料比白玉子儿料还要稀少和难得，宫里称这种玉为"甘黄玉"。"甘"，即像糖一样甜腻。虽有上次制玉粗糙的教训，但毕竟已过去四年了，乾隆还是把它交给苏州织造安宁承做一件双环瓶。

不知安宁是觉得这块黄玉太贵重了，舍不得下刀，还是因有过上一次的教训，而过于谨小慎微，双环瓶上的花纹没敢往深里刻。

乾隆看到朝思暮盼的甘黄玉双环瓶后，见花纹图案刻得如此浮浅，没有层次，就气不打一处来。乾隆对玉的雕刻深度很在意，他非常喜欢图案雕刻得有深度、有立体感。图章也多次下旨要求雕刻要深。此次乾隆本想发火，但一想事已如此，如意馆还能返工，也就没有过分追究。但还是传旨安宁："花纹做得浅，着寄信安宁，嗣后再做有花纹的古玩，要往深里刻。"

但没过多久，让乾隆恼火的事情又发生了。就在乾隆批评安宁黄玉双环瓶花纹雕刻太浅后的第二个月，乾隆又交办安宁一件玉器改做活计。这件准备改做的玉器，是明代的一块青白玉玉牌，质地莹润肥厚，有油腻感。乾隆不喜欢明代的玉牌造型，让安宁改做一件夔凤玦。

乾隆二十四年（1759）六月初九，安宁将改做后的夔凤玦，连同其他承办的玉器一同送往京城。员外郎金辉特地将夔凤玦挑出来，交给太监胡世杰呈送乾隆御览。乾隆接过改做后的夔凤玦，只粗粗一看便面带愠色。夔凤玦雕刻得不够精细，打磨也不光滑，挺好一块玉，就这么给糟蹋了，这让乾隆大为光火。

乾隆令内务府传旨安宁："青白玉夔凤玦做得甚糙！嗣后再做此糙活计，使不得！"

苏州为宫廷制玉屡遭皇上的批评和斥责，这是为什么呢？这里主要有两个原因。一是随着乾隆对玉器的喜爱程度不断加深，送往宫外的制玉活计逐年增加，乾隆似乎不注意苏州当时的人力、物力、财力的状况，只要是自己喜欢，就尽管下谕旨制作玉器。特别是平定准噶尔、回疆二部以后，新疆玉石大量进京，乾隆自然不胜欢喜，频频下旨苏州承做玉器。玉器制作费工、费时，一件简单的玉器雕件，从开石到制作完成，往往需要半年多的时间。如果是瓶壶或较大雕件，更需要一年以上的时间。大量的玉器制作任务，使得苏州难以承受。但皇上经常催促制玉活计"怎么还没有做完送来"，制作粗糙难免发生。二是苏州织造官员多好大喜功，为营造地方政绩工程，铺设自己的仕途之路，往往不顾现实情况，在朝廷玉器制作上只顾"多拉快跑"，在皇上面前邀功请赏，最终导致了粗制滥造现象的发生。

乾隆一旦对某个人或某个事务产生看法，往往很难转变，用今天的话说，就是有点固执或记仇。如果苏州在玉器制作上，别总摆"老大"的地位，往往会收到更好的效果。

因为京外制玉机构有了“八处”，乾隆在玉器制作上有了更多的选择。苏州接办朝廷的制玉活计也随之越来越少，最后发展到无活可做的地步。

乾隆五十一年（1786）九月二十八日，苏州织造四德来文请旨，说近来奉旨传办的活计较少。请求“如有应办之件，给发来苏，接续办理。俾得悉心巴竭，以尽职司”。

这个时候，原任苏州织造舒文已调离苏州回京任总管内务府大臣。舒文在任时，深知因得不到皇上的信任，导致没有什么活计制作的苦恼。此时，舒文没忘了在制作玉器活计分配上，关照一下苏州，多分些活计给他们。

在看到四德来文的当天，舒文亲自挑选子儿玉十五块、山料玉二块，并请旨皇上：“拟交苏州织造四德成做玉宴盘九件、玉宴碗二件、玉爵盘三件；拟交江宁织造成善成做玉宴盘二件、玉宴碗一件。”舒文心里明白，如果都让四德承做，皇上一定能够察觉，说他偏袒苏州。所以他把江宁织造列上作为陪衬，因为他知道，江宁织造的制玉水平远不如苏州，皇上一定会通过此项所请。

没想到，乾隆对苏州的“旧事”仍耿耿于怀。乾隆阅览后，不假思索地在奏请折件上批示：“将宴盘十一件、宴碗三件、爵盘一件交两淮成做，余剩爵盘二件交苏州成做。”

这一年的十二月初一，乾隆查看大宴玉餐具，发现有不少玉碗、玉盘等餐具颜色不一致，他令舒文查看具奏。

舒文调查了解后得知，大宴桌上共有玉盘、碗、盅、碟共计一百五十一件，其中有五十九件颜色不一致，需进行补造。舒文想，这次需要补造的玉器量很大，苏州怎么也能承接一批活计了。于是他到银库挑得山料玉六十七块，够做盘、碗、盅、碟七十三件。

舒文请旨乾隆，拟交两淮盐政征瑞承做酒宴盘三十二件；拟分发苏州织造四德承做群膳碗十件；拟交长芦盐政穆腾额承做高头碗十件；拟交江宁织造成善承做高头盘三件、看盒盅八件;拟交杭州织造额尔登布承做垂手盅十件。

舒文这次行文，精心设计了“八处”排次，把两淮放在了最前面，承做的件数也最多。乾隆上一次还给苏州剩了两件活计，这一次却一件未留。

乾隆令造办处传旨：“准照所拟发交各处成做，惟苏州四德处不必发给。将群膳碗发交长芦成造，长芦成做之高头碗改发两淮成造。”

苏州接办朝廷的玉器活计虽然减少，但乾隆对苏州所做活计的指责却没有因此而减少。

乾隆五十二年（1787）正月初五，苏州送到一件汉玉龙尾觥。乾隆对内务府的官员说："做得粗糙，口亦做厚了，所用工价不准报销。传与四德，嗣后成做活计，俱往细微里成做。龙尾觥交如意馆，将口往薄里改做。"

同年三月十三日，乾隆又因苏州做活太慢下旨："苏州现做青白玉'兰亭计'山子陈设，为何至今还未做得？两淮'大禹开山'尚且做得，并在途解来京中。着传与舒文，寄信催问。"

乾隆晚年，苏州奉旨传办的玉器制作活计越来越少，几乎到了快揭不开锅的地步。苏州织造四德苦思冥想，暗自发泄对舒文的不满：自打接了舒文这活儿，就没少挨皇上的批评和数落，苏州的玉器制作在皇上心目中一直就翻不了身。而且，目前苏州几乎到了无玉器可做的地步，这全和你舒文脱不了干系，你不能坐视不管。

乾隆五十四年（1789）二月二十七日，四德提笔给舒文写了一封信，恳请舒大人在皇上面前说说情，下发点活计承做。信中说："窃照苏州衙门向有奉旨传办活计，可近年以来，传办活计稀少。现自正月份存苏办做者，只有十一项。除青玉佛一尊、汉玉瓶四件工次较大，一时尚难完竣，其余六项，约计三、四、五日间即可分期恭缴，以后即无活计承办。相应咨明贵处，转为奏明请旨，如有应办之件，无论难易大小，给发来苏，俾得接续办理。本衙门将实心实力，细致成做，如期恭缴。"

舒文阅信后，马上传知属下："将如意馆存收未做活计内，查办数项，奏明发给。"随后，舒文将四德的来信附在拟办清单前，一同呈送乾隆皇上审批。

乾隆虽然对苏州数次奉旨承办的活计质量甚为不满，但念四德昔日也是自己身边信任的近臣，苏州也曾是京外为宫廷制作玉器的首选之地，聚集的能工巧匠和制玉大环境，在当时还是位居其他各处之首，还是答应了四德所请。

乾隆在下发的谕旨中写道："俱准发往苏州，照样细致成做，册宝按本文刻字。"

这次发给苏州的活计不但数量多，共有十余件，而且还给了苏州几件宝册让其刻做，这也是近年来少有的事。

四德这次没有辜负皇上的期望，仅用三个月就做成旧玉玉兰花插一件，四个月做成青白玉册宝一份、旧玉象一件，五个月做成皮糙玉觥一件、青玉奶茶碗三件。活计做得既快又好。

乾隆看到苏州送来的玉器后，甚为满意，令传旨："将青白玉宝册交宝月楼，旧玉玉兰花插交宁寿宫，玉象交热河等地收贮陈列。"

从此之后，乾隆朝官督制玉业所在地之一的苏州，奉旨传办的玉活计逐渐多了起来，再次得到了乾隆的信任。

历史上，苏州出能工巧匠，制作的活计物件素有"苏工甲天下"的美誉，仅仅出现一两次粗糙的玉器活计，不能否定苏州的传统优秀手工业。虽然不少大型名雕玉器没有出自苏州，但由于得益于春风化雨的人文地理环境，在玉器的工艺制造上，还是给后人留下了浓墨重彩的一笔。

◎ 二、扬州

从乾隆十九年（1754）苏州承做的玉器第一次遭到批评指责开始，乾隆就产生了要打破目前这种京外一家独揽宫廷玉器制作的垄断局面的想法。行业做事要有竞争，没有竞争，苏州一枝独秀，难免再次出现粗制滥造的现象。考虑再三，乾隆决定在玉器制作行业内引入竞争机制。他首先选择了扬州。

"故人西辞黄鹤楼，烟花三月下扬州。"乾隆朝，两淮盐政驻扎扬州府。古代的扬州城，商贾云集，店铺林立，虽然没有苏杭的湖光水色、人杰地灵，但也是夜市千灯，高楼红袖，别有一番江南水乡迷人的景色。特别是扬州的园亭建筑，以假山叠石取胜，水石相映、若实还虚的幽静画面，实为人间妙景。清人对江南名城有这样的评鉴："杭州以湖渠胜，苏州以市肆胜，扬州以园亭胜。"

清初，宗室成员可借两淮盐政银两生息自用。康熙二十七年（1688）议准："停止宗室官员借支滋生银两，由户部拨三十万两交两淮盐政生息，所得银两解交户部，以备宗室觉罗恩赏之用。"由借公款生息自用，到划拨一定数额的公款生息私用，实际上都是借鸡下蛋、公款私用。由此可见，两淮盐政的地位特殊，在皇帝眼中另有一番重要作用。

早在乾隆十六年（1751），当时还在长芦盐政任上的高恒，就曾在预备皇太后六旬万寿庆贺时向乾隆暗示，自己手下有管辖的商人，能够资助办理皇上玉器贡品。乾隆佯装听不明白，未予以理睬。高恒心里明白，乾隆之所以不允准，是在平衡各方利益关系。

乾隆十八年（1753）四月，江苏巡抚庄有恭奏报："淮民不知纺织为何事，请求招募织工，配备织具，设局教习。"时任淮关监督的高恒见是个好机会，主动用生息银捐款，在板闸设局，教民学习。乾隆闻此御批："甚好。"此事在乾隆心中留下深刻印象。

以往，乾隆多为地方官员奏请此类事情借机向朝廷要钱而烦恼，因为全国此类事情太多，朝廷库银有限，不能一一解决。

乾隆二十四年（1759）正月，已就任两淮盐政的高恒，听说陕甘地区军粮银两紧缺，随即号召两淮商众自愿认捐银一百万两，以解陕甘地区军需屯务之用。

乾隆知道此事后，令军机处传旨："该商等踊跃捐输，其急公之志，深属可嘉。"这次募捐行动，又让乾隆加深了对高恒为朝廷分忧解难、尽职报国一片忠心的了解。

乾隆二十五年（1760）五月初四，经过充分酝酿和前期准备，扬州正式承接朝廷玉器制作。这天，乾隆交给两淮盐政高恒青白玉料三块，要求制作三件双管瓶，并俱刻"大清乾隆仿古"款；青玉碗一件，刻"乾隆年制"款。

承办制作朝廷玉器这一年，正逢乾隆五十寿辰。高恒心里琢磨着，应该借此机会在皇上面前好好表现一下，让皇上进一步认识和了解自己的人脉关系和办事才干。

首次承办朝廷玉器制作，两淮盐政高恒没有辜负乾隆的厚望，出色地完成了任务，乾隆甚为满意，大加赞赏。

高恒没有因受到皇上的褒奖而就此罢休。八月初三，在乾隆五十寿辰前夕，在精心筹划了一番之后，高恒为乾隆皇上献上了一份自乾隆登基以来无人可及的大礼。礼品包括玉器、瓷器、青铜器、景泰蓝、雕漆器、竹木器、盆景、洋漆鎏金器、丝织物等，共计九大类四百三十七件，开清朝定鼎中原以来臣僚进献朝廷贺礼之先河。其中玉器四十件，品种有磬、如意、觥、卮、卣、杯、盘、盖碗、盅、壶、樽、暖手、洗、水盛、笔抻、臂搁、琴拂、拱璧、陈设等，不乏白玉、黄玉子儿料等名贵玉种。从中可以看出，扬州制玉业由来已久。

高恒此番进献的玉器，大部分取自民间，而不是官属玉作坊所做。高恒仅靠养廉银办不了如此多且高档次的贡物，可见高恒与当地商人关系非同一般。

乾隆阅此进单后瞠目结舌、惊异万分。他想，一般官员平日里进贡也就三五件，逢朕正寿年份最多也就十几件，高恒竟然呈进了四百多件。其中，白玉龙马赋图陈设、黄玉方龙觥、白玉夔龙觥等，过去朕怎么都没听说过，高恒怎么会有这么多的养廉银？高恒难道不怕朕以财产与收入不符治他的罪？但又一想，高恒不是曾经奏报过有属下的商人愿为朝廷尽点力吗，还曾捐款以解“陕甘”军需屯务之急，看来高恒他还是对朕忠心，真心想为朝廷做点事。这次看在他父亲内阁大学士高斌的面子上，就不予以追究了，但礼品一件不收，照例“驳出”就是了。以后要对他多加小心，以防他假公济私，中饱私囊。

随后的日子里，高恒为朝廷尽心尽力置办玉器，不仅交活快，并且质量还好。尤其以制作仿古玉器见长，所做瓶、卮、觥、钵盂，还有寿星、罗汉仙子、善财龙女等摆设雕件，深受乾隆皇上的喜爱。高恒也深知此机遇良缘的来之不易，在任上更是实心办事、尽职尽忠，以求官运亨通。

高恒在做官与金钱的道路上谨慎行事、小心再三，但没想到的事情还是发生了。

乾隆二十七年（1762）十月，理藩院尚书富德因利用职务之便，向蒙古索取马数千匹在自家马场放养受驯。为减轻罪责，富德供出扈从皇上南巡时，曾带野生特等人参七斤，交高恒变价三千两白银。

乾隆闻此大为不悦，但还是给高恒留足了面子。乾隆在刑部办文上批示：“高恒身为盐政，不应允从，即伊敦请不已，亦当据实参闻，乃代为售卖，殊属不是。但查此参系带至苏州变价，尚非高恒所属地方，且所与价值，亦无逢迎多给之初。高恒着传旨申饬，加恩仍留盐政之任。嗣后，凡事皆当谨慎，不可复蹈故辙。”

这次倒卖的是人参，如果是玉石，恐怕就要革职入狱了。高恒深知此次大难不死，是自己的造化，感叹“春冰薄，人情更薄；江湖险，人心更险”，官场险恶，人心叵测。

乾隆通过此事，觉得高恒虽是个人才，但擅做主张，胆子也不小，以后还不知道会生出什么事来，还是找个机会把他调离为好。

乾隆三十年（1765）五月，乾隆以“高晋（高恒的兄弟）现授两江总督，高恒应行回避”为由，将高恒调回京城，署户部侍郎。

乾隆朝，官员没犯什么错误就调离岗位的，实属不多见。乾隆自己感到有点过意不去，随即下令高恒为户部右侍郎兼总管内务府大臣、署理正黄旗汉军副都统，这也算是对高恒有了一个补偿。

接替高恒就任两淮盐政的是原淮关监督普福。普福任两淮盐政不到三年，承做的玉器式样没什么改变，倒是多了些卧牛、螃蟹、蟾蜍、鹌鹑、鸠、鹰、卧象、娃娃等小动物摆件。从普福个人进贡给乾隆的玉器看，瑞玉合欢刘海、汉玉天马呈祥、汉玉刘海戏蟾、白玉三猿献寿等小雕件不少，这可能也是这个时期扬州为朝廷制玉的一个特色。

普福在任政绩平平，在办理盐务上虽比高恒谙练，但在破除情面、直言不讳上，确不如高恒能据实具奏。

乾隆三十三年（1768），普福因未能及时奏报属员“急图盐数加多，虚数捏报，短少盐斤”的事实，被调任淮关监督。

乾隆三十三年（1768），供职广东粤海关的尤拔世接替普福任两淮盐政。尤拔世原为凤阳府知府，因职场过失，屡遭乾隆申饬。又因驿站马匹疲瘦不报，被降二级调用。后接替唐英任九江关监督并署理景德镇窑务三年，曾拟用一万一千两养廉银中的九千两烧造瓷器，以赎以往职场过失，被乾隆以“此皆细事不足较”为由，不予领情。

尤拔世任两淮盐政后，确实曾想改头换面，让皇上另眼相看，一来两淮盐政这个职位是个肥缺，众人企盼不可及；二来两淮自然资源富饶，百姓富庶，其他地方不可攀比。孰料，尤拔世上任不久，就因玉器制作粗制滥造，被乾隆训斥了一番。

乾隆三十三年（1768）七月二十六日，乾隆接到尤拔世送到的皮糙玉仙山陈设一件。这种带皮玉料较为难得，乾隆甚是喜欢，每每下旨制作器物时，都要特意指示留皮，不要去掉玉石表面因长年风吹日晒留下的皮糙和颜色。用皮糙玉做得的玉器，应算得上是玉器中的上品了。

但这次乾隆不但不喜，反而大为不悦，活计粗糙不说，做法上也说不通，山形雕琢也很随意，不达情理。乾隆一面指示将此“半成品”交如意馆改做，一面传旨尤拔世予以训斥，说此皮糙玉玉质颜色甚为难得，但仙山平面“样法不通，做的又糙，山上亦无皴皱，尤拔世着予以申饬，另选好玉料往好里想法做”。

这是乾隆第一次指责两淮玉器制作活计粗糙，也是档案文献有记载的唯一一次。

尤拔世感觉很窝囊，怎么这事就让自己赶上了呢？扬州官署玉作坊还是普福在任时的那帮小子，怎么普福在时就没出现问题，偏偏我刚一到任就出问题了呢？是不是他们存心捉弄我是新来的呢？尤拔世越想越生气，决定日后只要是有空，就到玉作坊督造，照着来样一一核校，或让熟悉和了解雕刻艺术的家人巡查，如有消极耍滑、偷工减料之事，及时通报，必以违抗朝廷谕旨解京治罪。

这样一来，扬州官署玉作坊又恢复了往日的平静。乾隆下旨承做的不论是较大件白玉碗、青白玉盘、白玉象耳瓶、白玉文王鼎、碧玉羽觞洗，还是小件白玉鼻烟壶、碧玉朝珠等，都让乾隆很是满意。

任上如履薄冰，工作小心翼翼，该及时汇报的汇报了，该督促检查的也督促检查了，自身也洁身自好、一尘不染，两淮盐政的宝座怎么也得坐上几年吧，但事情往往不能随心所欲，而是事与愿违。

在两淮盐政任上两年后的一天，尤拔世听说各盐政、监督、织造将有人事变动。他急忙派驻京家人李静存打探消息。李回信称确有其事，不过皇上没有考虑两淮盐政的人事变动，尤大人应该继续留任。

按照清朝旧例，任命或留任官员都要及时谢恩，否则要被训饬。尤拔世面露喜色，忙拟折送京谢恩。

军机处大臣开折后大为吃惊，怎么皇上还没下旨公告的事，下面就知道了呢？随后，军机大臣拟折奏报乾隆："尤拔世误听留任之信谢恩，请交部察议。"

乾隆看后想，尤拔世是老糊涂了吧，怎么这么沉不住气呢，这事儿要是捅出来，朕也不好留你了，还是找个理由把他调回京城吧。

乾隆随即下旨："尤拔世闻信未确，冒昧谢恩，以盐政留任辄露欣喜之意，不过近于器小。况伊年力就衰，亦难胜两淮盐政之任。尤拔世着来京候旨。"

官场上的事就如天上的风云，有时你很难预料，即使预料到了，那也只能是预报。官员升迁进职的仕途之路，更是险象环绕，荆棘丛生。你可能不会被一块石头绊倒，但有可能被一根稻草缠绕而不能前行。

乾隆四十三年（1778）十一月十日，尤拔世病死京城，享年七十六岁。

乾隆三十五年（1770），原长芦盐政李质颖，接替尤拔世任两淮盐政。五年后，李质颖升迁安徽布政使，原淮关监督伊龄阿受命巡视两淮盐政。

伊龄阿担任两淮盐政时期，扬州为朝廷开始承做大型玉器。

乾隆四十一年（1776），也就是伊龄阿就任两淮盐政的第二年，他接到乾隆皇上谕旨："重五千斤玉一块，做瓮一件，交两淮盐政伊龄阿处成做，其钻心并回残不必送京，即着伊龄阿顺便交苏州织造舒文，成做宴上盘、碗、盅、碟、瓶等件。"

这是朝廷第一次下旨承做千斤以上玉器，乾隆偏偏交给了两淮而没有交给苏州承做，伊龄阿感到莫大的荣幸。伊龄阿知道，如此大的玉器，即便是昼夜兼程赶制，也要四年的时间，这件事一定要在自己的任上完成，否则不是给别人做嫁衣裳了吗？

伊龄阿自认为是官场上的老手，早在淮关任上，因征收税银得力，就曾受到乾隆的奖赏。他知道要想得到皇上的赏识，就要投其所好，多做让皇上高兴的事，以后还愁仕途不一帆风顺吗？

就在接做大玉瓮这一年的春天，适逢乾隆巡视山东，南方各路官员前往接驾，进呈礼物。伊龄阿自然也照例前往迎候，同时也想借此机会好好"伺候"一下皇上他老人家。为此，他精心准备了乾隆喜欢的玉器文玩。

这一年开春短短一个多月的时间里，他八次进呈礼物，这在以往各地官员进献礼物的记载中是绝无仅有的。进献的玉器主要有白玉四环如意樽、白玉凤樽、白玉瑶台仙山、白玉文房、白玉盘、白玉鞭柄剑把、汉玉一统樽、白玉万代樽、汉玉双螭洗、白玉寿山、青白玉紫云峰山子、白玉福寿如意、镶玉河清海晏万年如意、白玉祥云景福如意、汉玉拱璧、汉玉暖手、汉玉七贤山、汉玉文带、白玉寿星赞壶、白玉螭龙瓶、白玉提梁卣、白玉象鬲鼎陈设、白玉五子觥、白玉福寿水注等，共计一百四十二件。其中，三月十四日，伊龄阿还代扬州商人江正大呈进玉器十四件。

但伊龄阿以上所呈献的玉器，均被乾隆一一退回了。在乾隆万寿前夕，伊龄阿继续进献礼物两次，呈进玉器二十一件，除了紫檀细雕嵌白玉人垂拱万年三屏一座、紫檀细雕两面嵌白玉人安乐图插屏一对、紫檀细雕垂拱万年宝座一尊被收下外，其余也被乾隆悉数退回。

如此频繁地进献礼物，最终让乾隆产生了怀疑，可是又让乾隆找不到很好的借口处置他。伊龄阿在工作上兢兢业业、任劳任怨，业务纯熟、独当一面。

这让乾隆挑不出什么毛病。仅仅因为给皇上献礼多了就被拿下，于情于理似乎都说不过去。但伊龄阿如此的阿谀逢迎，讨好皇上，败坏职场风气，又让乾隆心存疑虑、放心不下。此风气如果不予遏制，在京城内外官员中蔓延，人人攀比，争相进献，官场风气将严重败坏，吏制腐败将以另一种新面孔出现。

考虑再三，就在这一年万寿节过后的十月，乾隆终于下了决心，令内阁颁发了一道谕旨。

乾隆在谕旨中对内外大臣说："伊龄阿办理盐务尚无不妥，但伊今春至山东接驾时，见其进贡独多。伊一人养廉断不能办，且诸事颇露高兴，与盐政不甚相宜。伊曾任淮关监督，征收税务尚系熟手，因将伊调管淮关，寅著调补两淮盐政。"

伊龄阿非等闲之辈，在淮关不能为朝廷置办玉器，但寅著留下的烂摊子，又让他看到了希望。他知道皇上重视一个人的才干，最看不上平庸无能之辈。寅著在淮关干不好，在两淮也不会干好。自己一定要在淮关任上干出点名堂来让皇上看看，还愁没机会回到两淮盐政这个位置上吗？伊龄阿还惦记着大玉瓮的事，这份大礼不能拱手让一个平庸之辈拿了去，这让他无论如何也接受不的。

伊龄阿在淮关任上勤勉办事、真抓实干，加班加点、不辞劳苦，不到两年的时间，不但补上了寅著留下的税银亏空，还有不少盈余。而寅著在两淮任上这两年，业绩平平，无所作为，办贡不用自身养廉银，而让商人出钱代办，这让乾隆甚为恼火。

乾隆心里盘算着，寅著你在淮关征收税银不力，亏空甚大，曾申请用养廉银分年赔缴。朕担心分年赔扣，财力未免拮据，并念你平日办事尚属谨慎，降旨调任两淮。你不但不珍惜从新做人的机会、感恩报答，反而不思进取、平庸懈怠，盐政办贡也让商人代为出钱，"日久累商，必生弊端"。

乾隆四十三年（1778）五月，乾隆一纸调令，将寅著又调回了淮关，伊龄阿再回两淮。

乾隆在调令中说："寅著人甚糊涂，盐政断非伊所能经理。伊龄阿在淮关两年，关务渐有起色，故仍调两淮盐政矣。"

最后，乾隆也没忘了在调令中数落寅著几句："盐政办贡，惟取给予商人，而本任所得养廉，大率存留不动，所谓慷他人之慨，谁则不能！"同时，乾隆也提醒伊龄阿，不要沾沾自喜，要“痛改前非，勿萌故智，仍蹈前辙”。

伊龄阿重回两淮后，勤奋工作，出台规则，酌定章程，严办私盐贩卖，尽心尽力办理朝廷贡玉事宜。

乾隆四十四年（1779）十二月二十三日，历时三年半而精雕细琢的“云龙山水大玉瓮”,终于告竣送到京城。乾隆特颁谕旨:“着在宁寿宫乐寿堂安设。”

伊龄阿自感功德圆满，忘记了乾隆的谆谆教诲，故智重萌，复蹈前辙。就在大玉瓮告竣送京后的第二年，伊龄阿又指令扬州商人代进贡物，被乾隆斥为“实属旧习未除”，并传旨申饬，“调离两淮盐政，前往粤海关就任”。

伊龄阿不满皇上的安排，内心异常郁闷，到任四十余日只谈公事，并不谢恩。

乾隆闻此大为恼火，令内阁传旨:“伊龄阿到任四十余日，有折只谈公事，并未谢恩,是其因调任粤海关监督,意存不满即此可见。着传旨申饬,问其何故，据实回奏。且伊不必往粤海，令其自酌。”

伊龄阿就这么着被乾隆给“挂”起来了，整日无事可做。其实，乾隆很赏识伊龄阿的才干,很想用他,即使伊龄阿如此屡教不改,乾隆还是发出了“才具素优”的感叹。

一年后，伊龄阿又回到了两淮盐政的任上。两年后，伊龄阿被授为内务府总管大臣，直至乾隆归政，病死京城。

伊龄阿是个可圈可点、让人在记忆中难以忘却的官场人物。在清代职场上，他是为数不多的“才具素优”，同时又毛病颇多、旧习难改而让乾隆难以割舍、欲罢不能的人物。乾隆颁旨承做的五千斤大玉瓮，在他任两淮盐政时完成。近万斤的青玉陈设“大禹开山”，也是在他任上接手承做。仅此一点，我们也该为他在中华玉器史上留下一笔，填补他在职场上风雨飘摇、颠簸荡漾的不足和缺憾。

京外各处承办朝廷御用贡物，系由地方承办官员委托当地商人具体承做。承做的贡物验收合格后，按商人的实际报价，由朝廷出资买单。就是这么一个简单的流程，这里面的猫腻和学问可就大了。多报多支，虚开浮开，套现朝廷银两之事时有发生。更有甚者，官商相互勾结，将上报朝廷贡物的成本做大，朝廷据此拨付银两后，再由制作商回扣给承办官员。这类事，由于手段狡猾、做法隐蔽，往往很难被朝廷发现和抓到，即便感觉官员在从中套现和吃回扣，也很难发现证据并给予相应的处理。这样的漏洞，使得朝廷每年损失官银上百万两。

乾隆三十五年（1770）三月二十五日，内务府发现，扬州承办的玉器，其费用逐年增加，而数量、款式、玉石原材料的费用等，并没有什么变化，于是展开调查。

内务府派员对两淮盐政尤拔世所报乾隆三十三年（1768）支出的银两数，与当年进贡的玉器，“逐件估对价值”，查出“多余浮开，应核减银五千五百余两”。同时，总管内务府大臣福隆安向乾隆建议，“令该盐督，照例解交造办处”。

乾隆知道这事很难处理，若让该盐督赔补，最终这银两也不会出自他的腰包，还是要由商人代付。

于是，乾隆令内务府发布了一道谕旨，这可能是乾隆任上最为是非不分、黑白颠倒的谕旨。谕旨称：“伊尤拔世贡件，系交各商承办，若着令赔缴，尤拔世必仍令商人按数补解，又致累及众商。着加恩免其赔缴。”

◎三、天津

乾隆朝，长芦盐政驻扎天津，并兼管山东盐政，系“钦差御史巡视，一年更代”。

从乾隆二十六年（1761）起，长芦盐政开始为朝廷承做玉器。这一年的年初，乾隆让造办处将二十块白玉，交长芦盐政金辉画样，想先看看天津玉匠的画工水平，再决定是否让其承做。

六月初六，长芦盐政金辉将赶制的玉马、玉熊各一件送京，并画了十一张画样，交太监胡世杰送呈乾隆御览。

金辉未经请示批准，先做了两件玉器，一来想让皇上看看天津匠人的手艺和才干；二来也想在皇上面前表露一下自己在工作中“不用扬鞭自奋蹄”的进取精神。不料乾隆并不领情。乾隆本想申饬一下，但再三考虑还是放弃了，决定颁旨给金辉泼点冷水为好，以免他日后过于自大。

乾隆在给造办处的谕旨中写道：“玉马头做大了，玉熊脸扁了。玉子儿内已动手者，仍旧成做，未动手之玉，着送来交如意馆画样呈览，准时发去照样成做。”

天津长芦盐政金辉第一次承做朝廷玉器，就遭到了乾隆的批评，虽事出有因，但也可以看出，乾隆对天津玉匠的做工和画样并不满意。

当时京内外玉作坊就那么几家，远远满足不了乾隆对玉器的需求，在京外陆续开办官属玉作坊，已成大势所趋。那么，乾隆怎么就选上天津了呢？

“天津”这个名字，是明成祖朱棣颁旨特赐的，是“天子经由之渡口”的意思。因为有着大清国北方沿海海陆交通枢纽的得天独厚的地理条件，天津在漕运中逐步兴起，市集也因此日趋繁荣。锅店街、针市街，以及牛行、驴市、布店胡同等数量众多的商业历史遗存，使得天津人似乎天生就会做生意，会摆弄点小手艺、小买卖。

进入清代，朝廷许多重要派出机构也设在天津，诸如水师营、钞关、长芦盐政等，于是天津冠盖云集，许多大官僚、大盐商在此营建邸宅园林。在这么一个地利人和的地方设置官玉作坊，是再合适不过的了。

初次试手，乾隆感觉北方工匠技艺确实不如南方匠役，尤其是在手工艺活上，北方工匠的活计还是显得粗糙了些，不够细腻。乾隆开始犹豫了，要不要在天津设？要不要给金辉承做朝廷玉器这个机会？

能在织造、盐政、关务监督上任职的，都是皇上身边自己的人，都是皇上非常信得过的人。因为他们是在给朝廷挣钱，或者进一步说是给皇上挣钱，人也得皇上好使唤才行。

金辉是乾隆的贴身近臣，乾隆才给了他长芦盐政这个差事。天津离京城近，来往也方便，又便于操控，金辉如果干好了，没准将来天津就是北方一个大型的玉器集散地和加工制造中心。乾隆当时是这么盘算的。

金辉第一次向朝廷进呈制作的玉器，遭到皇上批评后，本想总结经验、广纳人才，好好再干一番。可事不凑巧，第二年天津闹水灾了，盐税收不上来，当地商人撺掇金辉向皇上说情，盐税分五年缓征。

乾隆对金辉产生了怀疑，心想，天津今年闹水灾，明年可就不一定了，怎么一下子就要缓征五年税银呢？“盐场今秋闹水，何得预将明岁丰收之盐课一概并请缓滞？看来金辉不免被商人怂恿，竟堕其术中而不觉。金辉着传旨申饬”。

第二年，还没等金辉重整天津官玉作坊，就被调离长芦盐政了。

乾隆最终还是保留了天津官属制玉作坊的名分，但没有派更多的活儿给这里，平均每年不过十件的制玉任务，让天津这座在历史上就有着浓厚商业氛围和手工艺制作业的北方商业城市，很难形成制玉产业和玉器商业买卖的气候。

乾隆四十一年（1776），天津曾有过一次难得的制作大型玉雕陈设“南山积翠”的机会，但还是与之擦肩而过、失之交臂了。

这一年的八月初六，乾隆刚刚过完万寿节，还有点意犹未尽，指示内务府挑选大块玉料，制作大型玉器陈设，准备让天津玉匠试试身手，看看北方玉匠的真功夫、真本事。乾隆想，这么多年了，天津制玉水平也该有提高了吧。

八月初七，原长芦盐政、现任副都统的金辉，“将三千余斤大玉一块着如意馆方琮、邹景德画得‘南山积翠’纸样四张，拟带至热河交太监如意呈览”。

玉画匠邹景德查看玉料后，觉得绺道、石纹太多，不适宜制作“南山积翠”。随后，将该玉料“按绺道扎开”，大块的准备做一件瓮，小块的做一件樽，随即画好纸样预备呈览。另外，又挑选了一块三千余斤的玉石，让方琮随玉石形状另画“南山积翠”山树陈设纸样一张，一并送皇上御览。

乾隆看过扎开的玉石和瓮、樽的画样后说：“云龙瓮、双环樽准照样交长芦盐政西宁成做。”而没再提这块新挑选的三千余斤大玉由谁承做。乾隆在犹豫，他有点放心不下，毕竟天津从未承做过如此大的玉件。

西宁也满足了，毕竟这两件瓮和樽，每件都在千斤上下，也算是大型玉雕件了，做好了，天津也会随苏州、扬州之后，成为京外第三大朝廷制玉基地了。

在随后近一年的玉料打磨时间里，西宁的心情并不平静，随着时间的推移而愈发沉重。这块玉石越往里面打磨，绺道越多，磨掉旧的，新的又出现了。而且玉石越磨越小，原纸样尺寸都快不够了。西宁不敢擅自做主，还是呈进京城，让皇上看后定夺吧。

乾隆四十二年（1777）七月二十八日，西宁将承做云龙瓮、双环樽的两块玉料、扎下的回残玉大小九块，以及做好的玉瓮、双环樽木样各一件，一并送进京城，造办处员外郎四德、五德，“持进，安在勤政殿后院内呈览”。

乾隆围着这两块玉料，转着圈子仔细地查看，思忖着这玉石为什么这么让人难以“琢磨”。外面看不出什么绺道，扎开后里面常与想象的大不相同。扔了吧，怪可惜，它们毕竟是难得的千斤上下的大玉料；留着吧，又不知道能做个什么物件。

乾隆转身问身边的邹景德，这两块玉料还能做玉瓮、玉樽吗？如果不能，是否可以承做宴会上用的盘碗呢？邹景德小心翼翼地说："此玉石因有松绺、石性，不能成做玉瓮、玉樽，即使宴盘、宴碗，亦成做不得。"

考虑再三，乾隆终于下定了决心："既难成做器皿，将玉料两块、回残玉九块，俱交广储司收贮。"

乾隆再一想，玉瓮、玉樽的木样制作也花费了不少工夫，也别浪费丢弃了，不如简单加工一下做个摆设。遂再下旨："其玉瓮、玉樽木样，外面添金漆，里面添红漆，看地方摆放。"

这两天，乾隆吃不好睡不香，总在琢磨着这两块玉石。这两块重达千斤的玉石，实实在在地给乾隆留下了难以抹去的深刻印象。乾隆放心不下这两块玉料，将其存在广储司等于进入库房了，还是放在身边较为妥当。

七月三十日，乾隆再颁谕旨："长芦盐政西宁送到的做不得玉瓮、玉双环樽玉料二块，并回残玉九块，不必交广储司收贮，着交圆明园档房收贮。"

吃不好睡不香的岂止乾隆一人，西宁更是一筹莫展、寝食难安。"南山积翠"没运气制作，千斤的玉瓮、玉樽又从手边溜掉了，皇上还会给天津制作大型玉件的机会吗？"南山积翠"还会让天津承做吗？

毕竟曾经担任过长芦盐政，副都统金辉与天津有着割舍不断的感情。而在承做宫廷玉器上有过缺憾，也使金辉总是惦记着再给天津承做大型宫廷玉器的机会。

这一年的十一月二十八日，副都统金辉又挑得三千余斤大玉料一块，拟承做"南山积翠"，并禀报皇上说："此玉块分量沉重，拟由长芦盐政承做'南山积翠'。如送进宫内呈览，必须用地车拉运，恐伤损地平，请谕安在咸安宫前，于十二月初二呈览。"

乾隆没有多想，即在金辉的奏报上朱批："准于初二日呈览。"

这一天，造办处将拟做"南山积翠"的大玉，安放在咸安宫门前。金辉早早地在乾清宫大门外迎候乾隆，扈从乾隆一同前往咸安宫验看。

乾隆看后没有当场表态，而是回到乾清宫后令太监鄂鲁里到造办处传旨："着即交两淮盐政寅著照样成做。"

至此，"南山积翠"与天津彻底无缘了。

此后，天津虽然每年也给朝廷承做几件玉器，有时宴会上用的盘、碗、盅、碟之类做不过来，也传旨天津承做，但最终没能在天津这座北方商业中心的土地上形成气候，乾隆一朝玉器制作终究还是被南方主宰。

◎四、杭州

杭州位于钱塘江北岸，自古繁华。杭州之所以名扬天下，多是因为西湖的缘故，正如大诗人白居易在诗中所说:“未能抛得杭州去，一半勾留是此湖。”

不过，历史上，杭州不仅仅是以西湖美景为最胜，而“湖山最胜”处的孤山，则是精湛的“浙派”篆刻艺术、备受文化学者名流重视和赞誉的西泠印社的发源地。此地古木蓊郁、飞檐隐现，奇岩异石、曲径通幽，自古就是文人墨客谈诗论赋、宵眠小憩的理想场所。乾隆将承做朝廷御用玉器物选在此地，既继承了先人的文化余韵，又为后来西泠印社的创立和传承，打下了坚实的基础，正可谓“东汉文章留片石，西泠翰墨著千秋”。

杭州织造由户部十四司中的浙江清吏司代管，织造用铜印，上刻“管理杭州织造”，印长二寸九分、宽一寸九分。办公衙署设在杭州城。乾隆朝，杭州府辖属钱塘、仁和、海宁、富阳、余杭、临安、于潜、新城、昌化九个县。

康熙四年（1665）题准：“纺丝绫杭绸等项，派杭州织造承办。”

雍正朝规定：杭州织造每年织办上用绸缎等项，用工料银四万七百十九两三分；织办户部绸缎等项，用工料银五万六千三百三十五两六钱。

乾隆朝，杭州设织机六百张，机匠一千八百名，摇匠、纺匠、染匠、挑花匠及所管高手匠五百三十名。由此可以看出，丝、绫、绸、缎等织物，是清代杭州纺织业的特色产品。

乾隆四十四年（1779）十月，杭州织造开始承办宫廷宴会上用的玉餐具制作。这一年的十月初三，太监鄂鲁里传旨：“将西华门预备呈览之山料玉大小三十块，着舒文前往看视应做何物，拟画样式呈览。钦此。”

最终，这三十块玉料中的二块，分给了杭州，承做群膳碗四件、菜高头碗六件、酒膳盘七件、看盒盅八件。

乾隆四十四年（1779）以后的十余年时间里，杭州为朝廷承做玉器不过二百余件，平均每年约十件，也多为宫廷宴会上用的盘、碗、盅、碟、瓶一类器物。

但是，乾隆四十九年（1784），杭州为乾隆的《御笔乐善堂集》玉册页刻字，确实是杭州在为朝廷制玉过程中引以为荣的一件事。

这一年的三月二十五日，造办处首领张进喜呈送乾隆青白玉册页四片，上面书写《御笔乐善堂集》红字本文，听候乾隆谕旨。乾隆看后谕令造办处：“着交杭州织造盛住，照本文刻字。”

乾隆八年（1743），《御笔乐善堂集》告成，这是一部乾隆御制诗文全集，被乾隆誉为是“诗迈唐家一代，言垂寿世，集冠大成”之作。乾隆将其赏赐给内廷众臣，“令内廷诸臣悉心校阅”。

有的大臣为拍皇上的马屁，讨皇上欢喜，将此诗集与经史子集并列。乾隆知道后颇有自知之明地说：“朕所制《乐善堂全集》，乃就朕所知所见，著为文辞，其能阐发圣贤之意蕴与否，究未能自信。年来颁赐廷臣，亦不过令其阅看，岂可与经史并列！”

接旨承办制作《御笔乐善堂集》玉册页任务的盛住，在乾隆三十六年（1771）还只是一个一等内阁侍读，十年后调补浙杭嘉湖道员兼管杭州织造。在完成《御笔乐善堂集》玉册刻字任务后不久，就因“海塘工程疑有冒销侵蚀情弊”，被乾隆下旨“解任候旨，所有杭州织造事务着和琳署理”。

虽然仅仅是为《御笔乐善堂集》玉册页刻字，但也使杭州在乾隆朝玉器制作史上，为后人留下了一段可以时常回味称道的佳话。

◎五、九江

九江地处赣、鄂、湘、皖四省交界处，是历史文化名城。自古以来，九江就是舟车辐辏、商贾云集的通都大邑，同时也是襟江带湖、背倚庐山的军事重镇。

康熙、雍正朝时，九江关监督衙署数次在九江与湖口两地移驻，最终设在江西九江。

雍正朝，九江关归贵州清吏司代管。

九江关监督一职，与京外其他负责承做玉器的织造、监督一样，向来俱派内务府司员管理，系钦差，礼制与道员相等，为地方正四品官员。

九江承办宫廷玉器制作，始于乾隆四十四年（1779）。在至乾隆末年的这十余年时间里，承做朝廷玉器一百多件，平均每年十件，而且多为宫廷宴会上用的盘、碗、盅、碟、瓶等器皿，没有什么特色产品。

但是，九江关监督兼管景德镇窑务并司职宫廷瓷器烧造，是这一时期的一大特色，与京外八处承做玉器既有异曲同工之处，也有不尽相同之别，这里带上一笔，对京外“八处”承做宫廷玉器的规则、程序、方法、派活、制作、运送、残器处理等，也有非常重要的参考价值。

雍正朝时，九江关上缴朝廷的税银是十五万三千八百八十五两七钱三分，乾隆朝时，增至三十五万四千二百三十四两。

乾隆五年（1740）奏准，每年动用九江关税银一万两白银，为宫廷烧造瓷器。但每年实际支出的，确仅为七八千两，其节余的两千余两白银，均解交造办处充公。由此可见，景德镇烧造宫廷瓷器官银用度有限，不存在宫廷烧造御用瓷器“不惜工本”之说。

其他各织造、监督在使用朝廷正帑，即用征收税银承做玉器上，也是向来注意节俭，无故不敢超支承做。

不过，玉器制造与瓷器烧造不同，玉石是财富的象征，乾隆朝民间倒卖交易火热，官员有时为讨皇上喜欢，借用商人的财力为朝廷承做玉器，这似乎也是顺理成章、理所当然的事，但这在景德镇的宫廷瓷器烧造上，是从未发生过和绝无可能的。

为了节省朝廷开支，景德镇办理窑务的多余官员，也会被及时裁撤。

乾隆初年，九江关监督兼任督窑官，也是宫廷瓷器制作的巡检员，每年春秋两季到景德镇监督宫廷瓷器烧造，其余时间则在九江负责关税征收。后来，为充实御窑管理层的力量，又增设了协造二人，帮办窑务。但没过多久，乾隆又觉得这两个人的设置有点多余，遂下令将其裁撤。

乾隆在令文中说：“九江关向有协造二员，帮办窑务，似属冗设。该处既有同知分驻，又有巡检一员，足资弹压。所有协造二员，准其裁撤。”

与承造宫廷玉器不能件件符合标准和要求一样，景德镇送往朝廷的官窑瓷器，也并不是件件精美绝伦，且都让皇上满意。景德镇督窑官因瓷器烧造质量问题，也常被乾隆指责和训饬。

乾隆三年（1738）十月，乾隆在看了秋运送到的瓷器后，觉得质量不好，大为不满，遂令造办处传旨：“釉里红龙梅瓶，红龙颜色不好，往好里烧造。再，今秋烧的瓷器少，釉水亦不好，交海望寄信去申饬。钦此。”

此时，乾隆尚未满三十岁，但对器物工艺和技艺的高下，已有了自己的欣赏标准和认识。

乾隆六年（1741）四月十二日，乾隆再次对唐英烧造的瓷器表示不满，斥责道："唐英烧造上色之瓷器甚糙，釉水不好，瓷器内亦有破的，着怡亲王寄字与唐英申饬。"

唐英觉得此事有点冤枉，瓷器出现质量问题，是事出有因。唐英的解释是："奴才距离窑厂三百余里，不能逐件指点，以致所得瓷器不无粗糙。至运解到京，一路换船前进，几经扛抬搬运，未免动摇磕触，以致有破损之件。"

臣下敢对皇上如此顶嘴，在清代并不多见。唐英有才艺、有技艺、有能力，绝非等闲之辈，在乾隆心目中占有重要位置。

但是，乾隆对唐英的解释不能满意，乾隆回复说："不但去年，数年以来所烧者，远逊雍正年间所烧者。"

由此可以看出，乾隆年间，景德镇烧造送往京城的御用瓷器，并不是件件都那么精美，也有"粗糙"、"俗气"、"釉水不好"、"缺釉"之作。

唐英是个文人，喜欢诗文书画，擅长绘画、书法、篆刻，并不谙熟也不喜欢官场上的人情世故、明争暗斗。从任九江关监督伊始，就多次向乾隆请求，届满辞去九江关监督之职，专司景德镇烧造瓷器，从事他喜欢的文化艺术。

乾隆五年（1740）二月，唐英在九江关任上一年期满，奏请乾隆："查关差旧例，预替更换。"

乾隆讨厌那种不服从管理和调动，且于工作总爱提条件的人，即使唐英也是如此。乾隆为此当然不会买账，他令内务府传旨："九江关税务着唐英再管一年。钦此。"

此后，唐英每年要么以"为差期将届，预行请旨更换"，要么以"从前夫差岁一更换，防家人长随与书役渐熟，易于作奸滋弊"等为由请旨调动，都被乾隆一一拒绝，继续在九江关税务差上行走。

乾隆十五年（1750）六月三十日，唐英因年迈行将离任回京。乾隆对唐英不安心税务工作早有看法，以往唐英送来的烧造瓷器，并不都符合标准和要求，有的甚至粗俗糙劣不堪，但乾隆都睁一只眼闭一只眼了。这次唐英即将告退，乾隆心想不能这样就算了，怎么也得跟他说道说道。

七月十二日，乾隆令太监胡世杰传旨："唐英上年所进瓷器内，选出缺釉、毛边、足破者甚多，明系尔离任，将脚货选入上色，希图蒙混。将选出釉水不全等瓷器数目，不准报销，着伊赔补。钦此。”最后，乾隆还是将唐英留在了九江关任上，继续效力赎罪。

乾隆二十一年（1756）七月二十七日，唐英以“奴才犬马年齿七十有五，气血日衰,饮食日减,身体软弱,步履需人”为由,“恭请皇上另简贤员到关接办。即使回京，恭赴内廷，另效犬马之劳”。

这次乾隆答应了唐英的请求。但唐英回京仅数月，就病死家中，享年七十五岁。

由于玉石的珍贵程度，朝廷玉作坊和京外“八处”承做的玉器即使有质量问题，一般也是改做或留着做材料入库，下次再用，绝不会就地处理给民间百姓。乾隆后期有大量宫廷玉器交崇文门变价处理，那也不是由于玉器制作质量有问题，而是宫廷存贮玉器数量过大，挑选部分作价处理，以补贴内廷费用开支。

但是，宫廷瓷器则不同，在景德镇烧造的御用瓷器中，每年都产生很多次品，当时称作“脚货”。

雍正朝时，这种“脚货”就很多，当时的处理方法是：“尚无解交之例，随散贮厂署，听人匠使用。”

唐英曾说，他于雍正六年（1728）奉旨到江西景德镇监造瓷器，十月到窑厂后，即发现有“次色脚货，系落选之件”。他还说，瓷器出自窑火中，不能保证其件件全美，每年每窑均有落选之件，其中次色脚货及破损的数量，“几与全美之件数相等”。

当时，这些御用瓷器的次色“脚货”，规定在京变价，或“留备赏用”。

乾隆七年（1742）十二月十二日，乾隆发布谕旨：“嗣后，脚货不必来京，即在本处变价。”

别看唐英办理关务心不在焉，但在烧造和处理御用瓷器上，可说是君臣有别，循规蹈矩，敬谨办理。当他听说质量不好的御用瓷器要就地变卖，担心当地民窑户利用这些就地处理的宫廷瓷器，从事仿造，高价谋利，便急忙上书乾隆皇帝。

唐英在奏文中说：“今若将每年之次色脚货于本地变价，则有力之窑户，皆得借端影造，无从查禁。”其中，黄色和五爪龙图案的瓷器，“尤为无可假借之器”。“官窑者，足底有年号款，民窑则例禁书款，久经奉行查禁”。他请求乾隆皇上收回圣谕，将次色“脚货”仍解京处理。

乾隆似乎并不在意御用瓷器次品流入民间，倒是觉得那么多次品瓷器运回京内，费工、费力又费银两，实属劳民伤财之举。乾隆认为，五爪龙的器物，当时民间已经存在和使用，但黄颜色器物属皇室专用，确实不宜流入民间。

乾隆在唐英的来文上朱批：“黄器如所请行。五爪龙者，外边常有，仍照原议行。”

从乾隆八年（1743）开始，官窑次色“脚货”瓷器除了黄器外，其余都在景德镇就地变卖，包括五爪龙图案和带年号款的“准官窑”瓷器。从此，这些宫廷御用瓷器流入民间，它们的数量到底有多少，没有确切记载，但每年应以万计。

有时烧造的“脚货”过多，乾隆也会下令留下一些送进宫内，以备赏用。

乾隆九年（1744）正月初七，太监张玉传乾隆的谕旨：“这一次脚货瓷器内，将酒圆俱各送来，以备赏用，其余脚货仍在本处变价。钦此。”

这次，九江关监督兼任景德镇督窑官唐英，一次就为宫廷呈送了各式酒圆脚货二千二百一十件。

乾隆是个非常注重节俭的皇帝，为宫廷烧造的瓷器能用的就用，即使有的没有达到烧造标准和要求，也要变价处理，收回资金再投入。

景德镇御窑厂烧造的瓷器次品，并不是全部就地砸碎掩埋，可能有极少数过于劣质、残破、变形的次品，被这样处理了，但绝大部分次品瓷器，或送进宫内以备赏用，或在景德镇就地变价，卖给当地的百姓和过往商客，总之，大部分都流入了民间。

宫廷御用瓷器烧造，乾隆朝景德镇每年烧造的成器有万余件，次品“脚货”也有一万多件。如，景德镇督窑官唐英，于乾隆十三年（1748）共烧造：圆琢瓷器二万一千四百四十五件，其中呈进上色圆琢瓷器七千四百七十九件，次色娇黄圆瓷器二千二百二十三件，次色祭瓷器一百六十四件，次色变价圆琢瓷器八千零一十一件，破损圆琢瓷器三千五百六十八件。

虽然瓷器是易碎品，但传世品数量也相当可观，应远高于御用玉器。

据乾隆十二年（1747）十二月二十一日《宫中档》记载，当时瓷器库存贮的瓷器有：康熙年款各色大小琢器六千五百零九件，各色大小圆器二十五万七千一百九十八件，珐琅各色大小琢器十九件，珐琅各色大小圆器三百八十六件，以及破边足器万余件；雍正年款各色大小琢器九千二百一十八件，各色大小圆器十五万八千二百三十四件；乾隆年款各色大小琢器八千五百九十件，各色大小圆器五万七千零一十一件。

但是，乾隆十一年（1746）的宫廷玉器存量，总共也不过几千余件，且也有不少明代的遗存。可见，清代宫廷流传下来的御用玉器，能够完好无损地保留至今，应该是一件非常不容易的事情，且更显得弥足珍贵。

乾隆朝为宫廷承做的玉器大多数无年号款，但有年号款的玉器数量也相当可观。而御用瓷器则是大多数有年号款，而没有年款的是少数，但不是所有御用瓷器都有年号款。

烧造的御用瓷器是否要有年号款，不是由景德镇督窑官决定的，而是由皇帝钦定，所烧造的瓷器要先做木样呈览，皇帝同意后才能烧造。

乾隆十一年（1746）二月二十二日，太监高玉呈送乾隆一件瓷器，该瓷器为白地红花甘露瓶，配紫檀木座。乾隆见了很是喜爱，遂令造办处传旨："照此瓶款式画样做一木样，着色呈览，准时交与江西先烧造几件送来，随后再烧造几件，俱不要款，得时照此座样一样配座。钦此。"

乾隆对甘露瓶的样式和花色甚是喜欢，但景德镇御窑厂并不知道乾隆的喜好，此后六七年间很少再烧造。

乾隆十七年（1752）二月十七日，乾隆令造办处传旨："从前传过无款甘露瓶并壮罐多烧造些，不必随大运送来，如何二样烧造的甚少。着交江西急速烧造无款甘露瓶五十件、壮罐五十件。"

景德镇烧制御用白胎珐琅瓷器，应始于雍正末年。乾隆元年（1736）五月初二，乾隆曾下旨："着海望寄信与员外郎唐英，另将烧造珐琅之白瓷烧造些送来。"

乾隆朝烧制的珐琅瓷器，先由景德镇烧白胎，再由粤海关用从广州十三行进口的珐琅颜料绘画上色。乾隆朝珐琅瓷器，虽比不上雍正朝的烧造水平，但也可说是乾隆朝瓷器中的佼佼者。但当时为宫廷御用烧造的珐琅瓷器，并不是都有年号款。

乾隆十四年（1749）十二月二十六日，太监胡世杰传乾隆的谕旨："粤海关所进珐琅瓶罐，俱各无款，嗣后再做瓶罐送来必要刻款。钦此。"

由此可以看出，乾隆早期，即乾隆元年（1736）至乾隆十四年（1749）间，景德镇烧造的御用珐琅瓷器多没有年号款。

◎六、江宁

江宁织造衙署设在今天的南京。南京是中国四大古都（北京、西安、洛阳、南京）之一，东晋、宋、齐、梁、陈、南唐、明、太平天国，屡次在此建立都城；莫愁湖、夫子庙、牛首山、栖霞山、灵谷寺、燕子矶、明皇宫、太平天国王府，都有一个个动人的故事和美丽的传说。

孕育了“六朝金粉”的“十里秦淮”，是南京城最繁华的地带。特别是到了明代，科举贡院沿河而建，考生云集。明末清初，深知亡国之恨的风尘女子、人称南京四大名妓的顾横波、董小宛、李香君、柳如是，皆出于此，当时都城的烟笼寒水、九曲风光、人来熙往、夜宴欢歌的美丽繁荣景象，可见一斑。

康熙朝规定，江宁织造由户部十四司中的江南清吏司代管。织造用铜印，印长二寸九分、宽一寸九分。

康熙三年（1664），康熙皇帝发布谕旨：“凡制帛，例归江宁织造。”帛主要用于祭祀，不同的祭祀场合有不同的纹饰，并有专门的称谓。如，皇上告祀天地，称“告祀制帛”；太庙祖考称“奉先制帛”等。

顺治八年（1651），定江宁织造局设神帛机三十张，岁织帛四百端。

乾隆朝奏准：江宁设织机六百张，机匠一千七百八十名，摇匠、纺匠、染匠所管高手匠七百七十七名。由此可以看出，帛是江宁清代纺织业的特色。

此外，江宁织造还负责织造纻丝、绫，用于诰命、敕命的制作。

清朝有定制：凡诰命（五品以上官员）用五色纻丝；敕命（六品以下官员）用纯白绫。并对诰命、敕命的轴头、面料的使用也做出了明确的规定：一品玉轴、鹤锦面；二品犀轴、赤尾红锦面；三四品贴金轴、牡丹锦面；五品角轴、牡丹锦面；六品以下，俱角轴、小团花锦面。康熙元年（1662），定江宁织造局设官诰机三十五张。

一品官员诰命用的玉轴头，质地并不算好，多为四等山料青白玉。也有少数的诰命用子儿玉，以青玉、青白玉为主，但颜色较杂、绺道较多、石性也较强，多为承做玉器剩下的边角料，或玉器物掏膛时取下的钻心。几乎见不到润泽且没有绺道的子儿玉料用来做轴头，因为那样的上等玉料，多是用来做扳指，或小挂件的。

诰命是皇上颁发给受封赠者的，一般没有特殊原因，朝廷不会收回，所以大多散落在民间，人们在收藏欣赏它们时，也应该记住江宁这个地方，是江宁这个地方为清代宫廷制作了大量的玉轴头。

从乾隆四十三年（1778）开始，江宁织造奉旨为朝廷承做玉器。初期制作过小摆件，以后基本上是承做宴会上用的盘、碗、盅、碟、瓶等餐具。每年制作的数量也十分有限，总计四五百件。在这十几年中，有穆腾额、福海、成善、征瑞、刘朴、佛保等六任织造，他们为江宁承做宫廷玉器做出了贡献。

◎七、淮安

淮安古时有淮阴、楚州、清江浦、清河、古楚等多个称谓，位于江淮平原东部，历史悠久、人杰地灵。

明清时期，朝廷在淮安设立南河、漕运两位总督，城市繁荣，与苏州、扬州、杭州并称为京杭大运河沿线的“四大都市”。

淮安关监督衙署设在江苏淮安，主要职责任务是负责督察和征收关税。

乾隆初年，宫廷宴会上用的盘、碗、盅、碟、瓶等餐具，多为瓷器，偶有珐琅器。当时玉质的盘、碗、杯、盘不是实用器，而是作为文玩用来赏玩和陈设，有的还要刻款入古董房收藏。

乾隆元年（1736）四月初一，乾隆令造办处传旨，将明代宫廷留存下来的白玉双喜杯、单把杯、登云杯、菱荷双耳杯、双喜八方杯、双喜六方单耳杯、双喜有耳杯等用品上刻“乾隆年制”款，并配楠木匣收藏。

乾隆四十四年（1779）以后，新疆叶尔羌、和阗玉石大量运进京城，由此朝廷开始大量承做宴会上的玉质餐具。宫内造办处、苏州、两淮、长芦、江宁等处制玉任务吃紧，做不过来，随后陆续又开辟了淮安、杭州、九江关、凤阳关等四处承办宫廷玉器制作。

乾隆四十四年（1779）三月初三，太监鄂鲁里传乾隆的口谕：“着查两淮等处并造办处，现做玉盘、碗、盅、碟共有多少件，查明回奏。钦此。”

造办处随后查明，淮关监督寅著承做玉宴碗二十二件、宴盘五件、宴盅八件、小碟四件。

从乾隆四十四年（1779）起至—乾隆六十年（1795）的十余年间里，江苏淮安为朝廷承做玉器不过三百件，器物主要以宫廷宴会上用盘、碗、盅、碟为主。在这十余年间，任上监督有基厚、福海、成善、征瑞、刘朴、佛保等，共计六人。

◎八、凤阳

康熙朝，为征收税银，在安徽设凤阳关，衙署先后驻正阳关、临淮县。

乾隆三十二年（1767），凤阳关坐落在寿州正阳镇，也称“正阳关”。

正阳镇地处淮河、颍河、淠河三水交汇处，是千年古城、民间艺术之乡，自古就是商贸重镇，市场繁荣。

明成化元年（1465），正阳设立收钞大关，直属户部管理，因此得名——正阳关。

康熙朝题准：凤阳关由贵州清吏司代管，每年征收税银七万九千八百三十九两，照例差六部满官一员收税。

乾隆时，朝廷提高凤阳关征收税银至二十八万七千九百二十两。

乾隆四十四年（1779），凤阳关监督开始承办朝廷玉器制作，这也是因当时宫廷宴会上开始大量使用玉质餐具，为缓解玉餐具制作的压力，在京外新设凤阳关为制玉场所。

当时凤阳关监督承办的第一笔玉活计是：菜高头碗四件、群膳碗五件、酒膳盘二件、宴盅十件、果盅四件，用叶尔羌山料玉二块。此后十余年里，凤阳关承办朝廷玉器不过百十来件，基本上都是宴会上用的餐具，在乾隆朝宫廷玉器制作上没有什么华彩篇章，实属昙花一现。

造办处制玉工作

玉石之所以能成为一种文化，其本质就是“琢磨”。玉石琢磨的演变过程，就是玉石文化的发展过程。玉石五千多年的琢磨历史，形成了中华灿烂的玉石文化。

古人云：“玉虽有美质，在于石间，不值良工琢磨，与瓦砾不别。”此言道出了玉石之所以美，之所以能展现其千姿百态、温润华美的身姿，之所以能成为一种文化，在于劳动人民坚忍不拔、艰苦卓绝的劳动，在于人类聪明智慧、鬼斧神工的创造，在于一个民族生生不息、努力实现自身历史文化价值的毅力和企盼。

工 作 流 程

◎一、下旨承做

从乾隆登基正式建立年号起，直至退位前，宫廷制作的每件玉器，都必须经过他的同意。从玉石样料、颜色大小、设计样式、规定等级、放置何处、配置包装，甚至时间要求等，乾隆都要亲自过问，批准后才能承做。

乾隆元年（1736）正月，刚刚登基的乾隆，两次下旨承办玉器活计。一次是正月初七，照一件青玉双管瓶式样，仿烧一件珐琅彩双管瓶；一次是正月初九，将一件旧存破损白玉仙工扇器，进行“收拾”。

乾隆六十年（1795），乾隆在位已满六十年。乾隆继位时自定，其在位时间不能超过祖父康熙的在位时间，届时让出皇位，由继承者继皇帝位。

这一年的十二月二十八日，乾隆最后一次下旨，为青玉四环圆洗、青玉渣斗、青玉菊瓣碗、青玉撇口碗等四件玉器配座。等到最后一件青玉四环洗配完座子后交圆明园存放，已是嘉庆元年的正月二十二日。

据不完全统计，乾隆一生为承做玉器而发布的谕旨，应在上万道。用一丝不苟、鞠躬尽瘁，来形容乾隆一生对玉器的执着、喜爱、痴迷和追求，应该不过分。

◎二、画稿做样

乾隆朝，制作每一件玉器，在经过乾隆批准后，还要画样呈送御览，乾隆阅览同意后才可以承做。而且，是由内廷制作，还是京外“八处”制作，也要经过乾隆指派。

乾隆二十二年（1757）五月二十五日，太监胡世杰交来库存旧汉玉镶头、白玉镶头、汉玉兽面、汉玉灵芝葫芦小图章、汉玉蚕蛾各一件，呈乾隆御览。

乾隆看后，决定将此批旧玉器，改做成其他器型。乾隆令太监胡世杰通知造办处做准备，并要求“俱画样呈览，准时再做”。

当日，造办处即刻将汉玉镶头画得锦鸡样、白玉镶头画得玉兔样、汉玉兽面画得秋蝉样、汉玉葫芦图章画得螭虎玦样、汉玉蚕蛾画得夔龙玦样，交太监胡世杰呈览。

乾隆看后认为，图样不错，可以制作，但改变了当初准备让造办处改做的主意，决定发往京外改做。乾隆在画样上批示：“准做，俱交苏州织造安宁处，照样承做。”

有的器型，仅画样还不能充分反映器物的特征，还要做模型，但往往是一些较小的器物。

乾隆二十五年（1760）正月初九，造办处送来汉玉方圈一件，太监胡世杰转呈乾隆御览。乾隆看后，决定改做手镯一副，于是下旨：“着改做手镯一副，做木样。”

当天，造办处即做得手镯木样一副，上面画了乾隆喜欢的汉式花纹，交太监胡世杰持进呈览。乾隆览后表示满意，令传旨：“照样准做，交苏州织造安宁处成做。”

按说，玉碗的式样比较简单，但它在制作前也要做样模，乾隆同意后方可制作。

乾隆二十五年（1760）三月十五日，造办处制作了一件玉碗木样，转呈乾隆御览。乾隆阅览后颁旨：“着交如意馆查玉一块，照木样做碗一件。”

◎三、名家画样

有时，造办处有好的或大块玉料，乾隆也会令在内廷做事的名画家，绘制画稿。

意大利传教士、曾被乾隆授予三品侍郎衔的清宫御用画师郎世宁，也曾被乾隆钦点为玉器画样。

乾隆二十五年（1760）十一月二十七日，新疆送到一批玉石，大小七十四块。其中有一块重达数百斤的青玉，颇受乾隆的喜爱。乾隆知道郎世宁是祖父和皇父时的资深宫廷御用画师，已为朝廷服役了数十年。此人擅长画马，也曾为自己画过《狩猎图》，绘画技艺令同行刮目相看。于是，乾隆打算令其为此块数百斤青玉料画样，制作一件明代式样的海马图雕件。

随后，乾隆令胡世杰到造办处传旨："将大青玉一块，着郎世宁画海马纸样，准时做木样呈览。钦此。"

郎世宁接受任务后，精心设计和绘制，用了十天时间，为乾隆画了一幅中西合璧的海马图样。造办处随即照画样制作了木样，于本年十二月初一，由员外郎金辉呈送乾隆御览。

乾隆看过后，甚为满意，随即下旨："照样准做，交苏州织造安宁处成做。"

◎四、切割雕琢

玉匠奉旨制作一件玉器前，要先在玉石材料上，按照画稿的设计画样，得到乾隆批准认可后，方可切割制作。

但是，这仅仅是对内廷各制玉作坊的要求。因为时间和距离的关系，京外"八处"不执行此项规定，除非乾隆巡视到此，顺便查看后有指示，一般是自行决定在玉石上画样切割。

玉石原材料上，画墨道处，表示在此处切割；画红道或粉道处，表示在此处雕琢。

乾隆二十一年（1756）九月二十二日，如意馆遵旨，将一件白玉英雄水壶一分为二，另做他用。在扎开前，如意馆玉匠在瓶上画上墨道，送交乾隆核批。乾隆审核后令胡世杰颁旨："准依墨道扎去。钦此。"

乾隆二十五年(1760) 三月二十七日，造办处交来一件库存旧青玉《五岳图》山石陈设，转呈皇上御览。乾隆看后令太监胡世杰传旨："着如意馆有收贮青玉，配做一件。钦此。"

当天，如意馆即将收贮的一块青玉画得粉道，交给太监胡世杰呈览。乾隆看后很满意，指示："准依粉道雕琢，除一面刻《五岳图》，另一面刻和阗诗字。"

玉料分类

玉石界，一般将缅甸出产的翡翠称为"硬玉"，新疆和阗玉称为"软玉"。主要区分依据，一是硬度上，翡翠要高于和阗玉；二是地域上，二者分署两个不同的国度，仅此而已。

和阗玉有白玉、青白玉、青玉、黄玉、碧玉、墨玉等颜色区分。从宫廷档案记载看，乾隆对白玉、黄玉似乎更情有独钟。

但是，乾隆并不嫌弃其他颜色的玉石，如制作玉册，大部分选用的是青玉；制作陈设器，大部分用的是青白玉。乾隆对碧玉也很喜欢，只要年份早，器型、玉质、雕工、设计好，即便有点磕碰，也会定为较高等级。

乾隆二十四年（1759）十月初六，太监胡世杰奉旨交给郎中白世秀、员外郎金辉一件前朝留存的碧玉海棠花觚。尽管花觚上有磕碰，器物表面还有绺道，乾隆还是令胡世杰传旨："着配锦匣袱，入乾清宫时做上等。钦此。"

◎一、子儿玉

乾隆朝，正式有文字记载对子儿玉和山料玉细分，或对子儿玉和山料玉有较清楚的认识，大约是在乾隆三十五年（1770）。以前，人们只知道山上开采的玉石温润程度差，在玉石分等时，就将其划入五等。

乾隆三十五年（1770），正逢乾隆六十大寿，各地督抚大员从年初开始就纷纷准备庆贺大礼。除了准备进贡玉器外，也有进贡玉石的。

这一年三月初九，大学士尹继善进贡青白玉石子儿大小三百六十二块，这是朝廷第一次接收官员进贡的玉石材料。

一向反对官员进献的乾隆，对官员进献和阗玉石原料很感兴趣，他令内务府造办处，将这批和阗玉石原料在"如意馆分别等次呈览"。

三月二十七日，如意馆将此批玉石分为二至五等，分别是：二等玉二十一块、三等玉四十块、四等玉三十块、五等玉二百六十二块。其中，四等玉内又挑出碧玉二块，山料玉九块。

从中可以看出，山料玉已经单独划分出来。空缺的一等玉，实际上是“羊脂玉”。一般来说，二三等玉是“子儿玉”，但质次或太小的子儿玉也可归入四五等。当时把碧玉划入四等玉，好的山料玉（今天所称的“山流水”）也可以列入三四等玉范围。

当时造办处准备将四等玉石内的这九块山料玉，制作碗三十七件（直径四寸五分，高二寸）、盘子二十七件（直径五寸，高一寸），请示乾隆批准。

乾隆审看后，令太监胡世杰传旨:“山料玉盘碗交苏州萨载处成做。钦此。”这也是乾隆第一次称呼“山料玉”的文字记载。

子儿玉也并非都完美无瑕，有的也有绺道石性。这类带有石性绺道的子儿玉，乾隆也会弃之不用，或交崇文门变价处理。

乾隆四十六年（1781）十二月十三日，造办处呈览三十四块青色子儿玉，准备乾隆批准后承做器物。

乾隆一看是子儿玉，没细看，即传旨“交管理养心殿造办处事务的舒文挑选，画样呈览”。

舒文对这三十四块青色子儿玉仔细验看后认为，除了三块可做扳指五件外，其余三十一块“俱系石性绺道过多，不堪应用，请旨交崇文门变价”。

乾隆批准了舒文的请求，将“不堪用玉子儿三十一块，准交崇文门变价”。

◎二、山料玉

山料玉主要来自叶尔羌，包括四等山流水玉及部分五等玉料。由于山料玉石性强、绺道较多，质地优劣复杂，往往在制作初期的开料时，就能看出能否制作玉器。这些富含绺道且不能胜任制作精美玉器的山料玉，占新疆进贡朝廷玉石的比例很大，有时能占到一半以上。

乾隆五十二年（1787）十二月二十二日，内务府随意取来新疆新进山料玉三十三块，送乾隆御览。乾隆令“挑选画样呈览”。

内务府大臣舒文随后从中挑得十块并画样，“余剩二十三块石性绺道过多不堪成做，请交启祥宫收贮做材料用”。从中可以看出，当时宫廷所藏山料玉中“不堪用者”所占比例之大。

山料玉中，也有乾隆称之为的“好玉”，除了用来制作宝玺等朝廷重器外，也制作供陈设之用的玉玩器。

乾隆五十七年（1792）二月二十八日，乾隆令太监鄂鲁里传旨：“着如意馆挑好玉做奶茶碗几件。钦此。”

当天，如意馆即挑得“收贮山料玉二块，内一块重四十五斤，画奶茶碗三件；一块重十六斤，画奶茶碗二件，交太监鄂鲁里呈览”。

乾隆认为，这两块山料玉是能制作皇室御用奶茶碗的“好玉”，批准“照样准做”。

◎三、皮糙玉

几千年前，中国古人就开始留意玉石上的天然皮色，并以此为美，从战国、西汉留存下来的大量出土玉器中，可以印证这一点。

玉石表皮形成皮糙，是指玉石在氧化亚铁的长期作用下，同时受地质条件的影响，在玉石表层形成的各种颜色的其他矿物质，颜色丰富，颇具视觉美。

乾隆对玉石的皮色，也有着特殊的追求和喜好。玉石如有皮色，在制作器物时就会特别关照，将皮色保留，以此作为点缀和装饰。

造办处呈送乾隆御览玉石时，乾隆都要仔细查看，以便发现带有皮色的玉石，或当场下旨承做器物，或将其分别开来，以备以后制作器物时使用。

乾隆二十七年（1762）三月十五日，乾隆正在承德避暑山庄巡幸，内务府送到玉石六十四块。乾隆仔细查看，确认其中有六块是子儿料，而且带有皮色。于是，乾隆令胡世杰传旨内务府：“着舒京何送到京城，交如意馆安泰、达子查收。内有青白皮糙玉石子儿六块，俟朕回京之日伺候呈览。钦此。”

五月初四，乾隆到京后的第一件事，就是叫太监胡世杰把那六块青白皮糙玉石子儿拿来御览。看后，乾隆觉得目前没有合适需要制作的器物，遂令太监胡世杰传旨：“着如意馆收贮，做材料用。钦此。”

皮糙玉石一般定级为一等（头等）玉石，用于制作扳指、暖手类小器物。

乾隆四十一年（1776）五月初七，造办处奉旨为乾隆挑选了一块皮糙玉子料。乾隆令制作一件鹅暖手，并亲自挑选玉匠，由“如意馆张君选成做”。张君做得后，乾隆又令“配座”陈列。

皮糙玉并非都温润莹泽，有的在石皮里面也有石性，不能制作玉雕件。

乾隆三十四年（1769）九月二十三日，造办处奏事总管王常贵，挑选出青白玉石子儿大小二百三十六块，乾隆亲自前往坐落在西华门内的内务府玉石料场查看，并挑出他认为应该不错的两块好玉，一块是青白玉，一块是皮糙玉。随后，乾隆令造办处传旨如意馆，“着画样，其余玉分别等次”。

如意馆玉匠在“开窗”查验皮糙玉时，发现里面石性过多，无法画样，于是请示皇上做何处理。

乾隆仔细验看后，也是无可奈何，只能做出“皮糙玉有石性，着收贮”的决定。

和阗子儿玉皮色各异，厚薄不一，这与和阗玉的质地、生成条件及在水中的时间长短有关。其颜色主要有：枣红、铁锈红、红皮、黑皮、虎皮、洒金皮、秋梨皮、桂花皮等。其中，以红色、黄色、黄褐色皮为佳。

乾隆对玉石的皮色很有讲究和研究，他视带皮的玉石为上品，在制作器物时总要特别嘱咐留皮、留色，用大自然在玉石表面上天然形成的颜色，来增加玉器物的美感。

乾隆二十八年（1763）十二月十三日，造办处遵照乾隆谕旨，在玉石料场为乾隆找了一块和阗青玉子儿料，送呈御览。乾隆看后很喜欢，指示造办处，让如意馆“仅颜色处做扳指一件”。

造办处依照旧例先画了墨样。为充分体现带皮色玉石的效果，此次画匠没有画人物山水等，而是设计了一只带皮色的素扳指。

乾隆对画的素扳指不甚满意，他想要的是既有皮色，又有图案的扳指。于是，乾隆令传旨造办处：“准做，着留皮色，得时做山水人物画样。”

◎四、新疆贡玉

新疆送往京城朝廷的贡玉，主要来自叶尔羌与和阗。哈什哈拉、阿克苏也有山料玉进贡，但数量很少。有时，送到的新疆玉石的具体产地，大臣们也要向皇上奏明。

如乾隆五十五年（1790）四月二十二日，内务府和军机处，在给乾隆的一份新疆贡玉的奏报中特别奏明，此次新疆送到的玉石四千九百零五块，系叶尔羌、和阗等处采获。

新疆送来的贡玉，按箱盛装，每箱标明数量和重量，送到京城后，内务府要会同军机大臣逐箱清点，做到玉石清点到块，重量计算到斤两。

乾隆五十五年（1790）四月二十七日，新疆送到春季贡玉四千九百零五块，军机大臣派员清点后，认为"内短少十八块"。于是，军机处向乾隆奏明。

乾隆令内务府大臣舒文"派员核查"。舒文在事后给乾隆皇上的奏报中称："奴才带领如意馆官员负达他等，逐箱逐件查点数目斤两，俱属相符，并无短少，系讹错情。"调查结果表明，新疆贡玉并无短少数目和斤两之事。

贡玉一般在冬季运送。特别是千斤以上的巨大玉石，必须要在冬季河水冰冻后起程上路，春季的三四月间运到京城。玉石的数量从八百块至三千块不等。乾隆四十三年（1778）以后，每年运往京城的玉石都在一万块以上。

乾隆三十五年（1770）春季以后，内务府造办处开始奉旨对贡玉进行分类设等，共分五等。一等至三等子儿玉占极少数，数量庞大的是五等山料玉（质次的子儿玉也划入四五等）。

需要说明的是，新疆送往朝廷的子儿玉，不是都能"画样成做"的，不少也有石性绺道，真正温润莹泽的子儿料，也是少数。

乾隆四十九年（1784）四月，新疆"新送来贡玉子儿二千八百零二块，山料玉二百零七块"，乾隆令传旨："着舒文前往如意馆带领官员分析挑选，画样呈览。"

时任管理养心殿造办处事务大臣的舒文，从这三千多块玉石内，仅"挑出画样玉子儿二十二块恭呈御览"，另有"三等玉子儿一百块、四等玉子一百八十块，建议请留如意馆做材料用，其余不堪画样五等玉子儿二千五百块、山料玉二百零七块，请仍交广储司银库收贮"。

◎五、设定等次

朝廷平定准、回二部后，新疆玉石大量进贡北京朝廷。乾隆要求造办处划分玉石等次，以方便器物的制作，并多次亲自为新疆送到的玉石材料设定等次。

玉石等次分为一等（头等）、二等、三等、四等、五等（未入等）五个等次。一般情况下，一等（头等）至四等玉石都是玉石子儿料或今人称之的"山流水。"他们按颜色、皮色、温润度、绺道多少等分为四个等次。五等玉石一般都是叶尔羌山料玉，以青玉为主，有时质量不好或“个头”过小的子儿玉，也列入五等。

在新疆的贡玉中，头等玉石一般不超过百分之十；二三等玉石，主要是指玉龙喀什河和阿拉噶什河里的子儿玉；四等玉石子，主要是今天人们所说的山流水料，清乾隆朝统称山料玉，也有一部分子儿玉；五等（未入等）玉石是山料玉，占玉石总数的绝大多数，一般制作大型陈设或宴会上用器皿。这些玉石运送到京后，交由广储司银库暂时收贮备用。

玉石的设等定级工作，主要由如意馆负责，乾隆朝中后期，启祥宫也承担了部分玉石的设等定级工作。

乾隆三十一年（1766）三月初五，新疆贡玉到京，共计青白玉石子大小四百八十块。乾隆指示造办处，“着如意馆分等次呈览”。

区分玉石等次是一项细活，有的玉石表面不容易看出优劣，需要打开一点“天窗”才能分辨清楚。这次区分玉石等次工作，用了两天时间，于初六，共挑选出头等玉三十块，二等玉二十一块，三等玉一百块，四等玉一百四十九块，未入等（五等）玉一百八十块，全部交由太监胡世杰呈览。

乾隆非常认真地查看了定级后的玉石，从中挑选出部分玉石做器物，对剩下的玉石的去处也做了安排。但乾隆并未当场下旨制作，他要回去再考虑考虑，这是他做事的习惯。

回到乾清宫，经认真思考了一番后，乾隆令太监胡世杰到造办处传旨：“头等玉内汉白玉（乾隆将具有汉玉温润细腻特性的白玉子儿料称作‘汉白玉’。青玉子儿料称作‘汉玉’）一块做扳指，二等玉内汉白玉一块做插屏，四等玉内大青玉一块着画瓶样、青玉一块做山羊一件、青玉一块做篡一件，俱做木样。其余入等玉二百九十六块俱收贮启祥宫留用。未入等青玉一百八十块，交广储司银库收贮。钦此。”

在划分的五等玉石中，大部分是五等山料玉，头等玉是极少数，二三等玉石已经是非常好的玉石材料了，四等玉石也算是不错的玉石材料。一般情况下，二等玉石常常用来制作扳指、暖手、摆件、陈设、杯等小件器物；三四等玉石多用来制作笔洗文房或宝玺、盘碗盅碟等；五等玉石一般制作大型雕件或宴会上用具，存广储司银库备用。

乾隆三十年（1765）九月二十七日，新疆送到一批玉石，大小二千二百零七块。启祥宫分别设定等次，二等玉一百七十五块，三等玉八十块，四等玉一百九十一块，而五等山料玉竟有一千七百六十一块，没有发现一件一等（头等）玉石。

新疆送来的玉料不是每次都有一等（头等）玉石，因为玉石分等由京内如意馆或启祥宫负责，新疆地方官员只负责采玉。但也不排除当地回民或地方官员在采玉时，将好玉截留，据为私有。

乾隆三十一年（1766）八月十五日，新疆送到青白玉石子儿大小二百七十块，如意馆在设定等次时，竟然没有挑出一块一等（头等）玉，四等和五等玉占了绝大多数，引起乾隆不满。

乾隆三十二年（1767）九月，新疆送到的青白玉石子儿大小四百六十三块，头等玉石仅八块。

乾隆三十三年（1768）十月，新疆送到的青白玉石子儿大小二百四十二块，一等（头等）玉石还是一块没有，五等玉石占了绝大多数，这让乾隆大为不满，但又不能过于迁怒于当地回民和地方官员，因为他需要他们为朝廷效力干活，需要大量的玉石用来制作玉器，他知道开采玉石的不易，他不能太得罪了他们。乾隆指示造办处，令新疆下次送玉进京，多挑选些好玉石送来。

乾隆三十四年（1769）三月初一，在新疆送来的青白玉大小三百四十块中，如意馆终于挑选出一等（头等）玉十七块，这让乾隆心头的不满暂时平息了下来。

乾隆三十六年（1771）以后，由于如意馆玉器制作活计太多，启祥宫也承担了部分玉器制作工作，同时，部分从新疆送到京城玉石的设等定级工作也交由启祥宫负责。

乾隆三十六年（1771）十月十一日，新疆送到青白玉石子儿大小四百二十九块，乾隆查验后，令“交启祥宫分别等次”。

此次启祥宫共挑得二等玉十五块、三等玉五十八块、四等玉一百一十块、五等玉二百四十五块以及碧玉一块。乾隆令太监胡世杰传旨：“着将五等玉俱交广储司银库收贮，余玉交启祥宫收贮。钦此。”

新疆每年进呈朝廷的玉石中，大部分是山料玉，占贡玉石料的绝大多数。五等山料玉常用来制作大型雕件或宴会上用的盘、碗、盅、碟等餐具。用于供收藏或摆设用的玉盘碗，一般不会用山料玉制作。有时山料玉在制作器物时，因绺道过多无法承做，也会用四等玉制作。

乾隆四十一年（1776）正月初六，太监胡世杰到启祥宫传旨："着启祥宫挑玉配做青玉宴碗二件，配做青玉宴盅十件。钦此。"

当日，启祥宫奉旨在收贮的玉石中，挑得收贮山料玉二块，一块重二百二十斤，一块重二百三十斤，但均有石性，无法画样。不得已又从四等玉石材料中再挑得"四等青玉石子儿"二块，一块重二十四斤，画得宴盅六件；一块重十三斤，画得宴盅四件。

造办处将启祥宫挑选玉石的情况报告了乾隆。乾隆对几百斤重的玉石，因有石性而无法制作器物很是不解。他想，几百斤重的玉石，即使有石性，也不会整块玉石都有石性，一定是启祥宫图省事，不愿意费时费力。

于是，乾隆除令"将做青玉宴盅二块，发苏州照样成做"外，指示造办处"将山料玉一并交苏州织造舒文，照石性处拉开，拣选得宴碗几件，余下回残，照玉盅多做几件"。

朝廷平定准、回二部后，回疆供应朝廷的贡玉源源不断。初期，贡玉还不是很多，有时乾隆闲暇时，也亲自为贡玉进行设等分类。

乾隆二十五年（1760）三月二十五日，乾隆听说新疆近日又有一批贡玉到京，虽然数量不多，但他要亲自看看。于是，造办处总管王常贵，将此批玉石大小八十块，放置在造办处前庭院内，请皇上御览。准备好后，王常贵前往乾清宫向乾隆禀报"一切准备就绪"，同时没忘补充一句："此批玉石是青白玉。"

乾隆兴致勃勃地赶到现场，转着圈子仔细欣赏查看。他从有的玉石开窗处断定，此批八十块玉石达不到青白玉的颜色要求，只能定为青玉。

随后，乾隆指使造办处官员，依他的判断，亲自将这八十块玉石分成两堆，并下旨："挑出青玉六十二块，留如意馆做次等。挑出青玉十八块，交内务府银库收贮。"

◎六、玉料编号

如意馆或启祥宫收贮的玉石材料，都有编号，如吉字号、启字号、庙字号、喜字号等。吉字号、启字号是玉石料的标识符号，玉料存贮在如意馆或启祥宫等处。庙字号、喜字号是玉册页、玉宝的标识符号，玉料存贮在广储司银库。

乾隆四十四年（1779）正月初七，太监鄂鲁里奉旨从造办处库中找来一件旧存汉玉花觚，呈送乾隆欣赏把玩。乾隆令“交启祥宫挑玉，配做花觚一件”。

第二天，启祥宫差人挑得“吉字一百七十六号”山料玉一块，重五十斤，在玉石上画得墨道呈览。

乾隆除了批准“照样准做”外，由于山料玉实在无法预测其内部成色如何，为避免费工费时，乾隆还不忘叮嘱一句“拉开看”，然后再决定是否制作。

乾隆四十六年（1781）四月十六日，造办处奉旨“挑得吉字三百六十四号山料玉一块”，重八斤六两，拟做青白玉香筒一件；“挑得启字六千一百三十七号一块”，重二百三十斤，拟做白玉释迦牟尼佛一尊。

乾隆批准前者“交苏州织造四德成做”，后者“交两淮盐政伊龄阿成造，配紫檀木座，不必配龛”。

未刻字的玉册宝，一般存放广储司银库，归入庙字号或喜字号。二者以玉石颜色来区分，青玉归入庙字号，青白玉或白玉归入喜字号，这是乾隆四十七年（1782）十月乾隆亲自颁旨定制的。

这一年十月的某一天，乾隆颁旨“重刻五朝册宝”，即将努尔哈赤、皇太极、顺治、康熙、雍正五位清朝皇帝的耿光大烈、丰功伟绩，镌刻在玉册、玉宝上，“尊藏太庙”。此次乾隆之所以要重刻五朝册宝，原因是“五朝册宝系随时镌刻，玉色长短未能一律”。

乾隆平定准、回二部后，“和阗良玉充贡内廷”，有了重新镌刻五朝册宝的条件。乾隆从这些和阗贡玉中，精心挑选出“玉色与五朝册宝相符者，均编为庙字号，俟后有举行册宝入庙之事，概用此玉，以昭划一”。

重刻的五朝玉册宝仍选用青玉，这也是乾隆为了尊重列祖列宗当时的选择，“恭镌一色纯玉”。

此外，乾隆将“玉色较白而未能一律者，另编为喜字号”。这些喜字号玉石，乾隆自有安排和用处，准备“将来朕归政后，嗣位之皇子崇上尊称，即将此玉成造册宝，并嗣后皇孙皇曾孙辈，有承事东朝，尊崇徽号者，皆以此等喜字号玉一体承用，永为定制”。

庙字号、喜字号玉石，除了颜色有区别外，尺寸大小上也有不同。喜字号的册宝比庙字号的册宝尺寸要小。

乾隆四十七年（1782）十一月十四日，两淮送到青白玉册宝四份，乾隆令“玉册宝交广储司银库，归庙字号”。

乾隆四十七年（1782）三月二十五日，新疆送到贡玉二千零六十二块，乾隆令从中挑选玉承做玉册宝等器物。两淮盐政伊龄阿分得玉宝一方，见方四寸，高三寸；玉册页一份十片，长七寸六分，宽三寸二分，厚二分；长芦盐政征瑞分得玉宝一方，见方四寸、高三寸；玉册页一份十片，长七寸三分，宽三寸三分，厚二分。

造办处在奏报乾隆时称："以上册宝二份，较比庙字号册宝尺寸俱小，拟入喜字号尺寸合用。"

乾隆五十年（1785）九月二十七日，苏州织造差家人送到"刻字白玉'五福五代堂宝'一方、青玉宝二方、册页二份，每份计十片"。乾隆除令将刻字白玉"五福五代堂宝"交懋勤殿外，还指示将"青玉宝、册页交广储司，归庙字号收贮"。

以上可以看出，这些玉料的编号，不过是区分玉册宝本身材质颜色、尺寸大小的一个符号，所选用的字也只是寓意吉祥而已。

制 玉 工 具

中华远古人类，就已经知道使用石英砂、无齿锯、钻头，以及其他天然硬物来琢磨玉石了。

清代，人们使用更为先进的铁丝、皮条、链片、芜湖钢锤、马尾萝、宝砂、镟铁皮、砣子、千它、凿等器物，用来解玉治玉。

由于原始档案记载十分有限，以下记述的各种制玉工具，只是清代宫廷承做玉器时所用工具的一部分。对此，读者只能对宫廷制玉工具有一个粗线条的了解。

◎一、铁丝

清代宫廷制玉，用铁丝来切割玉石。这种铁丝锯有点像今天使用的钢丝锯，虽没有锯齿，但较粗糙。铁丝两边有柄，二人拉锯，切割玉石时，两边拉锯人分别不断地往切割面上放置宝砂（古人用来切割玉石用的一种矿砂，也称"解玉砂"），由此玉石缓缓切开。玉石的基本成型，也要靠"铁丝"不断地变换不同角度，来切割完成。

乾隆四十年（1775）以来，乾隆经常看到各地制玉机构送到朝廷的玉器中，不少已是成品的玉器，往往带有绺道石性，很不雅观。特别是用山料玉制作的玉器，制作前，人们往往很难从玉料的外表上判断出里面的真实面目，有时都快要完工了，才发现有绺道石性，使器物显得美中不足。

可能是玉匠们为了不白干活，或不浪费玉料，做成的玉器，有时有一点石性绺道，也就凑合着呈交了。

但乾隆认为，任何玉器在制作之前，如有材质问题，都应该事前禀报，以免事后造成工时银两的浪费。如果玉石材料本身可能存在石性绺道，应先切开看，如有石性绺道，则不必继续制作。

乾隆四十四年（1779）三月初十，乾隆令太监鄂鲁里，传旨内廷及京外各地制玉机构："山料玉看外面，不得知内有石绺情形，应先用铁丝拉开看。如无石绺情形，当照样做；如有石性情形，着声明，方不靡费工作。传给造办处、长芦、淮关、两淮、苏州、江宁，钦奉遵办。钦此。"

◎二、宝砂

宝砂，也称"解玉砂"，是一种硬度很高的砂石。这种砂石是经过河水自然流淌而形成的细致精粹的砂子，坚硬无比。颗粒大点的，还要用铁锤锤击至细面状，然后经过筛罗后，加水调成糨糊状，才可使用。

玉石切割琢磨时，需要用宝砂作为研磨材料，玉盘、碗、盅、碟等器物在制作时，也需用宝砂作为镟磨材料。

康熙朝，朝廷有定制："凡成造玉册、玉宝及内务府成造玉器，所用宝砂，行直隶灵寿、平山二县办解。"

所以，直隶的灵寿县和平山县，是清代提供朝廷造办处制作玉器时用宝砂的钦定县。

在京城内廷，宝砂主要是在造办处制作玉器、工程处切割磬石、御书处打磨法帖石等项活计时使用。以上各处如需要使用宝砂，由广储司从工部领取，再分配给该处使用。上述三处，造办处承做玉器使用宝砂用量最多。

乾隆三十二年（1767）十月至三十五年（1770）十二月，以上三处为承做玉器、磬石、法帖石等项活计，领取宝砂共计五万零四十九斤五两五钱，使用了四万六千七百八十七斤十五两。乾隆知道后，对在短短三年时间里使用如此多的宝砂，产生了怀疑，认为这里一定有问题。

乾隆紧急召见工部侍郎鄂忻，以及总管内务府大臣高恒、永泰，当面训斥诘问："成造活计何致需用宝砂如许之多？非工匠偷卖，即系成造私活用去。管作官员所司何事？着交内务府大臣治罪。"

清朝官场上有不成文的规矩，皇上已经定了的事情，你不要琢磨是对还是错，遵旨照办就是了，千万别认真地分出个是非曲直，查个水落石出，弄得皇上没面子。一般情况是，查无实据的，相关人员处理一下就是了。

第二天，高恒、永泰二位大臣，象征性地到造办处如意馆、玻璃厂、金玉作、大玉作，以及内廷工程处、御书房走了一遭，简单询问了一下上述各处宝砂的使用情况，随后二人联名给乾隆皇上写了一道折子。

高恒、永泰二人在折子上写道："钦遵，臣等随交各该处，将应议职名查报去后，兹据造办处将应议之如意馆郎中李文照、员外郎六格，玻璃厂员外郎额尔金、库掌福喜，金玉作库掌五德、催长福庆，大玉作库掌四德、主事拔士逸、催长葆广，内廷工程处将应议之郎中七十一，御书处将应议之郎中诚意、员外郎时运，各职名查报前来。臣等查，郎中李文照等，均系管办玉器活计之员，所用宝砂理宜不时留心稽查，勿致妄行靡费并匠役等偷赚。乃并不留心防查，以致宝砂靡费过多，不归实用，殊属不合。应将郎中李文照，员外郎六格、额尔金，主事拔士逸，库掌福喜、五德、四德，催长福庆、葆广，郎中七十一、诚意，员外郎时运，均照失察例，各罚俸一年。"

乾隆看了高恒、永泰二人的处理意见，较为满意，在折子上批语："知道了。"

通常情况下，每镟做一件中小型玉器物，平均用宝砂二十余斤。

乾隆四十四年（1779）正月至十一月底止，如意馆、启祥宫"除现镟玉盘、碗等器二十件外，陆续镟得呈进过玉碗九件、玉盘二件、小件玉器活计三十件，统计用过苏州送来宝砂一千三百斤"。现存宝砂六百九十余斤，明春镟做玉盘碗、小件活计已不够用，拟奏明皇上饬交苏州织造全德，照交过宝砂样，再办两千斤送来应用。

因种种原因，此事被搁置了三年有余，直到乾隆四十七年（1782）四月三十日，造办处才"交太监鄂鲁里转奏"。此时，苏州织造已由四德接任，乾隆并不知此事被放置数年，仍照常例批示"准向苏州织造四德要用"。

造办处每年承办的玉器很多，在办理上，遗漏或遗忘的事时有发生，也属正常。乾隆对每一件玉器物的承做都有批示，但他也不可能对造办处的每一件事都过问或记住。这次，造办处没有向乾隆提及三年前的事，乾隆自然也无从了解和追究。

宝砂的质地也不完全一致，有时遇到“性软”的宝砂，就很难镟做器物。

乾隆四十四年（1779）正月初七，如意馆镟玉匠平七在镟做玉盘碗时称：“所领宝砂性软，难以镟做器皿，请另换宝砂镟做。”

◎三、链片

链片，是用来拉开玉石用的，是清乾隆朝制作玉器的辅助消耗材料之一，产自山西。

这种链片分大小两种，边口为锯齿状，应该像今天的钢丝锯。拉开大块玉石，用大链片，反之用小链片。

链片统一由山西购进，一般情况下，造办处每年用量在几千斤。

乾隆朝中期以前，由于玉石供应朝廷数量有限，链片用量每年大约几千斤。

乾隆朝中期以后，朝廷从叶尔羌等地及当地回民手中查获了大量的玉石，分三十二批次运往京城，前后大约用了五年时间。从那时起，仅京城造办处一地，链片年消耗就达万斤。

乾隆四十一年（1776）六月二十四日，造办处为承做大玉瓮，乾隆专门谕令山西巡抚巴延三。上谕说：“造办处琢磨玉石用大链片之处甚多，此物产自山西。着传谕巴延三，自明年为始，每年将大链片办理一万斤，解交造办处应用，俟五年后自行停止。”

◎四、铁皮

用铁皮制成圆盘，长一尺二寸、宽九寸，清宫称“镟铁皮”，用它盛水和宝砂，脚踏连线木板使其转动，使玉石逐渐剖解开，是玉器制作时的“托盘”。造办处镟玉用的“镟铁皮”，平均每年要使用十张。

◎五、砣子

砣子，是打磨玉石的重要工具，商周时代即已广泛使用，是钻孔、打制碗形物的重要制玉工具。清代用砣子打磨玉杯，称“砣”一个玉杯。

◎六、千它

千它，是清代造办处用来切割玉石的重要工具，铁制，用它制成轮子，用绳索带动旋转，对较大形玉石的表面进行切割。切割时，也要加水并放置宝砂。据清宫档案记载，千它直径一尺二寸，造办处平均每年使用四个。

◎七、皮条

皮条，牛皮制，是乾隆朝制玉作坊用来对玉器表面进行抛光的工具。抛光玉器时，要不断地加入抛光粉，以增加玉器表面的光洁度。

制作成本

乾隆朝，宫廷制作玉器的成本，是不计入玉石材料成本和玉石由新疆运至京城的运输费用的。器物的制作成本主要有两项，一是工时费，二是饭费。此外，还包括一些辅助材料费等。仅此数额就相当可观，令人叹为观止。

由此可见，玉器在乾隆朝是非常贵重的奢侈器物，一般平民百姓是受用不起的。这也是导致乾隆朝中后期，官场玉石腐败案频繁发生的根本原因。

现就乾隆朝玉器制作成本，举例如下。

◎一、玉瓮成本

乾隆三十六年（1771）四月十八日，造办处奉旨交太监胡世杰转呈乾隆大青玉一块，重一千一百六十五斤。乾隆看后令造办处：“着交如意馆，画云龙瓮样呈览。”

如意馆于四月二十五日，“将大青玉一块画得云龙瓮纸样一张，交太监胡世杰呈览”。乾隆批示：“照样准做，云龙瓮交造办处成做。”

乾隆三十八年（1773）五月初六，副催长金江持来奏片一件，奏文为：“造办处现造青玉云龙瓮一件，今已做得，恭呈御览。”

从乾隆三十六年（1771）五月二十二日至三十八年（1773）四月二十日，

玉瓮制作共用时二十三个月零二十八天，共用工料银一千六百二十二两五钱三分一厘。此报价经造办处“将每日进匠与查验报单核对，数目相符”。

该青玉云龙瓮，均围长五尺六分、高八寸，折成方寸为四百零四寸八分，应值银一千六百九十两四分四厘。但最后向皇上报价，造办处还要再减点银两，以示做事认真、注意节俭，没有多花费银两。

造办处在给乾隆的大青玉瓮报价中说：“今报销工料银一千六百二十二两五钱三分一厘，尚省用银六十七两零。谨将所用工料银两细数，另缮清单一件，一并恭呈御览。”

乾隆在造办处来文中批示：“知道了。”以示认可。

乾隆朝，制作一件千斤左右玉石毛料的玉瓮，需要工银一千六百九十多两白银，相当于一个内廷高级玉匠近二十年的工钱，造价相当可观。

◎二、玉山子成本

乾隆四十四年（1779）九月二十五日，造办处根据乾隆皇上“凿錾叠落人物树木，并磨糙做细光亮”的要求，承做了一件青白玉人物山石树木陈设，用四等青白玉料一百五十八斤。

工期自乾隆四十四年（1779）十一月初一起至四十五（1780）年七月三十日止。造办处在给乾隆的制作成本奏报中称：“内除年节等共计十日未行上工外，共二百五十六个工作日。共用过外雇匠一千二百六十八工，每工银一钱五分四厘，计银一百九十五两二钱七分二厘。玉匠四百六十四工，每工银一钱五分四厘，计银七十一两四钱五分六厘。食钱粮家匠二百工，每工饭银三分六厘，计银七两二钱。买办羊油蜡、马尾、紫胶等项，用银三两三分六厘。以上共计工饭买办银二百七十七两五钱八分八厘。”

一百五十多斤的山料玉毛料，一般能制作三四十斤的器物，如果石性绺道过重，所出器物还要更小。但这件玉石陈设仅工价银就要二百多两白银，不能不说玉器在当时是仅供少数贵族和富人赏玩的奢侈品。

◎三、修理成本

制作一件新的玉器工银成本可观，但修理一件玉器的费用也价格不菲。

乾隆四十一年（1776）元旦，乾隆在筵宴朝臣的宴会上，见一件盛肉的青玉大罐，罐身厚重，里膛过小，盛的东西不多，觉得应是前朝遗存的旧物。随后又发现一对青玉小罐和一对青玉执壶，也有此类问题。乾隆当即对在身边伺候筵宴的员外郎四德、库掌五德说："现用青玉大罐一件、小罐一对、执壶一对，俟筵宴完时，俱将里膛往薄里磨做。"

回到造办处后，员外郎四德、库掌五德根据以往的经验和教训，仔细将器物周身丈量一遍，各种尺寸记录在案，以便日后跟皇上算工钱。

具体测量的尺寸为："青玉大罐，通高一尺六寸五分，径通一尺五寸八分，口高一寸七分，口径过六寸六分，口厚八分八厘，膛九寸五分，足径过一尺一寸；青玉小罐一对，通高一尺二寸五分，面宽一尺二寸，进深九寸，口高一寸五分，口径过五寸六分，口厚六分，里膛面宽九寸二分，里膛进深七寸一分，足径过八寸五分。青玉执壶一对，通高一尺四寸七分，口径四寸，口厚四分，上肚外形五寸五分，上肚里膛四寸八分，下肚里膛五寸八分，下足径过五寸一分，足高一寸三分，壶嘴至壶把一尺二寸五分。"

根据上述尺寸，四德、五德将器物令如意馆画得纸样，并用红道标明应该打磨部分。这五件器物修理完后，预计用玉匠六千三百九十一个工，计银九百八十四两二钱。

正月二十六日，四德、五德将以上器物测量数据、画样及成本账单，一同交太监胡世杰呈送乾隆御览。

乾隆阅后，见属下办事如此认真，甚是喜悦，但感觉估算的工时银两过高，除了同意"按红道将里膛往薄里磨做"外，指示内务府总管大臣英廉，仔细核算工时银两后再报告。

英廉知道这活不好干，不比做一件新器物省事，弄不好器物本身受损，谁也担当不起。但是皇上发话了，你怎么也得减点儿工时银两，不然皇上那边你无法交代。

核减工时银两也得有理由，英廉为此可是动了一番脑筋。不过，英廉不愧为是在皇上身边当差的老臣，皇上的心思用意，他怎么也能揣摩出个八九不离十。皇上的意思就是，成器重新琢磨，怎么能比凿錾荒坯还费银两呢？

于是，英廉给乾隆写了一个折子，报称："奴才遵旨，即交该管郎中、员外郎等详细酌定磨做尺寸，约估工料银数，并一面派该作官员先行置办一切应用铁料、木架等。计划三月初间，管领匠作开工磨做。据该郎中佛宁、员外郎四德等报称，现今大小罐壶里膛照原拟磨去之厚薄核计，共应磨去见方七百二十二寸四分，约用玉匠六千三百九十一工，计银九百八十四两二钱。经查，壶罐现在掏挖里膛，就其形式，琢磨似易于用力，非从前初做由荒坯琢成玉器者可比。经详加核酌，将现估工价银内核减二成，计除银一百九十六两八钱外，仍需工银七百一十七两四钱三分。”

这样做一是为防止玉匠偷工多报，二是为了讨好皇上。英廉还为乾隆出了个主意，他在折子中最后写道：“玉器琢磨薄厚情形，其外口所去分寸显而易见，其内里膛身所去多寡难以计量。今拟将壶罐俱各称定斤两，如百斤琢去五十斤，下存五十斤即系琢去实斤两，再以斤两核计尺寸，可免偷工浮冒之弊。除令该作员役等小心据实磨做，奴才另派郎中佛宁、库掌福庆，每日监看稽查使用匠工名数，如有不实之处，将来竣工之日，据实核销。”

乾隆对英廉的办事很是满意，揣摩主子的心思既到位，又不失分寸。但又一想，这掏膛的活确实不好干，尤其是器物本身已经做成，重新磨薄更要小心谨慎，工期工时应该比做新器时间要长，况且核减后的银两也不是个小数目，确实有点不划算。不如先修理大玉罐，把大罐底部往薄里磨磨，看看效果后再说。

随后，乾隆在英廉的折子上批示：“知道了。小玉罐二件、执壶二件，仍交广储司收贮，不必磨做。其大玉罐一件将罐底往薄里磨做。”

乾隆甚是聪明，放弃了罐体内侧掏膛磨薄，而是将大玉罐从外底部磨薄，这要比从里面琢磨容易得多，且不易破损，工时银两也省下了许多。

乾隆皇帝玩玉鉴玉赏玉

初涉玉玩

乾隆还在上书房读书时，就结识了很多奇珍异玩，也见过不少玉器，但当时只是把它们当作一种物品陈设，并没有太多关注，更没有往心里去琢磨这些东西。

乾隆正式建年号这一年的正月初七，太监毛团，这位在乾隆登基前就伺候皇上的老太监，从造办处库房里挑选了一件前朝旧存青玉双管瓶，呈送乾隆御览。这是乾隆当皇帝后，属下呈览的第一件玉器。

当时，乾隆对玉器没有太深刻的印象，也没有什么感觉，只是觉得宫廷里旧存珠宝玉器很多，今后要慢慢拿来欣赏把玩。

此时，乾隆对父亲雍正皇帝在位时烧造的珐琅彩瓷器印象很深。珐琅瓷器细腻精致、洁白莹透的胎体，美丽绝伦、色彩艳丽的绘画色彩，在他幼小的心灵深处留下了深刻印象。

乾隆做出了一个决定，他令太监毛团传旨："照此青玉双管瓶样式，烧造珐琅彩双管瓶一件。其瓶上画吉言花卉。先画样呈览，准时再做。钦此。"

内廷有现成的素白胎瓷器，这些白瓷是景德镇御窑厂烧造后，专门送进宫廷烧造珐琅彩瓷器用的。这个时期，朝廷的绘画工匠、烧造工匠还都是前朝的"遗老遗少"，绘画工艺和风格、烧造方式和技法，应当与雍正朝时没有太大的区别，承袭了雍正朝时的简洁清丽、素装淡雅的风格。

乾隆朝以后，瓷器素雅简洁的风格逐渐改变，逐步走上了追求绚丽华美、世俗繁缛的道路。这可能与雍正不太过问珠宝玉瓷的制作、工匠得以自由发挥艺术特长有关，也可能与乾隆皇帝喜好文房清供、纷繁杂物事必躬亲、工匠艺术才华不能充分发挥有关。

到了乾隆元年（1736）九月，乾隆已对造办处各作的情况了解得差不多了，宫内所藏金银珠宝玉器也基本了如指掌，造办处承做活计的工作流程也已了解清楚。他决定从承做御用活计工作流程入手，改变过去父皇不闻不问、凡事交由亲王或手下全权处理的做法，所有一切承做御用活计事务，必须禀报他本人，获准后方能办理。这一巨大改变，使乾隆朝宫廷御用活计，无形中都打上了乾隆本人的欣赏品位和喜好追求的烙印。

乾隆初年，凡有承做活计的谕旨下发，往往都由两名太监负责传旨，这样可以互相监督，以防假传圣旨。接旨传办活计，也由两名以上造办处官员一同办理。

乾隆元年（1736）九月二十七日，乾隆让太监毛团、胡世杰传旨："着将近日新疆交来的玉石子儿伺候看。钦此。"

第二天，司库刘山久、七品首领萨木哈，从造办处库房中挑了两块玉石子儿，一块是白玉子儿玉，一块是碧玉子儿玉，交毛团、胡世杰呈送乾隆御览。

乾隆看后，认为此玉料品质不错，可以承做器物，于是下旨造办处酌量制作器物，但要先画样呈览，批准后方可承做。乾隆把此活计交给了刚成立不久的如意馆画样制作。

十一月十七日，如意馆把白玉石子儿画得如意陈设纸样、碧玉石子画得双友瓶纸样各一张，由司库刘山久、七品首领萨木哈带进内廷，交给太监毛团、胡世杰呈览。

初登皇位的乾隆，时年二十五岁，英年才俊，治理江山社稷不忘潇洒人生。他仔细审阅送来的画样后，令太监毛团传旨："照样准做。钦此。"

乾隆有时会心血来潮，要马上看一看正在制作中的玉活计，或了解一下玉匠制作工作进展得如何，有时也会随时改变原有设计图案。

乾隆二年（1737）五月十一日，乾隆发现去年颁旨承做的两件玉器已半年有余，想看看制作得如何了？于是，乾隆让太监毛团、胡世杰传旨："着将现做白玉太平如意、碧玉双友瓶呈览。钦此。"

当日，七品首领将未做完的白玉太平如意、碧玉双友瓶各一件交太监毛团呈览。

乾隆看后，要求在白玉如意的太极图上安装一个有盖盒（这种在如意头上安装盖盒的做法，后来没有在宫内流行），并在盒内刻款；碧玉双友瓶配一个玉盖，安装一个镀金匙。

乾隆三年（1738）五月十六日，两件玉器终于制作完成。这一天，司库刘山久、七品首领萨木哈、催总白世秀三人，将白玉如意、碧玉双友瓶各一件交太监毛团、胡世杰、高玉呈览。

没想到，制作历时一年半之久的两件玉器，乾隆看后并不满意，纹饰不清，器物表面也不干净。

乾隆随即令太监毛团、胡世杰传旨：“将白玉如意上流云做透，其万字上飘带着磨去。再，碧玉双管瓶上的绺道做净。钦此。”

登基不到三年时间，乾隆对玉器的制作和欣赏，已经显露出较高的专业水准和鉴赏水平。

这一年的十一月十二日，白玉太平如意和碧玉双友瓶最终制作完成，如意配茜色象牙座，双友瓶配紫檀木座。这是乾隆朝宫廷玉器作坊，首次制作的御用玉器。

修　理

各处玉作坊奉旨照样制作的玉器，有时也会发生做成的器物，与当初设计的纹饰和图样不符的情况。

乾隆朝中期以后，乾隆对玉器制作的了解已经非常深入，对派出的活计样式、尺寸、纹饰等都了如指掌，记得清清楚楚，交活时看得也很认真仔细，如有不符的地方，很难敷衍过去。

乾隆四十五年（1780）五月二十日，如意馆制作完成一件“皮糙玉螭虎觥”，交由太监常宁呈览。

乾隆在欣赏把玩时，发现此觥上面的回纹纹饰，比当初的设计图样略窄。由于刻得过浅，回纹纹饰也不明显。于是，他令太监常宁传旨造办处：“交如意馆，有花纹不对处，找补清楚。钦此。”

乾隆一朝，虽然京内京外为宫廷制作了大量的玉器，加上前代或前朝留存下来的玉器数量也不少，但乾隆对破损的玉器，还是能修理的就修理，不会轻易丢弃。由此可以看出，乾隆对玉的痴迷程度，绝不是一般的喜好。

乾隆二十八年（1763）五月初九，造办处交来一件前朝留存的白玉喜鹊。它是在清理库房时被发现的，发现时，白玉喜鹊的尾部已经断为两截。乾隆看后，指示造办处官员，“着交如意馆粘好”后，再呈送他御览。

玉石有绺，实属玉石的瑕疵，不仅影响玉器物的美观，也对其观赏和收藏价值大打折扣。

乾隆对玉石的绺道瑕疵，同样也不喜欢。如果是玉石材料，乾隆就会在制作前规避这些瑕疵；如果是已做成的成器，或是前朝或前代遗留的旧器，乾隆就会下令将绺道去除。

乾隆二十五年（1760）三月十二日，造办处员外郎安泰、金辉知道皇上喜欢玉碗，从库里找到一件前朝旧存的青玉撇口碗，托太监胡世杰转呈乾隆御览。

乾隆对生活实用玉器很喜爱，尤其是玉碗。他见此碗胎体很薄，雕工精巧，虽然是青玉，但也不失为一件值得收藏把玩的艺术珍品。唯一美中不足的是，碗口沿处稍有绺道，让乾隆感觉不爽。

玉碗很薄，去掉绺道的玉碗可能会变小，但乾隆还是执意要将碗口的绺道去除掉。他让太监胡世杰到造办处传旨:“着交如意馆，按绺处扎去。钦此。”

玉碗在制作快完工时出现绺道瑕疵，实属遗憾的事情，但这种情况既不可避免，也会时常发生。乾隆对玉碗口沿处有绺道，持零容忍态度。

乾隆三十八年（1773）八月，乾隆正在热河避暑，见寝室内陈设的一只白玉番花碗，口沿处有绺道，遂令造办处郎中观柱带往京城，并传他的旨意，“着如意馆齐绺扎去”。但要求造办处先画样，“俟回銮时呈览”，审核批准画样后，才可以开工承做。

改　做

说乾隆毁坏文物，那是今天的说法，当时乾隆可是至高无上、贵为天子的皇上，损毁几件玉器算得了什么。不过说毁坏，乾隆也是将前代或前朝的玉器修整改造、为己所用而已，但在今天，这确实是一件犯忌的大事，其行为不可想象。

清代有着繁缛纷杂的国法家规，皇上也必须遵守照办。不过，小小的文玩旧物，怎能入法入规，怎能和国家的民生大计、国泰民安的大事相提并论？所以，这里不说毁坏，而用“改做”的称谓，还是较为妥帖的。

乾隆崇信藏传佛教，对一些有明显“杀生”特征的器物，他是一定要改做的。

乾隆四十九年（1784）十月初三，太监鄂鲁里奉旨从造办处库里找来一件白玉猫。此猫玉质上佳，色泽润白，手感细滑而不腻手，猫口中含着一只蝴蝶。

乾隆对白玉猫很喜欢，唯独这只蝴蝶被猫咬着，让信奉佛教的乾隆觉得美中不足、于心不忍。乾隆遂令太监鄂鲁里传旨：“交启祥宫，将白玉猫含着的蝴蝶扎去。钦此。”

乾隆喜好改做玉器，不论此玉器是前朝哪位留下来的作品，只要他不喜欢，就会下令改做成其他式样的玉器。

乾隆元年（1736）三月二十九日，太监毛团奉旨从造办处找来一件宫内旧藏青玉如意，呈送乾隆御览。

乾隆拿着这件青玉如意仔细地观看，认定应该是一件明朝旧宫的遗存，但做法明显不合清朝的款式规范。

乾隆令太监毛团到造办处传旨：“此如意，玉情材料还好，但做法不好，尔等酌量改。钦此。”这是乾隆登基后第一件被改做的玉器。

乾隆初年，类似这样改做前代或前朝的玉器，有很多很多。

乾隆改做前朝或前代的玉器，主要集中在乾隆朝的前十年间。这一时期的玉器制作，无论是宫廷玉作、如意馆，还是苏州，都还没有形成规模。由于人手有限，制玉的周期也很漫长。乾隆赏玩玉器，主要还是宫内前代或前朝的旧藏。这些被改做的玉器品种主要有：宝玺、图章、水盛、卣、磬、花插、盒、杯、罐、文房等。

◎一、旧器改做

乾隆十年（1745）正月二十九日，乾隆批准改制一批前朝玉文房，这是乾隆朝旧玉器改做量最大的一次，而且改做后的新玉器也令人难以想象。

这天，太监胡世杰奉旨交给造办处七品首领萨木哈玉笔五十支、玉笔管三十八个、玉笔帽十四个，并传乾隆的口谕："着改做玉别子、轴头用。"

一般情况，制作玉别子、玉轴头都用制作玉器剩下的边角料，或库存的碎小玉料，大规模用旧玉器改做，一是当时前代或前朝旧存玉器较多，二是乾隆打心眼里就没有认可这些旧存的玉器有什么特殊的保存价值。

对汉代玉器的改做，在乾隆心里也没有"文物保护"的意识。只要是他看着不习惯、看着不顺眼的汉代玉器，一定要将其改做成其他器型的玉器。

乾隆十年（1745）十月十五日，太监胡世杰交给乾隆一件配有旧座的汉代玉杯。乾隆认为这件汉代玉杯的杯耳不好，耳内还有纹饰，这不符合当时的审美习惯。

乾隆令太监胡世杰到造办处传旨："将汉玉杯耳，磨半圆耳，内花纹去了，另配文雅座。其汉玉杯旧座，另配糙些古玩用。钦此。"

乾隆对汉代款式的玉杯耳不甚喜欢，在改做这类玉器时，除了将杯耳改成其他样式外，有时也直接将杯耳去掉了事。

乾隆十一年（1746）五月十四日，太监交给司库白世秀一件用"黄缎夹袱"包裹着的汉代白玉单耳杯。从玉耳杯的包裹看，这是前代皇帝很看重的一件器物。

但乾隆不以为然，他令太监胡世杰传旨："将耳子扎去，其去耳子之处将花纹接上。钦此。"杯耳去掉了，再将杯耳处左右边的花纹接上，使之成为一个新的完整器物。

碗一般不带耳，带耳形似碗的一般应称为杯。有时因为称谓上的疏忽，也会使本来挺好的一件艺术品面目全非。

乾隆十九年（1754）三月初一，太监胡世杰奉旨交给员外郎白世秀青玉碗、青玉双耳花边碗各一件。此时，乾隆依据下面上报的物品清单的名称，误将此青玉双耳花边杯看作是一件碗。他下旨："青玉双耳花边碗照青玉碗一样，将耳子扎去，花纹磨平，俱配高木座、文锦匣，得时在热河宴桌上摆用。"有时玉器绺道过多，但去掉绺道部分后还可以利用，乾隆也会下旨改作他用。碗改做碟，用途比较近似，但也是一种局部改做。

乾隆二十五年（1760）八月十七日，造办处员外郎安泰、金辉接到一件押帖，并附白玉碗一件。此碗上口沿部分有绺，影响器物的整体审美效果。押帖上有乾隆的朱批："着如意馆齐绺扎去五分，改做碟子。"

◎二、变换造型

乾隆改做的玉器中，玉盘子最容易改做成插屏，去掉边沿即可。这种完全变换器型的改做，也是乾隆一朝宫廷改做玉器最多的品种之一。

乾隆十九年（1754）二月初一，太监胡世杰奉旨交给员外郎一件白玉腰圆双蝠盘，并传皇上的口谕："着交如意馆将盘上双蝠磨去，四面扎方，成做插屏一件。先画样呈览，准时再做。钦此。"

再如，乾隆四十年（1775）正月初四，太监胡世杰呈送乾隆二件内廷旧藏青玉腰圆托盘。乾隆对这种腰圆盘似乎不太喜欢，曾多次下旨改做成其他器型。这次，乾隆还是决定不再保留这件托盘，逐令太监胡世杰传旨："着将青玉托盘二件边扎去，改方插屏二件。钦此。"

乾隆对旧藏玉器，特别是素面器物，有时也会根据个人的喜好，添加新的纹饰。

乾隆五十一年（1786）二月初四，太监鄂鲁里从造办处库房里找来一件"旧玉小拱璧"。该玉璧为素面，没有纹饰。

乾隆对这个小物件，弃置一边觉得可惜，毕竟是个"老东西"。但留着吧，又觉得索味平庸，没有一点个性。于是，他令造办处，"交如意馆，添刻细花纹"。

乾隆对动物形象的器物有较高的要求，追求的是形似，而不仅仅是抽象的造型。

乾隆二十七年（1762）八月二十五日，造办处如意馆制作了一件白玉骆驼，并配了紫檀木座，交太监胡世杰呈送乾隆御览。

乾隆仔细端详这件新制作的白玉骆驼，总觉得哪儿不顺眼，最终看出是骆驼的脖子过粗，显得脖子短了许多。

乾隆叫来太监胡世杰，令其传旨造办处："骆驼脖子不像，短了，着交如意馆往好里收拾。"

即使是前代或前朝留存下来的残损玉器，乾隆一般也不会轻易遗弃或做材料用，而是另改为其他造型的玉器。

乾隆五十二年（1787）七月初五，乾隆正在承德巡游，太监鄂鲁里呈送乾隆一件旧"伤耳白玉卧鹿"。

乾隆对这件玉卧鹿造型、玉材颜色甚为喜欢，令"如意馆照此玉鹿颜色，挑玉成做玉鹿一件，形象要与原卧鹿一样”。同时，乾隆对玉鹿的破耳，令“将耳去了，另拟改做何样陈设”。

如意馆接旨后，随即挑选收贮的一块重十二两的二等玉子儿料，并在玉上画得卧鹿。同时，将伤耳玉鹿，拟改做羚羊，并画得墨道，“由报寄去呈览”。

乾隆接到并审看后，谕令造办处：“伤耳鹿准改做羚羊，新做玉鹿准照墨道成做。要快做，得时随报发来。”

◎三、随意改做

在改做旧藏玉器上，乾隆经常是朝令夕改，令手下当差办事的手忙脚乱，摸不着头脑。

乾隆三十七年（1772）四月初二，如意馆接旨，准备将一件旧碧玉碗，改做成一件荷叶洗。

第二天，如意馆的玉匠正准备动工改做，太监胡世杰又到造办处传旨：“碧玉碗不必做荷叶洗，着改做荷包式花囊，先画样呈览。钦此。”

碗改洗容易，但改成花囊，确实难为了这些在朝廷当差行走多年的玉匠高手们了。

四月初四，如意馆将碧玉碗画得一张荷包式花囊纸样，交太监鄂鲁里呈览。这回乾隆又改变主意了，不让如意馆改做了，而是“发往苏州织造舒文处仅玉成做”。

乾隆三十八年（1773）三月初八，历时近一年的碗改花囊工作，终于完成并送到京城。

乾隆四十年（1775），内廷还发生一件事。这年十二月二十六日，大臣谔堆进献给乾隆大小两张青玉桌。玉桌四周有花边牙子，还有四条桌腿。在清代玉器史上，玉桌是不多见的玉器品种。

但是，此桌做工略显粗糙，如桌面不够平整，接缝不够严实。乾隆看后令造办处：“将桌面收拾平整，裂缝不严处，务要严丝合缝。”

修理磨光工作用时一个月，正当玉匠们在紧锣密鼓地加紧最后的收尾工作时，太监胡世杰又来到如意馆传旨：“将桌面二件配做汉纹式花纹紫檀木边座插屏一对，其拆下边抹桌腿桌牙，俱交如意馆做材料用。钦此。”

乾隆四十一年（1776）九月二十二日，用两张旧玉桌面改做成的两件玉插屏，终于改做完成，并奉旨“送交启祥宫收贮”。

有的老旧玉器，即使上面镶嵌有宝石，看起来很美观华丽，但只要不符合乾隆的欣赏角度，照样要被随意地改做成其他物件。

乾隆十八年（1753）八月十二日，太监胡世杰交给员外郎白世秀白玉蝉（上嵌红宝石大小三块）、汉白玉仙人各一件，并传乾隆谕旨：“俱交姚宗仁，将仙人颜色去了。其白玉蝉，想法应改做何物即改做何物。钦此。”

有时，改做的随意性，确实让人难以理解。如一件旧白玉蝙蝠枝梗如意，只要乾隆不喜欢上面的纹饰，就可以下旨“将如意上蝙蝠枝梗磨去琢齐”。

设计画样

◎ 一、纹样定制

清代御用器物上的纹饰装潢，有严格的定制，显示了严格的等级。玉器上的纹饰也是如此，特别是龙的图案，更有严格的要求和规定。

清朝定制，只有皇帝、皇太子、亲王，才可以使用龙的图案，亲王以下王室成员，禁用龙纹图案。

在龙爪的多寡上，清朝也有定制。皇上、皇太子的用品可用五爪、三爪龙纹图案；亲王的用品可用五爪龙纹图案，但“王府殿楼房屋不可绘制五爪龙，可绘金彩四爪龙”；亲王以下郡王、贝勒、贝子及一品以上，一般用四爪蟒纹。有时，皇上也赏赐皇室成员或臣下一些带有五爪龙纹纹饰的物品，但要去掉一个龙爪。

康熙二十六年（1687）题准：“大臣官员，有御赐五爪龙缎、五爪立龙缎，俱令挑去一爪用。”由此可以看出：清朝，凡五爪龙纹图案的器物，一般为皇上、皇太子、亲王所用；凡四爪蟒纹图案的器物，一般为郡王、贝勒、贝子所用；凡四爪龙纹图案的器物，一般为皇上恩准的朝廷大员及封疆大吏所用，亲王也可用。

凡在龙爪使用上破坏了规矩的，朝廷要给予处罚。

顺治九年（1652）题准：“凡五爪龙缎、三爪龙缎、满翠缎团补，黄色秋香色、黑狐皮，上赐者许用外，余俱禁止，不许存留在家，亦不许制被褥帐幔。若有越用及存留者，系官，照品议罚；常人，鞭责，衣物入官；妻子僭用者，罪坐家长。”

乾隆二十六年（1761）题准：“凡官民等，不得用暗花之四爪龙、四团八团龙缎，及照品级织造暗花补服。”这里指的是绫罗绸缎布等织物，瓷器、玉器等物品中没有此项规定。同时还规定：“大臣官员有上赐五爪龙缎，皆令去一爪用。”至于如何将绫罗绸缎上的龙爪去掉一个而不留痕迹，看来也是一个技术问题。

◎二、纹饰图样

玉器设计画样，多依据前朝或前代旧玉器的形制，或照样复制，或略有改动。也有仿制瓷器、珐琅器、铜器、牙雕等器物形制和纹饰图样的。也有依照《博古图》里的器物形状制作的。

乾隆二十一年（1756）十月二十三日，造办处接到押帖，内述：本月二十一日，太监施良栋收到太监胡世杰交来的一块碧玉石子儿，并附乾隆的谕旨：“着查《博古图》上，有好样画一件成做。”

乾隆有自己的审美观，画样审核通过了，但在制作过程中，对未做完的半成品，有时也会亲自到玉作坊“指点江山”，发表一番自己的看法。

乾隆二十五年（1760）二月初一，乾隆让太监胡世杰去造办处，将如意馆正在制作的玉山子海水座拿来看看。郎中白世秀、员外郎金辉不敢怠慢，马上到如意馆取来玉山子海水座，由太监胡世杰转呈御览。

乾隆看后说：“将海水上添海马龟鱼等，其水不必做玲珑，要憨厚些。”

◎三、皇上画样

有时，乾隆对原创玉器造型纹饰不甚满意，也会亲自在器物上用朱笔圈改，然后颁旨改做，这在历朝历代皇帝中，应是绝无仅有的。

乾隆二十五年（1760）七月十七日，造办处从库中挑得旧白玉太平人物、白玉桃各一件，交太监胡世杰转呈皇上御览。

乾隆欣赏审看后，觉得器物纹饰造型不合清代风格，于是直接用朱笔在两件器物上改动，然后谕令：“着如意馆，照朱笔将娃娃衣袖落低，白玉桃照朱笔归圆找补。”

◎ 四、画匠画样

乾隆朝前期，如意馆匠役姚宗仁，是最受乾隆信任、喜爱和赏识的玉匠。他于乾隆五年（1740）进宫当差，在如意馆行走，很快就显露出特有的艺术才华和技术才干，常被乾隆钦点画样或制作玉器。

乾隆六年（1741）二月初一，太监张明奉旨交给造办处七品首领萨木哈一块碧玉，并传乾隆的口谕："着玉匠姚宗仁画样伺候呈览。钦此。"

这是有官方史料记载以来，皇上第一次钦点造办处某个玉匠承办玉器制作。

后来，由于姚宗仁除了能制作玉器外，更擅长绘画设计玉器，乾隆更是给了他一个"玉画匠"的美称。

刻 字 刻 款

乾隆朝，刻有年号款的玉器，尽管没有想象的那么稀少和难得，但它在众多乾隆朝玉器中所占比例还是很小。

款识的刻制位置有一定讲究，一般款识刻在圈足内，或瓶类器物正面上方，如盘、碗、盅、碟、文房、瓶、炉、樽、如意、扳指、佩等器物。

乾隆朝，民间制作玉器也有刻制年号款的。虽然乾隆朝也依据前朝旧例，禁止民间在器物上刻制年号款，但往往是禁而不止，朝廷在管理上也没有前朝那么严厉，这与乾隆皇帝在这个问题上的态度有关。

乾隆有时在一些小事上会斤斤计较，但在一些事关皇权皇族事务的问题上，又时常显露出天之骄子般的宽大胸怀：他不在意御名的回避；他允许民间绘有五爪龙器物的存在；他允许宫廷御用玉器上雕刻四爪龙的图案；他下令宫廷御用瓷器"脚货"（次品）在景德镇就地变卖，流向民间；他赏赐臣僚部下象征皇权的黄色御用瓷器；等等。

乾隆喜欢在器物上刻各种式样的款识，特别是在玉器上刻年号款。而且，宫廷制作的玉器哪些需要刻年号款、刻什么样的年号款，乾隆要亲自决定，承做玉器的官属作坊无权自行刻制。

康熙朝以前各朝各代，未见有传世刻款玉器，更未见有史料记载。雍正朝刻年号款的玉器，可谓凤毛麟角，但内廷、官府和民间都有存在。

乾隆朝以后各朝的宫廷玉器，也很少在玉器上刻年号款。可以说，乾隆朝玉器款识，是中国历史上年号款最多、花样款识最丰富、款识形制最复杂的。

由于乾隆对民间在玉器上刻年号款的态度暧昧，所以宫廷御用玉器上有年号款，官府和民间玉器上也有刻年号款的。特别是臣下进献乾隆的玉器，有时还喜欢刻上一段御题诗句，以表敬重，乾隆均不会在意。

乾隆对刻款的玉器有很高的要求，不是什么玉器都可以刻款。他认为好的玉器才能刻款，这里除了器型好以外，最重要的是玉质材料要好，如白玉、甘黄玉。这些刻款玉器大部分是他亲自下旨，但也有一小部分是让手下酌情处理，掂量着办。

乾隆三年（1738）六月初八，造办处司库刘山久、催总白世秀从库里找来一件白玉双喜杯，交太监高玉呈送乾隆御览。

乾隆看后甚是喜欢，令胡世杰传旨造办处："将此杯刻款。嗣后凡有好玉器、玛瑙，尔等酌量刻款。钦此。"

乾隆二十一年（1756）七月二十五日，太监胡世杰交给员外郎朗正培、催总德魁一件押帖，内注明"甘黄玉鼻烟壶五件、甘黄玉扳指五件"，押帖上有乾隆朱批："着将甘黄玉鼻烟壶五件刻'乾隆年制'款；甘黄玉扳指五件内一件刻'乾隆'二字款；其余四件无空处，不必刻款。"

同日，太监胡世杰又交给造办处一件甘黄玉提梁卣，乾隆对刻款着实不嫌麻烦，谕令："着朱彩照'禾亭'二字，刻在提梁卣内底上面；'乾隆年制'四字，刻在提梁卣底外面。再，'永宝用'三字刻在盖内。"

玉器刻款、刻字，主要在内廷造办处的如意馆完成，有时也交由苏州、扬州等京外"八处"刻做。

乾隆二十三年（1758）二月十五日，太监胡世杰持一柄青玉如意来到造办处，找到员外郎朗正培，并传乾隆的谕旨："着交苏州刻字。钦此。"

◎一、"乾隆年制"款

乾隆元年（1736）四月初一，刚刚即位不久的乾隆，想欣赏一下前朝留下来的玉器。上个月他也看了一些，但没发现有什么特别的地方，不过是一些壶、炉、鼎、花觚等仿古器物，或一些小摆件，这次他想找一些玉杯看看。

玉器中的盘、碗、盅、碟，既是实用器，也是观赏器，极具欣赏价值。其制作工艺看似简单，但对工匠的技术水平和要求很高。乾隆对这类玉器情有独钟，从以后的宫廷制玉过程中，可见一斑。

这天，太监胡世杰来到造办处传旨，要造办处从库贮中找几件玉杯呈送御览。七品首领萨木哈急忙令手下找来“白玉双喜杯大小三件、白玉单把杯一件、白玉登云杯一件、白玉菱荷双耳杯一件、白玉双喜八方杯一件、白玉双喜六方单耳杯一件、白玉双喜有耳杯一件，共计九件玉杯”。

乾隆看后惊喜不已，传旨找人鉴定这些玉杯的年代。无奈当时宫廷内没有专业鉴定玉器的行家，找来的玉作、如意馆玉匠，也说不清是雍正朝的还是明代旧宫的遗存。

乾隆大失所望，他自己此时还没有鉴定器物朝代的水平，从此下决心要在宫内培养一批“文物”鉴定人才。乾隆想,既然鉴定不出是什么朝代的玉器，那就刻上本朝年号款吧。

于是，乾隆令太监毛团到造办处传旨：“着刻‘乾隆年制’款，配楠木匣。钦此。”从此，乾隆朝第一批刻有“乾隆年制”四字年号款的玉器，诞生了。

乾隆六年（1741）这一年，从造办处库房中挑选出来并呈送乾隆皇上御览的几乎所有前朝旧玉器，品种主要有觥、樽、卮、瓶、壶（包括鼻烟壶）、杯、碗、盘、花插、笔洗、笔抻、臂搁、笔砚、砚山、水吸、水盛、陈设等，以及各种玛瑙、水晶等器物，都被乾隆颁旨刻上了“乾隆年制”四字款，数量有几百件之多。

之所以将上述这些玉器称为前朝或前代玉器，一是因为乾隆登基不到六年，宫内玉作坊不可能承做出如此之多高难度、高技术含量的玉器。另外，当时苏州为宫廷制作玉器,还没有上规模和形成气候。二是从乾隆元年（1736）开始，乾隆就明确规定，凡制作玉器，其设计、图样、款识等，必须经他批准方可办理。

乾隆在位六十年间，带“乾隆年制”四字年号款的玉器，遍及大江南北，是乾隆朝玉器款识中数量最多的一种。

◎二、“乾隆年造”款

乾隆多数时候令在玉器上刻“乾隆年制”款,但有时也令刻“乾隆年造”款，后者年号款虽不多见，但刻制应有其特殊的含义。

乾隆三十七年（1772）十二月初六，乾隆下旨制作嘎不拉鼓四份。启祥宫当日“挑得一块一百〇五斤重的四等玉石子儿，并画得鼓四件、铃杵四件，交太监胡世杰呈览”。乾隆令胡世杰传旨造办处：“造办处做木样发苏州照样成做。钦此。”

玉嘎不拉鼓本身雕琢工艺并不复杂，但前期准备工作比较烦琐。苏州要先根据造办处送来得木样注成蜡样，呈送乾隆批准后才可以制作。

乾隆三十八年（1773）正月初九，乾隆对苏州送到的嘎不拉鼓蜡样不满意，认为“铃的挺子（铃杵）细了，佛面像小了，蜡样改好后呈览”。同时，指示“铃杵上添造年款”。这个“造年”款，就是指要刻“年造”款。

正月十一日，造办处库掌四德、五德，除了将器物佛面放大、挺子放粗外，另在蜡铃样挺子上贴得“乾隆年造”款识字样，蜡杵蜡样束腰上贴得“乾隆年造”款识字样，并在小一些的嘎不拉鼓上亦贴得“乾隆年造”款识字样，交太监胡世杰呈览。

乾隆对这样设计“年造”款识很感兴趣，指示“如意馆挑玉再造一份，准时发往苏州成做”。

在同一器物上刻制多个款识，这在乾隆朝玉器中并不多见。

◎三、“大清乾隆年制”款

自从乾隆元年（1736）四月开始在玉器上刻“乾隆年制”四字年号款后，乾隆似乎更加喜欢用刻款这种方式来装饰玉器，不断把宫廷瓷器上的款识样式照搬到玉器上。

乾隆八年（1743）七月初一，苏州织造安宁呈送乾隆一件白玉龙凤樽，无论是玉质，还是设计、琢刻，都可以说是一件上乘之作，乾隆甚是喜欢，令造办处传旨：“着刻‘大清乾隆年制’款。钦此。”这是“大清乾隆年制”六字年号款首次出现在宫廷玉器上。

七月初三，员外郎常保、司库白世秀、七品首领萨木哈、副催总达子等四人，将贴有“大清乾隆年制”篆字款样的白玉龙凤樽，交太监高玉呈乾隆御览。

乾隆御览后，表示非常满意。遂令胡世杰传旨：“照样准刻。钦此。”

七月初七，员外郎常保等四人，恭敬地将刻得“大清乾隆年制”六字年号款的白玉龙凤樽，交太监高玉呈送乾隆御览。

乾隆在位六十年间，颁旨刻制“大清乾隆年制”六字年号款的玉器并不多见。大臣督抚们也很少进献带有“大清乾隆年制”六字年号款的玉器。因此，带有这种六字年号款识的玉器，应该颇为珍贵。

◎四、“乾隆御玩”款

“乾隆御玩”款第一次出现在玉器上，是乾隆十五年（1750）八月。

这一年的八月初一，如意馆制作了一件白玉杯。乾隆对玉杯碗有特殊的喜好，见此玉杯玉质温润莹透，制作规整，只是杯面没有纹饰，是素面的，于是令传旨：“杯口上下，着张廷彦画回纹样。钦此。”

张廷彦是造办处的绘画老手，深知乾隆对玉杯纹饰的要求和喜好，一般玉碗杯的口沿部分，乾隆喜欢绘制汉代回纹。这次，张廷彦遵旨将杯口上下绘制了回纹，并在杯中部预留了诗堂，以备皇上日后高兴时在此添诗。

乾隆对张廷彦的设计很满意，谕令：“着朱彩照样刻做。诗堂亦刻字，底刻‘乾隆御玩’。”这是“乾隆御玩”款首次出现在宫廷御用玉器上。

有时，“乾隆御玩”款还会刻在器物的足内，这对玉匠的雕刻技术，是一个巨大的挑战。

乾隆二十一年（1756）十月二十一日，造办处首领桂元，交由太监张良栋转呈乾隆一件青玉碗，并附上楷字诗一首，共计四十四个字，以及“乾隆御玩”宝样一方。

乾隆审看后，令太监胡世杰传旨造办处：“着交启祥宫，照本文字刻在青玉碗外周围，‘乾隆御玩’款刻在碗足内。钦此。”

◎五、“乾隆仿古”款

“乾隆仿古”款玉器，在乾隆一朝并不多见，多刻在仿古玉器上。

乾隆四十四年（1779）十一月初十，两淮送到青白玉长方瓶、青白玉凫各一件。乾隆令鄂鲁里传旨造办处：“着启祥宫刻‘乾隆仿古’款。钦此。”

乾隆四十五年（1780）九月二十一日，乾隆再令鄂鲁里传旨造办处：“着如意馆玉匠，在白玉三足洗上刻‘乾隆仿古’款。钦此。”

◎六、“大清乾隆仿古”款

第一件刻制“大清乾隆仿古”款的玉器，应该早于乾隆二十二年（1757），器型是一件青白玉双鱼洗，但史料上没有确切的时间记载。

第二件刻“大清乾隆仿古”款玉器，出现在乾隆二十二年（1757）。

这一年的三月二十五日，太监胡世杰呈送乾隆一块青玉。乾隆令造办处：“着画样。”

直到六月初六，造办处才将青玉兽面洗纸样一张送乾隆御览。此间，准噶尔战事吃紧，乾隆正忙于排兵布阵，无暇顾及内廷事务。

六月初七，在平定新疆“回部”的战事空当，乾隆在造办处呈递的青玉兽面洗纸样上批示：“照样准做兽面洗。其年款，照做过青白玉双鱼洗‘大清乾隆仿古’款一样刻做，交苏州织造安宁处照样承做。”

根据器物器型的不同，此类年号款的雕刻位置也有不同，即便是刻在比较难刻的位置上，玉匠也要遵旨尽力刻做。

乾隆四十三年（1778）五月十八日，如意馆新做得一件皮糙玉龙寿觥。觥是古代的一种酒具，下小上大，上口略外翻，所以该器物最突出和显著的部位，应该是上部口沿。

乾隆御览后，令太监鄂鲁里传旨造办处：“觥内口，刻‘大清乾隆仿古’款；外口边可做回纹、棉花纹。钦此。”

刻有“大清乾隆仿古”款的玉器器型，除了玉洗之外，还有玉瓶和青玉文王鼎。

乾隆二十二年（1757）七月十六日，太监胡世杰按照乾隆的旨意，交给造办处员外郎朗正培、催总德魁一件甘黄玉瓶，并传乾隆的谕旨：“玉瓶足下刻‘大清乾隆仿古’款。钦此。”

乾隆五十二年（1787）二月二十五日，太监鄂鲁里呈送一件青玉文王鼎御览。乾隆令造办处传旨：“交如意馆刻‘大清乾隆仿古’款。钦此。”

◎七、年号分置款

乾隆对年号款的刻制没有什么定制，用随心所欲、花样翻新来形容，也不为过。只要他喜欢，“乾隆”这两个字作为年号，怎么摆弄，他似乎都不在乎，可谓大胆创新、不拘一格。

有时，乾隆皇帝会将年号“乾隆”分开刻在两件玉器上，两件器物合在一起，年号款才完整，这是前朝所没有的。殊不知，如果二者被拆散，刻在单独一件器物上的字，就会令人莫名其妙，浮想联翩。

乾隆二十年（1755）五月十三日，乾隆在欣赏一套宫内旧藏白玉杯盘时，突发奇想，欲在两件器物上分别刻字，合并成款。遂令太监胡世杰到造办处传旨：“着将杯里面刻篆字，盘底面刻隶字。其杯足内刻双龙捧‘乾’字款，盘脐内刻双龙捧‘隆’字款，先画样呈览。再，杯盘着配紫檀木座，座雕八仙，先画样呈览，准时再做。钦此。”

这种在成套器物上刻“年号分置款”，在乾隆朝御用器物上较为常见。但是，乾隆对年号款识的完整性并不是很讲究，没有什么清规戒律，有时只刻一个“乾”字，既代表乾隆年号，又代表八卦中至高无上的“天”，象征意义深远，这在前朝也是没有的。

乾隆二十四年（1759）五月二十六日，太监胡世杰交给郎中白世秀一件白玉圆璧，并传乾隆的谕旨：“着配做数珠盒一件，圆璧中间刻‘乾’字，先画样呈览。”

并不是所有成套杯盘的年号款都分置刻做，有时只在其中一个器物上刻年号款，有时是在两个器物上各刻各的年号款。

乾隆二十二年（1757）七月二十七日，太监白世秀交给员外郎朗正培白玉碗、白玉莲瓣托盘套件。乾隆令造办处传旨：“着启祥宫将白玉碗、白玉莲瓣托盘，俱刻‘乾隆御用’款。钦此。”

◎八、“番”字款

自战、汉以来，玉枪头就不是打仗用的兵器，而是一种王权和身份的象征。

战、汉时期，根据王室贵族身份的高低，持有玉枪头的数量也不同。一国的最高统治者，可持有九支玉枪头，枪头按大小排序。有时，皇室贵胄也在玉枪头上刻字，彰显权力和地位。

乾隆朝，玉枪头也不是用来打仗的兵器，也不再为皇室贵胄专有，而只是一种文玩摆设。但玉枪头上刻“番”字，确实别有一番用意，是皇上专门用来赏赐外藩或外族权贵们用的。

乾隆二十一年（1756）十月二十四日，太监胡世杰交造办处一件白玉枪头，附带“番”字字样,并传乾隆谕旨:“着交启祥宫,将‘番’字写在枪头上刻做。”

这件带“番”字的玉枪头最终流向何处，史料没有记载。

◎九、旧器刻款

刻有乾隆年号款的玉器，并不都是乾隆朝制作的。前面已经说过，有相当一部分刻有乾隆年号款的玉器，是在明代或前朝遗存的旧器上刻制的。

乾隆十八年（1753）四月初一，造办处从库房中找来九件雍正时期制作的玉碗。其中，刻有“雍正年制”款的玉器有：青玉撇口碗、青玉挠口碗、黑白玉磬口碗、青白玉磬口碗各一件，其他五件为各色无款玉碗，而且九件玉碗都有石纹绺道。

这些玉碗被送往乾清宫呈送乾隆御览。乾隆对玉碗甚为喜爱，一直将其视为玉器中的上品。虽然在瓷器中，正常情况下碗不如立件瓶、罐价值高，但玉碗则截然不同。因为一件玉碗的制作难度，绝不比一件玉瓶、玉罐小。它不仅要求碗壁要薄，还要求细滑平整，打磨技术要求很高。而玉瓶、罐这方面的技术要求要低得多。

乾隆看后，留下了一件刻“雍正年制”款的青玉撇口碗，摆放在书房的格架上，并令太监胡世杰传旨：“将无款玉碗交李世金刻‘乾隆年制’款，俱配文锦匣、锦袱，入乾清宫时做上等。钦此。”

玉器无石性、绺道，实属难得。特别是较大的器物，如果一点绺道、石性都没有，就更难得了。什么样的玉器需要刻款，乾隆不是看器物的玉质好坏、器物身上有无石性绺道，而主要是看器型是否需要。如果需要，即使有石性绺道，也会下旨刻款。但这种石性、绺道过多的玉器，在乾隆眼里不会作为上等品收藏。

乾隆二十七年（1762）九月二十九日，总管王成奉旨交给郎中白世秀明代青白玉松竹菱花花插、青玉四喜双友盖罐各一件，二件器物玉材本身都有透绺。其中，盖罐的盖子还有石莹。乾隆最终还是谕令造办处：“着刻款，入乾清宫时做次等。”

◎十、磨掉旧款

明代及清康、雍朝保存下来的带款玉器很少，一是明代本身刻年号款的玉器就很少，明代皇上对玉器的喜好，远不如像对瓷器那样；二是乾隆下旨磨去明代及前朝玉器年号款。

乾隆十年（1745）十二月二十九日，太监胡世杰呈送乾隆一件明朝刻有“大明殿宝”款白玉方盖罐。乾隆见玉质不错，雕工和款式也好，于是令太监胡世杰传旨：“将款磨去送进。钦此。”

雍正一朝，虽然只有短短的十三年，雍正本人对玉器也没有多大的兴趣，但雍正朝还是制作和改制了一些玉器。但雍正朝带年号款的玉器为什么留存下来很少，似乎还没有找到令人十分信服的答案，但档案中有乾隆磨去前朝旧款的记录，值得耐人寻味。

乾隆二十五年（1760）三月十五日，造办处员外郎安泰、金辉收到一件押帖，上面记载：三月十二日，太监胡世杰交到造办处一件刻有“雍正年制”年号款的青玉“周处斩蛟”陈设，同时附有“乾隆年制”年号款样一张。

乾隆令太监胡世杰到造办处传旨：“交如意馆，将旧款磨去，照本文刻字。钦此。”

◎十一、深刻纹识

玉器上的款识深度，根据所要刻款的玉器胎壁薄厚而定。一般情况下，稍厚点的胎壁，要刻一分厚；稍薄的胎壁，要刻五厘厚。

玉器款识是深刻好，还是浅刻好，各有各的喜好。但乾隆喜欢深刻，而且越深越好。不仅款识要深刻，对器物上的纹饰，乾隆也喜欢深刻。深刻的规矩，已依据乾隆的谕旨，在造办处形成定制。同时，乾隆也会时常提醒造办处，注意纹饰、款识的深度，别刻浅了。

乾隆二十二年（1757）四月二十九日，朝廷平定“回部”、准噶尔的战事正在紧张进行，但此时，乾隆也没忘抽点时间到如意馆走走，了解一下玉器的制作情况。当他看到如意馆新做成的一件白玉碗时，甚为喜欢，决定刻款后留在身边赏玩。

于是，乾隆令身边的太监胡世杰到造办处传旨：“将白玉碗足内篆刻‘乾隆御用’款。钦此。”

当天，如意馆即将“乾隆御用”款识纸样，恭呈乾隆御览。乾隆看后表示满意和认可，并令胡世杰传旨：“着交苏州织造安宁处，照样刻得阳纹字，要一分深。如不能，或七八厘深。钦此。”

十月十二日，苏州织造安宁将刻有“乾隆御用”款识的白玉碗，由苏州坐京家人送交宫廷，由郎中白世秀、员外郎金辉呈送乾隆御览。乾隆对款识的深浅很满意，决定将其留在乾清宫，做上等品陈设。

有时玉匠为图省事，无论器物胎壁薄厚，都一律浅刻，以能看见款识纹饰为准。为防止此类问题再次发生，每当遇到需要在玉器上刻字时，乾隆总会提醒承做者，要深刻，越深越好。

乾隆二十三年（1758）十二月初五，乾隆在把玩一件白玉人物后，觉得此玉造型独特，玉质颇佳。于是，乾隆传旨造办处，令苏州在此白玉人物片上，“加深刻阳纹字和阳纹宝”，而且要求“越深越好”。

十二月三十日，苏州差遣坐京家人送到一件甘黄玉双环瓶，乾隆看后觉得玉质、器型、雕工都不错，就是花纹做得浅。于是让太监胡世杰传旨：“着寄信与安宁，嗣后再做有花纹古玩，要刻深些。钦此。”

乾隆二十八年（1763）正月的一天，如意馆做得一件白玉碗。此碗在制作前，未能发现玉石材料里面有瑕疵，但做完后，碗口沿出现绺道。

乾隆对非常钟爱的玉碗口沿处出现绺道，既不满意，也不能容忍。他指示造办处：“着启祥宫将其绺扎去，琢磨齐整，得时写年款，伺候呈览。”

启祥宫遵旨磨掉绺道后，将写好的“乾隆御用”款样，交太监如意送乾隆御览。

乾隆决定将此碗留在乾清宫自用，但在将此碗交苏州织造萨载刻字时，没忘了嘱咐一句“要深刻款”。

◎ 十二、木座刻字

玉器制作完成后，作为陈设用的一般要配木座，其木质大多为紫檀木。

玉器座子上有时也刻款刻字。如意馆刻字匠在玉器上刻字或其他纹饰，武英殿则在木质座上刻字，玉器、木座上刻诗一般由懋勤殿承担。

乾隆十二年（1747）四月十二日，造办处从库里找出一件汉玉大素璧，交太监胡世杰转呈乾隆御览。

乾隆欲在此玉璧上刻纹饰。但此时如意馆刻字匠朱彩，手中活计较多，正在制作的一件玉瓮要得很急，有点忙不过来。

乾隆闻此后令太监胡世杰到造办处传旨："交朱彩刻，将玉瓮放下，先刻此璧，其座子交武英殿刻字。钦此。"

乾隆四十三年（1778）十一月初二，两淮盐政伊龄阿送到青玉双环瓶、青玉双管瓶、白玉瓮、白玉云龙水盛等承办玉器共计十二件。其中青玉双环瓶、青玉双管瓶，乾隆认为可在瓶身上各刻一首诗，这样更能提高器物的整体美观和观赏水平。

乾隆令太监鄂鲁里到造办处传旨："青玉双环瓶、青玉双管瓶，交懋勤殿刻诗。钦此。"

为表示玉器本身的等次，有时还要在玉器的木座上刻甲、乙或丙字。甲、乙、丙等次的划分，没有具体规定，也不仅仅以玉器材质的颜色和优劣划分，而是凭乾隆对该器物制作工艺和水平的印象和感觉。

乾隆三十三年（1768）十二月二十七日，造办处库掌四德等人，将两淮盐政尤拔世送来的白玉壶白玉盅各一件、碧玉碗一对、白玉鸳鸯水盛二件，以及所随的紫檀木座送呈乾隆御览。

乾隆看后，决定在紫檀木座上刻字设等存放。于是，乾隆令太监胡世杰传旨："将白玉壶、白玉盅座上刻甲字，碧玉碗一对刻乙字，白玉鸳鸯水盛二件刻丙字，俱交圆明园摆放。钦此。"

活计分配

◎一、颁旨派活

乾隆朝，宫廷御用玉器的制作，都要经过乾隆的批准，由他本人亲自决定制作什么样的玉器、分配到哪个制玉作坊承做，以及制作的期限和费用等。

乾隆二十一年（1756）三月二十七日，太监胡世杰从造办处找来碧玉大图章一方，送呈乾隆御览。乾隆认为，此图章为明代旧存一般闲章，样式老旧，字刻得也很一般，但玉质还算细腻温润，可以改做扳指。

于是，乾隆令太监胡世杰传旨造办处："碧玉图章着改做扳指二件，画样交苏州织造安宁处成造。钦此。"

乾隆亲自下旨承做宫廷御用玉器，在本书各章节中均有叙述，这里不作赘述。

◎二、重新分配

平定准、回二部后，新疆玉石大量进京，乾隆不断下旨准做玉器。

如意馆是朝廷的主要制玉作坊，聚集着从当时的全国制玉中心苏州等地选拔来的能工巧匠。但无奈制作的玉器太多，而且做玉器这个活，是慢工出细活，所以等待承做的玉器越积越多。为了不耽误乾隆本人能按时看到做好的玉器，每当此时，乾隆都会亲自下旨，重新分配未做的活计。

乾隆二十九年（1764）五月的一天，乾隆来到如意馆查看玉器制作情况。他这几天一直在等待去年这个时候下旨承做的玉器，不知何故，属下一直未送呈御览。

现场有十几个玉匠，大多是他亲自下旨从苏州挑选来的。有的在开石，有的在打钻心，有的在砣磨雕刻，还有的在用软牛皮给玉器打磨上光。工匠低头不语，干得是灰头土脸、汗流浃背，但身边还是堆积了不少已画样而未开始制作的玉石材料。

回到乾清宫，乾隆觉得这样干下去，所承办的玉器还不知何时能够制作完成。他令太监胡世杰传旨造办处："将画样准做未做的玉石，俱预备呈览。"

当日，造办处即送来如意馆已画样"准做未做"的玉石，共计五十三件。乾隆仔细盘算着这些画样玉石，是送出去制作，还是继续留在如意馆制作。最终，乾隆决定重新分配这些"准做未做"的活计。

他挑出几块制作难度较大的玉石，令太监胡世杰传旨造办处："已准样五十三件内，白玉伏虎罗汉、青白玉山石陈设、青玉凫鱼壶各一件，交两淮盐政高恒来时带去承做；青玉异兽、青玉达摩各一件做木样，与青白玉双喜罐一件，交苏州织造普福做；白玉水盛一件，交天津盐政高诚处做。其余仍留如意馆做。钦此。"

仿 古 做 旧

乾隆喜爱中国古代文化，乾隆一朝制作了许多仿战、汉的玉器，而且，乾隆还经常下旨要“烧造做旧”。这些仿战汉的玉器，给我们今天的鉴定工作带来了一定的难度。但一般情况下，凡乾隆下旨制作的仿古玉器，乾隆都会令属下刻款。仿古做旧的要刻款；仿古不做旧的，需要刻款的也要“酌量刻款”。这给今天的鉴定工作，带来了方便。

乾隆七年（1742）十一月初七，太监胡世杰、张玉赴造办处传旨：“着传与苏州织造安宁、两淮盐政图拉，嗣后再做玉器，有仿古做旧的，必将字样刻上，烧造做旧送来。如做新的，应刻款的，酌量刻款呈进。钦此。”

◎一、仿古玉器

乾隆朝也曾制作过仿宋玉器，一般是小件镶嵌一类，数量不多。

乾隆三十七年（1772）十月初一，太监胡世杰呈送乾隆一块“皮糙玉石子儿。”乾隆对这种带皮的子儿料甚是喜爱，他知道玉石子儿料温润莹泽，是制作玉器的最好材料。

乾隆令太监胡世杰传旨造办处：“着启祥宫扎开两半，画样呈览，准时再做。钦此。”

十月初八，启祥宫将皮糙玉石子儿扎开，并画得鹤鹿镶嵌纸样，交太监胡世杰呈览。

乾隆见扎开的子儿玉洁白温润，是一块难得的头等子儿玉料。改变了让启祥宫制作的主意，并决定制作一件仿宋玉镶嵌。

于是，乾隆令太监胡世杰传旨造办处：“着交苏州织造舒文处，照纸样起地杖，仿宋做。钦此。”

乾隆一朝，造办处奉旨承办了数量不少的仿青铜器样式的玉器。这些仿古玉器的玉质，一般要挑选比较好的玉料，而且不得有绺道或石性。

乾隆五十二年（1787）四月初六，乾隆将手头一件汉代青铜觥，令太监鄂鲁里“交如意馆挑玉照样配做一件”。

如意馆随即挑得一块重十斤的三等玉子儿料，并画好纸样一张，一同呈览。

乾隆对此块子儿料不放心，令如意馆“将玉子儿拉开看，做木样呈览”。

四月初八，如意馆将玉子儿拉开后，发现确实有绺，但还是送呈乾隆御览定夺。

乾隆看后决定放弃制作，遂令太监鄂鲁里传旨：“有绺玉子儿着收贮，另挑玉配做。钦此。”

当日，如意馆又挑得一块重六斤八两的山料玉，同时画得墨道样呈览。乾隆还是不放心，仍令“铡开看”。

四月初十，这块山料玉被如意馆玉匠铡开，没有绺道和石性。乾隆大喜，谕令“照样准做”。

◎ 二、烧埋做旧

乾隆朝以前，清宫廷制作仿古玉器，就有“烧旧”之说。但那时的“烧旧”技术，并未像乾隆朝那样普遍应用。

乾隆三十九年（1774）五月初四，造办处郎中德魁从库里找到一件前朝旧存的“皮糙玉烧斑兽”，并交太监胡世杰呈送乾隆御览。

乾隆仔细观察，发现烧斑处正好是有石性的地方。从而乾隆发现，前人利用烧斑技术做旧，有的是用烧痕遮挡该玉石的有瑕疵之处。

乾隆不能容忍带有瑕疵的玉器作品，即便是前朝留存的旧物，也会令重新改做。对这件“皮糙玉烧斑兽”，乾隆令造办处“着交如意馆，将石性扎去”。

五月十五日，如意馆“将烧斑玉兽扎开，有石性，画不得样”，并将已经扎开两半的烧斑玉兽呈送乾隆御定夺如何处理。

乾隆见石性确实很深，而且分布很广，但又舍不得丢弃。逐令太监胡世杰传旨：“不必画样，着收贮做材料用。钦此。”

前人用烧旧来遮挡玉石上瑕疵的办法，乾隆朝的玉匠们也学来为己所用。对即将完工的玉器作品，或大型玉雕，即使后期发现玉石上有瑕疵，乾隆有时也会“睁一只眼，闭一只眼”，不再认真追究。

乾隆四十四年（1779）九月二十六日，造办处承做的大玉瓮即将完工，因“玉瓮上绺道过多，必须烧补颜色方为整齐”。于是，造办处请旨乾隆后，令苏州织造全德，派玉匠朱佐章携子朱仁方，进京烧补玉色。

有的汉代古玉有石性，如果乾隆觉得这件器物值得收藏，也会令造办处在有石性处烧补颜色，予以遮盖。

乾隆四十七年（1782）六月，造办处呈送乾隆一件汉代白玉龙首觽。由于存放年代长久，器物本身污垢严重。造办处知道乾隆喜好古玉，为保持这件汉代玉器的原汁原味，造办处没有对其进行涮洗，即送乾隆御览。

乾隆只是看了一眼，动也没动，即让造办处“涮洗好呈览”。

当天，造办处将涮洗好的汉代白玉龙首觥“持进交太监鄂鲁里呈览”。涮洗干净的龙首觥，腰身处显露出石性。乾隆发现后，令造办处“发往苏州交四德，将有石性处烧补颜色，得时送来”。

有的汉代古玉，本身并没有汉代古玉的旧色，此时乾隆也会令“找补颜色”。

乾隆四十八年（1783）十二月初九，造办处从内库找到一件汉代素璧，交太监鄂鲁里呈送乾隆御览。

此汉代玉素璧，正面有汉代旧色，背面没有。乾隆令太监鄂鲁里传旨:“交苏州织造四德，将背面无汉玉颜色处，照前面找补汉玉颜色送来。钦此。”

有时找补的玉色并不能令人满意，乾隆会令褪掉颜色，还原其本来面目。

乾隆四十一年（1776）四月二十六日，太监胡世杰呈送乾隆一件皮糙玉兽。这本是一件带皮子的玉兽摆件，可能玉匠嫌皮糙部分色泽不够浓艳，为了锦上添花，在其上面又进行了补色，这令懂行的乾隆一眼识破。

褪掉颜色一般是将颜色磨去，必然要伤及玉皮，此时只能改做其他器型的物件。于是，乾隆令太监胡世杰传旨:“着交如意馆将颜色褪去，另画样改做。钦此。”

乾隆谙熟古玉器的旧色。一件汉代古玉流传至清代乾隆朝，有一千七八百年的历史，器物上留下的岁月斑驳与历史沧桑，在乾隆的心中烙上了深深的印记。他怀念旧色的美，迷恋飞逝的时空，流淌在器物上的蹉跎岁月，令他产生回味无穷的遐想。

为了给玉器做旧，除了烧玉器、染玉器，有时还会用土埋的方式，以期达到给玉器做旧的理想效果。

乾隆二十一年（1756）十二月二十七日，乾隆得知，在如意馆做活的玉匠文旦，曾用土埋的方法给玉器做旧。乾隆遂将乾清宫收贮的一件青玉撇口碗，令太监胡世杰交给郎中白世秀、员外郎朗正培，并传旨：“着交文旦，埋五六年后再看。钦此。”

六年后的一天，太监如意将土埋过的这件青玉撇口碗呈送乾隆御览。可能是时间太短的缘故，乾隆仔细端详良久，没察觉出这件玉碗与当初有什么特别不同之处，土埋做旧试验，因时间太短而告失败。

但乾隆并不甘心土埋做旧试验的失败，他要延长土埋的时间。

乾隆四十七年（1782）四月二十七日，乾隆令将苏州送到的白玉鹿耳杯、白玉盘各一件，“交万寿山埋着”。而且这一埋直到他去世，也再没有挖出来看。至今，这两件白玉鹿耳杯和白玉盘埋在了万寿山何处，仍是一个谜。

如意馆玉匠姚宗仁，既是玉画匠、宝玉石鉴定专家，同时也是做旧高手，深得乾隆的赏识，常被乾隆指派为玉器做旧。

乾隆八年（1743）十一月初七，造办处七品首领萨木哈，从库房中找来前朝旧存白玉仙人、白玉马、碧玉虎各一件，送乾隆御览。其中，碧玉虎是乾隆令人专门挑选的。

乾隆对汉代玉器应该说有所了解，宫内保存有大量的古书文献，还编制有《考古图》，对汉玉的土沁色斑，他还是略知一二。但乾隆也知道，用土埋的方法在短时间内不可能达到预想的效果。那就只有用烧的办法来做旧沁色。眼前这几件摆件，虽然不是汉玉，但可以仿做成汉代的。

于是，乾隆令造办处传旨：“着姚宗仁将白玉仙人、白玉马、碧玉虎，照《考古图》内的颜色烧造汉玉，烘做旧色；将碧玉虎左腿里怀刻‘十三’字样，其座仍配秀气些，座上面刻隶字‘宣和御玩’，底面刻篆字‘伯时珍藏’。钦此。”

碧玉虎腿上所刻“十三”字样，是乾隆为纪念祖父康熙帝的十三子、他的十三叔、属相为虎的和硕怡亲王允祥，特令镌刻的，以纪念和硕怡亲王“忠敬诚直谨慎廉明”的一生。这件碧玉虎不知是否还留存在世，如果还“健在”，从这个意义上说，当是一件稀世珍宝。

有些仿汉代做旧玉器送到乾隆手里，乾隆看后对做旧并不满意，这时乾隆会下旨指导做旧。

乾隆十年（1745）十月十八日，司库白世秀、七品首领萨木哈呈送皇上一件新做的汉玉龙秋耳鼎。乾隆仔细端详，认为汉代旧色不够。他随即令太监胡世杰传旨造办处：“将兽面烧旧。钦此。”

配制修整

◎一、配缺

由于玉器本身易碎易损的特性，乾隆朝有的御用玉器，在当时就不是完整器物，有数量不少是后配制的，多为瓶身瓶盖、盒底盒盖等可分离的器物。这类器物如果只是损坏了瓶盖或盒盖，就弃掉不用，实在可惜，内廷造办处往往会挑选玉石重新配制上

乾隆三十六年（1771）十月二十六日，造办处交太监胡世杰一件青玉无盖壶，呈送乾隆御览。因是前朝旧器，壶盖早已不知去向。乾隆见壶身还不错，无论从玉质还是做工上看，都值得保留。他令造办处："着启祥宫，挑青玉配做壶盖一件。"

启祥宫精挑细选了一块青玉，并画得一张纸样交太监胡世杰呈览。这时乾隆改变了主意，不想让启祥宫配做这件壶盖了，而是改"交两淮盐政李质颖处成做"。

乾隆三十七年（1772）十月三十日，用了整整一年的时间，由扬州承做的这件青玉壶盖才制作完成，盐政李质颖派坐京家人送至内廷。

乾隆三十九年（1774）五月初七，造办处交太监胡世杰一件没有盒底的青玉八方盒盖旧器，呈送乾御览。这件青玉八方盒盖是明代旧器，盒盖边绘有回纹，玉质也温润莹泽。

乾隆观赏把玩后，很是喜欢。遂令胡世杰传旨造办处，让"如意馆挑玉配做盒底一件。钦此。"

当日，如意馆挑得一块重约十斤的四等玉石子儿，并画得盒底样交太监胡世杰呈览。

乾隆对此盒底画样表示满意，但十斤重的玉石子儿仅做一件盒底，感觉有点浪费。他令造办处传旨："照样准做。着交苏州织造舒文处，仅玉配做盒底一件。余下回残玉，约量该做何物，不必画样呈览，做得一并进呈。钦此。"

乾隆四十年（1775）七月初四，苏州织造舒文将做好的青玉八方盒底一件，并回残玉做得宝莲盒一件，一并送进京城，呈送乾隆御览。此项配制盒底工作耗时一年有余。

配制一个壶盖要一年时间，配制成对的手镯也需要约四个月的时间。

乾隆三十六年（1771）十月二十六日，太监胡世杰从造办处库中找到一只甘黄玉双龙手镯，另外一只已经不见。太监胡世杰将这只手镯呈送乾隆御览。

乾隆对这种比白玉还要稀少的甘黄玉甚是喜欢，指示“启祥宫挑玉，照样配做手镯一对”。

乾隆三十七年（1772）三月初四，苏州送到遵旨配制的一对甘黄玉手镯，同时将随样甘黄玉手镯一只一并送上。此次手镯加工制作，耗时四个多月。

◎二、求精

有时，内廷旧存的玉壶、玉盒，盖子与壶身或盒底的颜色不一样，乾隆也会下旨重新配置，以追求器物本身颜色的统一。

玉器的配置工作，比较浪费玉石材料。为求得器物颜色的一致，往往找来的玉料，要比需要配置的器物大很多。此时，乾隆往往会对下脚料的处理做出指示。

乾隆三十五年（1770）三月二十九日，造办处交太监胡世杰一件前朝旧存青白玉圆盒，呈送乾隆御览。

乾隆发现此盒底和盒盖的颜色不一样，逐令造办处传旨：“圆盒颜色不一样，着如意馆挑白玉、青玉，照盒盖配做盒底一件，照盒底配做盒盖一件。钦此。”

当日，如意馆即挑得一块重十六斤的白玉，“画得盒底一件”，挑得一块重五十五斤的青玉，“画得盒盖一件”，派人交太监胡世杰呈送乾隆御览。

乾隆将此活计批给“苏州织造萨载处成做”。乾隆是位做事认真、计算精准的皇上，他不会把配做盒盖、盒底的回残玉料白白留下，他要将铡下的回残剩料，用来冲抵材料费。

于是，乾隆补充了一道谕旨：“其扎下回残玉留下，做材料报销。”

乾隆三十七年（1772）十一月十七日，乾隆正在启祥宫检查制玉工作，令太监胡世杰将一件乾清宫藏上等白玉爵取来御览。乾隆决定为此玉爵配一个盘子。他指示启祥宫，“挑头等白玉一块，配盘一件”。

当日，启祥宫即挑得一块重六斤六两的头等白玉，并画得盘边高五分的墨道，交太监胡世杰呈览。

此玉虽是头等白玉，但乾隆还是看出里面有绺道。于是，乾隆令“着交苏州织造舒文处，约估去绺，仅玉成做”。

有时，绺道分布在玉石多处，不宜去除，都去除了，玉石也就废了。此时，乾隆也会酌情考虑，这样的多绺道玉石，制作大件玉器，有点绺道也可以接受。

乾隆四十四（1779）年七月初一，苏州奉旨承做的一件山料玉凫鱼壶，因玉石内有绺道，不够凫鱼壶设计尺寸，织造全德行文请示乾隆如何处理。来文称：“为发去曾作凫鱼壶一件玉料今已锯开，看得玉料上面绺性不能避去，如按奉发纸样尺寸料估，不能足敷尺寸成做。今拟仅玉收小，稍带小绺，成做高八寸五分、周围一尺七寸，画得凫鱼壶纸样一张，一并随原纸样一张请旨，示复遵办。”

乾隆阅读来文后想，如果将尺寸收小，没有任何绺道石性当然好；如果还是有绺道，不如留着绺道石性，仍按照原尺寸大小制作。对于较大器型的玉器，有点绺道石性，也属正常。

于是，乾隆令造办处传旨苏州织造全德：“将锯开之玉料详细踏勘，如无石性绺道身份尚好，即照收小画纸样，成做凫鱼壶一件；若玉块上石性多，绺道大，不能全去，酌量仍照画纸样尺寸，不要花纹，成做素凫鱼壶一件。钦此。”

鉴　　定

乾隆十年（1745）以前，宫廷玉器鉴定活动十分活跃。当时，宫廷玉器制作还没有形成规模化，前朝或前代遗留下来的旧藏玉器较多。乾隆喜好赏玩玉器，对分不清朝代或看不明白的旧玉器，找人鉴定一下，也是一件十分自然的事情。当时宫廷造办处玉器鉴定专家主要有：刘景贤、杨起云、顾继臣、雷永舒等。

乾隆十年（1745）以后，这种古旧玉器的鉴定渐渐淡出，逐步被制作出的新玉器所取代。

◎一、玉匠鉴定

造办处没有设立专门的鉴定机构，珠宝玉石的鉴定工作一般由所属作坊工匠中高手兼任。

雍正朝时，怡亲王允祥分管内务府造办处工作，他是一位宝玉石鉴定的行家里手。

到了乾隆朝初年，乾隆感到器物鉴定工作的重要性，曾要求造办处在各作坊工匠内培养兼职鉴定人才，遇有皇上需要鉴定器物时，从中挑选人承担鉴定任务。

乾隆八年（1743）十二月十六日，造办处找来玉石大小四块，由奏事太监王常贵转呈乾隆皇上御览。

这四块玉石都带有厚厚的皮子，即使都开了“天窗”，乾隆还是有点看不明白。他对太监毛团说：“找人鉴定一下，看看是何种货色。”

七品首领萨木哈接受了此项任务。他找来如意馆玉匠顾继臣、雷永舒。两人仔细认看后，一致认为这四块玉石中，有一块翡翠石、一块葱白玉、一块西碧玉、一块南碧玉。当时，葱白玉是指和阗青白玉，西碧玉是指昆仑山碧玉，南碧玉是指河南的南阳玉（又称独山玉）。

乾隆知道后发谕旨：“将葱白玉交苏州安宁、图拉做爵盘二份，先做样呈览，准时再发去。其翡翠石、西碧玉、南碧玉各一块交造办处，有用处用。”

乾隆朝，宫廷玉匠鉴定玉器，尽管没有那么多的出土标本做参照物，也没有我们今天鉴定一件物件所设定的那么多的条条框框，仅凭目鉴和直觉，就当时的鉴定情况来说，应该说还是有一定水平的。玉匠们并没有一味地迎合皇上的喜好，见皇上喜欢旧的，就说是旧的。

乾隆朝，如果器物是顺治、康熙或雍正三朝仿汉代的，则鉴定结论就是“新的”。这与我们今天的鉴定说法基本相同，新中国成立以后的物件一般都说是新的。

乾隆十年（1745）二月二十六日，乾隆将乾清宫的汉玉马、汉玉异兽各一件，令太监胡世杰交给造办处司库白世秀，并传旨：“着认看。钦此。”

白世秀找来如意馆玉匠杨起云鉴定，并将鉴定结果回皇上：“据杨起云认得，系新的，平常。”此鉴定结果说明，汉玉马、汉玉异兽是顺治、康熙或雍正朝的仿制品，是新活儿。

◎二、“老东西”

有史料记载，康熙三十九年（1700）时，康熙皇帝将汉代的玉器称之为古玩。清宫内旧藏老物件中，没有汉代以前古玩旧物的记载，最早就至汉代。所以，汉代玉器在乾隆皇上的眼里具有很高的地位。

鉴定是否是古玩旧物，要由专门的人看。如意馆的刘景贤既是玉匠，也是乾隆朝早期的玉器鉴定专家。鉴定结论，往往要说出此物件是真是假，是新的还是旧的，是上品还是一般货。

乾隆九年（1744）五月二十日，造办处首领开其里从库里找出前朝旧物汉玉龙璧（随匣）、汉玉斧佩各一件，交奏事太监王常贵送呈乾隆皇上御览。

乾隆认出玉龙璧是汉代的，但对玉斧没有看出是新的还是旧的。乾隆令太监胡世杰到造办处传旨：“将汉玉龙璧配架。其汉玉斧佩认看。钦此。”

五月二十二日，司库白世秀、副催总达子将汉玉斧佩交如意馆玉匠刘景贤鉴定。刘景贤看后回复说：“系真、旧、好的。”

当时的鉴定水平也就如此了，可能更靠的是一种感觉和直觉，谈不出更多的诸如款式、材质、工艺、纹饰、包浆等现代的鉴定要素。

乾隆十年（1745）九月二十三日，内廷有一次大规模的玉器鉴定活动，是造办处自发组织的，由司库白世秀负责组织，总管刘沧洲具体操办。

当时，从造办处库里挑出前朝或前代玉器共计十七件（套），品种有壶、觥、樽、卮、炉、花插、碗、碗托、杯、勺子、洗、水吸、墨等。它们中有的破损后经过粘补，有的套件不齐全，有的有绺道。后经如意馆玉匠杨起云鉴定，全部为“古玩”，即宋代以前的老东西。

在宫廷玉器鉴定过程中，有的造办处官员耳濡目染，也从中学到了点鉴定知识，有时也会亲自尝试一下鉴定带来的乐趣。

乾隆十年（1745）九月二十三日，太监胡世杰送到造办处汉玉蓍草四喜花囊、汉玉杠头花囊各一件。两件器物内部均有铜胆，并传乾隆的谕旨：“着认看等次。钦此。”

造办处司库白世秀的鉴定结论是“老东西，古玩”，乾隆认可了白世秀的说法，令传旨：“好，着收贮。”

清代宫廷所藏前代古物，多是一代一代传承下来的。虽然不能说件件传承有序，但也多数是大有来头，或宫廷旧藏，或历朝历代大臣要员们的进献。

但是，这些宫廷旧藏文物中，也有相当一部分是出土的。

古玉出土没有清宫文字记载，但从乾隆朝出土的镈钟看，古玉出土在当时应是普遍的事。

乾隆二十四年（1759）九月，署江西巡抚阿思哈奏称，江西新喻县北乡村民符姓一家，在自家自留地挖掘菜窖时，挖出古钟大小十一口。据符姓家人描述，这些编钟“古色斑斓，似非近代之物。钟面上刻有篆文，找当地的文人秀才，也不能辨认”。经当地民间古董行家鉴定，“或系朝庙乐器”。符姓一家人不敢收藏，于是报官。

乾隆看过实物后，认为应该是战汉时期的宫廷乐器——编钟，而且应该是十二件。战汉时期宫廷礼乐，已经有了十二平均律。乾隆没有追查另外一件编钟的去向，只是在阿思哈的奏报上批示：“览。定为镈钟。”

乾隆二十六年（1761），根据乾隆的旨意，朝廷定中和诏乐镈钟之制。由于有江西巡抚阿思哈呈进的新喻县出土古钟做参考，乾隆令庄亲王“钦遵皇祖御定律吕正义钟律尺度，参考出土古钟尺度，铸造十二律镈钟一份，以备特悬”。对前两年出土的这十一口古钟中，缺了一个，乾隆也令“着依式补铸”。

礼部会同工部，将这十二口镈钟铸造完成后，请示乾隆御制钟铭，同时请示是否仿古做旧。乾隆批示：“不必烧古，着镀金。镌识处前面写钟铭，后面写本钟律铭。”

后来，乾隆对如何使用新铸造的这十二口镈钟时，又奏准：“增制特磬十二，以和阗玉为之，各为特悬，以配金镈钟。”

设 等 定 级

乾隆八年（1743）五月初一，造办处首领开其里，为乾隆皇上找了一件前朝留存下来的白玉九连环。

乾隆见玉石质地洁白细腻，设计精巧，令造办处传旨：“着配文锦匣，入乾清宫头等。钦此。”

这是乾隆第一次为玉器设等次存放。这一年，乾隆共为八件前朝玉器定级设等，其中一件前朝留下来的白玉杯，即使“口足有缺处，有绺”，乾隆还是颁旨配匣，做次等存放在乾清宫内。由此可见，乾隆对前朝旧存的玉器的迷恋和对玉杯的喜爱。

乾隆喜欢陈设玉器，不论是宫中旧藏，还是京城如意馆或京外“八处”奉旨承做的新玉器，只要他认为满意或欣赏，都要将其摆放陈设，以便他能随时观赏和把玩。

玉器最高级别的摆放地，是皇帝的寝宫——乾清宫，这里摆放的玉器，有上等、古上等玉器，也有次等、古次等玉器。当然，这里所说的次等只是相对而言，并非真正意义上的次等货。其他玉器，摆放在宫廷其他各殿，或圆明园、颐和园、瀛台、香山、热河、沈阳故宫等处。多余不便摆放的玉器，则收贮在造办处的库里，以备用。

乾隆对玉器的分类定级有着他自己独到的认识和感知。他不过于强调玉色、玉质、器物的大小，甚至有无磕碰绺道，而更看重它的历史、文化和人文内涵。

◎一、旧器设等

对鉴定是旧的玉器，乾隆一般会直接给出等次，以便决定是收贮还是摆放。

乾隆五十一年（1786）九月二十八日，遵照乾隆的旨意，造办处从库中找来旧玉卮、旧玉洗子各一件，呈送乾隆阅览。乾隆令“交启祥宫认看”。

第二天，启祥宫将鉴定报告呈送乾隆皇上。鉴定的结果是，二者“均是旧的”。乾隆令传旨：“交宁寿宫摆放，做古次等。钦此。”

有时玉匠鉴定后也给出等次，供乾隆皇上参考。乾隆九年（1744）十二月二十一日，造办处托太监胡世杰，呈送乾隆一件汉玉龙尾觥。这件龙尾觥用锦包裹放在匣中，还随一件紫檀木座。乾隆看后下旨：“着认看，入得多宝格入不得多宝格。”

鉴定任务交给了如意馆玉匠杨起云。杨起云足足用了五天时间，才于十二月二十六日得出鉴定结果。鉴定报告上称：“系旧的，可入古次等。”

◎二、新器设等

乾隆对制作满意的玉器成品或前朝玉器，或宫内旧藏古玉器珍品，颁旨设定级，入殿存放。所设等次有：新品玉器上等（也称头等）、次等，古旧玉器古上等（也称上等古玩）、古次等（也称次等古玩）。以上都存放在乾清宫内。入不了以上等次的，还要分为好百什件、一般百什件两个等次，入藏宫中各殿多宝格内。

如果是前朝旧存精品，即便器物本身有绺或有磕，一般情况下也会作为上等存放。

乾隆四十三年（1778）闰六月十八日，太监鄂鲁里呈送乾隆一件青玉三足龙凤盖罐，该罐是时任苏州织造舒文从地方收集进献给乾隆皇上的。该罐虽然不大，又有小磕和绺道，但龙凤浮雕工艺仍使其不失为一件前朝难得的艺术精品，乾隆朝中后期也有类似仿制器物，但造型有所不同。

乾隆很欣赏这件青玉三足龙凤盖罐，令颁旨："着配锦匣袱，入乾清宫时做上等。"

设等摆放后的玉器并非一成不变，如遇有更好的玉器，也会将原有的撤换下来，换上新的。

乾隆十一年（1746）三月初八，太监胡世杰来到造办处，交给七品首领萨木哈一件白玉双喜腰圆水盛，并传皇上的谕旨："着入方胜阁，将格内现摆的古玩内，有不如此件的换下。钦此。"

◎三、设等实例

乾隆朝，乾隆为许多玉器颁旨设定等级，包括新器和旧器。从以下举例中，可以看出这些玉器器型在乾隆心目中是什么样的等次。

璧——古次等。玉璧是一种中央有穿孔的扁平状圆形玉器，是我国传统的玉礼器之一，也是"六瑞"之一。《尔雅·释器》记载："肉（器体）倍好（穿孔），谓之璧。"

可能是基于技术工艺、制作难易的考虑，或是玉璧本身大小的缘故，汉代玉璧在乾隆心目中的等级地位并不高。

乾隆十年（1745）十月二十四日，太监程进贵呈送乾隆一件汉玉拱璧，尺寸不足十二厘米。乾隆看后，也基本认定是"旧的"。但乾隆对其没有过于留意，随即传旨造办处："着入乾清宫入古次等。"

连环——古上等。明代及以前传世的玉连环不多，但它们备受乾隆喜爱。

玉连环由整块玉雕琢，既费玉料，又费工时，技术含量要求也很高。虽然早在战国和汉代时期，工匠们就已经能够在玉器上成功地雕琢技术难度和技巧都极高的连环装饰，但直到乾隆朝，这种古老的雕琢技艺仍十分受乾隆的垂青和喜爱。这种连环玉器物，在乾隆心目中的等级，自然是上等。

乾隆十年（1745）十一月二十四日，太监陈永德到造办处说，太监胡世杰交来甘黄玉螭虎连环一件，乾隆有旨："着配文锦匣，入乾清宫时做古上等。"

提梁卣——上等。卣是古代盛酒的器具。早在战汉时期，工匠们就已经能够雕琢这种难度较高的玉器，特别是卣的提手，它是用整块玉石雕琢的，能够自由转动，还不会脱落。这种工艺用在其他材料的器物上，只能称之为一般工艺，但用在玉器上，确实令人叹为观止。

清代宫廷制作的玉提梁卣，选料考究、工艺精湛，夔纹等仿古纹饰雕琢细腻，很受乾隆的喜爱和赏识。

乾隆二十八年（1763）二月十八日，如意馆制作了一件白玉提梁卣，交由太监如意转呈乾隆御览。乾隆欣赏后令传旨造办处："着配锦匣袱，入乾清宫时做上等。钦此。"

乾隆对玉提梁卣的配架，要求也很高。一次，太监胡世杰交来的一件如意馆制作的青玉提梁卣，配了一件三等紫檀木镶丝架，乾隆极为不满。他下令造办处将旧架拆丝熔化，胎股做材料用，"另配文雅架，安铜如意钩，入乾清宫时做上等"。

鼎——二三等。鼎是古代用来煮东西的器物，是实用器。隋唐以后，这种器物不再流行，逐渐成为装饰摆设物。

乾隆五十八年（1793）正月初四，苏州送来一件文王鼎木样并请示乾隆皇上，欲做几件玉鼎，供皇家院亭摆设。乾隆同意"启祥宫挑玉做几件"。

次日，启祥宫挑得山料玉四块，共重一百八十斤，并在玉石上画得粉道，足可做四件，送呈乾隆御览。

乾隆仔细御览验看后，谕令："准做，发往苏州织造五德处，仅玉成做。"

四月二十五日，苏州来文声明："原发成做文王鼎四件玉料内足做鼎二件，其余玉料二块锯开料估时，一块不足成做，一块串满绺道，难以成做。"

乾隆在苏州来文上批示："有绺不足做鼎二件，即不必成做，将玉料存苏州做材料用。”

苏州分别于本年十一月二十七日和五十九年（1794）正月二十七日，将两件文王鼎送到京城。

乾隆御览后，令“一件刻二等交瀛台讫，一件刻三等交圆明园讫”。

樽——上等。樽是古代盛酒器具，谐音尊敬的“尊”，与今天的“尊”字同。即便是后来仿做的，或有磕碰，樽在乾隆心目中仍有很高的地位。

乾隆三十年（1765）十二月初三，造办处交来前朝旧存白玉亚戟樽、青玉索纹樽各一件，两件樽的口沿处都有磕碰。其中，前者的底足还有修补。但这些缺陷都没有影响它们在乾隆心目中的地位，最终还是被乾隆下令，“着各配锦匣袱，入乾清宫时做上等。”

洗——上等。笔洗在文房中是一件很常用、很平常的东西，但用玉石制作的笔洗，确有另一番特有的艺术价值和观赏价值。

乾隆对玉文房，特别是乾隆本朝制作的玉文房，很是钟爱，即便有的有瑕疵，或玉质在今天看来也不是所谓的上等白玉，乾隆都会给予很高的评价。

乾隆十年（1745）十一月初一，太监胡世杰交给乾隆一件青玉瓜式洗，上面有两道透绺。乾隆还是颁旨：“着配文锦匣，入乾清宫时做上等。”

乾隆二十五年（1760）七月二十六日，太监胡世杰交给造办处郎中白世秀、员外郎金辉一件周身透绺的明代白玉五子洗，并传乾隆的谕旨：“着配锦匣袱，入乾清宫时做上等。钦此。”

花囊——上等。花囊是盛干花用来改善空气质量的器具，也称“香熏”，在清代宫廷中使用广泛。

玉花囊由于制作工艺复杂，雕琢技术要求较高，乾隆给予的等次也很高。

乾隆十年（1745）十一月初三，太监胡世杰呈送给乾隆一件碧玉五龙捧圣花囊，乾隆留在乾清宫欣赏了几日后，令造办处传旨如意馆：“着刻款，配文锦匣，入乾清宫时做上等。”

盘——上等。乾隆对玉盘、碗、盅、碟很喜欢，乾隆后期下旨大量制作，使其由单纯观赏器，逐步过渡到实用器。即使玉质一般，但对制作精良的玉盘，乾隆还是给予了很高的评价。

乾隆十年（1745）十一月十一日，太监程进贵来到造办处说，你处交来的两件青玉宋龙爵盘，乾隆已有旨：“着配文锦匣，入乾清宫时做上等。

钦此。”

碗——上等或次等。玉碗在乾隆朝主要是实用器，但同时又是非常珍贵的陈设器和收藏品。玉碗的制作看似简单，但要制作一件形制规整、胎体薄厚均匀的玉碗，除了玉石材料不能有石性或过多的绺道，技术含量也很高。好的玉碗，乾隆往往要亲自颁旨刻年号款，并作为上等收藏。

乾隆十二年（1747）十月十一日，太监胡世杰交给造办处七品首领萨木哈一件白玉碗，口足有毛边，应该是康、雍时承做的物件。同时，还随了一件白玉托。胡世杰传乾隆的口谕：“将白玉托脐内刻‘乾隆年制’四字款，配文锦匣，入乾清宫时做上等。钦此。”

玉碗如果刻款，一般刻在碗底。但有托的玉碗，刻款一般都刻在托上，而不是碗底。

也有的玉碗，因为玉质等原因，也会定为次等。

乾隆二十四年（1759）二月初四，太监交给造办处员外郎金辉一件青玉碗，因玉质为一般的青玉，器型雕工也很普通，虽不能算上等，但乾隆还是决定在乾清宫收藏。乾隆御批：“着配锦匣锦袱，入乾清宫时做次等。”

圭——头等。圭来源于新石器时代的工具——石铲和石斧。玉圭是上古时代重要的礼器。乾隆朝，宫廷佛殿内的佛像手中执有玉圭，玉圭频繁用于祭祀典礼。它在乾隆的心目中地位很高。

乾隆二十五年（1760）七月十六日，太监胡世杰交给郎中白世秀、员外郎金辉三件青白玉圭，并传乾隆口谕：“着交三和，有应执圭的佛上用。钦此。”

乾隆经常到宫内佛堂膜拜，见有佛手中的玉圭不合心意，就会令手下重做更换。

乾隆三十七年（1772）四月初二，乾隆来到静明园，见园中玉皇手中的玉圭颜色不好，遂下旨：“另挑玉，着交苏州织造舒文处，照样成做玉圭一件。”

第二年的四月十二日，苏州送到青玉大圭一件，由太监胡世杰呈送乾隆御览后，在静明园安供。

乾隆对玉圭很重视和看重，把玉圭置于一个特殊的地位，一般都定为头等。乾隆对一般玉器物设的最高等级称“上等”，但对具有祭祀和佛教意义的玉圭，他会称“头等”。

乾隆十二年（1747）十一月初七，太监胡世杰传旨：“外边所有玉圭，嗣后俱算头等。钦此。”

除了佛手执圭用途外，乾隆也将玉圭作为鉴赏物用来日常赏玩，而且通常还要在玉圭上刻字、配好匣盛装。

乾隆十四年（1749）十月初一，“太监胡世杰交给七品首领萨木哈白玉圭大小六件、青白玉圭六件”，说皇上有旨：“将白玉圭六件配一匣、青白玉圭六件配一匣，着另想文雅法做，先做样呈览，准时再做。钦此。”

十一月十六日，员外郎白世秀将做得的玉圭合牌紫檀木罩盖匣图样两件，呈送乾隆御览。乾隆对设计式样十分满意，令太监胡世杰传口谕：“照样准做，交懋勤殿写诗，武英殿刻字，其龙道处填金。钦此。”

第二年的二月初一，懋勤殿的诗拟写完成，乾隆御览后，钦点武英殿刻字匠李世金在玉圭上刻诗。

扳指——上等。扳指在明清两代盛行，是皇室贵族用来射箭用的饰物，后不再作为实用器，逐渐演变成为地位和身份的象征。

玉扳指个头虽小，但所用玉材多为和阗子儿料，而且绘画雕工精美细致，有的还刻上诗文、年号款。所以，玉扳指在乾隆的心目中，地位也较高，即使有的稍有磕碰，也被定为上等。

乾隆十九年（1754）十二月二十五日，太监胡世杰交给造办处太监王炳一件紫檀木镶金银丝三元罩盖匣，内盛：白玉扳指三件、汉玉扳指二件（有磕）、甘黄玉扳指一件，并传乾隆谕旨：“着配锦匣袱，入乾清宫时做上等。钦此。”

花插——次等。花插是用来插花的瓶子。虽然玉花插的制作工艺较为复杂，但由于制作量较大，即使是白玉材质的，乾隆一般也会定为次等收藏。

乾隆十九年（1754）十二月十八日，太监胡世杰交给造办处太监王炳一件白玉三友梅椿花插，并传旨：“着配锦匣袱，入乾清宫时做次等。钦此。”

瓶——上等。玉质白色、无石性绺道的玉瓶，乾隆一般会定为上等。

乾隆二十七年（1762）十月二十一日，总管太监张玉奉乾隆旨意，令造办处为一件白玉扁瓶配锦匣袱，“入乾清宫时做上等”。

赏　赐

◎ 一、赏臣下

乾隆一生很少用精美的御用玉器作为赏物赏赐臣下，因为御用玉器为皇上专用。它既是身份地位的显示，又是皇权的象征。但乾隆登基伊始，在他对玉器还没有形成完整、成熟的认识之前，也曾批准属下将一些不太好、质量下乘的玉器，赏赐给内务府官员，以鼓励他们倾心尽力地为朝廷做事。

乾隆元年（1736）二月二十五日，总理事务兼管内务府事务和硕庄亲王允禄、学习办理内务府总管事务和硕和亲王弘昼、领侍卫内大臣兼内务府总管事务果毅公讷亲王等联名上奏，请求皇上将广储司六库所存“年久不堪应用之物”，变价或赏赐。

乾隆批准了他们的请求，除了将玉花瓶、玉杯、玉砚、玉盒、玉牌、玉笔筒、玉香炉等一百二十五件玉器变价外，还批准赏赐了所谓“不堪应用”玉器共计一千七百九十八件（套），主要有玉花瓶、玉杯、玉香炉、玉砚、玉人、玉兽、玉磬、玉壶、玉笔筒、玉板、玉笔架、玉碟、玉扳指、玉镇纸、玉炉顶、玉别子、玉牌、玉戒指、玉罐、玉套环、玉圈等。

上述玉器赏赐给了内务府的大小官员。它们是明代以前，或明代，或顺治、康熙、雍正朝的玉器，其中数量较多的品种有：玉花瓶二百二十二个、玉钩二百零七个、玉套环一百九十四个、玉杯一百六十九个、玉扇坠八十三个、玉罐六十七个、无盖玉壶六十四个、玉盒五十二个、玉香炉五十一个、玉鸟兽五十个、玉炉顶四十个等。这是乾隆第一次，也是仅有的一次大规模的用玉器赏赐内廷官员。

到了乾隆中晚期，由于新疆贡玉源源不断地送进京城，京内外各处承做朝廷玉器都“比学赶帮、力争上游”，因而，朝廷玉器数量明显过剩。当时除了变卖一批用于补贴内廷开销外，也拿出很少一些玉器作为赏赐臣下用。

有玉器上特为皇上或皇室专门制作的文字或符号等，如“福”、“禄”、“寿”、“禧”等字样，如赏赐用，就要将这些字或符号去掉后才赏用。

乾隆五十一年（1786）三月二十八日，乾隆令造办处找一些如意呈览，并准备挑一些作为赏赐用。当日，员外郎五德、库掌大达色、催长金江等即呈上“嵌玉三块紫檀木刻字圆杆如意十一柄”。木圆杆上多数刻有“福”、“寿”等字样。乾隆令来人“将如意上字刮去，交刘秉忠做赏用”。

◎二、赏西藏

历史上，西藏作为清朝中央政府管辖下的一个行政区，其宗教领袖达赖喇嘛、班禅额尔德尼等高官，像其他清朝地方官员一样，也常得到乾隆皇帝赏赐的宫廷物品。赏赐的物件多以珠宝瓷玩为主，很少有玉器，即使偶尔有赏赐，也多是一两件，可见乾隆对玉器的珍惜贵重程度。但是，在赏赐达赖喇嘛物品时，却完全不同，排在赏单的头一两件总是玉器，从中可以看出乾隆对达赖喇嘛的尊重和对西藏地区的关注和重视。

乾隆三十九年（1774）正月初二，西藏僧侣受达赖喇嘛的委托，进京朝贡。乾隆令军机处转交达赖喇嘛“白玉观音一尊”，作为赏赐物品，而当时赏赐班禅额尔德尼物品中却没有玉器。

乾隆赏赐班禅额尔德尼的物品比达赖喇嘛的要少，一般赏达赖的物品中有玉器，赏班禅的则没有。但也有个别时候，乾隆也赏赐给班禅玉器。

乾隆四十四年（1779）正月初二，乾隆让造办处从茶房找来一件青白玉碗，令“照宁寿宫团圆桌上现设玉碗之金玲珑托座一样配座，得时赏班禅额尔德尼”。

正月十二日，造办处将玉碗照宁寿宫团圆桌上玉碗之金玲珑托座一样，配得合牌托座样呈览。乾隆审阅后，令“照样准做”。

三月初六，造办处将做得的金托座呈览。乾隆看后，令传旨“交如意馆刻‘大清乾隆年制’款”。

三月十八日，造办处将刻得“大清乾隆年制”款的青白玉碗和金托座，一并呈送乾隆御览。

乾隆仔细琢磨着这件即将赏赐给班禅的玉器，玉碗上有款，而金托座上没款，将来时间长了，这金托座还不知道是谁赏赐的呢？乾隆一般赏赐给朝廷大员或皇室贵戚或外藩首领器物时，可没这么费心思，最多在器物本身上刻年号款，一般不会在座上刻年号款。但西藏可不一样，地处边远，民族、语言、宗教、文化等都与内地有较大差别，朝廷要对他们给予特殊的厚爱和关照，要让西藏教领们与朝廷中央政府保持密不可分的联系。

于是，乾隆令太监鄂鲁里传旨："将金托座上亦刻'大清乾隆年制'款。钦此。"

不但如此，第二天，乾隆又"赏班禅额尔德尼玉观音一尊（随龛）、青玉双环樽一件"。以示对西藏地区的厚爱和特别重视。

赏赐西藏的物品，乾隆要亲自下旨配箱，用黑毡马皮包裹运送，以示隆重。

乾隆二十五年（1760）正月初三，奏事总管王常贵到造办处对催总六达子说，乾隆有旨："赏赐公班第达青玉鳌鱼花插一件等，着交造办处配箱盛装，棉花塞垫，黑毡马皮包裹，发报。钦此。"

乾隆赏赐达赖喇嘛、班禅额尔德尼等西藏首领的朝廷玉器，并没有一定之规。有时乾隆觉得新做的玉器有比较可心的，就会拿出几件赏赐达赖、班禅等人。而这种情况在满汉大臣们中，是极少出现的。可见乾隆对中国边远地区西藏政教首领们的重视与厚爱。

乾隆四十四年（1779）十一月初十，两淮盐政伊龄阿送到最近刚刚制作完成的青白玉如意十三柄。乾隆一向对玉如意厚爱有加，特别是这种颇费玉石原料的整雕玉如意（因浪费玉石材料，于乾隆晚年下令"禁止制作"），在乾隆的玉如意谱系中，更是不多见。

此时，乾隆还是令太监鄂鲁里传旨："玉如意十三柄内三柄，交王成赏达赖喇嘛二柄，班禅额尔德尼一柄。其余十柄换珊瑚珠回头穗收贮。钦此。"

乾隆四十五年（1780）九月二十七日，乾隆又令军机处传"赏达赖喇嘛碧玉如意一柄"。

乾隆晚年，用玉器赏赐西藏宗教领袖越来越频繁，也越来越多，乾隆皇帝对祖国边陲西藏日益挂念，对当地宗教领袖们如何精心治理藏区、使藏区黎民百姓早日摆脱贫困、过上富足生活，甚为关心和牵挂。此时，远在内地的乾隆，只能用赏赐来抚慰他内心的这种担心和忧虑。

乾隆五十五年（1790），适逢乾隆八十大寿，此时，乾隆又牵挂起远在雪域高原的西藏民众。新年刚过的正月十八日，乾隆传谕军机处："赏达赖喇嘛玉佛一尊，随小龛一座，碧玉如意一柄。"

乾隆五十七年（1792）正月初一，京城下了一场史上罕见的大雪，乾隆又想起在边远地区的西藏广大黎民百姓，连续下旨赏赐达赖喇嘛和班禅额尔德尼玉器。此时，乾隆的目的只有一个，就是要让藏区的这些宗教领袖们感受到朝廷的厚爱，以此来暗示他们要善待当地藏民，尽快摆脱边区贫穷落后面貌。

正月初三，乾隆令传旨军机处:“赏达赖喇嘛有盖玉碗一件、玉佛一尊（随龛）、碧玉如意一柄、永昌款玉碗一件；赏班禅额尔德尼玉碗一件。钦此。”

三月初一，乾隆次令太监鄂鲁里传旨军机处：“赏达赖喇嘛玉如意一柄，配匣盛装，包裹黑毡马皮，棉花塞垫，发报。钦此。”

四月初六，乾隆再令军机处传旨：“赏达赖喇嘛玉嘎不拉鼓一件、玉铃杵一件、玉如意一柄；赏班禅额尔德尼玉嘎不拉鼓一件、玉铃杵一件、玉无量佛一尊（随龛）、玉如意一柄；赏岁本堪布玉如意一柄。钦此。”

乾隆五十九年（1794）正月初三，乾隆即将退位，他平生最后一次做出赏赐达赖喇嘛等西藏宗教领袖玉器的决定。他令军机处传旨：“赏达赖喇嘛玉佛一尊、碧玉如意一柄，赏济咙呼图克图永昌款玉碗一件，赏第穆呼图克图永昌款玉盘一件。钦此。”

从赏赐的玉碗盘中频现“永昌”款可以看出，已近八十五高龄的乾隆皇帝的良苦用心。他是希望西藏的广大民众能够幸福永远，社会繁荣昌盛。

◎三、赏玉料

除了赏赐官员玉器外，有时乾隆也准备一些玉石材料作为赏物，赏赐手下官员。虽未见史料记载赏出，但少量赏赐臣下玉石原料，应该是一件合情合理的事。

乾隆二十九年（1764）四月十九日，乾隆令太监胡世杰到造办处传旨，“将如意馆收贮玉石预备呈览，备赏用。钦此。”

当日，造办处就将如意馆准备的一千零五十一块玉石，在造办处库区前分列摆放整齐。造办处大小官吏在乾隆的指挥下，挑出乾隆准备赏赐官员用的玉石大小九百四十四块，摆放在一旁，听候乾隆的指令。

乾隆最终改变了主意，没有做出赏赐官员的决定，而是令造办处官员先收起来，以后做赏赐用。乾隆说：“此内着赏用的玉石九百四十四块，交银库收贮，余玉一百零七块仍收贮。”

痕都斯坦玉器

痕都斯坦位于克什米尔以西，今天的巴基斯坦境内，通叶尔羌，距离和阗很远，乾隆朝时为大清版图的一部分。乾隆平定新疆“回部”时，留下了文字记载，可以证明痕都斯坦的所属。

乾隆二十三年（1758）九月，清军抵达阿克苏，“回众出降”，霍集占弃城出逃，“投入布噜特及痕都斯坦等部落”。清廷派兵于痕都斯坦巴达克山、土默特等处断其后路，等待霍集占窜至痕都斯坦等处，“自必成擒”。

乾隆平定新疆“回部”后，克什米尔、痕都斯坦附近的默默帕尔、乌苏完等部落，心悦诚服地纷纷归顺大清朝廷。因为他们“向来在叶尔羌贸易，今闻天朝士兵平定‘回部’各城，是以钦悦，愿来归附”。嘉庆皇帝把痕都斯坦与土尔扈特东归相提并论，称之为“土尔扈特之归顺暨痕都斯坦之输琛”。

乾隆朝，叶尔羌与痕都斯坦相通，痕都斯坦、克什米尔回民部落多到叶尔羌进行贸易，玉器也是贸易的一个主要品种。

乾隆朝，宫廷收贮的痕都斯坦玉器，多为乾隆四十三年（1778）九月前叶尔羌办事大臣高仆用养廉银购买进呈的。乾隆觉得这种玉器比较特别，有别于和阗玉石，于是“赏收一二，略作收藏”。

乾隆四十三年（1778）九月以后，宫廷内几乎见不到有这种玉器的记载。可以说，乾隆朝内廷所藏痕都斯坦玉器，大部分是由朝廷驻新疆办事大臣从痕都斯坦回民手里购买后进献的。当时，朝廷内外官宦大员为讨乾隆皇上的喜好，大量进献玉器。朝廷驻新疆办事大臣没有进贡的义务，又不能用和阗玉器进献，否则有监守自盗的嫌疑，要受到严厉惩处。所以，只能另辟蹊径，从痕都斯坦购买玉器进献。

乾隆四十三年（1778）九月三十日，乾隆发布上谕：“回疆办事大臣从无进贡之事，或伊等因所赏养廉优厚，积有盈余，将‘回部’所做玉器购买数件呈进，朕亦间为收存，此情理之常也。和阗所产玉皆为官物，若驻‘回部’之大臣取此持往苏州制造充贡，朕一见即知，不但不收，且必罪其监守自盗，十余年来从无此事。”

痕都斯坦玉器的玉材取自新疆何处，没有明确记载。但从痕都斯坦与今天新疆产玉地区的距离和地理位置，以及叶尔羌作为当时新疆较大贸易中心来看，它来自叶尔羌地区应较为客观实际。

清宫档案有这样的记载 ：“痕都斯坦通叶尔羌，叶尔羌距和阗甚远。”从交通运输成本和方便程度来看，痕都斯坦当地回民，舍近求远，到路途遥远的和阗地区去采买玉石，然后再回到痕都斯坦制作玉器，可能性不大。

克什米尔、痕都斯坦的回民会做玉器，而新疆当地“回民”玉匠不会制作玉碗，这似乎令人不能理解和难以置信，但这却是事实。清宫档案有此记载，前面已经描述，此处不再赘述。

乾隆朝造办处，将新疆当地回民从痕都斯坦购买或交换来进贡朝廷的玉碗，称作“回族碗”。

乾隆四十四年（1779）十月初一，造办处交太监鄂鲁里“青白玉回民碗一件”，转呈乾隆御览。乾隆令“交如意馆，在碗内刻‘乾隆御用’款”。

残料处理

◎ 一、收贮内库

乾隆朝，把制作玉器剩下的边角料称作“回残”。乾隆把玉石视为珍宝，即便是末等玉石或残渣碎料，也绝不随便丢弃扔掉。五等玉石要收归银库，制作器物的下脚料也要收回，做材料备用。

乾隆二十五年（1760）二月初二，造办处办事人员在清理钱粮库时，清理出一些碎玉料。他们认为这些碎玉料体积太小，玉质也一般，不值得继续收贮，但又不敢自行决定对它们的处理。于是，他们将这些碎玉料交给太监胡世杰，令其呈送乾隆决定。

太监胡世杰知道乾隆对任何式样的玉石都很重视，即使是碎小玉石，也是如此。胡世杰收到的碎玉料后，立即清点，“共计白玉七十二块，重一两五钱 ；碧玉六十块，重六钱”。从清点的情况看，碎玉确实很小。胡世杰请示乾隆，看做何处理。

乾隆果然没有做出丢弃的决定，而是令胡世杰拿到造办处并传旨 ：“着做材料用。钦此。”

如果回残剩料有一定尺寸，乾隆有时也会根据玉石的大小情况，当场决定将回残玉料制作成小物件。

乾隆三十五年（1770）三月二十九日，如意馆遵照乾隆的谕旨，将两块白玉石子，一块画的鱼，一块画的象，呈送乾隆御览。

乾隆在批准造办处“照样准做，着交苏州织造萨载处成做”后，还发现做鱼的那块玉石用不了那么大，会剩下一小块料。于是，乾隆在御批后补充写道：“鱼上扎下的回残，着做小式挂件。”

苏州、扬州等京外织造盐政，每年为宫廷制作玉器后，都会留下大量的下脚料。这些回残玉料积攒到一定的数量时，要解送京城，听由乾隆下旨处理。

乾隆二十八年(1763)四月二十二日，两淮盐政送到一批青白玉下脚料，“共计一千二百一十六块，共重六百六十四斤十四两”。

乾隆对这些回残仔细查看后，实在找不出稍微大一些能够制作器物的玉料。但乾隆认为，这些碎料还可在珠宝器物镶嵌时使用。

于是，乾隆令造办处从中挑选可镶嵌的玉料，“共挑出青玉回残八十五块，重三百六十斤”。乾隆当即决定“交苏州织造萨载，照从前做过嵌玉宝床做法，仅玉成做宝座”。

◎二、作坊留用

到了乾隆中期以后，由于新疆贡玉源源不断，朝廷玉石逐年增多，乾隆对玉石回残料的处置有了很大的改变：一般情况下，稍大些的回残料，还是要“先画样呈览”后，再制作成器物；不足做活计的碎料，就地留用处理，无须再请旨收贮银库或押送进京。

乾隆二十九年（1764）二月初七，总管太监王常贵奉皇上旨意，来到造办处向催长四德、笔帖式五德宣旨：“着传与苏州织造萨哈岱，嗣后所做玉器上扎下回残碎小者，酌量可做何样活计即做成送来。若有大些的，先画样呈览，准时再做。其不足做活计之回残，即留苏州做材料用，不必随活计带来。钦此。”

回残玉料不必送京，留在当地自行处理，当地官员刚开始还有些不习惯。因为他们知道，玉石在乾隆皇上的心中是与金银等同的财富，有多少官员曾为此丢掉官帽和性命。所以，有时自觉不自觉地，他们就把玉石回残碎料送回到了京城。

这样做，本来也无可厚非，说明官员对朝廷的财产非常重视，管理上也很认真严格。但乾隆不这么认为，他对官员执行命令不坚决和不长记性的做法，不能回避和容忍，往往要大加训斥。

乾隆三十二年（1767）二月初四，苏州织造萨载将制作玉器剩下的一批回残碎料，按照以前的旧例，派人送到了京城。

乾隆得知此事后，大为不满。他令太监胡世杰立即到造办处传他的口谕："萨载此次送到回残玉，理宜留在苏州，酌量有可做何样活计，即拟样前来请示，何必将玉送来，着申饬。嗣后，有成做活计之回残玉，俱不必送来，现送到之玉仍发回。钦此。"

到了乾隆晚年，不仅回残剩料不必送回京城，即使是整块的玉石，只要是绺道石性过多，不便承做器物，也一律不必送回京城，可由当事官员自行就地处理。

乾隆五十五年（1790）六月二十六日，两淮盐政在奉旨承做一件仿汉代玉瓶时，"玉料扎开看，因有开绺甚多，难以成做，将玉料解交"。

乾隆在收到回交玉料后，即令内务府传旨："嗣后，发去玉料扎看，如绺道甚多不能成做活计，即声明前来，其玉料不必随来。钦此。"

◎ 三、回残利用

乾隆对玉石的使用很节俭，对制作器物扎下的回残剩料，总要想办法做点什么，使之不白白浪费掉。除了利用回残剩料制作玉轴头、玉别子、盘碗盅碟外，皇后、妃子们随身佩戴的手镯，也并不都是用整块玉雕琢而成，而大多是用制作器物时的回残剩料制作的。即便是皇帝本人佩戴的玉朝珠，也用的是回残下脚料，而绝非"不惜工本"。

乾隆三十四年（1769）六月初九，乾隆得知如意馆正在制作一套碧玉杯盘壶，有不少扎下的回残小料。他令太监胡世杰到造办处传旨："碧玉杯盘壶上扎下回残，做朝珠三挂。钦此。"

当日，造办处即将碧玉回残二十一块、钻心七件，画得朝珠粉道，拟做朝珠二百一十六颗，送呈乾隆御览。

乾隆看后颇为满意，令胡世杰传旨："交两淮盐政尤拔世成做。钦此。"

半年后的一天，乾隆想起两淮盐政尤拔世承做的碧玉朝珠，怎么还没有见到。他叫太监胡世杰去催问。

十二月二十五日，新任两淮盐政李质颖派人将刚做得的两盘碧玉朝珠送进宫内。

听说扬州承做的碧玉朝珠已经送到，乾隆遂令造办处，将"碧玉朝珠挑好的一盘呈览"。后来，这盘碧玉朝珠一直陪伴在乾隆身边，直到乾隆去世。

玉匠在承做玉瓶、玉罐、玉瓮等较大型器物时，要将玉石"掏膛取心"。取下来的钻心本是下脚料，但这些钻心在乾隆的心目中作用可大了，可根据其尺寸大小，再次制作瓶、碗、盘等，尺寸过小的，还可以制作扳指、轴头等。

乾隆二十九年（1764）十二月二十七日，遵照乾隆旨意，造办处首领董五经前往乾清宫，将挑选的青白玉钻心一件、青玉大小钻心二件，交太监胡世杰呈送乾隆御览。乾隆看后，觉得可做较大器物，遂令"交启祥宫画样呈览"。

当日，启祥宫即将青白玉钻心画得梅花瓶纸样一张，青玉大钻心画得盘子纸样一张，青玉小钻心画得碟子纸样一张，交给太监胡世杰呈览。

乾隆看后，想明年正好要去苏州巡视，还是交苏州制作为好，到时可在苏州当地方便地看到想要看的玉器，可谓一举两得。乾隆令胡世杰立即到造办处传旨："即交苏州织造普福处做，明年驾幸苏州时务必要得。钦此。"

有时为了制作玉器物的需要，要专门打取钻心。玉钻心的大小可以根据制作物件的大小需要进行调整，如果准备用来制作盘碗，一般要打大钻心；如果是制作扳指，则要打小钻心。做大件器物不可打小，做小件器物不可打大，都是为了避免造成玉料的浪费。

乾隆对钻心的合理利用，可谓是心知肚明、细致入微，几乎每次打钻心，他都要叮嘱几句。不仅仅是承做器物的玉料该打几个钻心、怎么打钻心，都要明明白白地说明，就连该玉料承做器物时，是先凿錾外围，还是先打钻心，乾隆也都十分内行。

乾隆五十年（1785）八月二十五日，乾隆正在承德避暑山庄度假，造办处员外郎五德听太监鄂鲁里说，皇上总觉得现在戴在手上的扳指大小不太合适，有意换一个。五德找了个机会，进玉料库为乾隆挑选了一块上好的山料玉。

乾隆见是一块山料玉，有点不满意。但随后一想，虽然是山料玉，但打取钻心后，内部质地、颜色应该适合做扳指，还是看看后再说。于是令“交如意馆画样呈览”。

九月初五，如意馆画得苍龙觥纸样一张，“由报寄去呈览”。乾隆阅览后，批准“照样准做”，同时特别指示，“将玉料里膛先打两钻，钻心粗细要足做扳指用，得时不必发来，俟到圆明园时再看。”

十月初十，乾隆来到圆明园，此时已打出一个钻心。乾隆对这块山料玉打出的钻心并不满意，认为它没有想象的那样好，达不到制作扳指的玉质标准。

随后，乾隆令太监鄂鲁里传旨造办处：“钻心一件着收贮，第二钻不必取。其觥交苏州织造四德，照木样仅玉成做。钦此。”

严 格 要 求

◎一、不满粗心

在皇帝身边做事，要谨慎小心，在乾隆皇帝身边做事，更要如履薄冰，倍加小心。即便是非主观故意的粗心大意，也会遭到乾隆的训斥和惩罚。

乾隆二十九年（1764）十一月十一日，苏州织造普福为宫廷承做的一件青玉二龙捧寿花囊，由苏州坐京家人送到京城。孰料，这次承做的青玉二龙捧寿花囊，龙头做颠倒了，不仅是普福没看出来，就连造办处接收活计的官员也没有看出有何问题。此项活计送到后，就径直送往乾清宫了。

乾隆是个做事认真的皇上，这次准做的二龙捧寿花囊，龙头本应该向上，在制作之前，乾隆就已下旨明示。普福却理解为龙头向下，犹如水中探月。不管怎么说，此事引来乾隆的强烈不满。

乾隆看过这件龙头做颠倒的二龙捧寿花囊后，令太监胡世杰到造办处传旨：“普福此次做来之青玉二龙捧寿花囊，竟将龙头做倒，本未细心查看，他所理何事？所用工价不准开销，将普福交造办处大人们申饬，治不是。钦此。”

内务府的大人们不敢怠慢，急忙调查此事的来龙去脉，并将调查处理意见上报乾隆。

十一月十五日，调查报告起草完毕，上奏乾隆并请旨：“奴才等查得苏州织造普福所做青玉二龙捧寿花囊，系钦交造办处之项，于成做时，该织造理应不时留心详细查看，务期画样合款、形式周正。乃伊漫不经心，致将青玉花囊龙头倒做，殊属不合。除将成做青玉花囊所用工价遵旨不准开销、严行申饬外，仍请将普福罚俸六个月，以示警戒。如蒙俞允，奴才等行文苏州，令该织造将所罚俸银照数交纳造办处库。谨奏。”

说归说，做归做，乾隆不会真的惩罚普福。普福乃乾隆身边的近臣，在苏州没少为内廷缴金纳银，所缴金银是皇室大家庭日常各项开销的重要经济来源。但乾隆一定要说，一定要发泄一下，否则，岂不任手下今后办事更加漫不经心。

乾隆这次没有真罚普福的俸禄，而是再交给他一件青玉花囊坯子，让他重新做一个了事。

◎二、不喜镂空

玉器镂空，在今天也是一项高难度的琢玉工艺。镂空雕琢的玉器，更显美观、华贵。

乾隆中晚期，玉器镂空技艺已经日臻完善和成熟。但在乾隆眼里，镂空的玉器，脱离了玉器本身纯洁、高尚、素雅、质朴的品质和风格，显得华而不实，俗气十足，不过是商人用来获取暴利的雕虫小技。

到了乾隆晚年，这种镂空的玉器皿，包括盘、碗、炉、鼎等，在民间大为盛行。苏州、扬州等处的织造、盐政等官员，在个人进献皇上的物品中，也多购买这类镂空器皿，以显示与众不同，但均被乾隆如数退回。东西是退回了，但进献这种镂空风格的玉器，在乾隆晚期仍然十分盛行，而且在玉器贡品中的比例越来越大。

乾隆不想让这种崇尚奢华、浮华的风气愈演愈烈，在行将退位前夕，于乾隆五十九年（1794）八月，给内阁发了一道上谕。乾隆在上谕中说：“近来，苏州、扬州等处呈进贡物，多有雕空器皿，如玉盘、玉碗、玉炉等件，殊属无谓。试思，盘碗俱系盛贮水物之器，炉鼎亦须贮灰，方可燃爇。今皆行镂空，又有何用？此皆系该处奸猾匠人，造作此等无用之物，以为新巧，希图厚价获利。而无识之徒，往往为其所愚，辄用重资购买，或用价租赁呈进。朕于此等物件，从不赏收。即使掷回，而奸商已得厚利。伊等总未喻此意，甚至回疆亦效尤，相习成风，致使完整玉料，俱成废弃。”

说到这里，乾隆又对扳指盒套发表感慨。扳指套是用来盛装扳指的，挂在腰间，取用方便。但此时由于玉器镂空技艺的发展和时兴，使得原先多用绸料或锦盒制作、轻巧便于随身携带的扳指套，也改用玉材制作，而且多用镂空雕刻，这让乾隆大惑不解。

乾隆在这道上谕中补充说："扳指套，近亦俱用玉成做，甚属无谓。扳指套原以便于佩带，今以玉为之，更觉累重无当，殊为可惜。"

最后，针对玉器的镂空雕琢，乾隆令鄂鲁里传旨内务府："着传谕扬州、苏州盐政织造等，此后务须严行饬禁，不准此等奸匠仍行刻镂成做，并出示晓谕，令其一体知悉，以杜奇巧而归纯朴。"

在玉器镂空雕琢这一点上可以看出，乾隆欣赏玉器的思想点和艺术点，是一种朴实、务实的审美风格。乾隆朝，器具造型和绘画上呈现的繁缛浮躁风格，不应该归于乾隆的主观意愿和审美情趣。可以说，它是在集权的强权政治下人们对艺术欣赏和判断的扭曲，是浮华盛世下的冷漠和虚伪。

◎三、山石错落

对陈设玉器中的山石摆件，乾隆要求其要有中国传统山石绘画中的皴法效果，要显现出山石的错落层次。

乾隆二十八年（1763）十月初九，苏州织造萨哈岱遵旨承做完成一件青玉洞蛮陈设，由苏州坐京家人交太监胡世杰呈送乾隆御览。

乾隆对该玉雕陈设上的山石雕刻，甚为不满，认为山头没有层次，没有中国传统绘画中的山石立体效果。乾隆认为，绘制皴法效果，还是如意馆的玉画匠技高一筹。于是，他令太监胡世杰"交如意馆，将山头用墨皴好呈览，准时仍交苏州往细致里改做"。

玉圭是礼器，在封建社会备受贵族诸侯的敬重。玉圭的顶部是山子的形状，乾隆对其的雕琢技法非常重视，也曾要求用皴法雕刻。

乾隆二十九年（1764）三月二十七日，造办处将一件青玉圭送呈乾隆御览。乾隆见此玉圭山子平平无层次，只有山的形状，而无山的特征。乾隆令胡世杰传旨："玉圭上山子着添皴法，着于敏中写'大清乾隆敬制'款，得时贴金罩漆。钦此。"

◎ 四、精益求精

乾隆对属下当差办事，要求甚严，可谓是苛刻、刻薄，百般挑剔。对玉器的制作要求，更是追求完美、精益求精，稍有不合意的地方，即令修改或重做。

乾隆三十六年（1771）正月初三，苏州送到一件玉宝。此玉宝由如意馆承做，苏州负责在玉宝钮上打眼拴绦子。乾隆发现，由于这件玉宝钮上的眼过小，绦子没有什么活动的余地，感觉不是很舒服。他随即令太监胡世杰给苏州发去一道谕旨："苏州做的玉宝，钮上拴绦之眼小了，着做绦样发去重做。嗣后成做时，俱照发去绦子一样打眼。钦此。"

有时玉匠在制作玉器时，会有遗漏，或漏刻花纹，或忘记刻字等，这都瞒不过乾隆，他都记得清清楚楚。因为，凡是发出去准做的玉器，都是他亲自验看并下旨承做的，即使时间过了很长时间，他也不会忘记。

乾隆二十八年（1763）十一月二十七日，苏州织造萨哈岱新送到一件白玉喜鹊，交太监胡世杰送呈乾隆御览。乾隆看后想起，原来设计图样上的白玉喜鹊有字，而此次送来的白玉喜鹊上没有字。于是，他令胡世杰传旨："原发去做样玉喜鹊上有字，新做的玉喜鹊亦该照样刻字。是伊省事！着传与萨哈岱，嗣后所做之玉器活计，内有应刻字刻款者，即刻做。钦此。"

有的活计是宫内赶年节用的，如果此时玉器活计做粗糙了，一般是先用着，过了这个年节后再送回"往细致里收拾成做"。

乾隆二十七年（1762），苏州萨载差人送到一件青玉云龙瓮，乾隆对瓮上龙鳞做得粗糙不满意。但一想到该瓮是乾清宫摆年节用的，还是先留下了，除了要核减工时外，还要求"俟明春仍交萨载，将龙鳞往细致里收拾成做，得时配锦匣袱，入乾清宫时做上等"。

工匠手艺各有高下，雕琢玉器要求全神贯注，有时碰上一个"二把刀"，或玉匠此时心情不好，心不在焉，所做的玉器活计质量也会有较大的差别。

乾隆二十四年（1759）六月初九，造办处员外郎金辉，将苏州织造安宁改做的一件白玉夔凤玦，交太监胡世杰呈送乾隆御览。

玉玦不是什么大件器物，也没有过高的雕琢技术和较大的难度，但此件玉玦的雕琢粗糙，还是让乾隆忍无可忍。他让造办处传旨安宁："白玉夔凤玦做得糙！嗣后再做此糙活计，使不得。钦此。"

宫廷主要玉器种类

清宫留存下来的玉器，有相当一部分是乾隆朝以前皇宫旧藏各个时期的玉器，如玉器发展史上早期的红山文化玉螭龙、良渚文化兽面璜玉龙、商代青玉鸟行佩、西周青玉凤鸟纹柄、战国青玉夔纹佩、汉代青玉夔凤樽，唐代中期的青玉飞天佩、宋代青玉镂雕松下仙女、辽代青玉镂雕神兽饰、元代白玉葵花杯，明晚期的青玉八仙执壶等。这些清代以前各个时期的玉器，除了一部分是皇宫旧藏外，有相当一部分是乾隆时期朝廷内外大小官员进献的。但是，清宫玉器中，数量最多、品种最丰富、技术含量最高的，还是乾隆朝制作并流传下来的。

乾隆一朝，经乾隆本人亲自下旨制作的玉器，有百十余个品种，几万件。其中，大多是为迎合乾隆本人的兴趣、品位和爱好制作的。

乾隆时期所制作的玉器，玉料全部来自新疆的和阗和叶尔羌地区。玉器样式、设计，主要由内廷如意馆承担，有时乾隆本人也亲自参与修改和画样设计。

内廷如意馆、启祥宫、玉作和京外“八处”，主要负责宫廷玉器制作。制作工艺或雕琢工艺，无特定模式，款式也绝非千篇一律。因为那时内廷如意馆、启祥宫、玉作，以及京外“八处”等专为朝廷制作御用玉器的工匠，全部来自民间，只要是当地民间玉作坊技艺高超的工匠，都有可能被朝廷和官府招募，为朝廷玉器制作服务，可谓雕琢技艺博采众家，各具特色。

有时，京外“八处”的织造、盐政或监督，也会根据任务的需要，委托当地民间玉作坊加工朝廷玉器，即所谓“官督民作”，质量也能达到宫廷的制玉需求。

宫廷以外皇家各处，也摆放着大量御用玉器。除了京城的圆明园、颐和园、香山、瀛台等处外，京外的热河、盛京等地也有大量摆放。这些玉器与宫廷玉器一样，均由内廷玉作、如意馆、启祥宫或京外“八处”奉旨承做，并且雕刻精美，品种多样，不仅有陈设件，也有筵宴用玉餐具等实用器，且数量可观。

乾隆五十七年（1792）十二月初五，太监鄂鲁里奉旨交给造办处员外郎大达色、库掌舒兴玉器一百八十一件，均从古董房取出的。其中有：青白玉高头碗二十件、青白玉群膳碗四十二件、青白玉高头盘七件、青白玉酒宴盘二十六件、青白玉鲍螺碗六件、青白玉小菜碟六件、青白玉宴盘二十四件、青白玉看盒盅二十二件、青白玉垂手盅十件、青白玉酒杯十二件、青白玉花瓶一对、青白玉酒罐二对。同时，太监鄂鲁里传乾隆的口谕："配匣盛装，俟盛京有便人带往。钦此。"

此次，一次性送往盛京的玉器，就有一百八十一件。

同日，太监鄂鲁里还奉旨交给造办处员外郎大达色、库掌舒兴玉器一百六十五件，其中有：青白玉高头碗二十件、青白玉高头盘七件、青白玉酒膳盘二十六件、青白玉鲍螺碗六件、青白玉看盒二十二件、青白玉宴盘二十四件、青白玉小菜碟六件、青白玉垂手盅十件、青白玉花瓶一对。这些玉器也是从古董房取出，但已配有匣子盛装。同时，乾隆也令太监鄂鲁里传旨："俟热河有便人带往。钦此。"

此次，一次性带往承德避暑山庄的玉器，也有一百六十五件。

玺　　印

◎一、制作

清初定制，凡铸大内宝印，礼部会同内务府造办处敬谨铸造。

乾隆朝，玉宝多用二等山料玉制作，一般是如意馆做宝坯，苏州织造刻字、雕琢宝钮。

乾隆三十四年（1769）四月初六，太监胡世杰到造办处，送交白玉宝一方宝样，并传乾隆口谕："着如意馆挑玉配做一方。钦此。"

四月初七，造办处"挑得二等白玉一块，画得宝一方，交太监胡世杰呈览"。

乾隆审核后，令胡世杰再到造办处传旨："着交苏州织造萨载成做。钦此。"

根据清朝定制，玉质玺印只能是皇上和太后、皇后专用，亲王不得用玉印，而是用五成色的金印。即使是金印，金的成色也不能超过规定标准。

乾隆二十八年（1763）四月二十八日，乾隆耳闻，有的亲王擅自提高所用金印的成色，至六七成色金。于是乾隆要了解，当初他登基时，是如何铸造亲王金印及用金成色的。

乾隆命礼部找来乾隆元年（1736）铸造的履亲王金印。礼部“送到履亲王金宝一颗，系五成色金，重二百十六两”。

于是，乾隆令胡世杰到造办处传旨：“铸造亲王金宝，定例用五成色金，重二百十五六两不等。嗣后，不得擅自违制铸造。钦此。”

◎二、宝坯

朝廷制作玉宝玺，首先由皇上下达制作命令，由翰林院翰林书写印文，造办处挑选宝玺玉料，如意馆按照定制设计宝玺通高、钮高、周围尺寸，并将玉宝坯随木样一同呈送皇上御览。皇上批准同意后，或交如意馆，或交京外织造、盐政承做。

玉宝玺坯子，一般用山料玉制作，无特定讲究，只要求无绺道、无石性。宝玺坯子一般交由如意馆承做，但苏州也曾制作过宝坯。

乾隆二十八年（1763）二月十六日，苏州送到一件玉宝玺木样，造办处据此“挑得一块重二十六斤的白玉，由如意馆画得墨道，见方四寸、身高一寸二分、钮高一寸六分”，送交乾隆御览。

乾隆御览后，令胡世杰传旨：“着交苏州织造萨载处，照木样仅玉上墨道成做。钦此。”

◎三、龙钮

宝坯上的龙钮，雕刻技术含量高，一般由苏州承做，在造办处被称作“苏州双龙钮”。

乾隆三十一年（1766）五月十八日，乾隆令造办处挑选一块好玉料制作宝坯，留做日后制作宝玺用。

五月十九日，造办处挑得一块上好白玉，交太监胡世杰呈送乾隆御览。乾隆看后表示认可这块玉料，他令太监胡世杰传旨：“着交如意馆成做宝坯，得时上面龙钮交苏州织造萨载成做。钦此。”

如意馆仅用了两天时间，就制作得宝坯，送交太监胡世杰呈览。

为防止在制作龙钮时改变宝玺尺寸，乾隆在下令将宝坯送南边制作龙钮前，往往还要叮嘱几句，“宝身磨做已准，不必再动”。

◎ 四、刻作

乾隆朝初年，如意馆朱彩是著名的刻字匠，负责内廷承做玉器的年号款、图章文字、精细花纹的琢刻。

乾隆十年（1745）七月十六日，太监胡世杰交给造办处司库白世秀二方汉甘黄玉图章,并传乾隆口谕:“一方刻‘乾隆宸翰’,一方刻‘惟精惟一’字样，画样呈览，准时着朱彩刻。钦此。”

宫廷保存了一些旧玉图章，它的文字鉴定工作，由翰林院的翰林承办。

乾隆十年（1745）五月初三，造办处司库白世秀交出旧藏汉玉蹲式图章一方，太监胡世杰呈送乾隆御览。乾隆看不懂图章上的文字，令胡世杰到翰林院传达他的口谕：“着翰林认看。钦此。”

翰林不仅认看宝玺、图章上的文字，凡有关设计文字的工作，都要由翰林们监督把关。

乾隆十年（1745）七月十三日，太监胡世杰来到造办处，交给司库白世秀内廷“旧藏镶汉玉嵌银母字如意二柄”,“俱有磕崩粘补处”,并传皇上的口谕：“将银母字去了，着翰林们另拟名色镶嵌。钦此。”

乾隆对玉宝刻字的深浅,同样有他的喜好和要求。像玉器物上刻款、刻诗、雕刻花纹纹饰一样，他总是强调要“深刻”。

乾隆四十五年（1780）正月初九，乾隆将手头上的一方“贴篆字本文青白玉宝”，令交苏州织造全德“照本文加深刻阳纹字”。

乾隆对玉印玺推崇至上，以致有的外藩首领也将祖上的玉印进献皇上，以表对朝廷的依附和敬重。对此，乾隆往往以鞠躬表示接受，并不真正收纳。

乾隆四年（1739）十月，理藩院奏进，厄鲁特扎萨克多罗郡王、和硕额驸阿宝之妻和硕格格，将额驸之曾祖顾实汗所传玉印进献给乾隆。

乾隆认为，玉印是他人的家传之宝，即便是进献，也不能夺人所爱，收为己有。于是，乾隆令太监胡世杰到理藩院传旨：“此玉印，乃额驸阿宝曾祖顾实汗所遗之物，今既进献，朕躬，即如朕收受，将印仍交付格格收藏，令其子孙永远供奉。钦此。”

◎ 五、分类

清朝定鼎中原后，皇上的宝玺主要有两类：一是朝政上使用的国玺，俗称“国宝”；二是皇帝的闲章。这些国玺、闲章，大多用和阗玉制作。

有清一代，国朝国宝共计二十五枚，称之为“二十五宝”。“二十五宝”存放在交泰殿。

交泰殿是紫禁城内廷后三宫之一，位于乾清宫与坤宁宫之间的中轴线上，面朝南，明代嘉靖年间建造。除了存放“二十五宝”外，清世祖顺治皇帝为防止明末太监专权的《内官不许干预政事》的铁牌（现保存在中国第一历史档案馆），也曾立于此殿。另外，皇帝大婚时的皇后册宝，安设在殿内左右案上。现殿内外建筑完好，为原状陈列。

乾隆十一年（1746），乾隆皇帝对交泰殿以前各朝存贮的三十九枚国宝大印，重新进行了厘定，将总数定为二十五枚。除了“大清嗣天子宝”为金质、“皇帝之宝”为檀香木外，其余二十三枚均为玉质。其中，白玉六枚、青玉八枚、碧玉六枚、墨玉三枚。计有：白玉“大清受命之宝”、碧玉“皇帝奉天之宝”、青玉“皇帝之宝”（满文）、白玉“天子之宝”、白玉“皇帝尊亲之宝”、白玉“皇帝亲亲之宝”、碧玉“皇帝行宝”、白玉“皇帝信宝”、碧玉“天子行宝”、青玉“天子信宝”、白玉“敬天勤民之宝”、青玉“制诰之宝”、碧玉“敕命之宝”、碧玉“垂训之宝”、青玉“命德之宝”、墨玉“钦文之玺”、碧玉“表章经史之宝”、青玉“巡狩天下之宝”、青玉“讨罪安民之宝”、墨玉“制驭六师之宝”、青玉“敕政万邦之宝”、青玉“敕政万民之宝”、墨玉“广运之宝”。

剩下的十四枚国宝大印，有四枚乾隆认为“于义未当”，降为一般宝玺收贮。余下十枚，有金质三枚、檀香木一枚、玉质六枚。其中，玉质有：碧玉“大清受命之宝”、青玉“皇帝之宝”、碧玉“皇帝之宝”、碧玉“奉天法祖亲贤爱民之宝”、青玉“丹符出验四方之宝”、青玉“敕命之宝”。乾隆认为这十宝，或是宝文重复，或是与当今政体不相适用，决定不用，放置盛京旧宫凤凰楼尊藏。

清代皇帝的闲章，无论是内容，还是材质，可谓五花八门、种类繁多。

从文字内容上讲，有镌刻皇帝姓名、爵号、年号的；有镌刻宫殿、楼阁、馆院的；有皇帝收藏鉴赏感言的；有吉言、箴言、诗词的；还有花押的等。

闲章的材质主要有玉、石、木三种，其中玉质闲章占有相当大的比例。

◎六、实例

敬天勤民 白玉方形宝，篆书，面十厘米见方，康熙年间制。此宝目前已经失传。宝上的钮形未见记载，但从清宫档案称之为“汉玉敬天勤民宝”来看，宝钮应为汉代风格的螭虎造型。

乾隆十二年（1747）初，乾隆谕令造办处再造“敬天勤民”宝。

九月二十九日，敬天勤民白玉宝制作完成，由太监胡世杰呈送乾隆御览。

乾隆十三年（1748），乾隆作《敬天勤民宝四言诗》云：“皇祖御书钤用诸玺，皇考制箱以藏之。惟留是宝于外以钤用御书。予小子敬遵成典，收藏皇考御宝时，亦留是宝于外，常钤用焉。是宝也，经三世而一例宝用，且将垂之奕禩而无穷，岂以追琢其章哉？盖取义有足重耳。故记其梗概而系以诗：交泰御玺，定数遵天。掌之黄阁，传以亿年。粤是诸玺，缀文寓意。玉案挥毫，以资抑埴。杯棬弗用，箧衍尊藏。绣缫金镭，永閟虹光。惟此截肪，用以三世。匪贵其材，实珍其义。其义云何？敬天勤民。祖考是勖，逮于藐身。天视民视，天听民听。一二二一，作狂作圣。挈纲提要，四字心传。于千万民，永矢乾乾。”

乾隆十四年（1744）二月初九，乾隆发布谕旨：“宝上着朱彩四面照样刻字。”

乾隆宸翰 故宫博物院藏有一枚昌化石质“乾隆宸翰”，为随形雕鸳鸯荷花方形玺，篆书，面八点四厘米见方，高十五点二厘米，周边阴刻诗文，用于钤印御笔书画。

乾隆朝，内廷还刻过两枚碧玉“乾隆宸翰”宝。

乾隆二十四年（1759）十二月初七，乾隆下旨刻做阴文碧玉“乾隆宸翰”宝二方。

这一天，太监胡世杰奉旨交给造办处郎中白世秀、员外郎金辉两件宝坯。对这两件碧玉宝坯，乾隆有旨：“着发往南边交苏州织造安宁，照本文刻做，将碧玉宝二方加深刻‘乾隆宸翰’阴文字。”

信天主人 “信天主人”为乾隆自称，取“顺天者昌，逆天者亡”之意。

现藏故宫博物院有一枚田黄石质、素面长方形“信天主人”玺，面宽二点五厘米，长三点二厘米，高五点五厘米，玺文两边团两条升龙。

乾隆朝还制作过两枚白玉“信天主人”宝。

乾隆二十四年（1759），乾隆彻底平定新疆准、回二部，朝廷大军凯旋。

功成意就的乾隆于十二月初七，下旨由苏州织造刻做白玉宝阳文“信天主人”大小二方，以为纪念。

淳化轩宝 乾隆三十七年（1772）三月初九，乾隆想起多年以前，“如意馆有收贮白玉做宝一方”。遂令如意馆查找。

如意馆找到“收贮的白玉大钻心一件，重十五斤，并画得见方三寸三分、钮高一寸三分宝一方，钮照苏州双龙钮样做”，交胡世杰呈览。

乾隆三十九年（1774）三月初六，苏州遵旨刻做完成白玉淳化轩宝一方，并随紫檀木雕龙匣盛装，呈送乾隆御览。此时，苏州制作的另外一件白玉“淳化轩记”宝还未完工。

乾隆谕令“玉宝交懋勤殿，雕龙匣暂收，俟苏州现做‘淳化轩记’宝送到时盛装”。

古稀天子之宝 乾隆七十大寿时，刻有多方“古稀天子之宝”。有内廷遵旨刻做的，也有臣下进呈的。玉质有青玉，也有青白玉。

乾隆四十五年（1780）十一月二十六日，启祥宫奉旨在旧玉宝上刻阳文。此宝为乾隆七十大寿时，用杜甫诗句镌刻的“古稀天子之宝”。乾隆以此告诫自己，“犹日孜孜，不敢怠于政也”。

江苏学政彭元瑞，以恭遇乾隆七旬万寿，御刻青玉“古稀天子之宝”，撰进颂册，奖赉有加。

乾隆对臣下贺寿的金银珠宝不收，但对进献的贺词，不仅收下，还要奖励。对江苏学政彭元瑞进献的颂册，乾隆收下后，也赐给了文房。但当乾隆闲暇时再阅看后，却发现文辞上有问题。

乾隆在御制《古稀说》中说：“余以今年等七袠，因用杜甫句，刻古稀天子之宝。其次章即继曰：犹日孜孜，盖予宿志，有年至八旬有六，即归政而颐志于宁寿宫。其未归政以前，不敢驰乾惕，犹日孜孜，所以答天庥而励己躬也。正寿之庆，群臣例当进献辞赋，于是，彭元瑞有古稀之九颂，朕以文房等件赐之。以旌其用意新而遣词雅，顾一再翻阅，颇有不得为之说，以申予意者。”

乾隆发现的问题，正是官场久盛不衰的对上级阿谀逢迎、拍马溜须、歌功颂德的顽疾。试想，皇上大寿，作为臣下的多恭维几句实不为过，但乾隆有他的一己之见，他抓住了彭元瑞“颂词”的短处和要害。

乾隆接着说:“其词曰:古人有言:‘颂不忘规’。兹元瑞之九颂，徒见其颂，而未见其规，在元瑞为得半而失半。然使予观其颂，洋洋自满，遂以为诚若此，则不但失半，又且失全，予何肯如是。夫由斯不自满，歉然若有所不足之意充之。以是为敬天之本，必益凛旦明，无敢或渝也；以是为法祖之规，必思继前烈，而慎聪听也；以是勤民，庶无始终之变耳；以是典学为实学，以是奋武非黩武，以是筹边非凿空，以是制作非虚饰。若夫用人行政，宵衣旰食，孰不以是为慎修思永之枢机乎？如是，而观元瑞之九颂，方且益深，予临深履薄之戒，则其颂也。”

彭元瑞的“颂词”,使乾隆进一步反省自己的为政之道。他要告诫臣下，“歌颂”容易冲昏人的头脑、使其迷失方向，更容易使当权者自以为是、滥用手中的权力。他要用一个国家的强盛与兴衰、成功与失败，来告诫和警示天下臣民。

乾隆继续说：“更惓思之，三代以上，弗谕矣，三代以下，为天子而寿登古稀者，才得留任，已见之近作矣。至夫得国之正，扩土之广，臣服之普，民庶之安，虽非大当，可谓小康。且前代所以亡国者，曰强藩，曰外患，曰权臣，曰外戚，曰女谒，曰宦寺，曰奸臣，曰佞幸，今无一仿佛者。即所谓得古稀之六帝，元明二祖，为创业之君，礼乐政刑，有未遑焉。其余四帝，予所不足为法，而其时其政，亦岂有若今日哉。是诚古稀而已矣。夫值此古稀者，非上天所赐乎？天赐古稀于予，而予设弗以敬承之，弗励慎终如始之志，以竭力敬天法祖，勤政为民。古云：‘适百里者半九十里’。栗栗危惧，诚恐耄荒而有所陨越，将辜天恩，予又何敢如是。然则元瑞九颂，有裨于予者大焉，故为之说如右。”

乾隆对官场上的这种献媚阿谀的不正之风，持鲜明的反对态度，但似乎又无可奈何。当官的都愿意听好听的话，都愿意听恭维自己的话，这是成就感和成功感使然，也是中国几千年来封建君臣奴仆意识和思想根深蒂固的使然。

乾隆最后总结说："群臣献辞者甚多，大约不出于元瑞之九颂，予将以是说概之，则所为有颂而鲜规者，亦毕视之为进规，而非啻颂也。"

乾隆五十五年，苏州奉旨承做一枚古稀天子之宝，碧玉质，交龙钮方形玺，篆书。面十二点九厘米见方，通高七点八厘米，钮高五点二七厘米，系黄色绶带。墙子上贴《古稀说》文，乾隆五十五年（1790）八月，苏州奉旨"加深刻字"。

该宝四周阴刻填金乾隆御制《古稀说》，与"八征耄念之宝"共贮一个紫檀木匣内。匣外壁四周分别刻有《古稀说》和《八征耄念之宝记》。

五福五代堂古稀天子宝 景福宫位于紫禁城宁寿宫后部东路，始建于康熙二十八年（1689），为康熙皇帝侍奉仁宪皇太后（顺治帝后）所居。

乾隆四十九年（1784），乾隆皇上喜得玄孙，亲笔御书"五福五代堂"匾，悬挂在景福宫堂内，以表示一堂五世。

这一年的八月十一日，造办处接到乾隆的谕旨，令如意馆刻做阳文字"五福五代堂古稀天子之宝"宝玺一方。造办处从银库中找来提前贮备好的"青白玉宝坯一块，重十六斤"，交如意馆刻字。

犹日孜孜 乾隆五十五年（1790），乾隆将迎来自己八十寿辰。乾隆令造办处刻制"犹日孜孜"印玺，以示纪念。

二月，苏州奉旨刻阴文字"犹日孜孜"宝玺。此玺白玉制，云龙钮正方形，篆书，面三厘米见方，通高六点八厘米，是"古稀天子之宝"的副章。乾隆刻此印章的目的，在于时刻告诫和提醒自己，在归政之前要孜孜不倦，勤于政事。

"八征耄念之宝"此宝为乾隆八十寿辰时镌刻，碧玉，交龙钮方形玺，面十三厘米见方，通高十一厘米，钮高五点四厘米，系黄色绶带，与"古稀天子之宝"共贮一个紫檀木匣。

懋勤殿编修在宝的四周，贴上乾隆御笔《八征耄念之宝记》。乾隆五十五年（1790）八月，苏州织造奉旨"加深刻字"，阴文。

乾隆在命刻制这枚碧玉宝玺时，已年届八十，他为此曾对属下大员们有一番长篇感言，既是他从政五十五年的经验总结，也是一个八十岁高龄老人的人生感悟。

乾隆首先说明了镌刻"八征耄念之宝"的缘由。他说："予年七十时，用杜甫句镌'古稀天子之宝'，而即继之曰，犹日孜孜，不敢怠于政也。蒙天眷佑，幸无大陨，越于兹又浃旬矣。思有所以副八旬开袠之庆，镌为玺，以殿诸御笔，盖莫若《洪范》八征之念，且予夙立愿，八十有五，满乾隆六十年之数，即当归政。”

乾隆虽已八十高龄，但自认为思维清晰、敏捷，对事务还能有正确的分析和判断，年轻人能做的事，他也能做。如果不是当初即位时自定了在位时间不超过祖父康熙皇帝、执政六十年必须退位，他干到生命的最后一刻，也会乐此不疲。这也是封建社会大多数君王，能够执政终身的一个原因。

乾隆接着说:“今虽八十，逮归政之岁尚有六年，一日未息肩，万民恒在怀。庶政之八可不念乎？念庶政，即所以念万民。《曲礼》八十曰耄，老而智衰之谓。兹逮八十，幸赖天佑，身体康强，一日万几，未行智衰，不可不自勉也。如果不能自勉，则亦不敢旷职，以待六年之期，何则坛庙之祀，不可不躬亲；雨阳之时，不可不常验；中外之政，不可不日勤；民物之养，不可不心存。苟失其一，丛脞随之，则吾岂敢。是则耄而敬念庶政，仍古稀犹日孜孜之意，亦五福五代堂之说，所谓皇极敛锡之志也。亦即近读《洪范》著论，所谓六极中不能去其三，曰忧之义也。”

乾隆列举历史上除了他本人之外，年过八十岁的皇帝只有三人。实际应为四人：梁武帝萧衍（八十六岁）、大周女皇武则天（八十二岁）、宋高宗赵构（八十一岁）、元世祖忽必烈（八十岁）。

清朝定制，皇室女人在族谱中只能标注性别，不能写名字。所以，在乾隆看来，武则天不能称之为皇帝。乾隆认为，其他三人中，梁武帝萧衍、宋高宗赵构不是贤君，只有元世祖忽必烈是个贤能治国之君。乾隆知道，忽必烈当皇帝时，是中国历史上版图最大的时期，比乾隆时期的中国版图大了近一倍。但忽必烈没有像乾隆这样五福五代堂，这也是乾隆引以为自豪的地方。

乾隆继续说：“夫汉唐以来，古稀天子才得六，六之中至八旬才得三，而三帝之中，惟元世祖可称贤，其二则予所鄙之也。即元世祖亦未如予之五代同堂，是予沐昊乾鸿贶为独深，而予所寅承锡羡当何如，亦曰礼天爱民，诚心诚政，与《洪范》五之敛锡，八之念征，九之三忧，孜孜惕惕，日进无疆云尔。”

在乾隆心目中，这枚“八征耄念之宝”有着特殊地位，他准备将其世世代代传承下去。

乾隆最后说："予之子孙，能心予之心，政予之政，惕予之惕，忧予之忧，或得仰邀天眷，有年至七旬八旬者，继用此宝，则又我大清国亿万斯年无疆之休，所不敢必而深愿者也。是为记。"

自强不息　"自强不息"出自《周易》:"天行健，君子以自强不息"一句。

乾隆八旬万寿前夕，苏州织造奉旨刻做"自强不息"印玺一枚。该玺碧玉质，云龙钮方形玺，篆书，面三点二七厘米见方，通高六点八厘米，钮高三点二厘米。作为"八征耄念之宝"的副章使用。

"自强不息"印玺不止一枚，该印玺也可以独立使用。

乾隆五十五年（1790）二月，苏州织造还奉旨刻制了一枚"自强不息"。该玺白玉质，阴文。

武功十全之宝　乾隆一生刻有两方"武功十全之宝"，均为青玉质，且都是在乾隆五十七年（1792）十月，由苏州织造奉旨"加深刻字"的。

另外，乾隆五十九年（1794）四月，苏州织造还奉旨篆刻了一枚"十全武功之宝"，也是青玉质。至于为何两次篆刻的印文"武功"和"十全"颠倒，应该没有什么特殊原因，二者意思相同而已。

乾隆一生亲自指挥、运筹帷幄了大小几十次战事，但其中的十次，令他终身难以忘怀，以致在平定廓尔喀叛乱后，以及他即将卸任皇帝职位继做太上皇之前，令内务府镌刻数枚"武功十全之宝"，以为纪念。

乾隆在晚年平叛廓尔喀后，决定御制《十全记》一篇，"以志武功十告"。《十全记》曰："昨准廓尔喀归降，命凯旋班师诗，有十全大武扬之句，盖引而未发，兹特叙而记之。夫记者，志也。虞书朕志先定，乃在心。《周礼·春官》掌邦国之志，乃在事。《旅獒》志以道宁，则兼心与事而言之。然总不出夫道。得其道，乃能合于天，以冀承乎贶，则予立之十全武功。庶几有契于斯，而可以记之乎？十功者，平准噶尔为二，定'回部'为一，扫金川为二，靖台湾为一，降缅甸、安南各一，即今二次受廓尔喀降，合为十。幸而五十七年间，十全武功，岂非天贶？然天贶愈深，予惧益切，不敢言感，惟恐难承。兢兢惶惶，以俟天眷，为归政全人，夫复何言。"

十全老人之宝　乾隆一生刻有四枚"十全老人之宝"，特别是临近退位的时候，苏州织造不断接旨篆刻。乾隆认为，用"十全老人"评价他的一生，要比用"十全武功"更为准确和全面。

乾隆五十八年（1793）四月，苏州织造奉旨在一块碧玉宝坯上篆刻“十全老人之宝”。该宝玺为交龙钮方形玺，篆书，面十二点八厘米见方，通高十五点三厘米，纽高五点四厘米，系黄色绶带，紫檀木罩盖匣盛装，玺的四周阴刻填金《十全老人之宝说》。

“十全”，指的是乾隆在位期间，朝廷十次远征边疆的重大胜利。该玺于当年十二月，由苏州坐京家人送到内廷，并遵照乾隆的旨意“交宁寿宫讫”。

另外三枚“十全老人之宝”，也由苏州奉旨刻制。

其一，青玉，乾隆五十七年（1792）十二月二十三日，乾隆令造办处传旨：“着交苏州刻阳纹字，其地杖要刻一分五厘深。”此玺于乾隆五十八年（1793）八月二十八日，由苏州刻制完成送京，乾隆令“交宁寿宫养性殿讫”。

其二，青玉，乾隆五十八年（1793）三月，苏州奉旨刻制，于当年十一月二十七日刻制完成送京。乾隆令造办处传旨，“送到时，在热河继德堂摆”。

其三，青玉，乾隆五十八年四月，苏州奉旨刻制，于当年十二月二十六日刻制完成，送京后，奉旨在乾清宫摆放。

五福四得十全之宝　“五福”出自《尚书·洪范》，指：寿、福、康宁、攸好德、寿终命。“四得”指：位、禄、名、寿人生四大端。将这些人生美好的词汇聚一堂、集于一身，是封建社会帝王的一生夙愿。

乾隆五十八年（1793）十月，苏州奉旨篆刻“五福四得十全之宝”，并要求“加深刻字”。该玺碧玉质，交龙钮方形玺，篆书，面九点七厘米见方，通高九厘米，钮高四点五厘米，系花色绶带。紫檀木拉道填金海水云龙纹罩盖匣盛装。

乾隆五十九年（1794）九月二十五日，苏州刻制完成，由坐京家人送往京城，内务府奉旨“交宁寿宫讫”。

太上皇帝之宝　乾隆即位时曾有承诺，八十五岁归政修养，执政时间不超过祖父康熙在位的六十一年。

乾隆六十年（1795）九月，乾隆发布谕旨：“至朕归政后，应用喜字第一号玉宝，镌刻‘太上皇帝之宝’。玉册即将御制《十全老人之宝说》镌刻，作为太上皇帝宝册，用彰熙朝盛瑞，将来嗣皇帝亦能如朕之懋承天眷，寿届期颐，再举上仪，一切典礼皆可敬谨遵循，实我国家亿万年无疆之福。特此通谕，中外知之。”

乾隆六十年（1795）十二月二十六日，苏州奉旨篆刻的“太上皇帝之宝”送到京城。在位六十年、已八十五岁高龄的乾隆，将隐退幕后，继续他的朝政生涯。

除上述的乾隆皇帝玺印外，史料还记载了以下一些乾隆使用过的宝玺或闲章。

快雪堂 青白玉质，乾隆四十五年（1780）十一月二十六日，启祥宫奉旨在旧玉图章上篆刻阳文。

犹日孜孜 青玉质，乾隆四十五年（1780）十一月二十六日，启祥宫奉旨在旧玉图章上篆刻阴文。

古稀天子之宝 青白玉质，乾隆四十七年（1782）五月初三，长芦盐政奉旨承做。

戒得堂宝 青白玉质，乾隆四十七年（1782）五月初三，长芦盐政奉旨承做。

信天主人 青白玉质，乾隆五十一年（1786）九月，懋勤殿现用，造办处奉旨配匣，无篆刻年代记载。

乾隆御宝二方 青白玉质，乾隆五十一年（1786）九月，懋勤殿现用，造办处奉旨配匣，无篆刻年代记载。

五福五代古稀天子 青白玉质，雕龙紫檀匣盛装，乾隆五十三年（1788）七月，苏州奉旨承做。

五福五代堂八征耄念宝 青玉质，乾隆五十四年（1789）十月，苏州奉旨刻字，十二月二十四日送京，内务府奉旨“交懋勤殿讫”。

天恩八旬之宝 青玉质，乾隆五十四年（1789）十月，苏州奉旨刻字，十二月二十四日送京，内务府奉旨“交懋勤殿讫”。

信天主人 白玉质，阳文，乾隆五十五年（1790）二月，苏州奉旨篆刻。

奉三无私 白玉质，阴文，乾隆五十五年（1790）二月，苏州奉旨篆刻。

八征耄念 白玉质，阳文，乾隆五十五年（1790）二月，苏州奉旨篆刻。

古稀天子 白玉质，阳文，乾隆五十五年（1790）二月，苏州奉旨篆刻。

长春居士 白玉质，阳文，乾隆五十五年（1790）二月，苏州奉旨篆刻。

五福五代 白玉质，阴文，乾隆五十五年（1790）二月，苏州奉旨篆刻。

五福五代堂古稀天子宝 青白玉质，乾隆五十五年（1790）四月，长芦盐政奉旨篆刻，苏州织造征瑞再“加深刻做”。

八征耄念之宝 白玉质，董椿进献，乾隆五十五年（1790）四月，苏州织造征瑞奉旨“加深刻做”。

四得堂 青玉质，四周墙子上贴《四得论》，乾隆五十五年（1790）八月，苏州织造奉旨“加深刻做”。乾隆五十六年（1791）四月二十七日，苏州派人送京。

青玉引首宝一份三方 引首四得堂，宝八征耄念、古稀天子，乾隆五十五年（1790）八月，苏州织造奉旨“加深刻字”。

八征耄念 青白玉质，乾隆五十五年（1790）十月，懋勤殿写本文，苏州奉旨刻字。乾隆五十六年（1791）九月二十八日，苏州篆刻完成送京。

古稀天子 青白玉质，乾隆五十五年（1790）十月，懋勤殿写本文，苏州织造奉旨刻字。

引首宝一份三方 碧玉质引首翠云馆，宝八征耄念、自强不息，乾隆五十六年（1791）十月，苏州织造奉旨“加深刻字”。

引首宝一份三方 碧玉质，引首重华宫，宝八征耄念、自强不息，乾隆五十六年（1791）十月，苏州织造奉旨“加深刻字”。

引首宝一份三方 青白质，引首景祺阁，宝八征耄念之宝、自强不息，乾隆五十六年（1791）十月，苏州织造奉旨“加深刻字”。

延春阁 碧玉质，乾隆五十六年（1791）十月，苏州织造奉旨“加深刻字”。

壬子元旦之宝 青玉质，乾隆五十七年（1792）十月，苏州奉旨“加深刻字”。

戒得堂二方 青玉质，乾隆五十七年（1792）十月，苏州织造奉旨“加深刻字”。

引首宝一份三方 白玉质，引首萃赏楼，宝八征耄念、自强不息，乾隆五十七年（1792）十二月，苏州织造奉旨刻字。

引首宝一份三方 白玉质，引首延春阁，宝八征耄念、自强不息，乾隆五十七年（1792）十二月，苏州织造奉旨刻字。

引首宝一份三方 白玉质，引首静怡轩，宝八征耄念之宝、自强不息，乾隆五十七年（1792）十二月，苏州织造奉旨刻字。

引首宝一份三方　白玉质，引首漱芳斋，宝八征耄念、自强不息，乾隆五十七年（1792）十二月，苏州织造奉旨刻字。

引首宝一份三方　催生石质，引首敬胜斋，宝八征耄念、自强不息，乾隆五十七年（1792）十二月，苏州织造奉旨刻字。

引首宝一份三方　青玉质，引首五经萃室，宝八征耄念之宝、自强不息，乾隆五十七年（1792）十二月，苏州织造奉旨刻字。

武功十全　青玉质，乾隆五十八年（1793）三月二十五日，苏州篆刻完成送京，内务府奉旨“交懋勤殿讫”。

引首宝一份三方　白玉质，引首宁寿宫，宝十全老人之宝、幸何知之，乾隆五十八年（1793）三月，苏州织造奉旨“加深刻字”，送到时奉旨“在热河继德堂摆”。

引首宝一份三方　碧玉质，引首长春阁，宝十全老人之宝、幸何知之，乾隆五十八年（1793）三月，苏州织造奉旨“加深刻字”，送到时奉旨“在热河继德堂摆”。

御书房宝　青玉质，乾隆五十八年（1793）四月，苏州织造奉旨刻字。于九月二十九日苏州篆刻完成送京，随填金盛匣呈进御览，内务府奉旨“交御书房讫”。

引首宝一份三方　青玉质，引首同乐园，宝八征耄念之宝、自强不息，紫檀木长方罩盖匣盛装，乾隆五十八年（1793）八月，苏州奉旨“加深刻字”，懋勤殿刻签子。于十二月二十六日苏州篆刻完成送京，内务府奉旨“交宁寿宫讫”。

引首宝一份三方　白玉质，引首淳化轩，宝八征耄念之宝、自强不息，紫檀木长方罩盖匣盛装，乾隆五十八年（1793）八月，苏州织造奉旨“加深刻字”，懋勤殿刻签子。于十二月二十六日苏州篆刻完成送京，内务府奉旨“交宁寿宫讫”。

引首宝一份三方　青玉质，引首奉三无私，宝八征耄念之宝、自强不息，紫檀木长方罩盖匣盛装，乾隆五十八年（1793）八月，苏州奉旨“加深刻字”，懋勤殿刻签子。

引首宝一份三方　白玉质，引首九州清晏，宝八征耄念、自强不息，紫檀木长方罩盖匣盛装，乾隆五十八年（1793）八月，苏州织造奉旨“加深刻字”，懋勤殿刻签子。

天贶十全之宝 青玉质，紫檀木雕龙罩盖匣盛装，乾隆五十八年（1793）九月，苏州织造奉旨“加深刻字”，于乾隆五十九年（1794）七月二十七日篆刻完成送京，内务府奉旨“交宁寿宫讫”。

四得十全之宝 青玉质，乾隆五十八年（1793）九月，苏州织造奉旨“加深刻字”。于乾隆五十九年（1794）正月二十七日，苏州篆刻完成送京，内务府奉旨“交懋勤殿讫”。

天恩四得之宝 青玉质，乾隆五十八年（1793）九月，苏州织造奉旨“加深刻字”。乾隆五十九年（1794）五月二十三日，苏州完成篆刻送京，内务府奉旨“交宁寿宫讫”。

十全老人之宝 青玉质，乾隆五十八年（1793）十一月二十七日，苏州篆刻完成送京，内务府奉旨“交宁寿宫讫”。

慎德念功 青玉质，雕龙紫檀木匣盛装，乾隆五十八年（1793）十二月初八，苏州奉旨“加深刻字”。于乾隆五十九年（1794）八月二十七日，苏州完成篆刻送京，内务府奉旨“交圆明园讫”。

十全老人之宝 青玉质，紫檀木罩盖匣盛装，乾隆五十八年（1793）十二月二十六日，苏州篆刻完成送京，内务府奉旨“交宁寿宫讫”。

敬天明理之宝 青玉质，乾隆五十九年（1793）四月二十五日，苏州织造奉旨“加深刻字”。

敬天法祖之宝 青玉质，乾隆五十九年（1794）四月二十五日，苏州织造奉旨“加深刻字”。

万世法戒之宝 青玉质，乾隆五十九年（1794）四月二十五日，苏州织造奉旨“加深刻字”。

十全武功之宝 青玉质，乾隆五十九年（1794）四月二十五日，苏州织造奉旨“加深刻字”。

祈天永命之宝 青玉质，乾隆五十九年（1794）五月初六，苏州织造奉旨“加深刻字”。

极建锡福之宝 青玉质，乾隆五十九年（1794）五月初六，苏州织造奉旨“加深刻字”。

避暑山庄勤政殿宝 青玉质，紫檀木拉道填金罩盖匣盛装，乾隆五十九年（1794）五月二十九日，苏州织造奉旨“加深刻字”。

避暑山庄之宝 青玉质，雕龙紫檀匣盛装，奇丰额进献，乾隆五十九年（1794）八月初十，苏州织造奉旨“加深刻字”。

引首宝一份三方 青玉质，红木匣盛装，引首勤政殿，宝八征耄念之宝、自强不息，乾隆五十九年（1794）十月，苏州织造奉旨“加深刻字”。

引首宝一份三方 青玉质，红木匣盛装。引首飞云轩，宝八征耄念之宝、自强不息。乾隆五十九年（1794）十月，苏州织造奉旨“加深刻字”。

天恩六十年宝 青玉质，雕龙紫檀木匣盛装，奇丰额进献，乾隆五十九年（1794）十二月，苏州织造奉旨“加深刻字”。

敬天明理 青玉质，乾隆五十九年（1794）十二月二十六日，苏州完成篆刻送京，内务府奉旨“交乾清宫讫”。

册　宝

清朝定制，凡给皇上尊号、徽号，册立皇后、皇太子，册封皇贵妃、贵妃、妃、嫔，册宝之印由礼部、工部办造，册文由翰林院撰拟，大学士等阅定，并将宝文、宝式一同进呈。皇帝御览后，交内阁缮写，内阁官员同翰林院、礼部、工部官员“会同监视刊刻，填金填青”。

又规定，封诸王、贝勒、公主、王妃，及外国国王等，也用册宝。册宝由礼部、工部制造，册文由翰林院撰拟，大学士等阅定进呈，皇上御览后，由中书科缮写，工部“镌刻填青”。

清朝还规定，帝后册有玉、金、镀金、银之分，宝有玉、金之别。册宝制度，俱由礼部题定。玉册、玉宝，由工部监造；金宝、金印，由礼部铸造局监造；金册、镀金册、银册，由工部织造库监造。

以上可以看出，玉册、玉宝的规格最高，在金册、金宝之上。

清朝皇室，对玉册、玉宝的制作规格，均有严格的规定。皇帝级别最高，均用玉制作。

皇帝册页，八页、十页或十二页不等，尺寸同太皇太后。太皇太后玉册，每页长八点一寸、宽三点七寸、厚二点七分，用黄线扁绦相连，上下两页，面刻升降龙纹，册页填青，徽号填金。

皇帝玉宝，龙钮，钮高二点六寸，台高一点八寸，共高四点四寸，面方四点四寸，镌满汉文。

皇太后玉册、玉宝规制，与太皇太后相同。其他妃嫔等册宝，用金、镀金或银，不得用玉制作。

帝后妃嫔死后，凡加谥则改镌玉册宝，玉册宝入藏太庙。同时，制作香册香宝、黄绢册各一，“黄绢册焚于梓宫前，香册宝随梓宫奉安山陵”。妃嫔中，一般材质册宝，皇贵妃以上交广储司收贮，贵妃以下，交内务府造办处收贮。

到了乾隆朝，已经制作了被乾隆称之为“五朝”的玉宝册，尊藏于北京太庙。乾隆当初并不知道记载列祖列宗丰功伟绩的册宝是由玉制作的，还以为是用黄金制作的。这个认识上的变化，是乾隆三十四年（1769），乾隆的一个不寻常发现引发的。

这一年的十二月，乾隆巡幸瀛台，在“检稽礼仁阁尊藏法物”时，发现“孝庄文皇后玉册、玉宝俱存”，都是康熙年间，加奉太皇太后徽号时制作的，“乃知册宝原有刻玉之制”。乾隆认为，“嘉玉较视良金，尤为宝贵”。

乾隆三十五年（1770），正逢皇太后八旬大寿，乾隆准备“躬率群臣，恭加徽号”。如此“备极珍崇”的庆典活动，“自宜遵用玉册玉宝”，当然要用“嘉玉”来制作。

乾隆令内务府拣选喜字号玉料镌刻，并称“册宝用玉，其礼特重”。因为，毕竟有点打破惯例的感觉，乾隆此时还引用《宋乐志》里的一段话来印证自己的做法没有超越“体制”。《宋乐志》曰：“宝镂精璆，册镌华玉，物盛礼崇，丕昭群目是也。”

随后，乾隆颁旨：“此次恭奉皇太后册宝，皆用嘉玉，以隆庆典。”

帝后玉册、玉宝在承办上有严格的“议叙”程序。首先是由内阁、内务府将承办玉册、玉宝的大臣官员的“各职名造具清册”，送吏部审核。审核无异议后，送乾隆批准。最后由内务府办理。

因为承办玉册宝的制作，是件朝廷大事，在承造事宜办妥后，总管内务府要以“议叙”的名义，奏报乾隆皇帝，为承办此事的朝廷大员们请功邀赏。

乾隆四十七年（1782）十二月，总管内务府《为办造玉册宝大臣官员议叙事》，上奏乾隆皇帝。折子上说：“乾隆四十七年（1782）九月二十九日奉上谕，此次承办玉册宝之大臣官员应行议叙，各职名造具清册咨部办理去后，今准内阁、内务府将应行议叙之大臣官员造册咨送到部。除册开督办监视官，造办处郎中永德等大员均系内务府人员。臣部向无册档，应照例咨送内务府办理外，应将总办玉册玉宝之大学士英廉、兵部尚书公福隆安，照例各准其加一级。查，大学士英廉任内有降十七级留任。应将此次议叙加一级，照例准其抵前降一级留任，仍降十六级留任。”

乾隆批准了内务府的奏请，并颁发谕旨：“福隆安着加一级，英廉着加一级抵前降一级，余依议。钦此。”

乾隆四十七年（1782）七月，乾隆在阅视列朝宝册时，发现这些宝册由于“系随时镌造，玉质、颜色不相一律整齐”。为“敬念列祖列宗之意”，特命大学士英廉、军机大臣福隆安，在和阗贡玉中，挑选好玉，并请技艺高超的苏州玉工匠，“敬造列朝宝册一份”，供奉在北京太庙。太庙旧藏的宝册，派皇子恭送盛京太庙尊藏，“以昭祖宗功德之盛于万代，意深远也”。

为规范前朝帝后玉册宝的玉质、数量、存放地，以及乾隆朝以后玉册宝的镌刻和管理工作，乾隆四十七年（1782）十月，乾隆正式向朝廷有关部院发布谕旨：“朕追维列祖列宗耿光大烈，敬将自太祖以来皇帝、皇后宝册，恭镌一色纯玉，换成十六份，敬谨于太庙尊藏。所有太庙原供奉之十六份宝册，敬谨齐送盛京太庙尊藏。朕之子孙世世当仰体朕敬念列祖列宗之意，将帝后宝册均造二份，一供太庙，一送盛京尊藏，永为国家懿典。”

承办此项重新镌刻玉册宝任务的是大学士英廉和户部尚书公额驸福隆安。二人接到任务后，“随经拣选玉料十六份发往苏州织造处，敬谨造办”。同时，仔细查看太庙所有旧藏玉册宝字样款式、尺寸大小，“斟酌妥帖，始可照办”，并建议乾隆皇上，玉册宝上汉文篆字应交懋勤殿翰林篆写，清字篆文应交内阁篆写，得撰写样后，再恭呈御览，“俟下发时，再行镌办”。

此时，太庙前殿尊藏着自努尔哈赤以来的帝后玉册宝，共计十六份；后殿尊藏着努尔哈赤的父亲显祖、祖父景祖、曾祖父兴祖、曾曾祖父肇祖的八份玉册宝。为慎重起见，关于后殿努尔哈赤先祖册宝是否镌刻，以及玉册宝刻字玉匠如何选用，英廉、福隆安给乾隆上了一道折子。

英廉、福隆安在折子中说：“太庙前殿尊藏册宝俱全者十六份，自应敬谨镌造。又，后殿尊藏肇祖、兴祖、景祖、显祖册宝八份，应否一律镌刻之处，伏候训示。如后殿册宝八份亦应镌刻，再将应用何项玉料之处，请旨遵办。”

同时，二人又提出一个问题，就是目前造办处玉匠人手紧张，如果令内廷玉匠镌刻册宝，势必延迟工期。二人建议从苏州挑选好手，来京镌刻册宝。

于是，二人在折子中继续说：“查，如意馆现有刻字玉匠四人，细询该处官员，据称此内惟二人可以镌刻册宝，且各有在手活计。如令此二人承办，势必过于迟滞。奴才等伏思，新制册宝，奉为永远尊藏，字画款式必须镌刻工整，惟精练玉工方能胜任。若即在京募选匠人，恐刻手草率不能合适。倘将册宝送交苏州织造遴匠镌刻，似较迅速。但刻成之后，若照寻常交办事件交送来京，殊于体制未协，相应请旨。敕下苏州织造全德，在苏州玉工内，精选好手八人，即速送京，令其敬谨承办。俟镌刻全竣后，仍令回苏。庶镌造不致需时，而办理益照慎重，是否有当，伏祈皇上睿鉴训示。谨奏。”

乾隆对英廉、福隆安在办理先祖玉册宝事宜上考虑全面、细致周到，甚为满意。但乾隆这次没有打算也重新镌刻后殿先祖的玉册宝。

乾隆在二人的折子上批道：“所奏是。其后殿尊藏册宝八份，毋庸办理。钦此。”

为了储备优良和阗玉料，以备后世子孙镌造宝册用，乾隆四十九年（1784）十月，乾隆传旨广储司，“照现在备用的十六份宝册玉料，再备十二份玉料，编列庙字号，以为将来世世孙孙铸造宝册之用”。

广储司根据乾隆的旨意，从银库喜字号玉料中，挑选出足做十二份宝册的上好白玉料，呈送乾隆御览。

乾隆看着这些玉料，感觉要比列祖列宗的宝册玉质漂亮得多，不忍“日后大臣等，将此分为朕铸造宝册之用”。

乾隆向内务府诸大臣传谕：“所有朕将来铸造需用之玉，着于庙字号内选用。其现在喜字号第一份纯洁者，着敬谨存贮，俟朕将来归政之期，举行崇尚太上皇徽号庆典时，所用宝册即将此份镌造，以彰熙朝盛瑞。又，似此纯洁玉料，尚有五份，均编入喜字号，交广储司敬谨存贮，将来我子孙遇有崇尚太上皇、皇太后徽号，并举行庆典等事，当以喜字号玉料镌用。”

由此可以看出，喜字号和庙字号玉料的区别，一是在用途上，前者用于“国家庆典镌刻”，后者用于皇室成员镌刻；二是在材质上，前者玉色与太庙存放者有异，后者玉色与太庙存放者相同。

乾隆六十年（1795）九月，即将归政的乾隆，在今后如何挑选玉材，如何划分庙字号、喜字号玉材，怎样镌造玉册宝这个问题上，进行了详细阐述。

乾隆在给内阁的上谕中说："列朝册宝，及随时镌造玉之色质长短，本未能一律。壬寅岁[乾隆四十七年（1782）]，特命精选和阗良玉敬制五朝册宝全份，以奉太庙。而将旧奉之册宝，命恭送盛京太庙尊藏。又将未镌册宝各份，亲加厘择。凡玉色与太庙相同者，定为庙字号，以备后来朝廷祔庙镌用。其色质不同者，为喜字号，以备国家庆典镌用。并申谕内府大臣，敬谨藏弆。若所用玉渐少，该衙应奏明取用，永为定制。"

按照乾隆的说法，喜字号玉料"以备国家庆典镌用"，那么，乾隆自己归政以后，他是用庙字号玉料，还是用喜字号玉料呢？乾隆准备在他的玉宝册上，镌刻什么内容呢？

乾隆在这道上谕的后半部，是这样说的："至朕归政后，应用喜字号作为太上皇帝宝册用。玉宝镌刻'太上皇帝之宝'，玉册即将近朕制《十全老人之宝说》镌刻，彰熙朝盛瑞。将来，嗣皇帝亦能如朕之懋承天眷寿，届期颐，再举上仪，一切典礼皆可敬谨遵循，实我国家亿万年无疆之福也。"

册　页

在清朝，册页是用来记述皇帝政绩、功名的一种特殊载体的历史记录，多为玉质。

这里讲的册页，不同于册宝中的册页，它由造办处选料篆刻，然后遵旨入藏宫内外各殿摆放。而册宝中的册页与册宝相伴，由广储司选用专门备藏的喜字号、庙字号上等玉料篆刻，刻后入太庙或盛京尊藏。

制作玉册的玉石材料，以青白玉、青玉居多，而很少以白玉为之，意寓"清清白白做事做人"。通常情况下，造办处会选择四等青白玉，有时也选择五等青白山料玉。

乾隆四十五年（1780）正月初九，新疆送到一批山料玉，共计八百五十二块。乾隆令内务府舒文从中挑选玉石，"成做宴上盘、碗、盅、碟"。

第二天，舒文将挑选出承做盘、碗、盅、碟的玉料，送呈乾隆御览。乾隆又令造办处从“现挑选之山料玉内，挑选成做青白玉册页五份”。同时，“再向广储司挑青玉，成做青玉册页十份”。

玉册页的制作方式是：先用木质材料做成样本，然后再照此样本制作成玉册页。玉册页为皇帝及皇室成员专用，无论是用料选择、设计篆刻，还是承办督办，都有一套严格的规定和程序，办事官员自然不敢延误怠慢。

乾隆五十八年（1793）六月二十二日，太监鄂鲁里奉旨交与造办处杉木册页一份八片，上贴御制《平定廓尔喀十五功臣图赞序》本文；杉木册页一份八片，上贴御制《补咏战胜廓尔喀之图序》本文。

此时，乾隆正在热河巡幸，他令如意馆挑玉做册页三十二片，共做两套，每套两份，每份八片。随后，如意馆挑得重八十一斤的三等青玉子二块，画得册页三十二片。一份长六点七寸、宽二点六寸、厚二点五分；一份长六点五寸、宽二点六寸、厚二点五分。

乾隆审看后，令造办处传旨：“将册页木样并本文随报发往京内，俱交苏州新做玉片，得时照本文刻字，俟送到时，将有款二份设摆乾清宫，无款二份交重华宫摆。钦此。”

承办玉册制造的官员，谨小慎微、小心从事，一旦出现问题，从上到下一律问责，接受相应的处罚。

乾隆四十六年（1781）七月的一天，苏州织造全德坐京家人王斌，将从内务府取走拟篆刻的玉册遗失。慎刑司调查审讯后，在案情报告中称：“全德家人王斌，没有把玉册小心收贮在家，乃寄放庙内，以致遗失。此案情节或系王斌因全德平日待伊未免苛刻，竟怀怨望，欲陷伊主于过。”

乾隆看过案情分析报告后认为，王斌应负主要责任，苏州织造全德管教家人无方，也要承担相应责任。

乾隆在案情报告上批示：“此等长随行无定所，此处一经得罪，明日又另投他处，全不以主人之事为事，情节最为可恶，不可不严行惩治。着传谕内阁大学士英廉，即将有无此等情节严行审讯，并将遗失玉册之坐京家人王斌提至造办处，重责四十板，仍俟查得玉册后照例定拟。”

同时，对此事负有直接管理责任的苏州织造全德，乾隆也给予了严厉斥责：“至内廷交出物件，全德自应选派妥协家人经手，乃全德并不留心，以致家人疏忽失去玉册，甚为非是。全德着传谕申饬，并交内务府议处。其所失去玉册一份，着英廉即速选派妥干番役，严密查访，务获。”

内务府大臣经过商议，提出对苏州织造全德的议处结果：“请将苏州织造全德照‘乘舆服御物收藏修理不如法者’，律杖六十；系私罪，降一级留任。”

乾隆在内务府的奏报上朱批“知道了”，表示对内务府议处结果没有异议。

此时，问责还没有结束。当事人被处置了，上下相关责任人也难辞其咎，也要承担一定的连带责任，也得有个说法才能向皇帝交代。

在乾隆的旨意下，总管内务府对上至大学士，下至库掌，一一提出处理意见：“查，郎中保成系如意馆行走之员，所有奉旨发交苏州镌刻玉册，理宜速为交发档房办理；主事长瑞系承办档房事务之员，于接办交移时，亦应早为呈堂画稿，催令坐京家人速领。乃二人漫不经心，任其辗转拖延，迟至一月之久，均属不合。请将郎中保成、主事长瑞，俱照钦部事件承办，官逾限一月罚俸一年例，各罚俸一年。郎中永德等系承办造办处事务之员，未能详查督催，亦有不合，请将郎中永德、福庆、佛宁、福克经额等，均照不行详查例，各罚俸六个月。英廉系统辖之大员，查管未周，疏忽之咎亦所难辞，请将大学士英廉、郎中职衔舒文，均照疏忽例，各罚俸三个月。为此谨奏。”

乾隆对总管内务府的处理意见较为满意，因为此事关乎皇室尊严大事，不能草草了事。乾隆在内务府来文上朱批“知道了”，表示同意。

乾隆时期制作了多少册页，很难考证，因为有的有文字记载，而没有相应的实物；有的有实物，却没有相应的文字记载。但玉册页应该有百十余种，这一点应该可以肯定，其中主要有：

《盛京赋》册页　青玉质，十三片。御制《盛京赋》是乾隆在乾隆八年（1743）十月驻跸盛京时创作的。乾隆在这篇赋中，谈了为君之道和为人之道，对仕途之人颇有教益。

乾隆在赋中写道：“是日，驻跸盛京，御制《盛京赋》并序，曰：尝闻以父母之心为心者，天下无不友之兄弟；以祖宗之心为心者，天下无不睦之族人；以天地之心为心者，天下无不爱之民物。斯言也，人尽宜勉。而所系于为人君者尤重。然三语之中，又惟以祖宗之心为心，居其要焉。盖以祖宗之心为心，则必思开创之维艰，知守成之不易，兢兢业业，畏天爱人。”

此册页于乾隆九年（1744）三月，由苏州织造奉旨承做。乾隆二十八年（1763）十月，苏州奉旨再承做《盛京赋》册页八片。

《谕旨西师诗》 青玉质，十四片。所有尺寸、花纹、规制仿《开惑论》《平定“回部”》玉册页。乾隆二十五年（1760）十一月，苏州织造安宁奉旨承做。

《平定金川图》 青玉质，六片。乾隆二十八年（1763）十月，苏州织造萨哈岱奉旨承做。

《开惑论》 青玉质，八片。乾隆二十八年（1763）十月，苏州织造萨哈岱奉旨承做。

《平定准格尔》 青玉质，六片。乾隆二十八年（1763）十月，苏州织造萨哈岱奉旨承做。

《盛京赋》 青玉质，八片。乾隆二十八年（1763）十月，苏州织造萨哈岱奉旨承做。

《西师诗》 青玉质，六片。乾隆二十八年（1763）十月，苏州织造萨哈岱奉旨承做。

《平定“回部”》 青玉质，八片。乾隆二十八年（1763）十月，苏州织造萨哈岱奉旨承做。

《读欧阳修从困论》 白玉质，八片。乾隆三十八年（1773）十二月，懋勤殿董诰奉旨填金。

《天竺五印考讹》 白玉质，十片。乾隆三十八年（1773）十二月，懋勤殿董诰奉旨填金。

《三传晋假道伐虢辨》 白玉质，八片。乾隆三十八年（1773）十二月，懋勤殿董诰奉旨填金。

《土尔扈特》 青玉质，十片。乾隆三十八年（1773）十二月，懋勤殿董诰奉旨填金。

《国风正伪》 青玉质，十片。乾隆三十八年（1773）十二月，懋勤殿董诰奉旨填金。

《前哨鹿赋》 青玉质，十片。乾隆三十八年（1773）十二月，懋勤殿董诰奉旨填金。

《读宋仁宗本纪赞》 青白玉质，四片。乾隆四十六年（1781）九月，苏州织造全德奉旨承做。

《知过论》 青玉质，十片。乾隆四十七年（1782）十二月，苏州织造四德奉旨承做，懋勤殿填金。

《五经萃室记》 白玉质，十片。乾隆四十七年（1782）三月，苏州织造四德奉旨承做。

《重华宫记》 青白玉质，十片。乾隆四十七年（1782）三月，苏州织造四德奉旨承做。

《御笔乐善堂记》 青白玉质，四片。乾隆四十九年（1784）三月，杭州织造盛住奉旨刻字。

《开惑论》 青白玉质，十片。乾隆五十一年（1786）九月，如意馆奉旨刻字、懋勤殿填金。

《四知书屋》 青白玉质，印章一方、一份。乾隆五十三年（1788）七月，苏州奉旨承做。

《泾清渭浊纪宝》 青玉质，一份，紫檀木匣盛装。乾隆五十六年（1791）十月二十九日，苏州送到。

《石刻蒋衡书十三经于辟雍序》 青白玉质，十片。乾隆五十六年（1791）十月，苏州奉旨刻字。

《十全记》 青玉质，御笔，十二片。乾隆五十七年（1792）二月，苏州奉旨刻字。同年十二月二十六日刻制完成，奉旨“交宁寿宫讫”。

《壬子元旦》 青玉质，御笔，十片。乾隆五十七年（1792）十月，苏州奉旨“加深刻字”。

《十全记》青玉质，御笔，二份，每份十片。乾隆五十七年（1792）十月，苏州奉旨“加深刻字”。

《十全老人之宝说》 青玉质，十二片。乾隆五十八年（1792）三月，苏州奉旨“加深刻字”，送到时奉旨“在热河继德堂摆”。

《十全记》 青玉质，十片。乾隆五十八年（1793）三月二十五日，苏州送到，内务府奉旨“交懋勤殿讫”。

《开惑论》 青玉质，二份，每份八片，紫檀木拉道填金长方罩盖匣盛装，重华宫、乾清宫奉旨各存一份。乾隆五十八年（1793）五月，苏州奉旨刻字。

《平定廓尔喀》 青玉质，二份。乾隆五十八年（1793）五月，苏州奉旨刻字，造办处承做紫檀木拉道填金长方罩盖匣盛装，得时遵旨“送重华宫一份”。

《十全记》 青玉质，册页二份。乾隆五十八年（1793）五月，苏州奉旨刻字，造办处承做紫檀木拉道填金长方罩盖匣盛装，得时遵旨“送重华宫一份”。

《四得论》 青玉质,御笔,十片,紫檀木雕龙匣盛装。乾隆五十八年(1793)九月,苏州奉旨“加深刻字”,乾隆五十九年(1794)五月二十三日篆刻完成送京,内务府奉旨“交宁寿宫讫”。

《十全记》 青玉质,御笔,十片,紫檀木雕龙匣盛装。乾隆五十八年(1793)五月,苏州奉旨“加深刻字”,乾隆五十九年(1794)五月二十三日篆刻完成送京,内务府奉旨“交宁寿宫讫”。

《五福五代堂记》 青玉质,十片。乾隆五十八年(1793)十月,苏州奉旨“加深刻字”,乾隆五十九年(1794)九月二十五日送京,内务府奉旨“交宁寿宫讫”。

《十全老人之宝说》 青玉质,一份。乾隆五十八(1793)年十一月二十七日,苏州送京,内务府奉旨“交宁寿宫讫”。

《廓尔喀所贡象马至京诗以志事》 青玉质,御笔,十片,雕龙紫檀木匣盛装。乾隆五十八年(1793)十二月,苏州奉旨“加深刻字”,乾隆五十九年(1794)八月二十七日送京,内务府奉旨“交圆明园讫”。

《十全记》 青玉质,十二片,紫檀木罩盖匣盛装,乾隆五十八年(1793)十二月二十六日,苏州送到,内务府奉旨“交宁寿宫讫”。

《南巡记》 青玉质,御笔,十片。乾隆五十九年(1794)四月二十五日,苏州奉旨“加深刻字”。

《开国方略序》 青玉质,御笔,十片。乾隆五十九年(1794)四月二十五日,苏州奉旨“加深刻字”。

《祭历代帝王庙礼成恭记》 青玉质,御笔,十片。乾隆五十九年(1794)四月二十五日,苏州奉旨“加深刻字”。

《十全记》 青玉质,御笔,十片。乾隆五十九年(1794)四月二十五日,苏州奉旨“加深刻字”。

《读诏诰》 青玉质,御笔,十片,雕龙紫檀木匣盛装。乾隆五十九年(1794)五月初六,苏州奉旨“加深刻字”。

《读洪范》 青玉质,十片。乾隆五十九年(1794)五月初六,苏州奉旨“加深刻字”。

《补咏战胜廓尔喀之图序》 青玉质,一份。乾隆五十九年(1794)五月二十七日,苏州送到,内务府奉旨“交重华宫安设”。

《平定廓尔喀十五功臣图赞序》 青玉质，一份。乾隆五十九年（1794）五月初六，苏州送到，内务府奉旨“交重华宫安设”。

《热河考井识》 青玉质，一份，雕龙紫檀匣盛装，奇丰额进献。乾隆五十九年（1794）八月初十，苏州奉旨“加深刻字”。

《五福颂》 青玉质，十片，雕龙紫檀木匣盛装，奇丰额进献。乾隆五十九年（1794）十二月，苏州奉旨“加深刻字”。

《圭瑁说》 青玉质，十片，雕龙紫檀木匣。乾隆五十九年（1794）十二月，苏州奉旨“加深刻字”。

《南巡记》 青玉质，十片，雕龙紫檀木匣。乾隆五十九年（1794）十二月二十六日，苏州送到，内务府奉旨“交乾清宫讫”。

如　意

“如意”一词源自古印度梵文，是由印度传入我国的一种佛具，最初是用做搔痒的工具。

古代人们认为，浑身瘙痒是一件不如意、不称心的事情，用这个工具挠挠，即可以称心如意。此后，如意逐渐由实用器，演变为意寓吉祥的陈设艺术品。

清代宫廷的玉如意已经没有了搔痒的功用，以紫檀木柄嵌玉如意为多，是皇帝把玩和赏赐的珍玩。

乾隆朝，宫廷玉如意的来源有两个渠道：一是造办处或苏州、扬州等地定做；二是王公大臣的进献。用途主要有两个：一是用来陈设，二是皇帝用来赏赐臣僚。

乾隆皇帝曾给如意下了个定义。乾隆说：“此名如意，乃克遂心愿之谓。”

乾隆朝，制作的玉如意，除了在宫廷、颐和园、圆明园、香山、瀛台、热河等地殿堂厅室摆放陈设外，还有一小部分由乾隆亲自赏赐用。赏赐的对象，主要是达赖喇嘛、班禅额尔德尼等宗教领袖，以及其他少数民族首领等。而且这些供赏赐用的玉如意，也由专人负责保管。

乾隆晚期，内廷玉如意的保管者，是内务府广储司银库的刘秉忠。

乾隆五十三年（1788）二月二十日，乾隆正在外地巡视，当地官员进献嵌玉三块紫檀木拉道填金如意、嵌玉三块鸡翅木如意各一柄，均随双珊瑚珠回头穗。乾隆令太监云布带进京，“交刘秉忠收贮，备赏用”。

◎ 一、赏赐

乾隆朝，内廷和民间都可以制作玉如意。留存下来的玉如意，无论是数量还是品种，都很可观。乾隆皇帝在理朝弄政之余，多次用玉如意赏赉藩王和臣僚。

乾隆十一年（1746）三月，准噶尔部使臣哈柳来京觐见。乾隆在中南海紫光阁设宴招待哈柳一行。哈柳此行的目的是给朝廷进呈奏章，准噶尔部新台吉欲仿效其父，派两批人次到西藏“念经行善事”。

乾隆当时考虑，准噶尔部局势不稳，而有些民族地区的宗教领袖，也与朝廷不融洽。出于政治大局、国家领土完整和国泰民安的考虑，但又不能一概回绝，乾隆做出了自己的决定。

乾隆在宴会祝词中说：“朕览尔新台吉奏章，欲效法伊父，体朕宣扬黄教，奠定苍生之意，冀承恩典，朕甚嘉悦。尔老台吉比年以来，甚属恭顺，遵循朕旨，是以屡加恩眷。今已病故，深为轸惜。尔新台吉又为伊父，恳请遣人往西藏念经行善事，乃理所应为，朕自当准其所请。但作为两次前往，事觉烦琐，不若作一次前往为妥。朕仍加恩，照例赏给牲畜口粮、中途资助，现交大臣查办预备。”

哈柳跪谢：“大皇帝之旨，大人等先经晓谕，今又面聆圣训。俟回时，当告知我台吉，敬谨遵行。”

乾隆令礼部官员拿来一柄三镶白玉如意，对哈柳说：“此名如意，乃克遂心愿之谓，特赐予尔新台吉者。”同时，又令赏给哈柳玉如意一柄。

哈柳双手接过玉如意，叩头谢恩。乾隆又“亲赐酒三爵，哈柳跪饮而退”。

八年后的乾隆十九年（1754），准噶尔部叛乱，乾隆下令发兵平叛。清军各路出击，浴血奋战，战事历时三年之久，清军大获全胜。准噶尔部族首领臣服，新疆地区再次获得了和平安宁的社会环境。

朝廷遇有重要战事，为鼓励官员为国效忠、报效朝廷，乾隆也会用玉如意赏赐带兵将领。

乾隆五十二年（1787）七月，钦差大学士公阿桂奏报，台湾东部西路“为贼匪占据，官兵进剿，势须仰功”。

乾隆当即授福康安为将军、海兰察为参赞大臣，“领兵征剿”。出征前，乾隆亲自接见二位钦差大员，鼓励他们“乘锐长驱，奋力进剿。台湾贼匪本系乌合之众，自必闻风胆落”。同时，乾隆预祝他们，“诸凡吉祥如意”，“特赐福康安、海兰察玉如意各一支，用示鼓励”。

此战历时半年之久，除“贼首林爽文逃脱”外，进剿取得全面胜利。

◎二、禁进献

雍正朝，每逢年节，准许宗室王爷和京城大员给皇上呈递如意，但不准许外省督抚呈送如意。

乾隆十年（1745）以后，外省督抚开始在进献朝廷的地方土特产中夹带玉如意，而且逐渐成为心照不宣的规矩。

乾隆不赞成外省官员给皇上进献玉如意，曾“屡降谕旨，禁止进献”。但督抚等在进献地方土特产时，仍不时有夹带一两件玉如意的事情发生。

乾隆考虑，“如意意寓祥占，且计所值无几，间亦赏收，以联上下之情”，但只限京城宗室王爷和大员，外省督抚仍不准进献。

说归说，做归做，督抚大员们早就摸透了乾隆的脾气秉性，知道什么事情该做，什么事情不该做。从古至今，送礼只有不送的不是，没有送的不是。皇上嘴上虽然总这么说，那为什么不立法呢？这就表明职场送礼是古往今来的惯例和习俗，虽然败坏官场风气，有失公平竞争，但还没有严重到威胁朝廷政权稳固的程度。这也表明，送礼只要不是送钱，就不会把命送了。这种屡禁屡献的做法，一直持续到乾隆退位。

乾隆退位后，原本每逢年节只允许宗室王爷、京城大员们进献的玉如意，不仅扩大到外省督抚，而且每人还要准备两支玉如意，一支呈给太上皇乾隆，一支呈给当朝的皇帝嘉庆。

乾隆此时认识到了问题的严重性，是明令禁止的时候了。乾隆虽为大中华至高无上的皇帝，但他崇尚节俭、例禁奢华、整肃风气、爱憎分明。乾隆退位时已八十五岁高龄，但他思路清晰、做事果断，始终把握着大清王朝官场清正廉洁、风清气正的大方向。

嘉庆元年（1796）元旦刚过，作为本不该再发号施令的太上皇乾隆，还是拉下脸来给内阁发了一道谕旨。

乾隆在上谕中说："年节呈进如意，乃自雍正年间举行至今，以联上下新年喜庆之意，是以准许其呈进分赐。乃昨日贝勒、贝子、公等，及部院侍郎、散秩大臣、副都统，纷纷呈进玉如意两份，殊属烦琐，不可不定以限制。嗣后，凡遇元旦及朕与皇帝寿辰庆节，宗室亲王、郡王、满汉大学士、尚书始准呈进如意，其余概不准呈进。至外省督抚，只准按例呈进土贡。其盐政、织造、关差，俱有得项，所有年例办进备赏之物，均仍照向例，按次备进一份，以备赏用，不得复有增添。倘伊等私自备物品呈进，一经查出，必当重治其罪，以节靡费而示体恤。"

◎三、禁馈赠

乾隆朝，虽然不禁止官员和民间持有玉如意，但乾隆不准外省督抚等官员进献玉如意，更不准许官员之间互相馈赠玉如意。对官员的这项不成文的约定，一直保持到嘉庆朝。但到了道光朝，这项约定终于被打破。

道光年间，曾发生过一件司员进呈堂官玉如意的事件，让道光皇帝甚为恼火，下令究查。

道光十三年（1833）七月，御史赵敦诗奏："各部司员遇堂官生辰，递送玉如意。请禁奔竞，以惟节气。"

据赵敦诗讲，这年三月，尚书禧恩要过生日，某司官欲备送寿礼，请京城玉器商人安庆，带着数柄玉如意来到户部山东司，以备挑选购买。五月间，有人看见安庆又带着数柄玉如意进入衙署，听说户部侍郎李宗昉的父亲要过生日，该部司官珠谰、黄立诚购买玉如意后，到李宗昉的宅邸递送玉如意。因为事情办得很严密，各方都守口如瓶，调查一直没有什么进展。

道光皇帝闻此非常不满，"令该御史，将递送如意者何人，收受者何人，公证堂官何人，据实陈奏。令禧恩、李宗昉明白回奏"。同时，"饬步军统领衙门，查传玉商安庆"。

清代中后期的官场，已经日渐颓废、糜败。如果说乾隆时期，吏员还只敢在大清法律周边行走、游荡，即使触犯大清律例，也敢坦然面对。可到了清代中后期，官场的腐败更趋隐蔽性和技术性，即使知道大祸临头，也绝不会轻易道出真相。

尽管此时道光皇帝已将调查工作安排得细致周密，可涉事官员与玉商早已订立好攻守同盟，事件调查自然无实质性进展。

首先，举报人御史赵敦诗迫于各方压力，开始反悔。他在给皇上的奏折上说："买递玉如意何人，实不能记忆清楚，珠澜曾买过与否，无由得知，亦不知此外再有何人买过玉如意。"

其次，户部尚书禧恩、户部侍郎李宗昉先后复奏，表示均无收受司员玉如意之事。因多人看见玉商安庆曾携带玉如意进入户部衙门，但安庆只承认安庆曾经去过户部，并未卖过玉如意，并供称："买卖姓名物件，俱登账簿，遍加查核，既无珠澜、黄立诚买过如意，亦并无伊二人姓氏列入账簿内。"没有具体人证物证，事件调查难以继续进行。

道光皇帝深知此事并非空穴来风，登基初始，就曾有数起行贿受贿案件，最后终因没有实证而不了了之。此时，道光皇帝将恼怒一股脑儿地发泄在举报人——御史赵敦诗身上，殊不知这样做，会给已经渐露脓疮的官场，带来怎样的后果。

道光皇帝在给内阁的上谕中写道："御史赵敦诗以毫无指证之事，捕风捉影，妄登奏牍，及再三询问，一味含混其词，牵拉支离，终无指实。朕用人行政，惟知一秉大公，事事务归确实。乃仅以安姓信口答问，遽登白简，岂能评此臆说，加罪臣工耶！赵敦诗着交部严加议处。"

道光皇帝对朝廷大员中普遍存在的，既能兢兢业业地为朝廷办事，又少有抵得住对金钱珠宝和个人私利诱惑的现象，早就心知肚明，此时因没有确凿的证据，也只能睁一只眼、闭一只眼了。但道光皇帝不会忘记像先帝那样，不厌其烦地用现身说法对臣下们告诫一番。

道光皇帝在写给内阁的上谕中说："禧恩、李宗昉俱列一二品大员，于君父之前，谅不敢一字欺饰，自取罪戾，是以深信不疑。而在诸臣交际往来，亦不能保其必无，实不可不防其渐。朕勤求上理，惟日孜孜，常思躬行节俭，为天下先。十数年来，兢业常如一日，屏纤华而弗御，绮丽而勿珍，一切服食起居，崇俭乎？尚奢乎？上有好者，下必甚！嗣后，各部院大臣，总宜各知自爱，正己率属，涤虑洗心，平日以公事为重，勿尚应酬虚文。凛四知于影衾，严一介于瓜李，方为不负委任。其各部院寺司官，亦当勤慎趋公，勿事奔竞寅缘，以惟节气。庶几大法小廉，各扬其职，吏治蒸蒸日上，朕实有厚望焉。”

道光在告诫官员廉洁自律的同时，也对办公场所的管理提出了具体要求。他在这道上谕中最后说：“部院各衙门为办公处所，理宜整齐严肃，岂容闲杂人等混迹署内。近来稽查疏懈，竟有携带货物来署售卖之事。若此等闲人任其出入署内，或有假充卖物，探听消息，甚至遗失文件，此等弊窦，均所不免，不可不严行查禁。嗣后，着责成六部司务厅及各该衙门厅员等，督饬门役，随时认真查察，毋许再有买卖人等阑入署内，并着每月月终，办一存稿呈堂书画，以备稽核。经此次训诫之后，倘仍玩视，致有前项事端，一经发觉，定将该厅员等从重惩处，不稍宽贷。”

由于道光皇帝不喜欢玉珠珍玩，并下令停止新疆贡玉运送京城，咸丰皇帝对玉器也不感兴趣，到了同治朝，玉如意在全国已经十分稀少，甚至连同治皇帝想要一件新玉如意，都十分困难。

同治十一年（1872）四月，同治皇帝谕令各织造“兼办正珠、玉如意陈设等件”。各织造接旨后回复：“难以购觅。”

于是，同治帝下令“派他省分办，不得稍涉推诿”。这说明，同治时期，经过鸦片战争等外国列强对大清国的劫掠，国力衰败、民不聊生，朝廷已经没有财力扶持制玉产业，民间制玉作坊大多也因战争而关门倒闭了。

◎四、整雕如意

乾隆朝，用整块玉石雕琢如意，在宫廷并不常见，主要是乾隆认为用整块玉石雕琢一件如意，过于浪费和奢华。一块几十斤、上百斤的玉石，雕琢一件玉如意，其百分之七十左右的玉石要白白浪费掉。

乾隆曾多次下旨，禁止雕琢整支玉如意，也禁止官员臣下进献整支玉如意，但屡禁不止。真正让乾隆痛下决心禁止用整块玉材制作如意，还得从发生在下面的一件事说起。

乾隆三十七年（1772）十二月，乾隆发现，苏州织造李质颖在进呈的贡品中，有一支用整块玉料雕琢的如意，不仅颜色洁白，而且个头也硕大，让乾隆感到非常意外。因为自下令禁止制作整支玉如意以来，已很长时间没有见过如此大的整支玉如意了。

乾隆就此事询问李质颖。李质颖回答，“买自苏州”。更让乾隆意想不到的是，随后各督抚进献与之相类似的玉如意，竟有几十支之多，这让乾隆“心窃讶之”。

时隔不久，两淮盐政萨载来京陛见，乾隆提及此事。萨载说，这批整支玉如意，是由一块巨大的和阗山料玉制作的。这块玉料是由苏州制玉商人合伙出资白银万余两，从新疆购得并运回苏州的，共计制作了整支玉如意一百余支。

乾隆暗自琢磨，“新疆产玉官办之外，久经立有条禁”，商人潜往偷带玉石，也“不过零星小件”。运送如此巨大的玉石，“非数十人辇运不可”。新疆通往内地，有多处卡伦巡查，“何以听其取携自便”？而且，这块玉料“虽系山玉，但其色白而质巨，若得大件成材琢而为器具，其视水玉亦不相上下”。商人能够得到它，官办采玉怎么不能采到。

乾隆此时首先想到的是，叶尔羌办事大臣期成额对此事应负有不可推卸的责任。他责令期成额，“查明此项玉料，因何得令商人私自采买，如何运至苏州，各确情即行据实具奏”。

乾隆三十八年（1773）三月，经过认真调查后，期成额给乾隆呈上了一道折子：“叶尔羌西南密尔岱山有山玉，除挑选运送京城外，向来挑剩废玉，色质青黑零星小块，照例变价，并防守严紧，无透漏之处。”

乾隆对期成额的调查结果，非常不满。他说，现在苏州、扬州两处所制作的整支玉如意，“俱系大料裁琢，且色亦洁白，并非挑剩青黑零星小块”，明显是商人集体出资贩运。该处虽设有检查关卡，但漫无稽查，形同虚设，“不然，此等大件辇运途中，岂能掩人耳目”？乾隆令期成额继续调查，“务将实在缘由，详细查明”。

此事最终还是没有结果。同年八月，乾隆急令礼部侍郎玛兴阿赴叶尔羌，“合同期成额办事”。

九月，乾隆以期成额查办事件不利，免去期成额叶尔羌办事大臣职务，谕令“着期成额来京，玛兴阿在叶尔羌统领事务”。

乾隆对玉商以玉石牟取暴利、官员为私利勾结纵容玉商，大为震怒。他再次重申自己对整支玉如意和大件玉器的认识和看法，以及对奸商的憎恶。

乾隆在发给各省督抚的上谕中写道：“苏州织造李质颖所进之整玉如意一支，需售四千两，实出情理之外，其余玉器价值概可想见。奸商辈以近市三倍之心，贪得无厌，高抬市值以惑心，故属可恨。而督抚等不惜重费购觅，亦属愚而无谓矣。朕于整玉如意，本非所喜，是以座右陈设，只用镶玉者，而不用整玉，乃众所共知。况回疆玉料琢成器皿，朕一见即能辨识。今既彻底查禁，将来自不敢复有违犯。但旧时存者，恐尚不少，岂能仍听市侩之昧心渔利？现谕督抚等，即朕七十万寿，亦不准进贡。其或偶于方物附呈者，不得仍用和阗整玉如意，及大件玉器。即呈进，亦必不收，使奸商无利可图，其弊自息。”

对于宫廷旧藏的整支玉如意，乾隆一般作为赏赐用，赏赐达赖喇嘛等西藏宗教领袖，或赏赐亲僚贵戚。但乾隆并不喜欢在如意头上雕琢花纹纹饰，经常颁旨将如意头上的花纹磨去。

乾隆五十三年（1788）十一月十八日，太监鄂鲁里送上两柄造办处库里的旧藏整支白玉如意。该如意头上有葵瓣花纹纹饰,乾隆见了很不喜欢,令“交启祥宫将如意头上花纹扎去”。

乾隆五十四年（1789）闰五月初六，太监鄂鲁里又呈送两件整支青白玉如意，乾隆同样令“交如意馆去花纹”。

由此可见，乾隆对玉如意的雕琢和设计有他自己的喜好，既不喜欢整支玉如意，也不喜欢在如意头上雕刻花纹图案。

◎五、镶嵌如意

内廷制作镶嵌如意，木柄材质多用紫檀木，如意上的玉镶嵌大多用二等以上玉料，以突出玉镶嵌在如意整体效果上的点睛之美。

乾隆三十一年（1766）四月十七日，乾隆令造办处“着如意馆，将玉石子料内，挑选几块做镶嵌如意用”。

当日，如意馆即“挑得头等白玉子料二块、二等白玉子料一块，并画得墨道交太监胡世杰呈览”。

乾隆要求玉如意镶嵌，在如意馆“成做并光好”，待制作完成后，“交两淮盐政普福处镶做竹丝如意三柄”。

乾隆对镶嵌如意的玉镶嵌要求很高，不仅要求光好，还要“往熟里磨”，手感要细腻，要像几百年的老物件那样温润圆滑。

乾隆三十四年（1769）五月十三日，乾隆对造办处交来的“四柄三镶紫檀木如意”，要求对上面的所有十二块玉镶嵌，“往熟里磨”。

紫檀木柄上的玉镶嵌，一般是一块、两块或三块，但乾隆也曾下旨承做四块、五块、七块玉镶嵌的如意。

乾隆三十四年（1769），乾隆不断下旨改做或拆分前朝留存的旧玉如意，或将上面玉镶嵌拆下收贮，或将上面镶嵌的金银丝熔化做材料用。

乾隆三十四年（1769）五月初八，太监胡世杰呈上来自圆明园含经堂、方壶胜景、思永斋、藻园、清净池、澹泊宁静等处的“雕紫檀木嵌玉三块如意十柄”玉玲珑馆、平湖秋月、清园、汇方书院的“雕紫檀木镶丝嵌玉三块如意五柄”，坦坦荡荡的“嵌玉四块如意一柄”，秀山房、西风秀色、万方安和的“雕紫檀木镶丝镶嵌玉五块如意四柄”，西风秀色的“雕紫檀木镶丝镶嵌七块如意一柄”。

上述如意均是前朝留存的旧镶嵌玉如意，摆放在原处已经有几十年的光景，乾隆决定将它们拆解收贮做材料用。

乾隆令太监胡世杰到造办处传旨：“将玉起下呈览，有镶丝者，起丝熔化，胎股做材料用。钦此。”

此次共从如意上拆下玉镶嵌大小七十八块，交由太监胡世杰呈览。乾隆将每一块玉镶嵌拿在手里把玩观赏，最后令胡世杰传旨造办处：“将玉镶嵌交广储司银库王成收贮。钦此。”

◎六、双珊瑚珠回头穗

乾隆喜欢在如意上配各式双珊瑚珠回头穗，穗子上用珊瑚珠装饰，更显得精美华贵，这是乾隆御用如意的一个典型特征。

乾隆十一年（1746）七月二十二日，太监张明交给造办处司库白世秀青玉如意、白玉灵芝如意、碧玉灵芝如意各一支，并传乾隆的谕旨：“着照样各配新样苹果绿珊瑚珠回头穗。钦此。”

随后，乾隆更是将如意上的回头穗装饰，作为定制规定下来。

乾隆十二年（1747）正月二十二日，太监张明呈送乾隆一柄如意馆新做的嵌玉雕紫檀木如意，上面随珊瑚珠蓝回头穗，乾隆甚是喜欢，并令传旨：“交长春书屋，将长春书屋如意换下。嗣后，凡有如意，俱照此穗样成做。钦此。”

玉如意上如果拴的是其他种类或样式的穗子，即便是皇太后赐给皇上的，也会被换成珊瑚珠回头穗。

乾隆三十六年（1771）十一月二十五日，皇太后赐给乾隆一柄白玉如意，上拴黄线穗。乾隆令太监胡世杰持此如意到造办处，“另换珊瑚珠回头穗，在东暖阁陈设”。

因此，如意上是否拴有珊瑚珠回头穗，可以作为鉴定是否是乾隆朝御用如意的一个标准。拴有珊瑚珠回头穗的如意，不一定就是乾隆御用如意，但不拴珊瑚珠回头穗的如意，一定不是乾隆御用如意。

乾隆朝，如意及装饰的珊瑚珠回头穗，寓意吉祥如意、岁岁顺利。它是一种陈设物品，而不是一件把玩的物件。如意一般在喜庆吉祥、庄重肃穆的场合或年节时摆放。

乾隆四十一年（1776）四月二十八日，端午节临近，乾隆令太监胡世杰到造办处找几件玉如意，准备在年节时各殿摆放。

造办处随即从库里挑出十六柄配有黄线穗的白玉如意，呈送乾隆挑选。乾隆一看是黄线穗，当即令将黄线穗拆掉，“俱另换双珊瑚珠回头穗”。并传话，“得时交宁寿宫摆年节，换下线穗做材料用”。

换下的旧线穗做材料用，实际上就是改作他用，不再做如意穗子用了。即使有时换下的如意线穗上有玉圈、金圈，或松石、玛瑙珠，乾隆也一概弃之不用。

乾隆四十三年（1778）正月初四，造办处从圆明园撤换下旧如意二十九柄。这些如意原来配的都是黄线穗，其中有的线穗上还拴有松石、玛瑙、玉圈、金圈等饰物。在呈送乾隆御览后，隆御谕令将黄线穗换成珊瑚珠回头穗，并将黄线穗上的“松石、玛瑙珠、线穗、玉圈、金圈做材料用”。

◎七、镶金丝字

整支玉如意、镶嵌玉如意、木质竹质如意等如果说平常的话，在如意上镶嵌金丝字，确实不多见，也很珍贵。

乾隆二十九年（1764）五月十九日，乾隆曾下旨制作了一柄镶嵌“养心殿”三个金丝字的如意。

这天，太监胡世杰呈送乾隆一柄“养心殿明殿旧存嵌玉二块镶金字双珊瑚珠回头穗如意”，乾隆很喜欢，令造办处“照样成做一柄”，并嘱咐“得时亦镶金字，要镶做‘养心殿’三字”。

一周后，造办处挑得“汉玉镶嵌二块”，如意馆将如意木样做得呈览，得到了乾隆“照样准做”的批准。

内廷办事精打细算、勤俭节约，这是乾隆的做事风格和感化教育的结果。有的镶嵌玉如意上还镶有金银丝，如果玉镶嵌拆下收贮、胎股做材料用，那么镶金银丝也要拆下来熔化收贮。

乾隆三十四年（1769）十一月三十日，瀛台撤换下来一柄嵌玉三块镶金银丝紫檀木如意，其中一块玉镶嵌已经破碎。乾隆令太监胡世杰传旨：“将镶金银丝起下，是金归金，是银归银，破玉一块着崇文门变价。钦此。”

十二月初二，造办处遵旨在拆起金银丝时，发现没有金丝，只有银丝，可能是当时没仔细看或看花了眼，就报告皇上了。但这事不能自行处理，需上报乾隆知道。

库掌四德、五德在给乾隆的奏报上说：“先前所报镶金银丝，只有银丝，金丝是手下看走了眼而误称。”同时，四德、五德将起下重为五钱的银丝，交太监胡世杰呈览。

乾隆对此等小事，不会刨根问底或斥责。他令胡世杰传旨：“准熔化。钦此。”

◎八、玉镶嵌变价

从旧玉如意上拆卸下来的玉镶嵌，经过抛光见新后，继续用在新制作的木柄如意上，这在乾隆朝的内廷，是常有的事。但有时在拆卸旧如意上的玉镶嵌时，由于时间长久，粘得过牢，即使十分小心，也会有玉镶嵌破损的事情发生。每当遇到此事，乾隆会下旨将破损的玉镶嵌变卖掉。

乾隆三十四年（1769）五月十三日，太监胡世杰交给造办处库掌四德等从二十八柄旧藏如意上拆下的破碎玉镶嵌十四块，并传乾隆的谕旨：“着归入先交变价玉镶嵌之内，交崇文门一式变价。钦此。”

变价破碎的玉镶嵌能够理解，但有时即便是完好的玉镶嵌，只要乾隆本人不喜欢，也一样变价卖掉。

乾隆三十四年（1769）五月十八日，乾隆令造办处找些旧玉镶嵌拿来看看。造办处郎中李文照接旨后，从造办处库存中翻找出旧存做如意的白玉天鸡镶嵌、白玉方圈镶嵌、白玉云头式镶嵌、白玉竹根式镶嵌、白玉小长方镶嵌各一块，交太监胡世杰呈览。

乾隆把玩后，对这些玉镶嵌的式样、画工和雕工不太喜欢。于是，乾隆令太监胡世杰到造办处传旨："着归入先交变价玉镶嵌之内，交崇文门一式变价。钦此。"

磬

在古代，磬是一种在庙坛里祭祀用的打击乐器，形状像曲尺，用玉或石制成。

清朝定制，天坛等祭祀场所里用的磬，特磬用新疆密尔岱山青玉，编磬用安徽灵璧石，唯独圜丘坛、祈谷坛的编磬，用辟尔山碧玉。

清代，朝廷每年要举行大祀，皇帝要亲自赴天坛祭祀天神，祈求来年风调雨顺、五谷丰登。在祭祀中，乐部要派乐手在祈年殿奏乐，击打的乐器中有磬和钟。

磬，分特磬、编磬，按太蔟音律承造，每套十二面。钟，又分镈钟、编钟，材质有赤金、铜镀金两种。全套钟磬乐器，也称中和乐器，是庙坛祭祀时必不可少的乐器。

乾隆朝中期，当时的圆明园、圜丘坛、祈谷坛、朝日坛、紫光阁、热河等处的坛庙里，都有乾隆皇帝亲自颁旨特制的钟磬。

◎一、特磬

清代，特磬用于中和韶乐，以磬的体积大小来确定音阶的高低。特磬一组共计十二只，符合音阶上的十二平均律。

特磬的两面绘云龙纹，穿孔悬挂在架子上，每架只挂一面磬，当月祭祀只用其一。

乾隆朝定制，特磬用新疆密尔岱山青玉制作，形状为钝角矩形。"长股谓之鼓，短股谓之股"，大小各不相同。"皆两面绘云龙纹"。特磬的正面镌刻"乾隆御制"铭文，后面镌刻各个声部的律名。

乾隆二十六年（1761）十一月，根据乾隆的旨意琢成十二面特磬，尺寸精确到"丝"，采用十二平均律，而不是中国传统的五声音阶和七声韵律。虽然音域宽度只有一个八度，但音阶与西洋乐的相同，已属十分难得。

这十二面特磬，按大小排列，各自独立。每个特磬两侧立柱各配有五个金镈钟，特磬悬挂其中。

现将乾隆二十六年（1761）十一月制作完成的十二架特磬的磬名、尺寸大小，介绍如下：

第一磬——黄钟之磬：股长一尺四寸五分八厘、宽一尺九分三厘五毫，鼓长二尺一寸八分七厘、宽七寸二分九厘、厚七分二厘九毫。

第二磬——大吕之磬：股长一尺三寸六分五厘二毫、宽一尺二分三厘九毫，鼓长二尺四分七厘五毫、宽六寸八分二厘六毫、厚七分六厘八毫。

第三磬——太蔟之磬：股长一尺二寸九分六厘、宽九寸七分二厘，鼓长一尺九寸四分四厘、宽六寸四分八厘、厚八分九毫。

第四磬——夹钟之磬：股长一尺二寸一分三厘六毫、宽九寸一分二毫，鼓长一尺八寸二分四毫、宽六寸六厘八毫、厚八分六厘四毫。

第五磬——姑洗之磬：股长一尺一寸五分二厘、宽八寸六分四厘，鼓长一尺六寸二分八厘、宽五寸七分六厘、厚九分一厘二丝。

第六磬——中吕之磬：股长一尺七寸八厘六毫、宽八寸八厘九毫五丝，鼓长一尺六寸一分七厘九毫、宽五寸三分九厘三毫、厚九分二厘二毫。

第七磬——蕤宾之磬：股长一尺二分四厘、宽七寸六分八厘，鼓长一尺五寸三分六厘、宽五寸一分二厘、厚一寸二厘四毫。

第八磬——林钟之磬：股长九寸七分二厘、宽七寸二分九厘，鼓长一尺四寸五分八厘、宽四寸八分六厘、厚一寸六厘四毫。

第九磬——夷则之磬：股长九寸一分二毫、宽六寸八分二厘六毫五丝，鼓长一尺三寸六分五厘三毫、宽四寸五分五厘一毫、厚一寸七厘八毫七丝。

第十磬——南吕之磬：股长八寸六分四厘、宽六寸四分八厘，鼓长一尺二寸九分六厘、宽四寸三分二厘、厚一寸一分五厘二毫。

第十一磬——无射之磬：股长八寸九厘、宽六寸六厘七毫五丝，鼓长一尺二寸一分三厘五毫、宽四寸四厘五毫、厚一寸二分一厘三毫六丝。

第十二磬——应钟之磬：股长七寸六分八厘、宽五寸七分六厘，鼓长一尺一寸五分二厘、宽三寸八分四厘、厚一寸二分九厘六毫。

◎二、编磬

圜丘坛、祈谷坛所用编磬，用新疆辟尔山碧玉制作，共计十六面，“应十二正律四倍律”。

编磬分上下两排，阴阳各八面，“以厚薄为次，大小同制”，悬挂在两个立柱之间。

这十六面编磬厚度不一，但大小一样，均为：股长七寸二分九厘、宽五寸四分六厘七毫五丝，鼓长一尺九分三厘五毫、宽三寸六分四厘五毫。

编磬两面均绘云龙纹，股侧镌刻“康熙五十四年制”，鼓侧各镌刻律名。

编磬用厚度来区别音律的高低。这十六面编磬的律名和薄厚尺寸如下：

倍夷则之磬：六分六毫八丝；

倍南吕之磬：六分四厘八毫；

倍无射之磬：六分八厘二毫六丝；

倍应钟之磬：七分一厘九毫一丝；

黄钟之磬：七分二厘九毫；

大吕之磬：七分六厘八毫；

太蔟之磬：八分九毫；

夹钟之磬：八分六厘四毫；

姑洗之磬：九分一厘二丝；

中吕之磬：九分二厘二毫；

蕤宾之磬：一寸二厘四毫；

林钟之磬：一寸六厘四毫；

夷则之磬：一寸七厘八毫七丝；

南吕之磬：一寸一分五厘二毫；

无射之磬：一寸二分一厘三毫六丝；

应钟之磬：一寸二分九厘六毫。

◎三、选料

挑选制作磬的玉石材料，是一件非常辛苦而繁重的工作。因为磬是摆放在庙坛供皇帝祭祀用的物品，所以从选材到制作工艺都有严格和特殊的要求，而且内务府往往还要派员亲自前往新疆选料。

乾隆二十七年（1762）三月至二十八年（1763）七月，内务府员外郎、后升调粤海关监督的德魁，遵照乾隆旨意，两次前往叶尔羌辟尔山，督办制造玉磬的玉石开采工作。同时，德魁还随身带去承造玉磬的玉匠专家，协助挑选玉石材料，打造玉磬毛坯，也称“磬式”。

时任叶尔羌办事大臣、尚书、都统的新柱，在给乾隆的折子里，这样描述当时开采玉石的工作场景：“去岁及今岁，两次到辟尔山采取成造玉磬等项。经员外郎德魁自山河中设法起出玉石，妥协造办磬式。匠作等俱遵照指示，用心成造。侍卫永泰，引人采取，甚属奋勉。健锐营之前锋校委署章京事扎沁，及千总委署守备事周兆鳌等，派往照料，俱竭力奋勉。沙尔浑之阿奇木伯克穆喇特，及伊弟巴图尔、沙布塔，什浑伯克萨尔巴尔，带领回众挖沙运石，亦属奋勉。鄂对、阿布都哩野木等，带领回众挖沙运石，俱无贻误。复令同知图桑阿、游击温昌尚、通判陈景全、都司李敬简、守备陈耀德、把总委署千总事张裕，及撤回之游击于秀、西安佐领常明等，于各种器具内，应监造者监造，应督催者督催。今俱于限内，妥协告竣。”

乾隆看到新柱的折子后认为，既然大家“各有劳绩，自应施恩”。遂令新柱，对阿奇木伯克、头目、回民、匠役等，“照例分别赏赉，以示鼓励”。而对朝廷派去办理磬式等项玉石的官员，传旨“交各该处议叙”。

◎四、制作

玉磬不如青铜编钟质地坚韧，不易长期击打，故时有损坏。每当玉磬不够用时，乐部就要向皇上行文，要求制作玉磬。

玉磬，内廷有时也称“玉石特磬”。因音律要求准确，故制作难度较大，往往由苏州织造或两淮盐政负责承做。

乾隆二十七年（1762）十月二十八日，乐部为承做玉石特磬三十三件之事行文，并交内务府总管王常贵转奏皇上。文中明确要求皇上批准“交苏州织造成做”。

乾隆对承做祭祀用玉磬，特别是大祀用的特磬，一向非常重视，从不怠慢。此时乾隆看过奏折后，在上面亲笔写道：“玉石特磬三十三件，准交苏州织造萨载带往苏州，往精细里成造。”

玉磬的尺寸有严格的规定，如果尺寸太小，则达不到太蔟音律的要求，一般都要取上百斤以上的玉石作为制作特磬的材料。

玉磬除了破损要及时更换外，有时敲击时间过长的旧玉磬也要遵旨更换。换下来的旧玉磬，不会做材料用，而是另配架子，供陈设用。

乾隆三十六年（1771）四月十五日，叶尔羌办事大臣期成额遵照乾隆的谕旨，呈送承造特磬用的青玉三块。这三块玉石分别重四百斤、二百四十斤、一百六十斤。

乾隆令太监胡世杰到造办处传旨："此三块青玉内，一块重四百斤交如意馆，其二块承做太蔟特磬二面，以为圆明园、紫光阁二处乐器内换用。其换下圆明园乐器内之青玉特磬一面，着交造办处配架，另备陈设之用。钦此。"

◎ 五、备份

玉磬是易损器物，长期敲打撞击，难免破裂损坏。为了不影响及时使用，内廷要制作备份。同时，朝廷还要派员，或寄送磬式图样，令新疆大臣督办。

乾隆五十五年（1790）五月，享有在紫禁城内骑马特权的礼部尚书常青，接到礼部侍郎沈初的报告，称天坛祭祀现用的玉磬已无备份，应照原有玉磬式样赶制四份，以备应急之用。

常青马上给乾隆上了一道折子，请求派员赶赴新疆，与叶尔羌办事大臣明兴一同办理。

乾隆认为，专为此事派员赴新疆，未免浪费人力物力，劳民伤财，不如改进和创新以往备份的做法。

乾隆在礼部尚书常青的折子上批示："中和乐器内需用磬料，若派人前赴叶尔羌采办，不免路远稽迟，且恐骚扰驿站。今着将磬式尺寸、玉石颜色开明，传谕叶尔羌办事大臣明兴，令其仿照、赶办四份，由驿站递送来京。至玉块大小不一，如有一块可为几块料者，即将整块送京，不必拘定式样，在彼分解。"

叶尔羌办事大臣明兴接到礼部尚书常青寄来的皇上御批后，命手下会同当地伯克、回民，在密尔岱山细心开采。由于制作玉磬的玉料要求较高，不仅要求颜色一致，还不得有绺道石纹，这给寻找和开采带来了很大的难度。

经过五个月、三百多名官员和回族民众的艰苦寻找开采，粗琢成方的四块磬料送到了京城，乾隆看后非常满意。

由于这次寻找开采磬料，费时费力，磬料颜色、质地都达到了上乘，叶尔羌办事大臣明兴请求乾隆给予办事官员和回族民众予以奖励。明兴在折子上称："奏请将采取磬料玉石之出力官伯克，及众回民等，分别赏赉，以示鼓励。"

此时乾隆心情甚好，在明兴的折子上批示："此次采取磬料玉石之官员伯克、回民等，甫及五月，即能采得四份，俱经开琢成方，均属奋勉。着加恩，官员每员各赏给缎二匹，其回民三百名，每人各赏给布六匹，以示鼓励。"

清代宫廷、祭祀用乐器及舞蹈道具主要有：麾（指挥令旗）、镈钟、编钟、特磬、编磬、琴（七弦）、瑟（二十五弦）、排箫、箫、笛、篪、笙、埙、建鼓、搏拊、柷、敔、节、干、羽等。

扳　　指

乾隆十六年（1751），乾隆突然迷恋上了玉扳指，以后虽陆续也有制作，但这一年可以说是内廷制作玉扳指最多的一年。

最初，乾隆对玉扳指没有太多的感觉和认识，只是拿旧藏玉扳指抛光后把玩。后来逐渐有了兴趣，在制作上也不断画样翻新，刻款、刻诗，使玉扳指成为乾隆一种日常把玩欣赏的重要器物。

乾隆十六年（1751）二月初四，造办处从库里找了一件汉代纹饰风格的玉扳指，呈送乾隆御览。乾隆见是一件旧物，表面也陈旧不光鲜，但是个把玩的物件。他令身边的太监胡世杰到造办处传旨："着上光，随得随交。钦此。"

第二天，库掌花善将此玉扳指上好光送上。这是乾隆把玩的第一件玉扳指。

乾隆对玉扳指逐渐产生兴趣，即便身在京外有公务在身，也不忘要忙里偷闲地欣赏把玩一番。

乾隆三十年（1765）七月，此时乾隆正在南巡，当地官员为讨好皇上，送来一件白玉扳指。此扳指是康熙时的旧物，虽然口沿处有两处磕碰，但玉质极佳，是上等的新疆和阗子儿料。

乾隆看后，令太监胡世杰传旨造办处有关官员："着菓报带进京去，交如意馆将扳指上磕处急急收拾好，仍随菓报发来。钦此。"

◎ 一、赐名扳指

乾隆朝，御制扳指有几百件，但乾隆亲自赐名的玉扳指并不多。如“鸡鸣昧旦”、“秋声赋”、“弓矢喻政”等，都是乾隆为玉扳指钦定的名称。而且这类扳指一般不是孤品，只要乾隆喜欢，即照样制作。

乾隆四十三年（1778）六月二十二日，造办处将从红皮糙白玉觥坯内取出的一大一小两个钻心，交太监鄂鲁里呈送乾隆御览。此玉钻心为难得的色泽纯正、质地温润的和阗子儿玉，乾隆自然爱不释手，打算为其制作心仪日久的玉扳指。

乾隆令太监鄂鲁里传旨：“觥坯里膛口着磨薄，上口做弯口形。大钻心即做扳指三件，照‘鸡鸣昧旦’、‘秋声赋’、‘弓矢喻政’样，一并发交苏州织造舒文，照样各做一件。其小钻心留如意馆做材料用。钦此。”

◎ 二、旧器改做

制作玉扳指不用大块玉料，一般制作玉器的下脚料即可承做。乾隆惜玉如金，一般情况下都用制作玉器的钻心或下脚料制作扳指。

乾隆闲暇时有一个癖好，就是传旨造办处到库里挑些旧玉器拿来欣赏。所以，乾隆有时也用旧存的玉器成件改做扳指，只要是玉质好，不论是前朝哪个皇帝留下来的玉器，都可以用来改做扳指。

乾隆十六年（1751）这段时间，乾隆对玉扳指很感兴趣，感觉这是个随身携带方便的小把玩件，只是还没发现有很好的玉料来做扳指。他忽然想起从前造办处从库里找来的前朝或前代旧玉器，有的材质上乘，特别是仿汉玉器，玉质都非常莹泽滋润。于是，乾隆传旨造办处，到库里找几件仿汉玉器呈览，或许能发现制作扳指的好料。

乾隆十六年（1751）五月二十九日，造办处官员从库里挑出几件旧存仿汉玉器，其中有堪达憨扳指、汉玉小杠头、汉甘黄玉花插、汉玉汉纹花觚、汉玉双象暖手、汉玉花觚等各一件，呈送乾隆御览。

乾隆逐件丈量、仔细观看，此时他已不是在欣赏这些仿汉玉器，而是琢磨着这些玉器怎么能改做成扳指。乾隆对身边的太监胡世杰说：“传我的旨，将汉玉小杠头一件、汉甘黄玉花插一件，改做扳指四件用。”

这还没完，乾隆对扳指花纹样式的挑剔和要求，可以说是一丝不苟、不厌其烦。他令胡世杰到造办处传旨："其做玉扳指，照新堪达憨扳指里口做，外口照旧堪达憨扳指做，下口照旧扳指做，上口照新扳指做。其做外身花纹时，照汉玉汉纹花觚上花纹做一件，照汉回纹卧蚕花插上花纹做一件，照汉玉双象暖手上花纹做一件，照汉玉暖手样式改画英雄花纹做一件。钦此。"

◎三、皮糙颜色

乾隆对和阗子儿玉颇有研究，知道利用子儿玉的外皮俏色，来装饰和点缀被雕琢的器物。特别是在制作扳指等小件器物上，经常巧妙利用玉石本身的颜色，来强化器物的装饰美感。

乾隆二十一年（1756）七月二十二日，太监胡世杰交给员外郎朗正培一件押帖，内注明青白玉子儿料一块，并有乾隆的朱批："着仅有颜色处做扳指一件。"

乾隆喜欢玉扳指上有原始石皮色，而且这种原始皮色最好不做打磨，留着"皮糙"。

乾隆四十五年（1780）五月初九，太监鄂鲁里交给乾隆"皮糙玉子儿一件"。乾隆对此玉子儿上的皮糙颜色很满意，遂令太监鄂鲁里传旨："交如意馆，着留皮糙做扳指。画样呈览。钦此。"

玉子儿表面有石皮颜色，不代表玉石里面就一定温润纯净，也存在有石性绺道的可能。乾隆对这块带石皮颜色的玉子也是不放心，审阅扳指画样后，下令"扎开看"，最后确定玉子内部无石性绺道后，才批准继续承做。

用来改做扳指的旧器，一般都是上好的子儿玉，多带有玉皮颜色。每当遇到此类旧器时，乾隆都要嘱咐留皮留色，或仅着皮色改做扳指。

乾隆三十二年（1767）七月二十五日，乾隆想做几件扳指把玩，遂令造办处在库中挑选带皮色的旧存玉器呈览。

造办处郎中安泰从库中挑得一件旧甘黄玉夔龙玦，送呈乾隆御览。乾隆看后觉得满意，令传旨如意馆："将有颜色处画扳指呈览。钦此。"

八月初一，如意馆按照乾隆的旨意，在夔龙玦有颜色的地方，用墨道画得扳指三件，交太监胡世杰呈览。乾隆审看后表示同意，批示"照墨道准做"。

八月初七，如意馆领旨后按墨道铡做扳指坯三件，交太监胡世杰呈览。乾隆对这三件扳指坯子的颜色效果不甚满意，其中两件颜色还多点，第三件几乎看不到颜色。

于是，乾隆令太监胡世杰传旨造办处："将颜色多的一件做射猎图花纹。一件刻诗字，上下回纹。一件收贮不必做。钦此。"

乾隆四十年（1775）九月二十七日，乾隆令太监胡世杰到造办处找一块皮糙玉呈览，如果颜色好，乾隆准备做一件扳指。

尽管乾隆见过很多皮糙玉石，但这种自然天成的玉石色泽，可以说是没有一件是相同的。当太监胡世杰把一块皮糙玉材料送到乾隆手里时，乾隆还是被玉石表层的这种自然旧色打动了。他令"着启祥宫就颜色处做扳指一件"。

启祥宫的玉匠知道乾隆喜欢这块皮糙玉料，于是在上面画了一只卧虎，呈送乾隆过目。乾隆大喜，令胡世杰传旨，"照样准做"。

◎ 四、磕碰修理

玉扳指是拿在手上的玩物，经常佩戴把玩，难免会有磕碰。遇有好玉质的扳指被磕碰，乾隆不会轻易丢掉，而是令造办处挑玉匠高手进行修理，有时他也会亲自"点匠"。而邹景德就是继姚宗仁之后，如意馆集设计、绘画、雕刻于一身的又一玉匠高手。

乾隆三十七年（1772）五月三十日，乾隆正在热河避暑，在把玩一件心爱的白玉扳指时，不慎将扳指掉到地上，扳指口沿被磕掉一块。乾隆心疼不已，因为这件白玉扳指的玉质，如埋藏千年的汉代玉器，温滑熟润，乾隆一直视为珍藏。

乾隆马上给造办处下了一道谕旨："着交如意馆邹景德，将磕处设法随一随。如随不得，如何磨做之处，声明前来，准时再做。"

由此可见，乾隆对这件扳指的关注程度有多大。当天，这件扳指即被内务府郎中菓报，以六百里加急发往京城，交到如意馆玉匠邹景德手中。

六月初九，菓报接到造办处如意馆郎中李文照的来帖称，邹景德对这件口沿磕碰的白玉扳指进行了仔细研究。他认为，如果将扳指磕处磨去，要比原扳指小三厘，而且扳指"周身诗文回纹也要磨去另做"，请转呈皇上批示。

乾隆接到此帖后，令菓报速传话，"准其磨去另做，得时随报发来"。

七月初一，改制后的白玉扳指送到了乾隆手中。

◎五、刻款扳指

乾隆御用扳指，有刻“乾隆年制”款的，也有刻“乾隆御用”款的。款识有阴文，也有阳文。

乾隆十六年（1751）五月二十日，太监张永泰奉旨交给员外郎朗正培、催总德魁一件仿汉白玉“英雄”（汉代时兴将鹰头和熊身合为一个器物，寓意“英雄”），并传乾隆的旨意：“着姚宗仁，将‘英雄’后身改做‘英雄’前身，‘雄’头做扳指用。先画样呈览，准时再做。钦此。”

当天，姚宗仁就将“英雄”改画完毕。由于“雄”头尺寸太小，不够做扳指，画得鹅暖手纸样一张，将“英雄”前身画扳指纸样一张，一并交太监胡世杰呈览。

乾隆看过图样，进一步仔细测量，在确认尺寸确实不够后，令胡世杰传旨：“俱照样准做，着往细致里做，刻阴文‘乾隆年制’款。钦此。”

◎六、素面扳指

乾隆一朝，由乾隆亲自颁旨承做的扳指很多，但并不是件件追求华丽、华美，也有素面扳指。

乾隆十六年（1751）八月初五，太监胡世杰交给员外郎朗正培、催总德魁一块有汉玉旧色的长方青白玉，并传旨：“着做素扳指三件。钦此。”

这三件素面扳指，我们今天就很难用所谓“乾隆工”、“乾隆朝图案纹饰”等鉴定要素，来鉴定它们是否是乾隆朝的扳指了，但它们确实是乾隆朝宫廷制作的御用扳指。

◎七、诗文扳指

乾隆对在扳指上刻诗文也颇感兴趣，有时直接用玉石承做，有时也用旧素面扳指改做。

乾隆二十年（1755）八月二十四日，太监胡世杰从造办处取来旧白玉绳纹满诗扳指、旧白玉素扳指各一件，送乾隆御览把玩。

乾隆把玩欣赏后，令太监胡世杰传旨：“着将素扳指收拾，得时照绳纹满诗扳指一样刻做。钦此。”

见乾隆喜欢在素面扳指上刻诗，为投其所好，两个月后的一天，造办处又呈上白玉素面扳指四件、青玉素面扳指五件。

乾隆欣赏把玩后，仍令太监胡世杰传旨造办处："着启祥宫俱画样贴诗呈览，准时交苏州织造安宁处成做。钦此。"

◎八、加深刻字

乾隆喜欢在玉器物上深刻花纹纹饰、年款诗字，即便是小小的扳指也是如此。

乾隆四十五年（1780）七月，乾隆正在承德避暑山庄休闲静养。初六这天，太监鄂鲁里呈上一件白玉四马扳指，如意馆准备在上面刻一首御制诗。

乾隆把看后，同意在此扳指上刻诗，但担心诗字又像以往刻得过浅，遂令太监鄂鲁里传旨："着随报发往京内，交如意馆照本文加深刻字。得时由报发往呈览。钦此。"

◎九、赠予赏赐

清代，扳指是地位和身份的象征，也是皇亲贵胄等成人的玩物。但乾隆也曾专门定制扳指，赏赐给乳臭未干的小皇子，以示对其的厚爱。

乾隆三十五年（1770）四月，在皇十七子永璘即将满四周岁的前夕，乾隆指示造办处，"挑白玉材料给十七阿哥做扳指一件"。

十七阿哥永璘是嘉庆皇帝颙琰的亲兄弟，同为孝仪皇后所生，一出生就深得乾隆的喜爱。如此小的年龄即被皇父赐予玉扳指，在所有皇子中可谓是第一人，可见乾隆对十七阿哥的用心良苦。

不料，永璘从小就不爱读书，"喜音乐，好游嬉"，乾隆渐渐对他失去了信心，只授封其为贝勒。

嘉庆亲政后，碍于同母生兄弟的情分，晋封永璘为庆郡王。随后，永璘即向其兄提出"将和珅邸第赐居，则吾愿足矣"。不久，永璘即如愿以偿地得到了和珅府第。这正像乾隆所言，"年幼寄厚望，命途多舛驰"。

玉扳指多赏赐给皇亲国戚，很少赏赐给朝廷官员。如果官员对朝廷有特殊的贡献，乾隆也会破例赏赐。

乾隆五十三年（1788）十一月，安南国（今越南）发生叛乱，两广总督孙士毅受命领兵进剿，取得全胜。

乾隆决定赏赐给孙士毅一枚玉扳指。乾隆说："两广总督孙士毅调度有方，屡次克捷，所向披靡，实属奋勇可嘉。着赏玉如意一柄、御用汉玉扳指一个，以示奖劝。”

大 玉 瓮

清代宫廷，玉瓮是用来供佛用的，所用玉料一般是五等山料玉。

乾隆朝，内廷遵旨承造了三件较大的玉瓮，最大的一件在千斤以上。在制作这件千斤以上大玉瓮之前，乾隆曾在乾隆三十四年（1769）全程督办制作了第一件百余斤大玉瓮。

◎一、初试制作

乾隆三十四年（1769）三月二十日，新疆送到春季贡玉，如意馆从中选了一块重三百余斤的山料白玉，并画了用于玉瓮的云龙纹饰纸样，送呈乾隆御览。

乾隆对这块三百斤重的白玉料很满意，决定亲自全程督办制作玉瓮。他令太监胡世杰传旨：“此件白玉云龙纹瓮，交造办处凿做。”

三月二十四日，造办处库掌四德“将山料玉一块做得流云六龙花纹木样一件”，送呈乾隆御览，此画样由邹景德绘制。一并送呈的还有玉石上准备打钻的钻心画样大小十二个，直径从三寸五分到四寸、高从一寸五分到六寸不等。

乾隆仔细审验查看后，下了“俱照样准做，玉瓮先打钻”的谕旨。

四月初六，乾隆对造办处是先打钻，还是先凿做花纹放心不下，担心先打钻取心再凿做花纹，会破坏了花纹的整体感。于是，乾隆再令胡世杰到造办处传旨：“先将玉瓮外面花纹凿做，再行打钻。钦此。”

五月十九日，库掌四德将按照乾隆旨意凿做的玉瓮雏形，安在“奉三无私”呈览，乾隆兴致勃勃地前去观看。但“雏形”没有令他满意，他扔下一句“玉瓮上山峰横了，着方琮另改画呈览”后，匆匆回乾清宫休息去了。

第二天，库掌四德将改画山峰后的玉瓮，交太监胡世杰呈览。乾隆再次对玉瓮提出了修改意见。他谕令造办处：“玉瓮背后亦交方琮画山水，画样呈览。再，一面凿錾，一面打钻。钦此。”乾隆终于发话可以打钻了。

五月二十三日，库掌四德将方琮画得的山水画样，以及玉瓮面上即将打下来的四个钻心，贴上标签，一并送呈乾隆御览。

乾隆同意“照样准做，先将径圆四寸的大钻心拆下呈览”。这可为难了造办处的官员和如意馆的玉匠们。按照常规，“旁边需先取小钻，方可取中间的大钻心”，如果先取大钻心，就把旁边的小钻心破坏了。

玉匠们让四德如实请示皇上，有旨后再做。四德将为什么不能先取大钻心的缘由画成纸样，交太监胡世杰呈览。

乾隆没有固执己见，回话“准先打小钻心”。

乾隆三十五年（1770）三月二十六日，乾隆想看看玉瓮做得怎样了，令太监胡世杰传旨造办处，将玉瓮安在“奉三无私”呈览。

这次有五件小钻心一并随玉瓮呈览。乾隆看后说：“玉瓮发往苏州交舒文成做，小钻心交如意馆做材料用。”同时，乾隆还下旨再做一件小的青玉云龙瓮。

乾隆三十七年（1772）年初，苏州将做得的白玉云龙瓮送进京，乾隆看后，下旨令如意馆刻字。

四月二十九日，如意馆交出刻得字的白玉云龙瓮及青玉小云龙瓮，并配得紫檀木座，交太监胡世杰呈览。

乾隆审验后表示认可，随后下旨：“大白玉云龙瓮，配做包镶木座，得时在淳化轩摆；小青玉云龙瓮改配石座，看地方供佛。”

历时三年的白玉云龙瓮初试制作工作，到此全部完成。

◎ 二、两淮大玉瓮

乾隆四十一年（1776）年初，新疆送到玉石巨料六块。其中最大两块，一块重五千斤，一块重四千余斤。

如意馆奉旨将五千斤重的玉石画得玉瓮纸样一张。因掏膛回残玉料不够乾隆要求的承做大宴玉器一百四十七件，因而将四千余斤玉石也画得玉瓮一件，用“余下回残钻心，凑做宴上盘碗等”。

五月二十八日，乾隆令太监如意传旨：“五千斤玉瓮交两淮盐政伊龄阿处成做，将钻心并回残不必送京，即着伊龄阿顺便送交苏州织造舒文，约做宴上盘、碗、盅、碟、瓶等件。其四千余斤玉瓮一件，交造办处成做，拉下回残并钻心，交苏州织造舒文处凑做宴上用盘、碗、盅、碟、瓶等件一百四十七件。

钦此。”

随后，协办大学士、尚书英廉在给乾隆皇上的报告中称，已派员将五千斤“大玉一块交伊龄阿坐京家人小心运往，成做玉瓮一件”。

六月初二，副都统金简，将造办处员外郎四德送到的承做玉瓮烫样二件，并做盘、碗、盅、碟、瓶木样十件，随附协办大学士、尚书英廉具奏折片一件，“交太监如意呈览具奏”。

交给两淮盐政伊龄阿承做大玉瓮的大玉石，协办大学士、尚书英廉在折片中是这样设计划分玉料的：“交两淮大玉一块，拉六锯，得回残六块。瓮高二尺、面宽四尺、进深三尺五寸。里膛打十三钻，约做碗四十一件、盅子十八件。回残六块约得碗二十一件、盘子五十一件、瓶一对、碟子四件。以上共约得大宴玉器一份，计一百四十七件。”

十二月二十二日，临时调任淮关监督的原两淮盐政伊龄阿，给乾隆发来一件折子，陈述半年来承做大玉瓮的进展情况：“为声明作玉瓮大玉一块，于九月初八日开工，昼夜赶办。照以原样，现已拉下二块，细看皮糙内虽有三分石性，玉情甚好，如无绺性，定成完器。至钻心材料，拟定随时陆续交苏州成做盘碗。其木样业经成做，按照云龙瓮样，现已雕刻，尚未完工，待有确实情形，再行具奏。”

乾隆四十二年（1777）二月二十一日，新年过后没多久，乾隆又惦念起大玉瓮制作的进展情况，他把副都统金辉叫到面前，面授谕旨：“着传与两淮盐政寅著，现做大玉瓮做至何成数，应取之钻心如得一件，即先行送来呈览。”

三月二十九日，两淮盐政寅著送到大玉瓮上铡下的一块重达一百七十七斤重的回残玉，以及四个小钻心，并建议大块回残玉制作一对玉瓶，小钻心可做玉碗。

寅著的建议本来是一件好事，但乾隆不喜欢“不用扬鞭自奋蹄”、“变被动服务为主动服务”式的人物，一切工作都应该在他的指挥下按部就班地进行，一切大小事务都应该由他说了算。

乾隆令副都统金辉传旨：“回残玉一块不必建议做瓶，着交广储司收贮。钻心大小四件亦不必做碗，一并交如意馆挑选应做何物，画样呈览。钦此。”

两淮承做大玉瓮自乾隆四十一年（1776）六月初九日起，至四十五年（1780）

中旬竣工，历时四年。

乾隆四十五年（1780）十月初一，大玉瓮送至京城，由员外郎五德等将其安在养心殿呈览。乾隆验看欣赏后，令其“在宁寿宫安设”。

◎三、造办处大玉瓮

乾隆四十一年（1776）五月二十八日，副都统金辉进京呈送新疆六块千斤以上玉石，其中一块重达五千斤的玉石，乾隆已令交两淮盐政伊龄阿承做大玉瓮。另外一块四千余斤重的玉石，乾隆令交给造办处，也承做一件玉瓮，目的是在获取钻心回残时，可与两淮承做的大玉瓮的回残钻心，一同承做大宴用盘、碗、盅、碟、瓶。

能为朝廷承做大玉瓮，这对内务府造办处来说，也是一件幸运的事。按照以往惯例，承做大型玉器，一般都由身在扬州的两淮盐政承担。

这一天，留在造办处承做大玉瓮的这块四千余斤重的玉石，造办处“当即拣派造办处员外郎四德、库掌福喜、催长福庆和金江承领成做，同如意馆行走玉匠邹景德详慎办理”，并“仍派郎中佛宁、员外郎连成监看稽查，小心办理”。同时，重申规矩，即制作之前“所用工料银两先核明尺寸，称定斤两。其磨去若干，现存若干，即一切花纹深浅，均有尺寸分两可较，不致靡费”。

乾隆对造办处承造大玉瓮的这种认真细致态度，非常满意。

六月初一，如意馆“详细踏勘，照大玉形制烫成纸样，细加核算”，估计两个玉瓮的回残钻心，可以承做盘、碗、盅、碟、瓶等一百九十三件，“尚有多余”。

对这些多余的部分，承办此项工作的负责人协办大学士、尚书英廉，也向乾隆做了说明：“钻心取出或有瑕绺石性不堪用者，即以此多余者补数。”

留在造办处如意馆承做大玉瓮的玉石，设计计划书是这样描述的：“拉七锯，得回残七块。瓮高一尺六寸、面宽四尺、进深三尺八寸。里膛打十四钻，约得碗二十七件、盘子九件、盅子十件。以上共约得盘、碗、盅，共计四十六件。”

六月初八，乾隆对这块大玉瓮玉石原料经过数天的仔细研究后，发现这块玉石原料底子不平，做玉瓮需将底面铡去一块，使之变平整。对铡下的回残，应该充分利用，以致不会浪费。乾隆对铡下的这块回残料，令造办处“暂不必料估做何活计，俟回銮时伺候呈览”。

针对乾隆指出的玉石原料底部不平，应铡下若干回残料，造办处急忙将“玉瓮烫样带回至造办处”，召集有关属员详察研究，并由如意馆“玉匠邹景德详细筹算”。经过再次核算，造办处得出结果上奏：“原定小烫样系拉七锯，下回残七块，将来得高一尺六寸、口径三尺八寸瓮一件。今按大玉实在形势查看，如按小样承做，未免伤材。随与邹景德面商，拟铡下回残玉六块，底面一锯，又让出二寸，即可得高一尺八寸、口径四尺玉瓮。外面总以云龙就和，不致有亏材料，并于初九日开工。已拉底面一锯，周围应去应留之处，随时再与邹景德商办，务期妥协。”

接到造办处奏报后，乾隆认真阅看，但还是放心不下。玉石底面锯成什么模样，其余五块回残玉大小如何，心里还是没底。于是，乾隆要求造办处，“将底面回残玉一块锯开时，即送来呈览。再，未锯回残玉五块，亦将高、宽、厚尺寸开写清单，一并送看”。

乾隆四十二年（1777）正月十二日，造办处将承做玉瓮烫样一件交太监如意呈览。乾隆批示：“交如意馆，着姚文翰在瓮样上画九龙。”

二月初六，如意馆在玉瓮合牌烫样上，着姚文翰画得四爪龙山水云龙龙样，交太监如意呈览。乾隆御览后在烫样上批示：“照样准做。”

乾隆御批的这件四爪龙玉瓮，将来回赐给哪位皇亲贵胄，不得而知。但由此可以看出，清乾隆朝，乾隆令内廷造办处制作四爪龙器物，应该是一件很平常的事。

十二月二十六日，造办处承做玉瓮已一年有余，乾隆令太监如意传旨，让造办处将这一年来承办玉瓮工作以及用工、用银、用料等情况，一一详细汇报。

十二月二十七日，按照乾隆的要求，造办处拟就了一份工作小结，上报乾隆。小结中说：“今为成造大玉瓮，已截锯得回残七块、大小钻心七十二个。现今磨里膛已至六成，凿錾外面山水云龙已有三成。自四十二年（1777）正月初二日起，至十二月二十六日止，除灯节、端阳节、中秋节工匠放假，及九月三十日安排活计，共计六日外，用过外雇玉匠七千三百五十二工、錾花匠一万两千一百八十工，共用外雇工一万九千五百三十二工。外雇工匠给工钱，不给饭钱，每工银一钱五分四厘，计银三千零三十五两六钱四分八厘。

食粮家匠一千七百一十六工，食粮家匠给饭钱，不给工钱，每工饭银三分六厘，计银六十一两七钱七分六厘。买办皮条、芜湖钢锤、马尾萝等项家伙，用银九十二两五钱五分三厘。以上工饭买办共用过银三千一百八十九两九钱七分七厘，较三十四年（1769）造办处第一次督办成做的大玉瓮，有省无浮。谨将所用银两，并行取物料、逐日匠工细数，以及比较，另缮清单，一并恭呈御览，谨奏。”

乾隆阅看后，在奏报上批示：“知道了。”

拉开玉石要用链片，这种链片分大小两种，边口为锯齿状，应该像今天的钢丝锯。链片统一由山西购进，一般情况下，造办处每年用量在几千斤。

这次造办处承做大玉瓮，时间紧、任务急，要加班加点赶制，估计需五年时间“可錾完竣”，山西地方官员奉旨“每年解交大链片一万斤，交造办处应用，俟五年后，即行停止”。

自乾隆四十二年（1777）至四十四年（1779），山西已经解交到大链片三万斤。大玉瓮于乾隆四十四年（1779）即可告竣，按其大小块件已足够使用。乾隆令造办处“酌核錾工，其未交之两万斤链片，相应奏明，行文该省停止，毋庸解交”。

乾隆四十四年（1779）九月二十六日，造办处将即将竣工的大玉瓮，安放在启祥门呈览。因玉瓮绺道过多，“必须烧补颜色方为整齐”。但造办处派人“遍觅京内，竟无人能补各种颜色”。于是，造办处托太监鄂鲁里口奏乾隆皇上，问能否请苏州织造全德送人到京。

乾隆对苏州玉匠朱佐章的琢玉技艺印象颇深，在以往苏州为宫廷制作玉器的匠役中，他可谓是“领军人物”，烧补玉色应自然不在话下。

于是，乾隆令太监鄂鲁里传旨造办处：“着苏州织造全德，传玉匠朱佐章速进京，烧补玉瓮颜色，完时即令伊回南。钦此。”

十一月二十二日，苏州织造全德来文称：“遵奉传唤玉匠朱佐章，令其即日进京。据朱佐章称，大件玉器补色必须有帮办。其子朱仁方在其身边帮忙已有多年，系是熟手，恳携带进京帮做。今差人朱佐章并子朱仁方，俱已伴送到京，即其烧补玉瓮颜色，俟完时即令伊等回南。”

乾隆同意了全德的请求，着人传旨：“即令伊烧做玉瓮颜色，赶何日可得，并将新做玉瓮，照乾清宫现安玉瓮紫檀木包镶石心木座一样配做。其石座交工程处成做，得时在乾清宫东暖阁陈设，将现设之青玉瓮换下，安设在宁寿宫之坤宁宫东暖阁对间处安设。钦此。”

乾隆对玉瓮补色之事非常重视，多次要求造办处尽速烧补。造办处官员深知，必须做到事事心中有数，才不至于乱了方寸，而招致皇上的怪罪。

朱佐章到京当日，管理养心殿造办处事务舒文，即详细询问他烧补玉色的时间等有关情况，然后让太监鄂鲁里口奏皇上：“问得朱佐章，此项玉瓮活计甚大，不能预为料估定准得日。奴才现派官员送他，昼夜监看，赶紧烧补，务限伊于年内赶完。俟伊赶完呈览后，于圣驾起銮后，即遵旨配安石心雕刻紫檀木云水座，务赶皇上回京时赶做完竣。”

十二月二十七日，费时三十五天，朱佐章带领其子朱仁方，终于将玉瓮颜色烧补完毕，安在启祥门内呈览。

此次烧补玉瓮颜色，朱佐章父子二人昼夜赶做，所做活计让如意馆玉匠佩服，也令造办处大人们满意。造办处大人们商议，想留二人在京当差。但又不便直说，因为当初乾隆是下了谕旨的，“完时即令伊回南”。

于是，造办处官员商议，用模棱两可的话来试探着请示乾隆。造办处在给乾隆的奏请中说：“朱佐章与伊子朱仁方，可否令其回籍或留京当差。”

乾隆见此折片，不太高兴。说好的事，怎么又要变卦。乾隆不喜欢凡事变来变去，他令太监如意传旨：“朱佐章并伊子，俱着回籍。”同时要求，玉瓮里膛要刻诗，并不厌其烦地再次重申：“玉瓮配做雕紫檀木包镶石座，其石座交工程处成做，得时在乾清宫东暖阁安设。将现设之玉瓮换下，在宁寿宫之坤宁宫东暖阁安设。”

造办处承造大玉瓮自乾隆四十一年（1776）六月初九起，至四十四年（1779）十二月二十三日止，“共计用过工饭买办银九千八百四十七两二钱四分九厘”。

“大禹开山”

今天故宫博物院所藏的乾隆朝“大禹治水”图玉山子，当时乾隆皇帝称之为“大禹开山”，由两淮盐政承做。

该玉雕陈设高二百二十四厘米、宽九十六厘米、重约万斤。玉雕展示了成群结队的民工在悬崖峭壁上开山凿石，重峦叠嶂、气势恢宏的场面。玉雕正面中部山石之处阴刻“五福五代堂古稀天子之宝”篆字方印，北部下方刻“八征耄念之宝”篆字方印，背部上方阴刻乾隆《题密勒塔山玉大禹治水图》御制诗。

乾隆皇帝之所以将出自宋人《大禹治水图》手卷的大型玉雕陈设称之为“大禹开山”,而不是“大禹治水”,是缘于立体玉雕陈设,更容易表现民工开山运石、筑堤护坡的场景，而不宜于展现挖沟修渠、兴修水利的场面。从玉雕整个画面设计上看，确实表现出了万众一心、不畏艰难、开山凿壁、搬运山石的繁忙景象，故乾隆称之为“大禹开山”，可能更恰当一些。

由两淮盐政制作的“大禹开山”玉雕陈设完成制作送京后，乾隆曾于五十三年（1788）正月初六，令造办处找来宋人《大禹治水图》手卷一卷，仔细对照御览。同时,乾隆令造办处将此手卷“交启祥宫配袱别匣”。由此可见，当时这件宋人手卷没有锦袱包裹，没有玉别子，也没有木匣盛装。

乾隆五十二年（1787）三月十三日，乾隆在催问苏州现做《兰亭计》玉山子陈设时称：“苏州现做《兰亭计》玉山子陈设一件为何至今还未做得？两淮‘大禹开山’尚且做得在途解送来京。”

四月十九日，乾隆令太监鄂鲁里传旨：“两淮成做‘大禹开山’，业经奏过做得，至今未见送到，着舒文向伊家人问明回奏。钦此。”

四月二十日，舒文谨奏：“为遵旨传问。”据两淮盐政征瑞坐京家人周祥声明称：“‘大禹开山’陈设一件已经做得，现在光亮，于六月内始能下船，由水路运送解交，约于八月间方可到京。奴才又诘问该家人周祥，你主儿活计成数折子上已奏报，正月内光亮，为何至今尚未光得，六月内始能下船？据周祥称，系问得跑折差并进贡来京家人所说是实。为此谨奏。”缮写折片交太监鄂鲁里具奏。

乾隆在折子上朱批：“知道了。不必行文，着周祥抄折送去。”

四月二十六日，员外郎五德、大达色，库掌金江，催长舒兴，笔帖式福海，应乾隆之约来到乾清宫，当面向乾隆汇报“大禹开山”玉雕陈设的木座制作情况。五德说:“两淮盐政征瑞送到‘大禹开山’木样一座,安在奉三无私呈览，待皇上批准后，照此制作铜质座。”

乾隆对舒文等来人说："着交舒文、伊龄阿看地方安设。其现做大玉山子俟送到时，亦交舒文、伊龄阿在乾清宫、宁寿宫看准地方，奏明再安。"

同时，两淮盐政征瑞在给乾隆的折子上还提到，拟在铜座下面添做一个石座。乾隆闻此，觉得征瑞做事有点过头。玉山子"大禹开山"将来是放在殿内，还是殿外，还没有最后确定，怎么征瑞现在就决定制作石座，只有放在殿外的大型器物，才需要用石座。

作为一国之君的皇上，心胸并非都宽广博大，有时也会因为一点小事固执己见，执拗地过不去，让部下无所适从。部下出于好意提的建议，得到的往往是不着边际的批评、指责，甚至是呵斥。

乾隆为征瑞预先提及制作"大禹开山"石座一事，甚为不满，发了一道上谕："征瑞奏承办'大禹开山'图玉山子一件，请于铜座下添做石座一折。此项玉山子将来安设殿内或在殿外，尚且未定，俱应俟运送到京，再行酌量定夺。若在殿内陈设，不便于铜座之下添做石座。乃征瑞预行奏请，殊属用心过当。征瑞向来办事尚属细致，是以调任两淮。自到任以来，办理诸事非过当，即不及。看来征瑞坐享丰赡，遂尔志得意满、利令智昏，竟致手足无措。将次传谕知之。"

职场上的真理永远掌握在位高的一方。即使征瑞已享受总督巡抚待遇，可谓权倾一方、位高权重，但在皇上面前，他只是个臣子奴才。征瑞接旨后叩头表态："嗣后，一切差务定小心妥办，不可重蹈前辙。"

八月二十五日，就"大禹开山"安放在宫内何处一事，造办处员外郎五德等呈交乾隆一件折片："奴才伊龄阿谨奏，未奏闻请旨事。本年四月二十六日奉旨，两淮现做'大禹开山'俟送到时，交伊龄阿、舒文在乾清宫、宁寿宫看准地方，奏明安设。今据两淮盐政征瑞，于八月十六日送到'大禹开山'陈设一件，连座通高一丈六寸。奴才等即督同造办处官员前往乾清宫、宁寿宫等处，其分位大小详细斟酌，以期如式。谨拟得，在乾清宫西暖阁对面如意门陈设，并拟请宁寿宫东暖阁现安玉瓮分位换安。如蒙允准，其玉瓮拟陈设乐寿堂西稍间。再，拟得乐寿堂向北现安西洋水法'一统万年青'分位换安。又，拟得顺和轩西次间雕龙柜，分中安设计踏，勘得应行陈设地方五处，谨画得地盘纸样五张，一并粘签恭呈御览，伏祈圣主训示遵办，为此谨奏等因，于八月二十日交太监鄂鲁里转奏。"

乾隆阅折后，令传旨："准在西洋水法'一统万年青'分位安设。钦此。"

“大禹开山”玉雕陈设送到京城后，内廷玉匠还要在玉雕陈设上刻诗、刻款。由于玉雕太高，玉匠无法雕刻，造办处请旨另做脚踏。

乾隆五十三年（1788）五月初四，乾隆接到造办处郎中保成呈明稿一份，内容是:“为呈明行用脚跺事。于乾隆五十二年（1787）九月内，两淮送到‘大禹开山’图玉山子一座，安宁寿宫乐善堂陈设。于乾隆五十三年（1788）正月二十五日，太监鄂鲁里传旨，‘着如意馆朱永泰刻字’。今为刻做‘大禹开山’图玉山子一座，高九尺五寸，刻做不能得力，须用脚跺一座方能刻做。理合呈明堂台批示交活计房，交该作成做脚跺一座应用，俟活计完时交造办处钱粮库，另录尺寸单粘后，一并呈阅等因，回明兵部右侍郎伊龄阿、御前大臣内大臣福长安，准行遵此。内务府大臣舒文，总管福克精额等准行，记此。脚跺一座：通高四尺、宽三尺、板厚一寸、每蹬高一尺。”

乾隆在呈明稿上朱批“知道了”，同意制作脚踏。

“大禹开山”大型玉雕陈设，从新疆采玉后运往京城，再从京城运至两淮，再由两淮承做完成后运送京城，前后用了大约十年时间。玉雕陈设的雕刻制作，实际时间应在六七年间。

“大禹开山”玉雕陈设是目前世界上现存体积最大、保存最完整、制作最考究、用料最精良的古代大型玉雕陈设器，可谓玉器之王，堪称稀世之宝。

“南山积翠”

乾隆朝，内廷遵照乾隆皇上的旨意，承造了数件大型玉石雕件，在承造“大禹开山”之前，还由两淮盐政承造过一件较大型玉雕陈设——“南山积翠”。

乾隆四十一年（1776）初，副都统金辉进京述职时，呈送乾隆六块从新疆带来的千斤以上大玉。其中，一块交两淮制作玉瓮，一块交造办处制作玉瓮，一块交苏州制作十八罗汉。剩余三块大玉，乾隆一直没有忘记，总在盘算着用来做点什么。

这一年的八月初五，乾隆令太监如意传旨:“金辉到京时，将新进大玉六块，除做大玉瓮用二块、苏州造罗汉用一块，现存三块内挑一小块，着邹景德料估应做何样陈设，画样呈览。如做陈设不合适，即料估做玉瓮一件，亦先画样呈览，准时交长芦盐政西宁成做。钦此。”

八月初六，副都统金辉将二千余斤大玉石，着方琮、邹景德画得四张“南山积翠”纸样，带至热河交太监如意呈送乾隆御览。乾隆阅后同意制作，但同时要求金辉带领邹景德，按照大宴上盘碗尺寸打取钻心。

邹景德接旨后，详细查看此块玉石，发现该玉石“周身俱有石性，绺道甚多”。如果制作陈设，“按绺道必致脱落”，只能“扎开做小件活计用”。

随后，邹景德又从剩下的两块玉石中，挑得一块三千余斤玉石，因上面“仍有透绺一道”，按绺道铡开后，大块画云龙玉瓮纸样一张，小块画双环樽纸样一张，均做得木样。最后只剩下一块三千余斤的玉石，此玉未发现大面积绺道，可以承做“南山积翠”陈设。遂由方琮画得四张“南山积翠”山树陈设纸样。以上数件纸样，俱交太监如意呈送乾隆御览。

乾隆御览后，批准将云龙瓮、双环樽交长芦盐政西宁承做，并特别让金辉嘱咐西宁，“将瓮内按大宴上盘碗尺寸先行打取钻心，得时送京呈览”。而“南山积翠”山树陈设也同意“照样成做”，并“着金带领邹景德，将底面按大宴上盘碗尺寸打取钻心呈览”。

十一月二十八日，副都统金辉面奏乾隆：“南山积翠”大玉底面打取钻心，已得十二个小钻心、一个大钻心，尚有一个大钻心未取下。从目前情况看，此块玉石玉少而石性多，颜色也很平常。

乾隆听后，令造办处“不必再打取钻心，将玉送进呈览”。乾隆要看看金辉说的“玉少而石性多，颜色也很平常”是否属实。

金辉听说后，认为该玉石巨大，不便搬运，随即口奏乾隆：“此大玉分量沉重，如送进宫内呈览，必须用地车拉运，恐伤损地平。请谕安在咸安宫前，于十二月初二日呈览。”

乾隆觉得金辉说的有道理，同意于十二月初二，在咸安宫门前呈览。

十二月初二这一天，乾隆亲临咸安宫门前。在仔细查看这块玉石情况后，认为玉石绺道、石性没有金辉说的那么严重。如此大的玉石陈设雕件，不可能保证没有一点绺道和石性，制作玉石陈设件应该没有问题。遂令造办处，“即交两淮盐政寅著，照样成做”。

乾隆四十二年（1777）七月二十五日，员外郎四德、五德将两淮盐政寅著送到“南山积翠”木样一件，持进交太监如意呈览。

乾隆看过木样后，令太监如意传旨："仍发回两淮，交寅著照样成做。钦此。"

内廷承做大型玉雕，乾隆皇上还是对扬州比较信任，多由该地盐政督办承做。"南山积翠"的承造任务，乾隆原打算交给长芦盐政西宁承担，但经过认真考虑后，认为还是扬州承造更为稳妥。

"南山积翠"大型玉雕陈设的制作，用了近四年的时间。于乾隆四十六年（1781）五月二十六日，由两淮盐政伊龄阿亲自陪伴"南山积翠"玉雕陈设进京，面呈乾隆皇上。

观音佛像

乾隆继承了皇父雍正的信奉，对藏传佛教尊崇笃深、信奉不移。

乾隆对观音佛像研究很深，什么样的观音配什么样的座、安什么样的背光、糊饰何种纹饰的背纸，都能娓娓道来，可谓句句在理、字字在行。

乾隆十五年（1750）三月十二日，造办处找出前朝旧藏白玉观音一尊。因制作时间较长、存放保管不当，观音下衣摆已有缺损，但仍不失为一尊玉料考究、制作精良的白玉观音造像。

当天，乾隆在观赏过这尊玉观音后，令太监胡世杰到造办处传旨："将观音上缺处，着姚宗仁收拾好。再照静怡轩现供观音龛样，配龛安供。钦此。"

没过两天，乾隆又改变了主意，琢磨着配龛不如配莲花座，观音身后再安一背光，这样观音造像更显得光芒四射、光彩照人。

三月十六日，乾隆令太监胡世杰给专司此事的员外郎白世秀传旨："白玉观音不必配龛，着配莲花座，上安独扇屏风背光。先画样呈览，准时再做。钦此。"

员外郎白世秀认为，雍正皇帝对玉观音有较深的研究，当时的观音造像设计更为美观大方。白世秀自认为经验丰富，他交代属下，用紫檀木、楠木料，精心设计制作样品，一切纹饰装饰均要照雍正皇上喜欢的样式承做。

白世秀低估了乾隆皇上的专业水准和欣赏水平，他哪里知道，此时乾隆早已成竹在胸、自有打算。

乾隆看过白世秀送来的样品，对前朝时期的观音造像装饰，并不满意。他令太监胡世杰传旨："背光照样准做紫檀木边、楠木心。前面糊藏经纸，中间画乌丝，乌丝外画宋花边，中间写御笔字，后面亦糊藏经纸，着董邦达画画。其莲花座，着雕出莲花瓣内勾金道。钦此。”

这次白世秀谨慎了许多，为避免做了再改的无用功，他先将董邦达画的着色背光纸样呈送皇上御览，看看乾隆在此上还有什么新的设计方案。

果然不出白世秀所料，乾隆也是一面设计一面修改他最初的设计方案。针对董邦达画的着色背光纸样，乾隆要求白世秀“大线着染紫色，小线着染蓝色。北花纹着画绿色宋花边”。随后，乾隆再下旨，“着做雪花锦垫一件”。

五月初七，员外郎白世秀、司库达子，将白玉观音一尊，配得独扇屏风背光莲瓣座、雪花锦垫，交由太监胡世杰呈送皇上御览。

乾隆对承做的御用物品观察很细、要求很严，可以说近乎苛刻。他对此次承办的活计基本满意，但还是提出了批评意见，并以谕旨形式下发：“此垫子做得不好，暂且供着，再做锦垫一件，要五分厚。”

雍正朝遗留下来的玉观音佛像，有的佛头上的头发不是刻的，而是画上去的。乾隆对此种设计样式并不喜欢，他追求的玉雕人物要有整体感，不应该在玉雕人物上人为装饰。

乾隆二十二年（1757）三月初二，造办处交太监胡世杰一尊雍正朝制作的白玉观音，观音头上染有青发，并随白玉背光、白玉莲花座、紫檀木座各一件，呈送乾隆皇上御览。

乾隆见佛头上的头发不是刻上去的，而是后染的青发，对此甚为不满。乾隆要的是“真实”的头发，他遂下旨:“着将佛头上青发擦去，在白玉上做发。”

清朝宫廷殿内供的玉佛，一般都在百十斤重，而且所挑选的玉石材料，最终还要乾隆皇上亲自确定。

乾隆三十四年(1769)三月二十四日,乾隆令传旨,准备制作一尊文供玉佛。他请造办处派人到广储司银库挑选玉石，并照圆明园清漪园、清可轩殿内的文供佛样承造。

三月二十五日，造办处从银库挑得青玉二块，一块重一百一十七斤，一块重九十二斤，并由如意馆画得文供佛纸样一张，交太监胡世杰呈览。

乾隆御览后令太监胡世杰传旨：“照样准用重九十二斤青玉一块做文供玉佛。钦此。”

除了有与底座整体雕琢的玉观音像外，单独雕琢的玉观音像需另配紫檀木座。一般有两种木座：一种是莲瓣背光座，另一种是雕花背光莲花座。乾隆比较喜欢前者的莲瓣背光座，不喜欢后者的雕花背光莲花座。

乾隆二十五年（1760）七月二十五日，造办处转呈乾隆两尊玉观音，一尊是白玉观音，随紫檀木莲瓣背光座；另一尊是青玉观音，随紫檀木雕花背光莲花座。乾隆欣赏后，令太监胡世杰到造办处传旨："将青玉观音，照白玉观音莲瓣背光一样，配做背光，安在莲花座上，其雕花背光拆下，做材料用。钦此。"

乾隆朝，玉观音也被皇上用来赏赐用，一般不赏赐给朝廷大臣官员，而是藩属国国君或特定地区的部族首领。

乾隆五十三年（1788）十二月，两广总督孙士毅平定安南国（今越南）叛乱后，原国王黎维祁被废黜，乾隆下"降恩谕，封阮平为安南国王，并赏玉观音、玉如意等物"。

盘、碗、盅、碟

乾隆朝，玉质盘、碗、盅、碟等皇室和朝廷宴会上用的餐具，开始制作并使用。

玉质餐具小规模化制作始于乾隆十八年（1753），大规模制作在乾隆四十年（1775）以后，于乾隆四十五年（1780）左右达到鼎盛期。在这之前，皇上筵宴皇室贵胄及臣僚宾客时，多使用瓷器餐具，而使用玉石器皿作为筵宴用餐具，更能彰显皇室贵气和皇家气派。

◎一、选料

制作会上用的玉餐具，玉料主要是选用五等山料玉，少数也选用子儿玉。

在制作过程中，山料玉难免会有石性绺道。有点绺道问题不大，因为它只影响器物的美观，而基本不会影响器物本身的坚固性。而石性则不同，它易破碎，直接关系到器物本身的坚固程度。每当遇到玉石有石性时，制作者要请示皇上，一来是为了避免生米做成熟饭，遭皇上呵斥；二来是防止自行将绺道、石性玉材除去，将来玉料剩余多少说不清楚。

乾隆四十四年（1779）二月二十八日，造办处奉旨将一块山料玉“估做宴盘二件、宴盅三件”。但将山料玉铡开看时，里面有石性。如果除去石性，“可得盘一件、酒盅一件、碗一件”。造办处将此情况一一奏明皇上。

乾隆接到奏报后，亲自前往造办处查看玉石原料。见此玉料有的部分有石性绺道，有的部分则没有时，乾隆当场发布谕旨：“无石性玉，准做盘碗盅用。其有石性绺道玉料，不必成做。”

乾隆四十四年（1779）三月十八日，乾隆令造办处，把“新疆新运到的山料玉一百四十四块、重九百二十斤十五两”，交如意馆分别等次，画样呈览。

造办处随即“挑得山料玉五块，重一百二十八斤六两，分别画得酒膳盘三件、大酒盅二件，小菜碟、小酒盅、垂手果盘、鲍螺碗各一件”，交太监鄂鲁里呈览。

乾隆审看纸样后，令“交两淮盐政伊龄阿成做”。

用子儿玉制作筵宴餐具的不多，大部分是用五等山料玉制作。筵宴餐具毕竟属于生活日用品范畴，而不是工艺陈设品，没必要用太好的玉料承做。但在宫廷玉石材料过剩时，有时也会用子儿玉制作筵宴餐具。

乾隆四十四年（1779）九月二十四日，新疆送到“贡玉子儿三千七百六十块、山料玉大小二百三十七块”。新疆一次送到如此多的子儿玉材料，在以往是没有的事情。

乾隆除了批准将其中“山料玉十九块，准做宴上盘、碗、盅、碟”外，同时还批准“玉子儿二十一块，准做宴盘、碗、盅、碟三十一件”。但乾隆强调，各承做单位，所发去山料玉、玉子儿，“俱扎开看，如有石性绺道过多，不堪成做者，即不必做。如扎开看石性绺道感觉少，若可多做几件，即不必拘泥原料估数目，仅玉料估足，能做几件做几件”。

◎二、用料

制作一件玉碗，用玉料十六斤左右。乾隆朝中晚期，用在制作宴会上餐具的玉料，高达数十万斤。

乾隆二十八年（1763）四月初二，内务府根据圆明园筵宴上用玉餐具的需要，决定制作玉碗二百四十件。总管内务府大臣和尔经额本可以直接上奏皇上，请求批准制作玉碗，但他担心此次制作数量大，制作过程中难免会有意想不到的事情发生，从而引起皇上的不满。于是，他以广储司管理玉料为由，请广储司代为奏请乾隆批准制作玉碗二百四十件。

广储司在给乾隆皇上的奏报中写道："广储司奏为拣选库贮玉石，交苏州织造萨载成造玉碗事。总管内务府大臣和尔经额谨奏，臣等遵旨，将现在库贮堪以成做玉碗之玉石内，除派造办处官员率同善识玉性匠役人等，特选得大小青玉共九十块，称得共重三千九百八十二斤八两，尽得玉碗二百四十件。谨备恭呈御览。如蒙谕允，臣等选派妥员送往苏州，交付该织造官萨载，令其敬谨妥协成造交送，以备应用。为此谨奏。"

乾隆对广储司尽职尽责、做事不分内外、竭诚为朝廷办事的勤敏作风，甚是满意。但是，对总管内务府大臣和尔经额的办事谨小慎微、前怕狼后怕虎、畏惧承担责任的做法，大为不满。

在此批玉碗送京前夕，乾隆发了一道上谕："和尔经额遇事推诿，着革去总管内务府大臣，不必管理圆明园事务，仍留副都统，着管理万寿山、静宜园。嗣后，看伊行走，若不勤勉，即将副都统一并革退。总管内务府大臣克图之父常明，从前行走勤敏，伊亦行走有年，着加恩补授总管内务府大臣，其圆明园事务，着署理武英殿事务福隆安管理。"

◎三、质量

尽管对承做大宴上餐具的玉料左挑右选、百般审验，各织造呈送宫里的玉盘、碗、盅、碟中，仍不免夹杂着一些有石性和绺道的玉餐具。织造们认为，大宴上用的玉餐具，与皇室筵宴上的玉餐具不同，大宴上聚餐人数众多，地位有高有低，玉餐具有点瑕疵不是什么问题。可乾隆不这么想，他追求事物是尽善尽美的，制作的器物容不得有半点瑕疵。

乾隆四十四年（1779）三月十五日，乾隆令太监鄂鲁里传旨："着传与两淮盐政伊龄阿、长芦盐政西宁、苏州织造寅著、江宁织造穆腾额，现做大宴玉盘、碗、盅、碟，如有石性多绺者，不必成做，急速送京呈览。再，有未扎做者，急速扎开视看，亦将有石性多绺者一并送京呈览。钦此。"

◎四、刻款

筵宴用玉餐具一般不刻年号款，只是在乾隆朝中后期，开始在极少量的筵宴玉餐具上刻款。

乾隆四十四年（1779）五月初八，乾隆令员外郎五德，将六件青白玉宴盅送造办处，“俱刻‘乾隆年制’款”。

乾隆四十四年（1779）九月二十二日，员外郎四德将苏州送到的八件青白玉宴盅，呈送乾隆御览。乾隆令造办处传旨：“着刻‘大清乾隆年制’款。钦此。”

乾隆四十五年（1780）九月初二，乾隆令将二件青白玉宴盘，“交如意馆刻‘大清乾隆年制’款”。

乾隆四十五年（1780）九月二十九日，乾隆令启祥宫在八件青白玉宴盅、五件青白玉宴碗、三件青白玉小酒盅、一件青白玉宴盘上，“俱刻‘大清乾隆年制’款”。

乾隆四十五年（1780）十月初十，乾隆又令启祥宫在二件青白玉宴盘、一件青白玉宴盅、一件青白玉小盘上，“俱刻‘乾隆年制’款”。

上述这些刻年号款的玉餐具，最终都被乾隆作为艺术品陈列和收藏。

◎五、餐具

从乾隆三十六年（1771）开始，由于宫廷内玉盘、碗、盅、碟等制作数量不断增多，该类器具已经不再是文玩摆设，而逐渐变成了皇室餐桌上的实用器。

乾隆三十六年（1771）十月二十日，苏州一次送到遵旨承做的青白玉盘子三十七件。乾隆第一次下旨，将这些盘子“交茶膳房挑用”。

乾隆三十六年（1771）十一月二十七日，苏州又送到一批共计一百四十七件宴上用青白玉碗、盅、碟、盘。乾隆令太监胡世杰传旨：“宴碗、盅、碟、盘交茶膳房。”

乾隆四十三年（1778）以后，新疆大量罚没的玉石分十几批运送进京。这些玉石多为二等至五等玉石，四等五等玉石多用来制作宴上用餐具，此时是宫廷制作宴上用玉餐具的高峰期。

乾隆四十四年（1779）十月初七，乾隆一次就将如意馆存放的八十一块大山料玉，分发两淮、苏州、长芦、杭州、淮关、九江关、江宁、凤阳关等京外“八处”，承做筵宴餐具。

乾隆四十四年（1779）十月十九日，太监鄂鲁里传旨造办处，将“叶尔羌送到山料玉一百一十五块”，送呈乾隆御览。除了“石性过多不堪用玉七十五块交广储司银库收贮”外，其余四十块，均被乾隆“分发八处成做宴上盘、碗、盅、碟”。

当时一同送呈乾隆御览审批的还有玉佛、陈设、爵杯盘等十五项制作纸样。乾隆为了使京外“八处”不影响宴会上玉餐具的制作，将此十五项谕令“暂收造办处，俟各处盘碗陆续交来，再行分发成做”。

从乾隆四十年（1775）以后，宫廷宴会上用的玉餐具不断多样化和细化。玉盘中又细分出高头盘、点心盘、点心高头盘、饽饽奶子盘、酒膳盘等；玉碗中又细分出群膳碗、菜高头碗、鲍螺碗、苏糕鲍螺碗、奶茶碗等；玉盅也细分出大酒盅、小酒盅、果盅、垂手果盅、看盒盅。同时，新设计制作出宴罐等玉餐具。

上述这些玉餐具的用途大致为：玉菜高头碗用来盛热菜，玉酒膳盘盛下酒菜即今天餐桌上的凉菜，玉果盅盛腌泡的水果，看盒盅内盛可供观赏的水果，玉壶用来盛酒，玉罐盛炖鸡炖肉，玉鲍螺碗盛炖制的海鲜品等。它反映出乾隆朝中后期，社会繁荣昌盛，百姓富庶丰裕，宫廷奢华安逸，皇室生活不断推陈出新的盛世景象。

乾隆朝中后期，由于制作筵宴用玉餐具的任务十分繁重，京外“八处”接办的活计应接不暇，乾隆决定安排内廷造办处承做一些，以缓解京外“八处”的压力。

乾隆四十四年（1779）正月初十，造办处奉旨承做宴会上用玉餐具，随后挑出三块山料玉，其中一块重七十五斤，画得点心高头盘二件、苏糕鲍螺碗一件、小菜碟一件；一块重三十二斤，画得群膳碗一件、垂手果盅一件；一块重三十八斤，画得群膳碗一件。

太监鄂鲁里将这批玉料送呈乾隆御览。乾隆令造办处：“留启祥宫镟做。钦此。”

到了乾隆晚期，由于京外“八处”大量承做筵宴玉餐具，玉盘、碗、盅、碟等已是皇室家族日常餐桌上的主要餐具。作为代表象征皇权、富贵荣华、品位高雅的玉餐具，在重要场合、重要年节已基本取代瓷器，成为乾隆晚期皇家筵宴餐具的主流。

鉴于玉质餐具像瓷质餐具一样有易破损的特性，每当京外“八处”送到新的玉餐具，乾隆都会令茶膳房，挑选换下已经破损的玉餐具，余者则存放古董房备用。

乾隆五十二年（1787）九月二十九日，杭州送到玉宴盘五件、玉宴碗二件、玉垂手果盅十件、玉宴盅四件。乾隆令“交茶膳房挑用，余者俱交古董房下库备用”。

◎六、存贮

正像一般的餐具一样，宫廷大宴上的玉餐具也要不断地更新换代。淘汰下来的玉餐具，不会丢弃或存入一般库房，而是要交古董房，作为古董永久保存，这就是为什么乾隆对玉质的盘、碗、盅、碟情有独钟，并对其评价甚高的原因。

乾隆四十二年（1777）二月初四，造办处从茶膳房撤换下一批大宴上用的玉餐具，其中挑选出有代表性的三件青玉碗、二件青玉碟交太监常宁，送呈乾隆皇上决定如何处理。乾隆看后令常宁传旨：“交古董房收贮。钦此。”

有时新送来的玉餐具过多，茶膳房用不了，一般不会就地在茶膳房存放，乾隆会令新玉餐具同撤换下来的旧玉餐具一道存入古董房。

乾隆四十三年（1778）三月二十五日，苏州送到青玉宴盘十二件、青玉宴碗五件，造办处在茶膳房玉盘碗内换得宴盘八件、宴碗二件，余下宴盘四件、宴碗三件，连同换下的玉盘碗，交太监鄂鲁里呈览。

乾隆看后令鄂鲁里传旨：“将余省玉盘碗并换下玉盘碗，俱交古董房收贮。钦此。”

还有一种情况，就是在乾隆后期，由于京外“八处”承做的玉筵宴餐具越来越多，宫内茶膳房已经承载不下，于是乾隆颁旨，令各处将新送到的玉餐具，不要在茶膳房周转，直接送至古董房存放。

乾隆五十二年（1787）四月二十一日，淮关监督佛保送到青白玉碗三件、青白玉宴盅二件、青白玉宴盘二件、青玉碟一件。乾隆审验后，令造办处员外郎五德、大达色，“将盘、碗、盅、碟，俱交古董房下库”。

茶膳房撤换下来的玉盘、碗、盅、碟，破损不严重或不适合用的，一般存入古董房，或在殿堂摆设，破损严重的会就地处理或交崇文门变价。

乾隆四十六年（1781）正月二十一日，造办处将茶膳房撤换下来的一件青玉宴碗，交太监鄂鲁里呈送乾隆御览，听候处理意见。此青玉宴碗因使用时间过久，同时又不合当时宴会上用玉碗的尺寸大小。乾隆令造办处传旨，将其“配座，得时刻二等收藏。钦此。”

◎七、造价

宫廷筵宴用玉盘、碗、盅、碟，虽是吃饭用的餐具，但造价也不菲，每件玉盘碗光工匠工资费，也要十余两白银，这在当时也是一笔不小的数目。

乾隆二十八年（1763）三月十八日，已经用了近十年玉质餐具的乾隆皇帝，想知道这些玉质餐具的造价成本，以决定是否再承做一批。于是，他对总管内务府大臣英廉说：“造办处于乾隆十八年四月，曾奉旨在银库玉石内挑选足做玉碗玉盘各一百二十件，查工价如何开销。”

英廉当即派员翻找账簿，将查得的结果上报皇上。报告中称：“玉碗一百二十件，总共报工银一千九百二十一两九钱二分；玉盘一百二十件，总共报工银一千四百四十一两四钱四分。”

看到报告中的人工成本和造价，乾隆并未觉得很高，他令造办处传旨：“着交内务府，照从前之例挑选玉石发往南边，照数再做一份。并派妥协人，随玉石前去催做。其剩下回残之玉，不必运送进京，即留在南边有用处用。钦此。”

乾隆认为，一件玉餐具的制作成本十几两白银，和其他玉石雕件动不动几百两、上千两白银相比，造价并不算高，甚至太过于低廉，这也是后来乾隆不断批准大量制作玉餐具的一个原因。

◎八、仿明

乾隆四十九年（1784），宫廷筵宴用玉餐具又推出新品种——仿明代成化瓷器鸡缸杯、天鸡罐和宣德铜炉的玉餐具。

乾隆对烧造于明成化的瓷器鸡缸杯、天鸡罐以及明宣德铜炉，有着特殊的喜好。这几种明代器物在乾隆朝已十分难得，且弥足珍贵。当时，京外“八处”几乎都曾奉旨承做过这类品种的玉器物，时间持续了约一年。其中，承做鸡缸杯五十余件、天鸡罐不到十件，宣德炉只试做了一件。

可能是这种仿明代器物的玉餐具在大宴上不太实用，或是玉质鸡缸杯、天鸡罐、宣德炉根本就没有明代原器物的那种感觉，至乾隆五十年（1785）以后，乾隆就再也没有令造办处仿制过此类玉餐具。

乾隆朝，明代成化鸡缸杯瓷器是高贵殿堂里的文玩珍奇摆设，而玉质鸡缸杯则是存放在茶房供君臣宴会上饮茶用的餐具了。

乾隆四十九年（1784）四月二十六日，苏州送到第一批奉旨承做的青白玉鸡缸杯三件。乾隆令造办处："鸡缸杯交茶房。"

七月二十一日，淮关监督征瑞差家人邵祥，送到青白玉鸡缸杯十一件。乾隆传旨造办处："玉鸡缸杯留下二件，余剩九件交热河在大宴上用。钦此。"

乾隆五十年（1785）以后，玉鸡缸杯、玉天鸡罐这类仿明成化器物作为餐具，已经逐渐淡出筵宴场合，主要还是它不实用，过小的体积不适合北方游牧民族饮茶饮食的习惯。

乾隆五十年（1785）二月初四，九江关送到奉旨承做的玉鸡缸杯四件，造办处催长金江交给太监鄂鲁里呈送乾隆御览。由于这类仿明代玉器物既不实用，又没有什么审美价值，此时的乾隆，已经没有了当初仿制古代名器的热情。他令传旨造办处，"将鸡缸杯交古董房下库"。

从此以后，乾隆再也没有提及或使用它们。

碗

这里将玉碗单独来写，说明乾隆皇上对玉碗情有独钟，有着特殊的喜好。

乾隆朝，宫廷使用或陈设的玉碗，大小不一，品种繁多、最大的直径可达二十四厘米。碗面有雕刻花草图案的，有雕刻乾隆御制诗文的，也有素面的。形制多种多样，图案设计丰富多彩，雕工细致精良，使乾隆朝玉碗成为玉器中集实用器和陈设器于一身的宫廷高档御用品。

乾隆朝，著名的玉碗有白玉错金嵌宝石碗。这件玉碗高四点八厘米，直径十四点一厘米，羊脂白玉质地。碗外壁饰错金花卉枝叶，花瓣由一百八十颗宝石镶嵌，碗内壁刻乾隆御制五言诗："酪浆煮牛乳，玉碗似羊脂。御殿威仪赞，赐茶恩惠施。子雍曾有誉，鸿渐未容知。论彼虽清矣，方斯不中之。巨材实艰致，良匠命精追。读史浮大白，戒甘我弗为。"署"乾隆丙年新正月御题"。碗心刻"乾隆御用"款。碗侧雕一对花蕾式把手，为花瓣形底足，并满饰错金花卉枝叶。

此碗既是实用器，也是陈设器，是乾隆时期制作的一件集高超的琢玉工艺与错金镶嵌技术于一身的艺术珍品。因档案文献记载有限，此玉碗的具体制作年份不详。

乾隆喜欢玉碗。乾隆朝，宫廷玉碗从最初的文玩摆设，到后来成为餐桌上的实用器，但玉碗在乾隆心目中的地位并没有因此而改变。

乾隆一朝，宫廷玉碗的制作数量相当可观。乾隆十八年（1753）四月十八日，如意馆玉画匠姚宗仁奉旨在银库玉石中挑选上等玉料二千二百一十四斤，乾隆一次就批准苏州织造承做玉碗一百二十件。苏州历时一年制作完成，分四批将一百二十件玉碗送至京城。

◎一、等次

玉盖碗比普通无盖玉碗的身价要高，即使有粘补，也会被列为上等或头等收藏。

乾隆三十五年（1770）闰五月初三，太监如意奉旨将一件青白玉盖碗送交造办处"配锦匣袱"。此玉盖碗底足和盖顶都有粘补。但乾隆还是交代，将此玉盖碗"入乾清宫时做上等"。

如果玉盖碗有座，往往要把等次刻在木座上。

乾隆五十一年（1786）十月二十一日，造办处员外郎五德、库掌金江等，将景福宫多宝格内一对有磕绺的白玉盖碗，交太监鄂鲁里呈送乾隆御览。乾隆令传旨造办处："配座，得时刻头等。"

乾隆确定玉碗的等次不以玉色为标准，不是白玉或子儿玉制作的玉碗才能定为头等，而是依据器物的造型、品种、琢刻难易程度、历史传承等因素来决定。即使是青白玉或青玉，只要符合上述标准，也可定为头等。

乾隆五十七年（1792）五月初九，太监鄂鲁里交给乾隆两件青白玉碗，如意馆刚刚在碗上刻了"乾隆年制"款。乾隆令造办处"配座，得时刻头等，交重华宫讫"。

九月十五日，太监鄂鲁里呈送乾隆由苏州送来的一件青白玉宴碗、一件青白玉拱花碗，乾隆令造办处"配座，得时刻头等，交宁寿宫讫"。

在玉碗口沿处镶嵌黄金，即金口玉碗，也是乾隆朝宫廷玉碗的一个品种。

乾隆二十一年（1756）十月二十三日，员外郎朗正培接到一件押帖，内称：本月二十一日，太监胡世杰交青玉把的碗一件，碗口有绺，乾隆御批："着将青玉把碗口上绺处扎去，足扎去五分，得时交造办处镶金口。"

清代宫廷把有把儿的杯也称作碗，不论是双把儿的，还是单把儿的。有时这种带把儿的"碗"个头比较大，乾隆看着不习惯，往往会下令将把截去。

乾隆二十二年（1757）二月二十三日，苏州行宫给内廷送来福州将军新柱新呈进的一件白玉有把儿素碗，以及做样汉玉阳纹莲花瓣碗一件。

乾隆不喜欢带把儿的玉"碗"，也感觉这件带把儿的碗过大。他原本想退回福州将军，但见此碗的玉质温润莹泽，器型也不错，还有改造的余地，遂令造办处传旨："着将白玉碗上把儿截去，照汉玉碗上阳纹花成做。其碗口并底足亦照汉玉碗做，碗中底上不必落堂，其座子用老紫檀，做古朴式样。钦此。"

雍正朝，有烧制写梵文咒语的青花瓷碗。到了乾隆朝，烧制写有梵文咒语的青花瓷碗不多见了，但乾隆曾下旨在玉碗内刻梵文咒语。

乾隆三十八年（1773）二月初一，太监胡世杰从造办处找来一件青玉小碗，这件青玉小碗存放在造办处库里多年，一直没地方摆放。乾隆听说后，指示配个紫檀木座，看地方摆放。

二月十二日，造办处将青玉小碗配得紫檀木座后，呈送乾隆御览。此时乾隆又突发奇想，令造办处"将碗里上着喇嘛写咒语样呈览，准时交如意馆刻"。从玉碗是事先做好的情况看，该咒语应该是阴刻。

乾隆朝，筵宴用的玉群膳碗有一定的标准尺寸。一般供摆设或观赏把玩用的玉碗，要比宴上用的玉碗小。清代统治者的祖先是北方游牧民族，有用大碗大盘吃饭的习性，宫廷在制作筵宴用餐具时会有考虑，不会太娇小秀气。

乾隆四十四年（1779）正月初十，造办处奉旨制作宴上用餐具，其中挑得一块三十八斤重的山料玉，打出钻心准备承做一件群膳碗。因打出的钻心"浮面有石性，比群膳碗尺寸矮二分"，于是将玉钻心交太监鄂鲁里转呈乾隆皇上定夺。

乾隆仔细丈量钻心后，认为此玉钻心去掉浮面石性后，确实比群膳碗尺寸要小，不符合宴上用餐具的规制，但可以制作一件普通的玉碗。于是，乾隆令太监鄂鲁里传旨："不必做群膳碗，着仅玉做碗一件。钦此。"

乾隆四十四年（1779）九月二十七日，太监常宁从造办处找来一件前朝旧存青白玉大盖碗，有绺。乾隆令常宁传旨："刻'乾隆御玩'。钦此。"

乾隆朝，玉碗样式很多，常见的有高足碗、撇口碗、把碗、宴碗等。其中高足碗的等次较高。

乾隆二十一年（1756）十月二十五日，太监胡世杰交给造办处太监李光禄青玉高足碗、青白玉撇口碗各一件，并传乾隆皇上的谕旨："将青玉高足碗配锦匣袱，入乾清宫时做上等。青白玉撇口碗配锦匣袱，入乾清宫时做次等。俱交启祥宫刻款。"

◎二、刻款

小巧精致的玉碗玉碟，乾隆会刻上乾隆御用款，供把玩、陈设和收藏。

乾隆四十五年（1780）九月二十一日，如意馆镟得一件精致白玉小碗，乾隆甚是喜欢，他令太监常宁到造办处传旨："交如意馆刻'乾隆御用'款。钦此。"

乾隆四十五年（1781）十一月十九日，造办处奉旨在库里找到一件旧藏白玉小碟，交太监鄂鲁里呈送乾隆御览，小碟材质纯净温润，雕刻精巧，乾隆令鄂鲁里传旨造办处："着交启祥宫刻'乾隆御用'款。钦此。"

◎三、盛器

乾隆朝，玉碗还成为乾隆用来摆放高品质子儿玉小摆件的盛器。玉碗盛小摆件，比其他诸如珐琅盒、紫檀木盒、文竹盒等所盛器物，欣赏起来更直观、更方便。但玉碗内要用绫子衬底，一来防止玉碗与玉摆件直接接触，导致磕碰；二来也起到装饰作用。

乾隆四十六年（1782）五月十七日，乾隆令太监鄂鲁里传旨："将'奉三无私'青白玉撇口小碗内皮糙玉石子儿暖手拿出，玉碗'配绫垫'后，再将其放入。钦此。"

用玉碗做盛器的现象虽然在乾隆朝不普遍，但乾隆喜欢欣赏、把玩和使用玉碗，并不断延伸和扩展它的各种用途，自然也就能够理解。

◎四、摆设

玉碗除了作为宴会上餐具使用或古董收贮外，还经常作为陈设，供皇亲国戚们品味和观赏。玉碗作为陈设物，除了在紫禁城乾清宫陈设外，颐和园、圆明园、香山、瀛台、热河等地的殿堂，都有摆放。

乾隆五十五年（1790）五月二十日，根据内务府大臣们的安排，太监常宁从热河看戏楼取来青玉填金葵花式碗一件，从“水芳岩秀”取来碧玉盖碗一对，呈送正在热河度假的乾隆御览。乾隆令造办处传旨：“俱刻‘大清乾隆年制’款，得时即由报发来呈览，仍设原处。钦此。”

◎五、“回族”玉碗

从清康熙朝起，新疆回族居民就开始进献朝廷玉器，且多为盘碗类实用器，但数量不多。没有文字证明这些玉器是由当地制作的。而且有档案记载，新疆的回族匠并不会制作玉碗等玉器，很有可能是当地居民从痕都斯坦交换或购进的。

这类器物在乾隆的心目中，实际地位并不高。乾隆似乎更喜欢中原玉匠，特别是苏州、扬州玉匠制作的玉器。

乾隆四十九年（1784）十二月十二日，造办处从库里找来前朝旧存青白玉碗、碧玉回族玉碗各一件。前者“口缺有绺”，后者“足有缺”。这两件玉碗不论是从胎体薄厚，还是从制作工艺看，都是典型的痕都斯坦玉器的风格。虽然玉碗口足有缺，乾隆还是决定作为古董收藏。他令造办处“配回族布套，得时交乾清宫时做次等”。

新疆部落首领为建立与内地朝廷的关系，也曾进献玉碗。这种由西域地区部落民人制作的玉碗，今天称之为“痕都斯坦玉碗”，多为山料玉，胎体很薄，有的刻有诗文。碗的形制，虽然没有现代电动机器旋转的那么规整，但也显露出相当的雕琢技术水平。

乾隆十年（1745）正月，准噶尔部台吉策零，派使臣前往京城朝廷进表致谢，感谢朝廷“接济我等前往西藏念经之人牲畜路费”，允许西藏僧人或土伯特地方通于经咒者前来指导，并“立法可期永久”。来使进献乾隆玉碗、木碗各一件，貂皮三十张，犬一条，马一匹。乾隆皇上欣然接受。

◎六、绝世佳品

乾隆六十年（1795），即乾隆即将退位这一年，乾隆知道不久的将来，自己将永远离开住了六十年的养心殿宝座。平日里在乾清宫办公时，茶房都要送奶茶，陪伴他身边的有两件白玉撇口碗，几十年来他一直用这两个白玉撇口碗在养心殿宝座上喝奶茶，日久生情，眷恋不已。此时此刻，他要将它们精心打造一番，永远陪伴在自己身边。

四月初三，乾隆令太监鄂鲁里，将自己平日里在养心殿座殿喝奶茶的两件白玉撇口碗取来。两件玉碗玉质洁白纯净、温润莹泽，一件有金镶八块松石盖，一件无盖。乾隆把这两件在养心殿陪伴自己几十年的玉碗拿在手里，仔细端详，无论是政治斗争的惊涛骇浪，还是宫廷生活的春花秋月，都历历在目，延绵不断地浮现在眼前，使他浮想联翩，久久不愿意放下。乾隆令造办处为这两件白玉碗配罩盖匣、巴达马座，并为无盖玉碗配盖。

四月初四，造办处“将白玉碗二件内各配得罩盖匣呈览，随交出素金碗盖一件，系三等金，重四两一钱”。

乾隆看后令传旨：“将无盖玉碗一件，用交出素金碗盖，按口大小毁做嵌松石盖碗一件。钦此。”同时，他令传旨造办处：“玉碗二件配巴达马座、紫檀木五面诗堂罩盖匣，做样呈览。钦此。”

四月初九，造办处将玉碗二件配得巴达马雕回纹边五面留诗堂合牌画匣，送呈乾隆御览。乾隆看后很满意，令“照样准做，懋勤殿贴本文呈览，准时着如意馆将匣盖上面顶板，照本文镶银片，四面墙子刻字”。

四月十七日，造办处将“白玉撇口碗二件配得合牌罩盖匣样二件，匣盖面板上懋勤殿贴得御制诗本文，四面墙子上贴得大学士和珅、户部尚书董诰、大学士王杰、工部尚书彭元瑞诗本文”，呈送乾隆御览。

乾隆看后表示基本满意，但在细微之处还是提出了更高要求。乾隆令太监鄂鲁里传旨：“照样准做。面板上着如意馆照本文做银片字金宝，周围边线镶金丝回纹边，四面墙子上照本文刻字，周围刻拉道填金回纹边。钦此。”

五月初五，造办处将白玉碗一件，用交出素金碗盖改做得嵌松石花碗盖一件，并做样白玉碗一件，随镶松石金盖一件呈览。乾隆再次提出具体要求，谕令：“将碗盖二件上俱添按珠子顶，应用珠子向内务府挑用。”

当日，造办处派人从内务府库中挑出“无眼大正珠一颗，重一钱九分，色暗晶莹；通眼大正珠一颗，重一钱九分”。两颗大正珠交太监胡世杰呈览。

乾隆审验后令传旨造办处：“将无眼珠子打眼，俱在碗盖顶上嵌安。钦此。”

随后，造办处将玉碗两件各随金盖，用交出珠子两颗在顶上嵌安呈进。

乾隆精心打造和装饰的这两件白玉撇口碗，打算在自己的有生之年继续陪伴自己使用，继续由茶房专用于自己喝奶茶，并由茶房继续保管。于是，乾隆令太监鄂鲁里传旨造办处：“交茶房备用。钦此。”

暖　手

古代君王达官贵人玉不离身，玉除了显示君王显赫的身份，同时也起到护身保佑、驱灾辟邪的作用。玉石常常被古人制作成各种形制和样式的小件，拿在手里捏搓把玩，乾隆称之为“暖手”。

乾隆朝，玉暖手还有一个作用，就是祛除疾病。乾隆相信玉石有祛病调养作用，而且用玉石制作的玉暖手，常年握在手里，与肌肤直接接触，更能起到与人体融会贯通的作用。所以，乾隆朝，乾隆皇上下令制作了大量的以动物为主要形制的玉暖手，除了自己每日握在手里把玩，也分送他赏识的臣僚大员们共享。

乾隆的爱臣得了病，乾隆不仅送医送药，也曾送玉暖手对病人的身体进行调养，希望病人早日康复，为国家社稷再贡献力量。

杨应琚是雍正朝老臣，乾隆朝时官至大学士、陕甘总督、云贵总督等职。他因“办事妥协，首倡社仓”，被乾隆称之为“一能员，未可量也”，深得乾隆的赏识和器重。

乾隆三十一年（1766）七月，杨应琚因职场操劳过度，卧病在床。乾隆闻讯，甚为挂念，下旨“加意调摄，并赐荷包及内府药丸，以冀速痊”。

乾隆三十一年（1766）十二月，用了乾隆皇上赐予的御药后，杨应琚感觉有点恢复了元气。他在呈给乾隆的折子中说：“赏赐药丸调服后，精神长发，饮食加进，痰气日就消减，渴望复元。”

乾隆接到折子，“实心喜慰”，在折子上批写道：“朕本日批阅来奏，喜不胜言。前赐药丸，服之即有成效，着照前再行赏寄。又闻良玉，左右手各握其一，可疗风痰之症。今特寄赏玉子暖手二枚，该督可随时掌握，用资颐养。”

此时，乾隆对他能像一个医生一样给臣子开方抓药，并取得满意的疗效，很是心满意足。随后，乾隆又令传旨内务府：“着加赏大荷包一对、小荷包四个、珐琅鼻烟壶一具，以志欣慰。”

乾隆不仅将玉暖手赏赐臣僚，也赏赐给周边藩属国，用以表示嘉奖。

乾隆五十七年（1792）三月，安南国国王阮光平呈进谢恩表文，对乾隆赏赐的御制诗章书扇，及玉象、荷包等物，表示恭谢。

乾隆认为，阮光平国王的谢恩表文“情词恳挚，感激实出至诚，深堪嘉奖”，并在表文上用朱笔批示：“赏给该国王玉暖手一件，寄信谕旨一道，一并发交。”

佩

玉佩是与玉兵器、玉工具大体同时出现的饰物。距今已有七千年历史的河姆渡及其之后的马家浜、菘泽等地遗址，均出土有玉璜、玉串饰等玉佩物。

玉佩一词，最早见于《诗经·秦风·渭阳》记载，“何以增之，琼瑰玉佩”。

古代君王必佩玉，这是身份的标志和地位的象征，也表明君王德高望重、品德纯洁高尚。

《礼记·玉藻》载，“古之君子必佩玉”，“君子与玉比德焉”。虽然有“君子无故，玉不去身”之说，但实际上，君王即使死后，下葬时身边也要摆满或挂满玉饰物，可以说“君子虽故，玉不去身”。

清代宫廷也留存下来一些上古玉佩，如商代青玉鸟形佩。据档案记载，该玉佩高八点四厘米，宽四点二厘米，厚零点四厘米，通身红沁、润泽，经人长期把玩已经盘熟。

乾隆朝，宫廷也制作了不少的仿古玉佩，特别是仿汉代“鸡心佩”。玉佩是乾隆朝宫廷玉器的重要组成部分，造型多样，品种繁多。工匠在汉代玉佩的基础上加以变化，仿制效果十分接近，有的仿汉代玉佩为了达到千年土沁的效果，用人工烤色法烤烧仿古颜色。

乾隆对玉佩的选料有讲究，一般要选用二等或三等的玉石子儿料。四等玉石子儿料，好的也可以制作玉佩。但四等玉石子儿的温润程度不如二、三等玉石子儿料，有时在呈送御览时，也会被乾隆否定。

乾隆四十一年（1776）正月二十一日，太监胡世杰奉旨到造办处挑选玉料，乾隆要用来制作玉佩。

如意馆挑得四等白玉子儿料三块，交由太监胡世杰转呈乾隆御览。乾隆仔细查看玉料，并在烛光下仔细端详，认为玉石不够温润，将来有可能盘不出来。于是，乾隆令将玉石子儿铡开后看看再说。

果然玉石内部的成色不够莹泽，从而得出“此玉子儿做不得佩”的结论。同时，乾隆令“如意馆另挑白玉呈览”。

当日，如意馆又挑得一块三斤重的二等白玉石子儿，够做玉佩两件，并画得墨道，交太监胡世杰呈览。乾隆看后表示满意，同意制作玉佩。

乾隆是位心细如发的皇上，也是位记性极好的皇上，他没有忘记当天已经铡开的那三块四等白玉子儿料。乾隆令太监胡世杰传旨：“准做，着交造办处成做。其扎开玉石子三块，着如意馆收贮做材料用。钦此。”

壶

有嘴儿、有把儿或提梁，用来盛液体，从嘴儿往外倒的容器，称之为壶。之所以对壶如此描述，说明玉壶的制作确实不容易，它是集古人智慧、创造、技艺于一身的艺术品。试想，如果壶嘴儿是弯的，古人是如何在没有电器设备的条件下，在比一般金属还要硬的玉石上掏膛挖洞，并且这个洞还是弯曲的呢？

明代盛行制作玉壶，特别是带盘杯的成套玉壶酒具。用玉壶盛酒，用玉杯饮酒，是明代皇室贵胄的奢侈享受。

天聪九年（1635）九月三十日，皇太极设宴款待外出征战胜利归来的贝勒大臣们。筵宴期间，群臣“酌酒玉杯，跪献，上饮之”。

崇德七年（1642）四月，明朝灭亡前夕，拼死抵抗的大明国总督洪承畴，总兵祖大寿、祖大乐、祖大弼，副将夏承德、高勳、祖泽远等被皇太极擒获。这些明朝将领曾统率明军，给清军以重创，造成清军巨大伤亡。但他们不但没被灭门九族、斩首示众，反而被赐坐赐茶，继而量才录用、委以重任，这令洪承畴等明朝败将“垂涕叩首”。

为了表达感激之情，洪承畴等将家藏玉壶、玉杯、玉带、珍珠、珊瑚、瓷器、木器、金银器皿、貂猞狐皮等物，带至大清门外，欲献给朝廷。

皇太极闻此后，“俱不纳”。洪承畴等坐在大清门外请旨：“皇上一物不受，臣等实切不安，伏望稍赐鉴纳。”

皇太极最终“念其诚恳，酌纳一二件，余俱却之”。当晚，皇太极“命多罗贝勒多铎等人赐洪承畴、祖大寿等宴于崇政殿”。一个边远地区的少数民族，能够与汉族同文共武、统治中华大地二百六十七年，与该民族统治者包容、宽厚、博大的治国胸襟是密切相关的。

清入关前的统治者皇太极，每逢遇有重要的赏赐活动，也多以明代玉壶馈赠。

天聪七年（1633），蒙古科尔沁部落大妃来觐见皇太极，见到皇太极的三个女儿后，她看中了其中的大女儿，欲将其嫁给她的儿子，但这是大妃第一次觐见皇太极，她没好意思张口说亲。

在此之前，贝勒多铎欲娶科尔沁大妃的女儿，皇太极听说“此女非有出众才貌”，一开始并不同意。但多铎坚持要娶，皇太极只得同意见一见该女。这一见不要紧，多铎“娶意愈坚”。皇太极考虑到多铎“为皇考所遗幼弟，不忍违其意，将允其请”。

天聪十年（1636）正月，蒙古科尔沁部落大妃再次来京觐见皇太极，见到皇太极的三个女儿在庭院中玩耍，便提出将其中的大女儿嫁给她的长子。此时皇太极的大女儿已经在谈婚论嫁，皇太极打算将其余两幼女中选一个许给大妃的儿子，嫁到科尔沁部落。

以大贝勒代善为首的诸贝勒闻之，极力阻止，以“年幼志骄，反伤外戚之谊”为由，劝皇太极“宜力止之”。皇太极听后不为所动，说：“诸贝勒之言非也。彼之女屡适我国，我国公主不与为婚，可乎？”

科尔沁部落大妃回归时，皇太极赏赐玉壶、玉杯、金银器皿等物，设大宴为其饯行，并令皇后诸妃送行五里之外。

玉壶是清初皇室的贵重器物，常用来赏赐。同时，它也是清初朝廷官员行贿受贿的重要物品。

雍正三年（1725），因犯“九十二条大罪”被判处死刑的年羹尧，就曾因收受其亲信的旧部——直隶巡道宋师曾的玉壶、玉杯等物，被定性为贪黩罪，雍正皇帝斥之为“反逆不道，欺罔贪残，罪迹昭彰”。

乾隆对玉壶也很喜爱，不仅因为它掏膛、雕环、挖洞等工艺复杂，而且对整块玉石质地的要求也很高。一件明代玉壶，特别是仿汉代式样的，即便有绺或有磕碰，乾隆也将其视为上等珍藏。

乾隆二十七年（1762）五月初五，太监胡世杰奉乾隆旨意，交给造办处郎中白世秀、员外郎寅著一件仿汉代纹饰的明代青玉大凫鱼壶。此壶“周身有磕绺”，但乾隆仍令太监胡世杰到造办处传旨：“着配锦匣袱，入乾清宫时做上等仿古。钦此。”

乾隆对一种玉器品种感兴趣后，有时会亲自到库房挑选玉料承做。

乾隆三十年（1765）十二月二十七日，乾隆亲自前往造办处存放玉料的库房，并选中一块白玉，令造办处“着启祥宫做杯盘壶一份”。

乾隆对明代玉器的纹饰不太喜欢，有时将纹饰磨掉另行雕刻，有时干脆局部更换新的。

乾隆二十五年（1760）七月十七日，造办处从库房中找出一件明代青白玉壶，壶盖上雕的是明代螭龙等繁缛纹饰，这种在乾隆看来很陈旧的纹饰，往往不能被他接收，他要另外找玉配做一件新盖。

于是，乾隆令胡世杰传旨：“着如意馆查收贮玉内挑得一块，另配壶盖一件。将旧壶盖顶子交造办处，其旧壶盖做材料用。钦此。”

等到壶盖图样送到后，乾隆不忘叮嘱一句“着中间打眼，做壶盖用”。可见乾隆对玉器的审美角度，还是以实用性为主。

玉壶往往和玉杯、玉盘形成套件。明代的玉杯盘壶套件的盘，一般都有盏托，放置玉杯不会滑动，这是那个时代的一个典型特征。

到了清代乾隆朝，乾隆称这种有盏托的盘子为“有脐肚盛盘”。如，乾隆三十七年（1772）正月初九，启祥宫送来两件刻有“乾隆年制”款的白玉碗，乾隆下旨：“着配有脐肚盛盘一件，先呈样，得时在景阳宫摆。钦此。”

从乾隆十九年（1754）十月初十，乾隆第一次传旨承做白玉杯盘壶套件开始，这种风格的玉器品种在乾隆的心目中逐渐占有一席之地，以致到了乾隆晚年，他对此玉器品种仍眷恋不舍，每年都有制作。

乾隆喜欢玉壶的里膛掏得要薄，纹饰刻做要深，这对玉匠雕刻技艺要求很高。

乾隆三十四年（1769）正月初八，造办处库掌四德、五德交给太监胡世杰一套白玉宋龙杯壶盘，让他转呈皇上御览。乾隆对杯壶里膛掏得不深、纹饰雕刻过浅不甚满意。他令造办处“将杯壶里膛掏薄，得时将周身回纹加深，齐整刻做”。

在乾隆朝的六十年间，这种玉杯盘壶套件制作的并不多，到了乾隆中晚期，虽还有制作，但在内廷已不再流行。

文　房

乾隆朝，用玉石制作文房用品比较普遍。成套玉文房一般用白玉、青白玉或青玉雕刻；单件的玉文房也有用黄玉、白玉、碧玉或墨玉雕刻的。

成套玉文房一般由五至七件组成，有玉笔杆、玉笔筒、玉水盂、玉墨床、玉镇纸（多为一对）、玉笔架等。

乾隆朝，成套玉文房，特别是刻有“乾隆年制”等年号款的，并不多见，所以颇为珍贵。这些玉文房即可作为文房用具使用，也可成为玩赏之物把玩。

乾隆二十八年（1763）正月二十二日，乾隆令太监如意，将乾清宫龟式案上的白玉螭虎笔山拿来欣赏。乾隆对这件康熙爷留下的白玉笔山颇为钟情，虽已旧痕累累、边角也有磕碰，但仍舍不得更换。这次，乾隆准备仿制几件留用。他令太监如意传旨造办处，“着如意馆有收贮玉挑选几块，仿旧配做笔山几件”，并下令由苏州织造萨载处承做。

乾隆三十一年（1766）四月初七，乾隆令造办处在“回残玉内挑做水盛匙并笔山，画样呈览”，准备由造办处安排内廷玉作坊制作。

玉文房用玉一般都比较讲究，一是较多用白玉，二是多用莹润细腻的子儿料。这次，造办处为乾隆皇上选得头等白玉子儿二块，二等白玉子儿一块，回残白玉子儿大小十七块，并画上墨道，“足做水盛匙大小四十一件、笔山十四件”。

乾隆对这些玉石子儿左看右看、精挑细选，最终决定“俱交苏州织造萨载成做”。

十月初十，苏州首批送到白玉水盛匙十八件、白玉笔山六件，交太监胡世杰呈览。

乾隆审验后，令太监胡世杰传旨造办处：“将笔山三件、水盛十八件，在圆明园畅春园摆。其余笔山三件，交万寿山摆。钦此。”

玉文房中，还有一类特殊的品种，即玉象棋和玉围棋。它们虽然是休闲娱乐用具，但皇上在书房泼墨挥毫过程中，它们往往伴随左右，也不失为一种特殊的文房用品。

乾隆三十四年（1769）十月十二日，太监胡世杰呈送乾隆一副象棋木样，该木样“系慎修思永披襟楼藏”。过去宫里制作象棋一般是以各式木头材质为主，这次乾隆打算用玉石制作一副象棋。于是，乾隆令太监胡世杰传旨造办处：“着交启祥宫挑玉，照样做象棋一份。钦此。”

十月十三日，启祥宫“挑得一块青白玉回残，重五十一两五钱，并画得象棋子十六个。又挑得一块青玉石子，重九斤，画得象棋子十六个”。太监胡世杰将两块玉石并一副象棋木样，一起呈送乾隆御览。

乾隆看后表示同意，但改变了主意，改由苏州制作。乾隆令胡世杰到造办处传旨：“着交苏州织造萨载处，照本木样做象棋一份。钦此。”

乾隆三十八年（1773）五月初四，太监胡世杰来到造办处传乾隆的口谕：“着如意馆挑玉，做围棋二份。钦此。”

当日，如意馆“挑得一块三斤八两的白玉石子，画得围棋子三百六十个；挑得一块重五十六两的碧玉石子，画得围棋子三百六十个”。

乾隆审看后，还是改变了主意，仍交苏州制作。乾隆令太监胡世杰传旨：“着交苏州织造舒文处成做。钦此。”

苏州织造舒文接旨后，加班加点赶做玉围棋，分别于乾隆三十八年（1773）十月十三日和十一月十七日，将两份玉围棋子共计七百二十个送到京城，呈送乾隆御览。

乾隆看后表示满意，但对这套围棋的装具也有特殊要求。他指示造办处，“在珐琅文具内配装”。

别子、轴头

◎ 一、别子

清代宫廷存有大量古籍善本、舆图字画，固定书卷字画用的别子，有象牙的，有骨头的，但珍贵手卷上常常用的是玉质别子。

乾隆十二年（1747）七月初六，太监胡世杰交给造办处催总达子“白玉别子三件、碧玉别子二件、青白玉别子六件”，并传乾隆的口谕：“俱交萨木哈，将白玉别子三件在‘三友轩’手卷上用，其碧玉别子二件、青白玉别子六件，在好手卷上用。钦此。”

玉别子一般是用制作玉器的下脚料承做，但为了保证玉别子的质量，有时也用旧玉器改做。

乾隆十二年（1747）七月十八日，乾隆决定，将一批库存前朝或前代旧玉器，改做成玉别子。这些旧玉器包括“白玉八角长方盘二件、白玉昭文带五件、白玉臂搁一件、青玉昭文带二件、青玉镇纸一件、青玉片一件”等。乾隆令太监胡世杰传旨：“用此玉做玉别子，着交苏州安宁、图拉往细致里做。钦此。”

玉别子制作工艺简单，主要是切割打磨的活。十二月二十三日，苏州安宁、图拉仅用五个月时间，即差坐京家人将做得的玉别子共计一百一十件，送到造办处，并交由太监胡世杰转呈乾隆御览。

玉别子的制作质量好坏不一，有的玉质好，做工好，字刻得也好，有的则不然。乾隆从前有旨，好玉别子用在好手卷上。那么玉质、做工一般，或是前朝旧存的玉别子，又用在何处呢？

乾隆十四年（1749）二月初一，造办处从库里挑出白玉手卷别子十五件、其他玉质和式样的别子大小二十六件。这些玉别子都是前朝旧存，有的玉质好，但做工一般；有的做工尚好，但玉质一般。

乾隆看后，没有将这些玉别子做材料用，而是令太监胡世杰传旨造办处：“将白玉手卷别子着交萨木哈在续入《石渠宝笈》次些手卷上用。其他玉质及各式玉别子，有书套上应用玉别子用。钦此。”

◎二、轴头

宫中舆图、字画、手卷、诰命等上面很多情况下都用玉轴头。如，由云南巡抚张允随进呈朝廷的《金沙江上下两游全图》，全长一百七十七点四米，用的就是质地上好、打磨规整的白玉子儿料轴头。

清代一品官员诰命的玉轴头，在清代宫廷玉器中称不上什么贵重陈设器物，但也是清代宫廷玉器家族中不可被忽视的一个玉器品种。乾隆多次下旨承做，如意馆、苏州、扬州、天津、江宁等地都奉旨承做过玉轴头。作为器物的装饰物，它也曾是清代宫廷玉器王国中一道亮丽的风景线。

乾隆三十七年（1772）四月初八，内务府造办处库掌五德，将如意馆玉匠邹景德画样的小白玉瓮，从膛内打钻取下大钻心三个、小钻心十七个，呈送乾隆御览。

乾隆看后令颁旨："大钻心准做碟子二件、碗一件，先做木样呈览，准时交苏州成做。其小钻心交如意馆做轴头用。钦此。"

玉轴头不仅仅用在诰命上，字画挂轴、手卷中也经常使用。

乾隆三十八年（1773）二月二十四日，造办处首领董五经交来墨刻泥金子《心境图》十张、朱墨刻《心境图》十张。乾隆令太监胡世杰传旨："着交启祥宫裱挂轴，俱用玉轴头。钦此。"

造办处接旨后，于次日挑得四等玉石子儿一块，重三十六斤，画得轴头十三对；又挑得青玉四方宝坯一件，画得轴头四对；又挑得青玉圆钻心二件，画得轴头三对。并随木轴头样一件，由太监胡世杰送乾隆御览。

乾隆御览后令造办处传旨："照样准做，着交苏州织造舒文成做。钦此。"

乾隆五十年（1785）十一月初二，为做御笔笺纸字挂轴十轴，需要用玉轴头十对。造办处挑得四等青玉一块，重七十斤，画轴头十二对，随木样一件交太监常宁呈览。乾隆下旨："交长芦盐政芮政急速做来，等用。"

乾隆对玉轴头的使用有严格要求，一般在正式、庄重、高贵的器物上使用，规格高于紫檀木等其他材质的轴头，所以有时决定了的事情，也会临时更改。

乾隆四十四年（1779）三月初四，乾隆下旨："现画《盛京三陵图》二分六轴，原传旨用玉轴头一份、用紫檀木轴头一份，现将紫檀木轴头亦改用玉轴头。"

同日，乾隆又令太监鄂鲁里传旨："将《孝陵》、《景陵》、《泰陵》、《圣水峪》

四图二份，得时亦用玉轴头。钦此。”

乾隆对玉轴头的尺寸也有明确要求，一般轴头高二寸六分、顶径二寸一分、底径过一寸六分；小轴头高二寸、顶径一寸六分、底径一寸三分。

乾隆二十八年（1763）五月初六，乾隆下旨承做一批玉别子、玉轴头，让造办处在回残玉料中挑选。此次“共挑得次白玉回残一百一十二块，重二十八斤八两，足够制作玉别子一百二十七个、玉轴头四十一对”。

如意馆做好玉别子、玉轴头木样后，托太监胡世杰呈送乾隆御览。乾隆谕令将此批玉别子、玉轴头，“着交苏州织造萨载，照样成做”。

诰命中品级最高的使用玉轴头，书画表签中级别最高的，也用玉轴头装饰，非皇帝亲自颁旨，不得擅自使用。

乾隆三十八年（1773）二月十三日，造办处董五经交来装裱好的挂轴——墨刻泥金子《心境图》、朱墨刻《心境图》各十张，交太监胡世杰转呈乾隆御览。

乾隆对《心境图》格外敬重，令太监胡世杰传旨：“着将墨刻填金《心境图》十张用灯笼锦做包首，墨刻填朱《心境图》十张用黄绫做包首，俱用玉轴头。钦此。”

二月二十五日，造办处“分别挑得一块重三十六斤的玉石子儿，画得轴头十三对；一块青玉四方宝坯，画得轴头四对；二件做碗青玉圆钻心，画得轴头三对”。同时，做得一件轴头木样，交太监胡世杰呈览。

乾隆御览后，令太监胡世杰传旨：“照样准做，着交苏州织造舒文成做。钦此。”

此外，玉轴头也用在大画上，如圣容挂轴图，每对玉轴头用玉料十斤左右。

乾隆五十六年（1791）二月十四日，启祥宫为裱做圣容挂轴三轴，除了用象牙轴头一对外，需要制作大玉轴头二对。为此，造办处“挑得山料玉二块，一块重十四斤，一块重九斤，画轴头两对，余剩下一块回残料”。

乾隆御览后令下旨：“照样准做，交长芦盐政穆腾额急速赶做送来。其拉下回残玉一块收贮。”

◎三、变价

玉别子、玉轴头变价处理，原属内务府平常之事。但乾隆也曾下令造办处，将带有玉别子、玉轴头的手卷或书画一同变价，确实非同寻常。它不仅使玉别子、玉轴头流向民间，也使一些宫藏较为珍贵的书画流出宫外。

乾隆四十九年（1784）七月三十日，太监鄂鲁里奉旨交给造办处库掌大达色、催长金江："元代赵仲穆双沟《墨竹》手卷一卷，玉轴头一个；岱康草书《琴赋》真迹手卷一卷，青玉别子一个、玉轴头二个；朱君璧《十八罗汉》手卷一卷，青白玉别子一个、玉轴头二个；马远仙《弈图》手卷一卷，青白玉别子一个、玉轴头二个；赵孟頫字手卷一卷，玉别子一个、玉轴头二个；胡人画册页一册；龙眠居士《职贡图》手卷一卷，青白玉别子一个、玉轴头二个；南田《山水》真迹册页一册；南田题《石谷山水》真迹册页一册。以上均由懋勤殿交出。"同时，鄂鲁里传乾隆的口谕："俱交崇文门变价。钦此。"

其　他

◎一、手镯

古代封建社会，达官显贵的夫人妻妾均以佩戴各式名贵质地的手镯为荣，手镯是显示她们身份、地位、富有的重要装饰物之 一。

清初，沿袭明代传统习俗和工艺风格，无雕刻纹饰的素面玉手镯较为流行。

乾隆朝，物阜民安、盛世华章，乾隆一改流行已久的素面玉手镯，皇室贵妇用玉手镯，一般要雕刻夔龙等纹饰。

清末至民国初年，社会更迭、百废待兴，玉手镯又以素面装饰为主流。

乾隆皇上对玉手镯没有特殊的喜好，因为它毕竟是女人的宠爱。但玉手镯制作较费原料，一块原石四周切割打磨好正方形后，要在中间取芯，然后再打磨四角、光好，这让乾隆不能接受。

乾隆朝，皇后妃嫔们的玉手镯很少专门选料制作，主要是先有碗形器的制作任务，然后取芯制作手镯。

乾隆三十四年（1769）五月二十日，造办处奏报乾隆皇上，称："五月十三日，造办处郎中李文照，遵旨将碧玉碗内取出手镯坯一对，画得夔龙花纹，交太监胡世杰呈览。"

乾隆对这块碧玉手镯坯子很满意，温润纯洁，有点接近翡翠色。乾隆令太监胡世杰到造办处传旨：“照样准交苏州织造萨载成做。钦此。”

◎二、瓶

战汉时期，以致到了明代，玉杯瓶都较为盛行。

清入关以后，玉瓶作为一个玉器品种才逐渐在宫内流行。可能是制作这种玉器物费料、费工、费时，且实用性也不强，在整个清代一直没有在朝廷或百官中盛行，也没有得到皇上的特殊宠爱。

清代琢刻的玉瓶，大多瓶的两侧都有环圈，环圈有活动的和不活动的两种，乾隆似乎更喜欢活动的环圈。此外，乾隆也不喜欢素面瓶身，宫廷玉瓶的瓶身一般都雕刻有各式各样的花纹。

乾隆三十四年（1769）二月初九，如意馆做得一件青白玉有盖方瓶，由造办处转交太监胡世杰呈览。此瓶上的环圈只雕刻了一个圆形状，而没有雕透成一个能活动的环。乾隆对该瓶其他部分都满意，唯独对瓶上这两个环不能活动和瓶身花纹过于稀少，而感到美中不足。

当日，乾隆令胡世杰到造办处传旨：“着如意馆将瓶上圈改活动，瓶身上添花纹。钦此。”

乾隆朝，玉瓶身上的圈环由固定的改为活动的，不是个别现象，而是乾隆皇上对旧有固定圈环玉瓶制作方法和工艺的一种摒弃。

乾隆三十四年（1769）七月初七，造办处从库房找到一件旧存白玉有盖三喜瓶。这件玉瓶上的兽面圈环也是不能活动的，瓶身素面。乾隆令胡世杰传旨：“着将兽面环起做活动，瓶身上添补花纹。钦此。”

◎三、鼻烟壶

鼻烟壶是用来盛装鼻烟的，鼻烟是可吸入粉末状物，用力吸入可以提神醒脑。

吸鼻烟的习俗，源自烟草发明者印第安人。中国人吸鼻烟始于明代，但数量少、范围有限。

清代制作的玉鼻烟壶有许多，造型各异，有茄形、龟形、蝉形、虫形、瓜形等。如白玉茄形鼻烟壶。该壶由宫廷造办处制造，长七点六厘米，茄状，长条形，茄内掏空以储鼻烟。茄子上部有碧玉制成的绿色茄托，茄托由四个长条形尖状叶组成，叶上有突起的脉络，茄柄作为鼻烟壶的盖子由青玉制成，壶匙由象牙制作。

康熙皇帝开放海禁，西方传教士携带大量鼻烟和盛装鼻烟的玻璃瓶从广东十三行登陆中国、传入内地，吸鼻烟在中国渐成风尚。

顺治朝时，民间制铜大家程荣章造的铜鼻烟壶，是已知中国制造最早的鼻烟壶。

乾隆一朝也制作了不少的玉质鼻烟壶，鼻烟壶逐渐成为达官显贵斗富显示身份的玩物。

玉鼻烟壶内的壶匙，有金、银、铜、铁、骨、木、牙等各种材质，但乾隆比较喜爱铜镀金的壶匙。

乾隆三十年（1765）五月十五日，如意馆制作完成一件白玉鼻烟壶，太监胡世杰呈送乾隆御览后，传乾隆的口谕："着配铜镀金匙。"

乾隆三十年（1765）的十、十一、十二月，苏州、扬州、天津送来各式白玉鼻烟壶各六件，乾隆仍是指示造办处"着配铜镀金匙"收贮。

乾隆也喜欢在鼻烟壶上刻年号款。年号款一般刻在鼻烟壶的底部，也有的刻在壶身正面上部。

乾隆四十五年（1780）十月二十三日，苏州派坐京家人送到奉旨承做的九件青白玉鼻烟壶。乾隆令造办处"交如意馆刻'乾隆年制'款"。

◎四、圭

玉圭是古代帝王或诸侯在举行祭祀大典时手持的一种玉器，其上部形似剑首，有严格的使用等级，是古代统治者地位、身份和权力的象征。

乾隆对玉圭的制作很敬重，选料也很精细，多次查看制作玉圭的玉石原料，并亲自颁旨制作玉圭。

乾隆三十四年（1769）四月初一，造办处库掌四德等到如意馆安排活计，说："太监胡世杰交来青玉一块，重四十五斤。皇上有旨，交如意馆，着料估刻做静明园玉皇手执圭样呈览。"

制作玉圭的玉石材料，不一定是专料专用，即便是制作玉器的剩料，但只要材质好，乾隆也会令造办处拿来制作玉圭。

一次，如意馆在制作一件白玉汉瓶时，扎下一些玉料，但这件白玉汉瓶的玉石材质非常好，虽然是叶尔羌山料，但非常纯净，少有绺道。乾隆看过这些“边角废料”后，令造办处传旨如意馆，“将白玉汉瓶上回残做玉圭几件”。

乾隆朝，一般由如意馆制作玉圭，但苏州有时也奉旨制作玉圭。这些玉圭大部分不刻年号款，但有时乾隆也会指示刻年号款。

乾隆三十五年（1770）五月二十三日，苏州送到五件青玉圭，乾隆指示如意馆刻“大清乾隆敬制”款。

当日，造办处库掌四德、五德“将青玉圭五件上贴‘大清乾隆敬制’款样，交太监胡世杰呈览”。

乾隆审看后，同意拟刻年号款的字样，并令太监胡世杰传旨造办处：“着交如意馆刻款。钦此。”

◎ 五、祭器

中国古代统治者都把祭祀当作重要的活动。

明代，宫廷祭祀活动更加成熟规范，并把祭祀活动分为三个等级：大祀、中祀、小祀，即天、地、日、月坛为大祀，先农、山川、帝王、孔子为中祀，诸神为小祀。后将小祀改为群祀，祭祀活动更为活跃。

宫廷祭祀时供案陈设的玉器，主要有苍玉、苍玉爵等，玉质一般是青白玉或是白玉。

顺治八年（1651）题准：每年的秋分日酉时，在阜成门外西郊的月坛致祭。凡遇丑辰未戌年，皇上要“亲旨行礼，其余各年遣大臣致祭”。

在祭祀的正坛前，要陈设一件白玉，通常为苍玉或苍玉爵，以礼神。其他还要摆设牛、羊、猪等食物，以及帛、爵、簠、豆、铏、登、酒樽、白瓷酒盏等器物。

正祭日这天，皇上在王公大臣的陪同下来到正坛前，将“玉拱举立献”，依次再拱举帛、爵、簠等器物，并在摆放白玉的案前行二跪六叩头礼，乐舞生奏《迎光之章》。礼毕，鸿卢寺的“捧玉官至案前，一跪一叩头捧白玉退，乐止”。

月坛的祭祀活动，说明玉器在清代皇上祭祀时的重要作用。

◎六、璧

玉璧是中央有穿孔的扁平状圆形器，为我国传统玉礼器之一。根据中央孔径的大小，把这种玉片状物分为玉璧、玉瑗、玉环三种。

因玉璧是沟通上天的“灵物”，在战汉时期的贵族中非常流行。君王贵戚死后，也用大量的玉璧做陪葬，以示灵魂升天，来世再享荣华富贵。

到了清代，人们对神巫有了进一步的理性认识，玉璧逐渐淡出达官显贵们的视线，而只是将其作为文房殿堂的一个陈设品，或平日里欣赏把玩的器物。

乾隆朝，玉璧的制作很少，但大多数新制作的玉璧，乾隆要刻上年号款，并作为玉器中的上品收藏。

乾隆五十九年（1794）五月二十三日，江宁送到新做玉璧四件，乾隆令造办处“交如意馆刻款，得时将玉璧交乾清宫时做上等”。

◎七、杖头

玉杖头，即拐杖顶端的把手。汉代就有玉拐杖，即杖头、杖身一体，可拆分，都是玉做的。这种周身一体都是玉质的玉杖，因为较重，使用起来也不方便，多是一种摆设，一种权贵的象征。

汉代也有杖头是玉质的，杖身是竹木的，但此种玉杖在出土时，杖身早已腐烂，荡然无存，只留下玉杖头。

就像瓷瓶往往成对烧造一样，古代玉杖通常也是成对制作，一雄一雌。雄的玉杖头用龙头表示，供皇帝使用；雌的玉杖杖头用鸠或凤头表示，供皇太后使用。

乾隆朝，玉杖仍然是皇室贵胄权力和财富的象征，但此时更多的是杖头为玉质，杖身为竹木制。乾隆喜欢这种形制的玉杖，它不仅实用，而且杖身可以搭配不同的木质，也显得美观大方。

乾隆四十年（1775）十月初二，乾隆令太监胡世杰传旨造办处：“着启祥宫挑白玉做鸠杖头一件、苍龙杖头一件。钦此。”

当日，启祥宫派玉匠“挑得一块重十一斤的三等白玉石子儿，画得鸠杖头墨道一件、苍龙杖头墨道一件，并随从前做过鸠杖头木样、苍龙杖头各一件，交太监胡世杰呈览”。

乾隆对启祥宫绘制的鸠杖头、苍龙杖头样式，表示认可，除要求“交苏州织造成做”外，还提出“鸠杖头配圆竹或棕竹俱可”。但苍龙杖头要求配方竹，“杖头、榫子照方竹大小配做，不必拘定木样。竹大，将榫子放大成做；竹小，将榫子收小成做”。

玉杖头上有时也会刻上御制诗文或年号款，使得杖头更显得华丽气派。

乾隆三十九年（1774）二月二十七日，如意馆奉旨在二等玉内挑得一块碧玉，并画得一件鸠杖头，送乾隆审定。乾隆同意“交如意馆照样成做”。

乾隆四十年（1775）十月二十八日，如意馆将这件碧玉鸠杖头制作完成。为表示敬重，如意馆特意贴上御制诗文和年号款样，一并送呈乾隆御览，由乾隆决定是否需要刻上。

碧玉在造办处玉石等次中，好的可列为二等，次的是四等，但色泽浓艳纯净的碧玉，还是难得的玉石珍品，乾隆仍是喜欢不已。

乾隆对如意馆认真负责的工作态度，表示满意，谕令造办处：“着发往苏州，交舒文照本文往深里刻字刻款。配玉底方竹，成做竹杖送来。”

乾隆四十一年（1776）四月十四日，经过历时半年的制作杖头终于完工，苏州将刻得诗文和年号款的碧玉杖头和方竹杖身，委托坐京家人送至京城，呈交乾隆皇上御览。

玉杖头及竹木杖身上的诗文款识，在多数情况下是交由懋勤殿拟写。

乾隆四十九年（1784）九月初六，苏州织造四德送到一件青白玉鸠杖头竹杖，乾隆令造办处，“玉鸠杖头竹杖，交懋勤殿查诗写帖呈览”。

玉杖做得后，不是配盒存放，而是配木架，将玉杖斜靠在木架上，既可摆放，又可欣赏。

乾隆四十年（1775）闰十月二十一日，苏州先期送到一根“白玉鸠杖头玉底竹杖”，由造办处库掌五德、福庆交太监胡世杰呈送乾隆御览。乾隆令“配紫檀木架，先呈样”。

十月二十四日，造办处画得一张香几架纸样，呈送乾隆御览。乾隆令太监胡世杰颁旨：“照样准做，架下配托泥。钦此。”

十一月二十日，内务府奉旨将玉鸠杖和制作完成的紫檀木架，一同交由皇太后使用。

乾隆晚年，他对这种专供老人使用的手杖，似乎更加情有独钟。

乾隆五十年（1785），乾隆已七十五岁高龄。这年元旦刚过，乾隆就下旨将作为乾清宫摆设的“青白玉鸠杖头四件，俱交苏州织造四德，配做竹杖四根”。

◎八、动物

乾隆对玉器的喜好不仅仅限于樽、卮、瓶、罐、瓮等大型器，或文房、花插、陈设、圭、璧等文雅器。他对所有的玉器器型种类几乎都情有独钟，特别是对动物造型的玉器，也倾尽了爱慕之情。

乾隆朝，玉动物多被制作成小件暖手，大件一般就称为陈设器。

乾隆三十一年（1766）三月十二日，乾隆想做几件动物造型的玉器作为摆设或把玩。他叫太监胡世杰到造办处传他的旨意，要从新疆新进贡的玉内挑好玉料，并“着如意馆将新交玉内拣选画样呈览”。

当日，如意馆挑得“头等玉十一块，画得荷叶螃蟹、卧牛暖手，卧象、鸠、蛤蟆、鹰、蟾各一件”，交太监胡世杰呈览。

乾隆看过画样后很满意，但他不想都放在一个地方制作。于是，他挑选了当时全国制作玉器最出名的三家——苏州、扬州、造办处如意馆，让这三家共同完成这次数量不算少的玉动物制作。

于是，乾隆令太监胡世杰传旨：“荷叶螃蟹一件、卧象一件、卧牛暖手一件，俱交苏州织造萨载照样成做；其白玉鸠一件、蛤蟆一件、蟾一件，交两淮盐政普福照样成做；鹰一件留如意馆做。钦此。”

汉代玉蝉是一种冥器，而不是陈设摆件。到了清代，人们赋予了蝉更多的美好寓意，使之成为皇亲国戚、贵胄商贾手中的玩物。

由于玉蝉是从汉代传下来的，乾隆时期人们一般习惯称玉蝉为汉玉秋蝉。汉代玉蝉流行简洁明快的线条，俗称“汉八刀”。到了清代乾隆朝，玉蝉纹饰线条琢刻得更加细腻、生动，富有动感。

玉蝉小巧精致，但要在玉蝉腹部刻诗，确实需要高超的技艺和扎实的琢刻功底。

乾隆十四年（1749）七月十四日，造办处副催总佛保、员外郎朗正培、库掌瑞保来到如意馆，对玉匠朱彩说：“本年四月三十日，太监卢成来到造办处传话说，太监胡世杰交汉玉秋蝉一件，随篆字诗一首。乾隆皇上要求着朱彩将篆字诗刻在蝉腹上，照样刻做。”

八月十七日，朱彩将刻得诗的汉玉秋蝉交副催总佛保，转呈乾隆皇上御览。乾隆对朱彩刻的诗很满意，遂将这件汉玉秋蝉收藏在了乾清宫书房内。

“象”与“祥”同音,在清代寓意吉祥,是吉祥如意的象征。乾隆喜欢玉象、敬重玉象，对玉象的制作要求严谨庄重，并多次颁旨承做玉象。

乾隆三十九年（1774）十二月初十，太监如意来到造办处传乾隆的谕旨：“着启祥宫挑玉做象几对。钦此。”

当日，启祥宫“挑得一块重七十五斤的青玉石子，画得站象一对；一块重四十斤的青玉石子，画得卧象一对”，呈送乾隆御览。

乾隆看后，对画样表示满意，即令太监如意传旨：“着交苏州织造舒文处成做，得时照从前做过鞍辔漆镂皣丝帘子配做，俱要庄严齐整送来。钦此。”

乾隆朝，还有一种瓶称“象耳双环有盖瓶”，即瓶两侧环耳是象头和象鼻造型，也是寓意吉祥。这类造型的玉瓶，在乾隆朝制作不少，有的还是仿汉代或明代的式样与纹饰的。

乾隆四十年（1775）七月十六日，太监如意呈送浙江巡抚三宝进贡的一件青白玉象耳双环有盖瓶，瓶身上贴御题诗，用紫檀木盛装，内有一件紫檀木座。此时，乾隆正在承德避暑，他令太监胡世杰传旨：“发往京内交如意馆照本文刻字，得时不必发来，俟回銮时呈览。钦此。”

乾隆朝，经乾隆颁旨承做的玉动物品种主要有:象、蛤蟆、鸳鸯、鱼、兽、仙鹤、羊、蟾、鸠、猫、骆驼、异兽、虎、马、熊、天鹅、鹅、喜鹊、狮子、兔、羚羊、犬、鸟、鹿、松鼠、螃蟹、蝉等。

◎九、陈设

乾隆二十六年（1761）五月初一，新疆和阗送到大小玉石三百一十八块，乾隆当日心情不错，令太监胡世杰传旨造办处：“将和阗德魁带来玉石呈览。钦此。”

当日，造办处官员将和阗带来玉石三百一十八块，摆在乾清宫庭院空场。乾隆绕石仔细观看，想挑一块温润无绺的玉石做扳指。他从中挑出一块十三斤重的青玉，认为应该不错，并令手下当场扎开。

玉石扎开后，结果比乾隆想象的还要好。如此大的一块玉石，一点绺道也没有，并不常见。乾隆改变了主意，他跟造办处的官员说，“不必做扳指，将四面棱角磨熟光好，交造办处配座子，得时刻和阗诗，做陈设二件”。

乾隆为了雕琢出好的陈设，有时还会令如意馆画师观摩某件玉雕陈设精品，照该样重新复制一件或多件。

乾隆三十七年（1772）十二月初七，乾隆令“着郎中李文照带邹景德到三友轩看玉赤壁山石陈设，挑玉照样配做一件”。

如意馆随即“挑得一块三十八斤重的三等玉石子,并画得两张‘虎溪三笑’陈设纸样”，交太监胡世杰呈览。乾隆批准“交两淮盐政李质颖处成做，先做木样送来呈览”。

明清两代有一种猴骑马的玉陈设，称之为“马上封侯”，寓意着离官运亨通的日子为期不远了，想在仕途道路上混出点名堂的人，无不为之追求和仰慕，总想找一件摆在家里或公署案桌的醒目之处，寄希望其早日给自己带来仕途上的升迁佳音。

这种陈设在清乾隆朝宫廷，称之为“心猿意马”。乾隆本人并不喜欢这种过于直白的表达，两种互不搭界的动物生拉硬扯地叠落在一起，也让乾隆的视觉难以接受。

乾隆朝，宫廷内没有摆放这种“心猿意马”或称“马上封侯”的玉陈设，偶有制作，乾隆也会做出让众人意想不到的决定。

乾隆五十二年（1787）三月十六日，如意馆仿照宫廷旧藏玉心猿意马，制作了一件新的白玉心猿意马，太监鄂鲁里呈交乾隆御览。

乾隆看不惯和鄙视职场达人这种赤裸裸的表白和为升迁提拔所付出的良苦用心。他令太监鄂鲁里传旨造办处：“交如意馆，将心猿意马上‘猿’扎去。钦此。”

乾隆虽然“改造”了很多前代或前朝的旧存玉器，但这次他还是手下留情了。虽然难按心头的愤懑，但他还是决定将这件祖宗留下来的旧玉心猿意马保留下来。乾隆遂再令传旨造办处：“旧玉心猿意马不必改做，其新做白玉心猿意马将‘猿’扎去。钦此。”

玉陈设似乎没有玉瓶、壶、碗等器物显得富丽华贵、招人喜爱，但它确蕴涵了很多的历史上的人物故事，或华彩事件，或美丽传说。

乾隆对玉陈设很关注，也很投入，经常赐名雕刻，让历史的经典篇章，在小小的玉石陈设上得以传承和展现。

乾隆朝，造办处奉旨承做的玉陈设主要有：

乾隆四年（1739）：白玉四轮娃娃；

乾隆九年（1744）：白玉三阳开泰；

乾隆十四年（1749）：白玉苏武牧羊；

乾隆十五年（1750）：李太白斗酒百篇、白玉仙人鹤、青白玉石壁题诗、青白玉英雄、青白玉道茂叔观莲、白玉放鹤图；

乾隆十六年（1751）：白玉三杯草圣、白玉渊明玩菊；

乾隆二十一年（1756）：白玉菊花、白玉牛产麒麟；

乾隆二十二年（1757）：黑白玉卧牛；

乾隆二十三年（1758）：白玉周处斩蛟；

乾隆二十四年（1759）：白玉双鹿；

乾隆二十五年（1760）：青玉回族进宝、青白玉周处斩蛟、青玉五岳图、白玉莲鱼；

乾隆二十六年（1761）：白玉山石、青白玉赤壁图、青玉山水石、白玉刘阮入天台、白玉华山、青白玉寿星山子、青白玉降龙罗汉；

乾隆二十七年（1762）：青白玉陶渊明爱菊、青白玉临清流而赋诗、白玉竹梅、白玉回族进宝、白玉观瀑图、白玉雀巢和尚、青玉周处斩蛟、青白玉僧繇点睛、青玉天台石梁图、白玉普陀显灵、白玉竹梅、白玉岭南香雪、青白玉洞蛮进宝、青玉戏猿、白玉云山、白玉刘晨阮肇山石、白玉采芝仙山石、白玉观梅山石、白玉和合、白玉陶渊明爱菊；

乾隆二十八年（1763）：青玉秋水山行旅图、青玉仙山、青玉云龙山石；

乾隆二十九年（1764）：青白玉爱莲、白玉伏虎罗汉、青白玉熊；

乾隆三十年（1765）：青玉赤壁图、白玉松竹梅、青玉坐听松风、白玉朱元璋拜师、青白玉松鼠甜瓜、青玉渊明爱菊、白玉醉仙、青白玉荷叶鸳鸯；

乾隆三十一年（1766）：白玉仙人、白玉双兽、白玉荷叶螃蟹、白玉观瀑图、白玉山石、白玉面壁、青白玉双猿、青白玉刘海儿戏蟾；

乾隆三十二年（1767）：白玉十八罗汉渡江；

乾隆三十三年（1768）：白玉鹦鹉摘桃；

乾隆三十五年（1770）：皮糙玉山石陈设；

乾隆三十六年（1771）：青玉五岳、白玉苏轼夜游承天寺；

乾隆三十七年（1772）：青白玉高山四皓图；

乾隆三十八年（1773）：青白玉观音山石、青白玉秋林访道、皮糙玉赤壁山石；

乾隆三十九年（1774）：白玉丹台春晓（一千余斤，启祥宫画样并做木样，两淮盐政李质颖承做，乾清宫东暖阁安放）、青白玉热河看戏楼；

乾隆四十年（1775）：青玉匡卢飞瀑图、白玉鹰拿兔、白玉双鸳鸯、白玉渔樵耕读山子；

乾隆四十一年（1776）：南碧玉松岩观瀑图、南碧玉清溪泛舟图、青玉南山积翠（三千余斤）、白玉松严仙馆；

乾隆四十二年（1777）：皮糙玉山石、青白玉停车坐爱枫林晚；

乾隆四十三年（1778）：白玉双狮、皮糙玉蕉叶美人、皮糙玉采芝仙、皮糙玉松鼠抚琴；

乾隆四十八年（1783）：皮糙玉白泽呈祥山子、秋山行旅图山子（瀛台摆放）；

乾隆五十年（1785）：白玉仔料闲凫拂羽、山亭琴兴；

乾隆五十一年（1786）：青白玉江山万代、皮糙玉桃源洞山子、皮糙玉刻诗桐阴清暑山子；

乾隆五十二年（1787）：皮糙玉观泉陈设；

乾隆五十三年（1788）：大禹开山；

乾隆五十四年（1789）：皮糙玉观音山子、青白玉溪桥吟兴山子、青玉子卧牛。

木器盛物

◎一、紫檀木座

乾隆朝，玉器木座多选用名贵的紫檀木做材料，少见黄花梨木和鸡翅木等贵重木材，鲜见品质较低的红木和乌木。如果玉器的原有木座是乌木或红木，乾隆便令改成紫檀木座。

乾隆四十二年（1777）七月二十日，造办处交太监顺喜呈送乾隆一件旧藏青玉麻姑仙人，同时随玉器配有一件旧乌木托雕紫檀木座。乾隆对这件乌木托不满意，遂令“将玉仙人雕座上乌木去了，另配紫檀木托”。

乾隆对紫檀木有着特殊的喜好，宫廷承做的玉器凡有座子，大部分是紫檀木的。乾隆不喜欢座子纹饰过多，显得俗气，而喜欢朴实无华的木座。

苏州、扬州的木雕工艺堪称富贵华美、举世无双，特别是木雕镂空技艺，反映了南方工匠特有的细腻、精巧、富有想象力的天赋和才能。

乾隆十年（1745）七月二十六日，太监胡世杰交给司库白世秀旧藏玉镶嵌、玉玦、玉璧、玉扇器、玉异兽等小摆件四十二件，并传乾隆的谕旨："将此玉用檀香紫檀木配做墨床笔架，不可做俗气了，往朴实里做，槽内不必雕花纹，不用做样呈览。钦此。"

乾隆二十七年（1762）十一月二十五日，苏州织造萨载为一件玉盘承做的木架座送到京城。该木座充分展示了苏州艺人在木器上镂空雕刻的技艺。这种雕梁画栋式的南国木雕工艺，实际上并不适合粗犷豪放的北方游牧民族出身的乾隆的欣赏口味。

乾隆令太监张玉到造办处传旨："萨载呈进玉盘之座子，系透雕玲珑。嗣后，再进古玩时，所随座子不必透雕，俱要实在。钦此。"

如果是放置玉瓶等较大型器物，为了稳妥起见，底座一般制作得比较敦实，以防器物翻倒损坏。

乾隆四十二年（1777）八月十五日，如意馆做得一件青玉象耳双环瓶，并随一件紫檀木座。乾隆对象耳双环瓶的制作较为满意，唯独对这件紫檀木座有点疑虑，觉得它做得有点单薄，担心摆放在上面的玉瓶日后发生不测。

于是，乾隆令太监容世泰到造办处传旨："着另配紫檀木纯厚座，旧座做材料用。钦此。"

◎ 二、烧饼座

小件玉器，如碗、盅、碟、瓶等，一般配烧饼座，既简洁，又大方，乾隆喜欢这样的搭配。

乾隆三十四年（1769）十一月初三，乾隆令太监胡世杰找一件碗来赏玩。太监胡世杰从静怡轩百什件内找来一件碧玉碗，送呈皇上御览。

乾隆觉得此碗样式、玉质、雕工都不错，决定留在乾清宫摆放。于是，乾隆令太监胡世杰传旨造办处："着配烧饼座，在乾清宫看地方摆放。钦此。"

乾隆喜欢用紫檀木材料制作器物的座子，讲究器物与座子的协调统一，如果器物与座子不般配，即使座子是紫檀木材质，也会更换，重新制作。

乾隆四十二年（1777）九月二十五日，造办处从万寿山撤换下来一件青白玉飞脊花插，一个原配紫檀木随形座，交太监常宁呈览。

乾隆对花插等这类小型器物，喜欢配烧饼座。于是，乾隆令太监常宁到造办处传旨："另配烧饼座，换下旧座做材料用。钦此。"

◎三、座架刻字

为划分玉器等次，乾隆有时会令造办处在木座架的底部，刻上甲、乙、丙字，以区别所陈设玉器的等次。甲字等次最高，丙字最低。如，乾隆若将汉玉佩定古上等，其座架上会令刻上甲字。

乾隆二十一年（1756）五月二十二日，太监胡世杰交给员外郎白世秀、金辉一件随紫檀木座的汉玉斧佩，并传乾隆的谕旨："着座下刻甲字，摆九州清晏。钦此。"

有的器物原来定位较高，但绝非一成不变，随着承做的玉器越来越多，精品不断出现，原定较高等次的玉器，也有下调等级的可能和必要。

乾隆二十一年（1756）五月二十日，乾隆令太监胡世杰到造办处传旨："将青白玉瓶木座上的乙字刮去，另刻丙字。钦此。"

◎四、水磨

紫檀木特有的纯天然色，使其不用人工上色就光彩照人，令人爱不释手。为使做好的紫檀木器物淳厚鲜亮，木作的工匠们要用软布在水中反复对其打磨，最终使木器物外表达到光滑细腻的效果。

乾隆二十六年（1761）正月初七，太监胡世杰遵照乾隆的旨意，交给造办处郎中白世秀、员外郎金辉一件嵌玉紫檀木圆盒，并传乾隆谕旨："着水磨。钦此。"

造办处接旨后，安排木作工匠用了十二天时间，于正月二十八日，由郎中白世秀，将水磨好的嵌玉紫檀木圆盒，呈送乾隆御览。

◎五、盛玉器物

乾隆朝，宫廷盛玉器的器物主要有匣、柜、箱、桌等。这些器物除了本朝制作的外，有的是仿前朝制作的，还有是将前朝盛玉器匣改做后继续使用的。存放在这些匣、柜、箱、桌里的文玩宝物，不是永远放在那里不动，而是有了更好的可随时更换。

乾隆二十九年（1764）二月初八，造办处托太监胡世杰转呈给乾隆一件汉代白玉秋蝉，乾隆见了很喜欢，令胡世杰传旨造办处，“在洋漆箱内有不及者换用”。

二月二十七日，乾隆又在此洋漆箱内，换上了一件他一见钟情的白玉双螭虎圆璧。

乾隆朝，内廷有一种盛放玉器的匣较为出名，叫“紫檀木雕龙寿字长方罩盖匣”。乾隆对它甚为喜爱，常使用它盛放不同的玉器。

乾隆十八年（1753）八月初四，太监胡世杰交给员外郎白世秀一对旧藏紫檀木雕龙寿字长方罩盖匣，并传乾隆谕旨：“着照样雕做一对，里墙要与外墙一般高，赶年要得。其交出罩盖匣一对内，各配紫檀木屉三层。钦此。”

当日，太监胡世杰遵旨交到造办处各层木屉内准备盛装的玉器，其中一层木屉内盛：汉玉卧蚕佩、汉玉杵、汉玉牙签筒、汉白玉龙佩各一件；二层木屉内盛：汉玉桥梁镶嵌、白玉双螭虎玦、汉玉刀佩、汉玉乳钉卧蚕各一件。三层暂时空缺。

八月初五，乾隆再令胡世杰传旨：“着做屉三层，装在新做雕龙匣内，一层装册页，二层装玉器。钦此。”

乾隆朝，宫廷还有两种盒——紫檀木三圆盒和方盒，也经常用来盛放玉器。

乾隆十八年（1753）六月二十四日，太监胡世杰到造办处传乾隆谕旨：“着做紫檀木三圆盒一件、方盒一件，内配册页，装玉，先做样呈览。钦此。”

六月二十九日，员外郎白世秀将做得的方匣合牌样一件，持进乾清宫交太监胡世杰呈送乾隆御览，一并送呈御览的还有“成窑青花白地茶盅二件、白玉镶嵌二对、白玉双螭虎方镶嵌一件（有绺）”。

乾隆看后令造办处：“将匣底放高，做一抽屉装册页一册。匣内盛成窑青花白地茶盅，匣外四面镶白玉镶嵌四块，其白玉双螭虎方镶嵌安在顶上，另做样呈览。”

七月初二，员外郎白世秀将做得的方盒合牌样，上嵌玉，内装成窑青花盅子，下盛册页，持进乾清宫交太监胡世杰呈览。

乾隆对做样很满意，令胡世杰传旨："照样准做，半彩地，角下装册页。钦此。"

七月十三日，乾隆再令太监胡世杰到造办处，补充他的谕旨："将白玉螭虎同心玦、汉白玉乳钉璧（有旧磕）、汉青玉乳丁璧各一件，装在圆盒内，分二层，下配册页，两头画画。一头着余省画花卉，一头着方琮画山水。钦此。"

制作玉器必须有乾隆的谕旨，这一点毫无疑问。但制作盛放玉器的匣子，也必须得到乾隆批准方可承做，这似乎让人不可理解。一般情况是，玉器承做方只承做玉器就可以了，不必连匣盒一同制作呈送来，或只制作简易匣盒即可。

乾隆之所以这样做，一是担心下面没有领旨制作的匣盒，未必合乎他的"口味"；二是有的承做的玉器还要改做，新改的玉器未必合乎匣盒的尺寸。

乾隆三十四年（1769）十二月二十五日，扬州送到各式大小如意十六柄，并随紫檀木匣大小十四件盛装。

乾隆认为，其中有八柄如意做得过长，而且南方那种镶嵌花纹的式样，也不合他的审美观。乾隆遂令太监胡世杰传旨："着驳回，另往短里成做如意八柄，不镶嵌花纹，所随匣子做材料用。钦此。"

谕旨刚发出，乾隆又想起了什么，忙将太监胡世杰叫来说："再传与两淮盐政尤拔世，嗣后交活时，不必做好匣子盛装，着做合牌糙匣盛装。"

◎六、外出桌子

乾隆痴迷玉器文玩，外出巡幸或有公务外出，也要随身带上一些玉器文玩，以备闲暇时欣赏把玩。这些玉器文玩放在特制的桌子里，称"外出桌子"。桌子有门也有抽屉，里面摆放各式乾隆平时喜爱的器物。

乾隆十七年（1752）七月十一日，太监胡世杰奉乾隆旨意，交给造办处员外郎达子汉玉杠头、汉玉斧佩把、汉玉圆盒、白玉起子、白玉犬各一件，并传乾隆的谕旨："着入出外桌子内用。钦此。"

外出桌子里的玉器不是一成不变的，而是根据乾隆的喜好而随时更换。但多以古玉器、小件器物为主，以方便随时把玩和欣赏。

乾隆二十七年（1762）九月二十三日，乾隆准备出宫去圆明园，他从乾清宫文玩摆设架上挑选了汉玉人马陈设、白玉三螭墨床各一件，令太监如意交给造办处郎中白世秀并传他的话，“其墨床两边螭虎扎去，得时同人马陈设装入外出桌子内”。

◎七、阿哥绘写手卷册页

凡是乾隆最为欣赏或喜爱的玉器（多为古玉器小摆件），配匣盒后有时要另配文字册页或绘画手卷，以成一体。这些文字和绘画并非都是乾隆御制，有的是乾隆下旨由阿哥们撰写和绘制，以此来培养阿哥们对文玩古物的爱好。

乾隆三十五年（1770）正月初二，太监胡世杰交给员外郎五德、库掌大达色、催长金江、舒兴一件紫檀木万年甲子盒，“内盛白玉十二辰一份、青玉方盒一件”，并传乾隆谕旨：“将玉方盒内配册页样二册呈览，准时交懋勤殿，着十一阿哥、十五阿哥各写一册。钦此。”

十一阿哥永瑆，生于乾隆十七年（1752）二月，少年时就有较深厚的书法功底，后成为清代著名的书法家。十五阿哥颙琰，生于乾隆二十五年（1760），即后来的嘉庆皇帝。二人关系甚密，和珅被抄没后，其园第中的一处赐予了永瑆。

正月初四，太监鄂鲁里又交给员外郎五德、库掌大达色、催长金江、舒兴一对金洋漆文具，其中一件上层有两个抽屉，分别盛有白玉图章八件、长方墨二锭。中间有五个抽屉，内一屉盛：汉玉乳丁昭文带、汉白玉双螭鸡心玦、汉玉蚕纹昭文带、汉玉双喜昭文带、汉青玉小素璧、汉玉带钩、汉玉弦子、汉玉铎式佩各一件，汉玉夔龙佩二件；一屉盛：汉玉螭虎昭文带五件；一屉盛：珐琅鼻烟壶十件；空抽屉二件。下层抽屉一件，内盛：腰圆黑墨四锭、长方墨锭二锭。另外一件金洋漆文具盒，上层有二个抽屉，一屉盛：汉玉图章八份；一屉盛：长方墨锭二锭、腰圆墨锭二锭。中间有五个抽屉，一屉盛：汉玉汉纹昭文带、汉玉素昭文带、汉青玉带钩、汉玉螭虎昭文带、白玉鸡心玦、汉玉兽面腰圆带头、白玉腰圆镶嵌、汉玉螭虎璧各一件；一屉盛：白玉兽面昭文带二件，汉白玉兽面昭文带、汉青玉兽面昭文带、汉玉蚕纹昭文带各一件；一屉盛：珐琅鼻烟壶十件；一屉盛腰圆黑墨四锭；空抽屉一件。

乾隆令太监胡世杰到造办处传旨：“将玉器配屉，空抽屉内配手卷册页样呈览。钦此。”

正月二十五日，员外郎五德等，“将一对金洋漆文具，内盛玉器，配得屉样；

空抽屉四件，配得手卷样六卷、册页样四册”，交太监鄂鲁里呈览。

乾隆御览后，令太监鄂鲁里传旨：“屉子照样准做。手卷六卷，着六阿哥、弘旿各画三卷。册页四册，着六阿哥、八阿哥、十一阿哥、十五阿哥各写一册。钦此。”

有时乾隆也会下旨，由朝廷老臣撰写盛装玉器匣盒内的册页。

乾隆二十年（1755）正月十七日，太监鄂鲁里交给员外郎五德、库掌大达色、催长金江、舒兴一块嵌玉、一件紫檀木长方盒，并传乾隆皇上的谕旨：“着配册页样呈览，准后，册页样交懋勤殿，着刘墉写。钦此。”

刘墉，乾隆十六年（1751）进士，官至内阁大学士，清代书画家、政治家。

正月二十一日，刘墉写得册页一册，呈送乾隆御览。乾隆看后令太监鄂鲁里传旨造办处：“收贮百什件。钦此。”

翡　翠

业内人士以玉石的硬度为基础，将翡翠称为“硬玉”，和阗玉称为“软玉”。

翡翠产于缅甸，明代传入我国，清代中后期逐渐被清朝宫廷接受。到了清代晚期，老佛爷慈禧太后对其情有独钟，倍加喜爱。

清代中前期，内廷供皇上及皇室成员把玩的翡翠物件，种类不多，只限于翡翠扳指、翡翠朝珠、翡翠念珠、翡翠翎管等小物件。这些翡翠物件，大部分为明代留存的旧物。

乾隆对翡翠没有太多的认识，可以说并不喜欢这种质地的玉石器物。

乾隆朝初年，宫廷没有翡翠制作的档案记载。云南当地商人从缅甸私贩翡翠入滇，在当地售卖，数量也极其有限。但云南当地产的一种玉石，称“云南玉”或“滇玉”，确实被朝廷选用过，用来制作扳指。

乾隆二十二年（1757）二月，苏州织造安宁为朝廷献上“云南玉素扳指十八件，并做样刻字扳指一件、卧蚕扳指一件、夔龙扳指一件”。乾隆令太监如意到造办处传旨：“着照样各作六件。钦此。”

乾隆二十四年（1759）闰六月二十一日，太监胡世杰交给员外郎安泰、库掌德魁云南玉册页二匣共计二十片。并传乾隆的旨意：“着交如意馆收贮做材料用。钦此。”

乾隆朝，官方文字正式提及“翡翠”二字的，是在乾隆四十二年（1777）。当时大清国与缅甸边境形势紧张，缅甸武装人员几次进入云南境内，“以窥我动静”。

乾隆原本考虑用传统的“闭关禁市”的办法，来“绝其资生之路”。但此办法在当时已经行不通，边民贸易已经开通，特别是缅甸所产的棉花、翡翠玉，在内地售卖很多。乾隆只得采取既往不咎，严禁今后缅甸翡翠再流入内地的做法。

乾隆在分析缅甸翡翠进入内地的原因时说：“彼处玉石等物，云南、广东二省售卖颇多，皆由内地每差土人摆夷，出关侦探，兵役因官差要务，于随身行李搜检不严，夹带势所不免。”乾隆最终下令，“滇省严查边隘，毋许内地民人带货偷越”。

乾隆六十年（1795）八月，福康安、和琳奉旨进剿云南边匪凯旋，乾隆特颁旨，赏赐二人白玉松石翎管、翡翠扳指各一个，称他们“冒险奋攻，出力可嘉”。

到了嘉庆朝，嘉庆皇帝仍遵照祖上旧制，禁止私贩缅甸翡翠玉石。

嘉庆令朝廷制定条例：“凡滇省永昌、顺宁二府以外沿边关隘，禁止私贩翡翠玉、葱玉、棉花等物，如拿获私贩之人，审讯明确共伙在一十人以上，为首者拟绞立决；为从及数在四人以上不及十人者，俱发遣黑龙江等处；若止三人以下者，佥妻流徙三千里安置；如有因私贩透漏消息者，审实，无论人数多寡，请旨即行正法。”

嘉庆一朝二十五年，由于政府的管控力度很大，缅甸翡翠没有进入中国。

朝 廷 贡 玉

玉 石 产 地

我国是玉石盛产国，有四大名玉，它们分别是新疆和阗玉、河南独山玉（也称南阳玉）、陕西蓝田玉、辽宁岫玉。岫玉因硬度低、矿藏量大、颜色单一而属普通玉石；蓝田玉因质地干白、浊涩，也不上档次；独山玉因颜色杂凑、质地生硬，也未入上等玉料行列。唯独和阗玉，以其特有的温润莹泽、细致坚韧、滑润细腻、颜色纯一，而受到广大玉石、玉器爱好者的追捧和喜爱，从而成为中国玉石市场上的宠物和佳品。

今天的和田地区，古时位于于阗国所在地，清代属和阗直隶州，故和田玉又称于阗玉，或和阗玉。这里所说的和阗玉系泛指新疆和田地区、叶尔羌地区等地所产的山料和子儿料玉石，今泛称“和田玉”。本书为保持古今称谓上的统一，皆称“和阗玉”。

和阗玉产自新疆昆仑山一代，古代也称“昆山玉”、“钟山玉”。钟山，即昆仑山。玉石质地温润莹泽、细密坚韧、色彩夺目。其玉材之优，独霸天下，享誉中华大地，为古代玉器制作的首选材料。

古人对产自昆仑山脉的和阗玉也多有赞美之词。《楚辞》载：愿至昆仑之悬圃兮，采钟山之玉英；《淮南子》云：钟山之玉，炊以炉炭，三日三夜而色泽不变；《史记·大宛列传》曰：汉使穷河源，河源出于阗，其山多玉石；《穆天子传》记周穆王西巡至昆仑丘，称叹“是唯天下之良山也，宝玉之所在”；宋应星在《天工开物》中称，“凡玉入中国，贵重用者尽出于阗”，等等。

明清两朝，宫廷制玉原料均来自新疆和阗、叶尔羌等地区。清朝进贡物品已经形成完善的制度，进贡朝廷的物品，均是当地的名特产。如，吉林的人参、黑龙江的貂皮、内蒙古的牛羊、福建的茶叶等。

有的特产需要朝廷出钱购买的，如云南产的黄金。朝廷所用的黄金，多是从云南购买的。

乾隆二十年（1755）三月二十七日，总管内务府大臣奏报："据云南巡抚爱必达钦奉谕旨，购买得八成色金二百两，七五成色金三百两，七成色金三百两，六七成色金二百两，共买获金子一千两，于乾隆二十年（1755）三月二十八日解送前来。"

大清朝廷从云南购买黄金的原因，一是云南盛产黄金，二是购买价比在北京当地买便宜。当时，在云南购买这一千两黄金，共用白银七千二百九十两。如果在北京当地购买，则要多支付白银三千一百八十七两。

塔里木河三源：喀什噶尔河、叶尔羌河、和阗河都盛产玉石。其中，叶尔羌河出叶尔羌西南塔尔塔什岭。三水合东流，折西北，复折东北流，歧为二支，环叶尔羌城而东复合。和阗河出和阗城南山，北流，歧为二支，经城东复合，又北。玉陇哈什河、哈拉哈什河，俱出城西，于城东北汇合和阗河，又北，会叶尔羌河。

嘉庆二十五年（1820），朝廷奏准"回部"等地区北极高度，其中，玉陇哈什河三十六度五十二分，和阗三十七度，叶尔羌三十八度十九分。

◎一、和阗

清初，和阗的地界是：东至克里雅河，入沙碛；西至皂瓦河，接叶尔羌界；南至南山；北至和阗河，接阿克苏界。

据史料记载："和阗有六座城，分别为伊立奇、哈拉哈什、玉陇哈什、齐喇、塔克、克里雅。和阗州在省治西南四千九百二十九里，至京师一万三千零三十八里，领县一，东于阗。和阗河二源：东源曰玉陇哈什河，西源曰哈拉哈什河。"

乾隆平定"回部"以前，和阗由回众首领和卓木管束，后由于霍集占公然对抗朝廷，被乾隆派兵平定。

乾隆朝，和阗地区归叶尔羌管辖，设总兵官一人。平定"回部"后，和阗住户一度达到一万三千八百三十八户，人口四万三千五百一十口。朝廷在此设三品伯克一人（辅国公衔）、四品伯克六人、五品伯克五人、六品伯克七人、七品伯克三十一人。后又增设办事总兵官一人、军台笔帖式四人。总兵官由陕甘各镇调派。

玉龙喀什河不仅出产著名的玉石子儿料，也是新疆的金矿之一。

乾隆三年（1738）奏准，和阗岁贡黄金六十两，交叶尔羌汇总解交朝廷。

光绪十九年（1893）二月，出使俄、德、奥、荷四国的大臣徐景澄，在给光绪皇帝上奏的折子中称，“俄国地理会，遣矿学人博格达诺委翅，前往昆仑山详测金矿所在，著有图说，计自和阗州至克里雅城，得矿三处，曰玉龙喀什河，曰策勒村，曰克里雅角”。但在当时，新疆黄金开采十分有限，朝廷的黄金来源，主要还是来自云南。

清初，和阗所属玉龙喀什河、哈拉哈什河所产的玉石，每年令当地民众采取，量其所得进贡，没有定额。

玉龙喀什河位于新疆和阗地区，绵延二百多公里，是新疆玉石子儿料的主要产地。

和阗地区另外一条主要产玉石的河流，是哈拉哈什河。它出叶尔羌城县南八沙拉岭南麓，东流经桑株岭南，又东左纳阿其拉满麻札水，入和阗州界。普下阿孜水亦出县东南，北流折东入和阗州界，注入哈拉哈什河。

和阗的玉龙喀什河、哈拉哈什河盛产温润细腻、闻名于世的子儿玉，先人对此的认知最少始于两千年前。

战国、西汉时期的帝王贵妇们使用和把玩的玉器，用和阗子儿玉作为器物原料，已成为时尚。但是，在清代，这种质地滑润高贵的玉石原料，大块的并不多见。一般来说，白玉、碧玉大的十斤重左右，青白玉、青玉可达几十斤重，产量也不大。

乾隆三十二年（1767），和阗玉龙喀什、哈拉哈什两河采获春季进贡玉料一百五十三块。其中，白玉最大一块重八斤，最小一块重二两五分；青白玉最大一块重六十六斤，最小一块重二两二钱；青玉最大一块重七十五斤，最小一块重三两四钱；碧玉最大一块重十斤十两，最小一块重十一两五钱。从中可以看出，和阗玉龙喀什河、哈拉哈什河所产玉石子儿料，在乾隆朝中期以后，就已经非常稀少，大块白玉子儿料，更是难得一见。

此外，和阗所属的哈浪圭塔克，也出产质地优良的子儿玉，乾隆三十二年（1767）春季进贡玉石时，该地区进贡子儿玉二十一块，共重十二斤三两七钱五分。其中，白玉最大一块重十五两六钱，最小一块重一两四钱；青白玉最大一块重三斤四两，最小一块重一钱五分；青玉最大一块重九两，最小一块重一钱五分。从进贡的玉石数量和重量看，当时和阗地区的玉石确实比较难得和珍贵。

乾隆二十四年（1759）十二月，朝廷派驻叶尔羌的参赞大臣舒赫德，在制定和阗六城上缴朝廷赋税标准时，就当地所产玉石交纳赋税数量，曾建议乾隆皇上："和阗所产玉石，视现年采取所得交纳。"乾隆在舒赫德的请示上朱批："如所请行。"

◎二、叶尔羌

"叶尔"谓地，"羌"是宽广之意。清初，叶尔羌的地界是：东至查特齐林，接阿克苏界；西至他克布依，入葱岭，通拔达克山界；东南至皮雅尔玛，接和阗界；北至喀什噶尔河，接喀什噶尔界城。

据史料记载，"叶尔羌城东道由阿克苏八百里，西道由喀什噶尔五百里至其地，距京城一万二千四百二十五里。城周十余里，有六门"，是"回部"诸城中规模最为宽广的。城中屋宇毗邻，"有水坑导城"。城中村落很多，最著名的有二十七个。乾隆初年，城中住户有一万五千零二十五户、六万零四百五十一口人。

乾隆朝，叶尔羌设办事大臣一人、领队大臣一人，设侍卫十五人、随印官一人、笔帖式二人、理回官二人、军台笔帖式十七人、三品伯克一人、四品伯克四人、五品伯克十四人、六品伯克二十四人、七品伯克八人，另有九百名绿旗兵驻防，其中配有马匹的士兵占三分之一。

乾隆朝，叶尔羌是重要产玉地区，其重要性一度排在和阗之前。

叶尔羌河也产玉石，其玉质的温润程度，堪与和阗玉龙喀什、哈拉哈什两河中的子儿料相媲美。

乾隆三十二年（1767）春季进贡的玉石，叶尔羌河进贡玉子儿料五十一块，共重二百三十五斤十四两四钱。其中最大一块白玉重十四斤八两，最小一块重三两四钱；青白玉最大一块重二十五斤，最小一块重五两三钱；青玉最大一块重四十七斤，最小一块重三两九钱；黑花玉一块重六斤；碧玉最大一块重十四斤十两，最小一块重七斤七两五钱。与和阗玉龙喀什河、哈拉哈什河出产的子儿玉相比，叶尔羌河出产的子儿玉，无论是产量，还是颜色多样性方面，都与前者无法相比，但玉石的品质和质量，应该与之相差无几。

乾隆三年（1738）奏准，叶尔羌岁贡黄金四十两，葡萄一千斤，四十两黄金以及葡萄中的二百斤送往京城，另外八百斤葡萄变价后，作为当地官兵口粮使用。

乾隆朝，叶尔羌驻扎大臣二人，养廉银三千两，口粮一百四十九石四斗；领队护军统领一人，养廉银八百两，口粮七十四石七斗；领队总兵官一人，薪水银二百零四两，口粮五十石七斗九升；侍卫三人，薪水银四百九十二两，口粮一百二十二石五升；官弁十三人，内有前锋骁骑校、千把外委九十八人，薪水银五千四百九十四两八钱，口粮一千二百九十九石八升；满洲兵六百六十一人，薪水银三千三百八十一两，口粮七百二十一石六升。可以看出，朝廷派驻叶尔羌官员的食俸十分丰厚。

◎三、密尔岱山

密尔岱山，史称玉山，距新疆叶城县西南三百四十里，海拔三千六百五十六米，属昆仑山脉。

密尔岱山产玉历史可以追溯到汉代，甚至更早。据《汉书》记载："子合土地出玉。"据《新疆图志》考证，叶城县南部库克雅尔一带山区，即为汉代子合国。

密尔岱山盛产山料玉，是历朝历代皇室贵族玉器石材的主要来源。它的开采，不同于玉龙喀什河、哈拉哈什河等河道中的玉石开采。河道中的玉石开采俗称"捞玉"，采集方法简单，成本低廉，风险度低，但很难采到体积较大的玉石。而密尔岱山的产玉区，往往都在海拔三千五百米以上人迹罕至的悬崖峭壁间，开凿极为不易，如果没有上百人的开采队伍，单靠几个人，即便再有能力，也很难采到大玉。

《西域闻见录》对密尔岱山的采玉，有这样的描述："密尔岱山遍山玉，五色不同，然石夹玉，玉夹石，欲求纯玉无瑕、大千万斤者，则在绝高峻峰之上，人不能到，回民攀缘锤凿，任其自落后收取焉。"

密尔岱山所产的玉石，虽然是山料玉，但该山所产玉石质地紧密、色泽纯一、光滑细腻、润泽清晰，白玉、黄玉、青白玉、青玉、碧玉、墨玉等，色泽品种齐全。密尔岱山玉石的精美，使得历朝历代官府不惜人力物力，冒险前往开采。

到了清代，开采密尔岱山玉石的方法有所改进，凿下来的玉石，不再任其由山体高处自由落下，而是采取“拉网接玉”，即在玉石可能掉落的下方，拉上多条索网，索网盘结在周边的大树或打的木桩上，数百人合力拉紧。当玉石滚落入网后，缓缓放下，如果遇到巨大玉石，即使拉不住，几百人拉的索网也有缓冲作用，玉石落地后也不至于被摔得七零八落。

密尔岱山所产山玉，都在深山峡谷，采到的玉石要运出山外也是一件十分困难的事。一般玉石开采都在冬季，玉石往山外运送时，要在谷底平坦处泼水结冰，形成冰冻的路面，再用牛车人畜合力，一步一步地往山外拉。拉到山外，往往要耗时几个月时间。如果是夏季开采到的玉石，要将玉石存放在原处，等到冬季冰雪封冻，再组织人力往山外运送。

密尔岱山玉石开采的艰难险峻，使历朝历代无数幻想发财暴富的英雄豪杰,望而却步、知难而退。偶尔有个别不知深浅的鲁莽英雄,有幸攀上峭壁山峰,或开凿下来一些小块的玉石，或人被摔得粉身碎骨。

密尔岱山的玉石，无论是质地，还是品种，都要大大优于同属昆山脉的青海玉石和俄罗斯玉石。可以说，密尔岱山，是中国封建社会历朝历代皇家用玉中仅存的一处较大规模储量的玉石基地。

贡玉成为制度

明朝灭亡、大清定鼎中原后，新疆当地民族部落为“表贺平定燕京”，进献玉石等物。

顺治二年（1645）闰六月，陕西总督孟乔芳奏报：“‘回部’、天方部表贺平定燕京，来贡玉石等物。”

顺治皇帝命查收贡物，并传谕陕西总督孟乔芳，“将贡使安顿馆驿，加意抚恤，以称朝廷柔远之意”。这是大清正式建国后，新疆进献朝廷的第一批玉石。

清代，新疆玉石进贡朝廷，以乾隆平定准噶尔部、“回部”两个少数民族部落为分水岭。平定准、回二部之前，即乾隆二十四年(1759)以前，朝廷的玉石主要靠当地部落首领和回众对朝廷表示敬意的不定期进献，数量既少，也不确定。平定准、回二部后，新疆叶尔羌、和阗等地的玉石，定期源源不断地运往京城，进贡朝廷，新疆进贡朝廷玉石真正成为一种制度。

◎一、平定准噶尔部

清初，准噶尔部首领噶尔丹虽败亡，但准噶尔汗国并未消亡。噶尔丹侄子策旺阿喇布坦大力发展经济，建设家园，很快准噶尔部又强大起来，继续称雄西北。

雍正七年（1729），雍正皇帝曾下令清军从西北两路出征准噶尔部，但均为清军溃败。

乾隆十九年（1754）十月，乾隆召见诸王及满洲大臣等，“宣示办理平定准噶尔事宜”。在召见会上，乾隆对平定准噶尔的原因，进行了说明。

准噶尔部，原是元朝的斡亦剌惕部，元朝灭亡后，游牧到西北地区。从前，准噶尔部台吉噶尔丹策零,与大清往来友好。策零曾奏请与大清进行贸易往来，乾隆也同意了他的奏请，为此，准噶尔部在贸易收入上，也获利颇丰。

老台吉策零死后，其儿子策妄多尔济那木扎勒，承袭台吉。但他性情凶残暴戾、政治专权，与部下积怨不和，被老台吉策零的养子喇嘛达尔扎杀死，并夺得台吉位。

天有不测风云，在达尔扎推翻策妄多尔济那木扎勒统治时，一同要抓捕的达瓦齐，在潜逃后不久，又带兵回到了准噶尔部，并杀害了喇嘛达尔扎，“夺据台吉”。

此时，乾隆仍寄希望于新任台吉达瓦齐，只要达瓦齐“诚能守边，遣使乞恩”，朝廷也不会派兵进剿准噶尔部。

但是，达瓦齐就任台吉后，派遣使臣多尔克等人，以宣扬黄教、休养生息为由，“假辞陈奏”，欲与大清皇帝平起平坐，并公然“以邻国自居”，这让乾隆动了兴师问罪之念。

恰在此时，辉特台吉阿睦尔撒纳等人，带领数万民众投诚，让乾隆更有了清剿达瓦齐的基础和信心。乾隆当时想，“不若乘机，一举平定夷疆”。于是乾隆下令：“西师不可中止，准噶尔必须诛讨。”

平定准噶尔的战役还没有打响，大清朝廷已经在筹划准噶尔部的善后事宜了。与其说准噶尔部不堪一击，不如说乾隆朝此时已是盛世嘉年。

准噶尔部落听说朝廷准备派兵进剿，各部台吉纷纷投降。三月，准噶尔部落“降人络绎，陆续投诚者甚多”，内乱已经呈现，乾隆称之：“平定准噶尔大功告成必速。”

在乾隆的“相机筹办”，以及准噶尔部落降将阿睦尔撒纳等的全力征剿下，清军直抵伊犁，“准噶尔部众人等，载道欢迎，现已抚定贼巢”。

乾隆二十二年（1757）三月，清朝兵分西北两路出师，获胜，平定准噶尔部战事，以全胜宣告结束。

平定准噶尔部后，乾隆并没有在彼长期驻军的计划，而是决定陆续撤军，以免滋扰当地百姓生活。

乾隆在军机处发布的上谕中说：“准噶尔地方数年以来，屡遭兵革，又为哈萨克抢掠。现在居住之厄鲁特回民等，生计自属拮据，若于伊犁多驻大兵，深属未便。今功已告成，大兵即宜陆续撤回。定北将军班第现在自当即为办理。若尚未议撤，即遵旨妥协筹办。其应酌留兵丁，一并议奏闻。”

为了稳定当地的局势，阐明中央政府进剿准噶尔部落的前因后果，重申大清朝廷“以当地人治理当地”的一贯立场，乾隆发布了《告当地部落台吉宰桑书》。

乾隆在《告当地部落台吉宰桑书》中说：“尔准噶尔自台吉噶尔丹策零时，恭顺天朝，部属人众，俱得安生，朕是以施恩准其遣使往来，岁通贸易。嗣策妄多尔济那木扎勒继立，互相残杀，内乱频仍。达瓦齐更加暴虐，所有准噶尔全部人众，俱受荼毒。朕为天下共主，念噶尔丹策零之旧，不忍坐视汝众坐于涂炭。而各部落台吉等，相继款关来降，扶携户口数万。朕是以特派将军大臣等，恭行天讨，命两路大军进剿，驱除残暴，安辑生灵。尔众台吉等，去逆孝顺，感戴朕恩，输诚纳款，朕心深为嘉予。今准噶尔全部底定，仍将尔四部拉特台吉等，施恩封为汗、贝勒、贝子、公爵，令各管辖属人，安居乐业。”

乾隆原本设想，班第将军继续留在准噶尔办事，两年之内，将其撤回。到那时，每年从京城派遣钦差大臣一员，巡查该处。但考虑到少数民族的风俗习惯，还是由当地人治理更为妥当。于是，乾隆令班第将军，“于准噶尔旧大宰桑之子孙，择其诚实者，拣选八九人，带领家属，移居察哈尔地方，令其巡查，并资差遣。未有职衔者，着赏散秩大臣之衔”。

至此，平定准噶尔善后工作，圆满结束。

◎二、平定“回部”

叶尔羌汗国，即清代书籍中所称的“回部”，指居住在天山南路信奉伊斯兰教的维吾尔族聚居区，也称“回疆”，其人则名“回民”，旧属蒙古合台后裔叶尔羌汗国统治。

清入主中原后，叶尔羌汗国和大清朝廷建立了朝贡和贸易关系。

“回部”的战事，要比准噶尔复杂得多。“回部”首领霍集占等占据叶尔羌、阿克苏等地四座城池，坚守抵抗，朝廷派兵进剿当年，并未拿下回城。

乾隆发兵进剿“回部”，事出有因。首先，明清以来新疆“回部”居住区一直为中央政府所管辖。特别是大清国建立后，朝廷对当地部族给予了特殊关照，在扶持当地农牧业生产、富足当地百姓生活等方面，朝廷一直倾心尽力、全力以赴，以致使当地某些部族首领产生了依赖中央政府、不思自营自救、揽权专断称霸一方的思想。其次，当年被乾隆重用的准噶尔部叛将阿睦尔撒纳，如今又背叛朝廷率领属下再次叛逃，另踞地盘，欲与朝廷分庭抗礼、平起平坐，故乾隆决定再次发兵进剿。

此事对乾隆震动很大，使他认识到，新疆少数民族部落不能闹独立，这样会使朝廷失去对该地区的管理和控制，“边围不靖”，大清江山为此会四分五裂。所以，再次进剿，必须完全彻底根除阿睦尔撒纳的势力，“以正刑诛”，是“不得已而出此”。

回民头目霍集占、布拉呢敦兄弟，在准噶尔时代，因与噶尔丹策零不和，被策零分别拘禁在阿巴噶斯、哈丹鄂拓克。清兵平定准噶尔部后，将兄弟二人释放，并令他们重新就任回民头目，“加恩锡爵，授以土田”。

但是，霍集占、布拉呢敦兄弟二人，并不领朝廷的这份情，在阿睦尔撒纳叛逃后，率领伊犁回民逃往叶尔羌、喀什噶尔地区。

乾隆开始并没有马上派兵进剿，而是“遣使招抚”。不料，霍集占不但不听朝廷规劝，反而杀了来使，自称巴图尔汗。此举令乾隆异常震怒，决定“特发大兵，声罪致讨”！

乾隆二十三年（1758）正月，乾隆令定边右副将军兆惠、靖逆将军雅尔哈善、大学士管陕甘总督黄廷桂，协同发兵进剿“回部”。

进剿之初，兆惠等建议乾隆，虽然霍集占是叛乱的元凶，但布拉呢敦只是随从，回众更是无辜受牵连者，不如离间布拉呢敦与霍集占的关系，并向回众百姓宣谕安抚。

乾隆采纳了兆惠的意见。随即令军机处发布谕旨：“今年进兵办理‘回部’，罪在霍集占一人，布拉呢敦被迫从行。夫伊等以兄弟至亲，朕尚较其情罪轻重，期无枉抑，何况尔等回众，全无干涉，岂有株连扰害之理。惟是霍集占，颇称奸狡，自知身犯重辟，或图苟延残喘，造言惑众，以厄鲁特多被剿杀。为此，殊不思尔等皆无罪之人，朕何忍与叛逆之徒一体诛戮。此次兴师，特为霍集占一人，尔等若将霍集占缚献，自必安居如旧，永受殊恩。如执迷不悟，听从逆酋指使，大兵所至，即不复分善恶，悉行剿除，悔之何及。”

与此同时，乾隆告诫兆惠，安抚只是一个方面，不要过于依赖，“回民虽较厄鲁特稍为安静，然在准噶尔数世，亦恐不免渐染习气，我兵招抚时，必须详为审慎，再行安插”。

乾隆为此还举例说，最初平定伊犁时，回众也都表示归顺朝廷，后来阿睦尔撒纳叛逃，也都跟着跑了。说明安抚不是唯一手段，也不是制胜的主要原因，“未震军威”，才是导致逆贼“猖獗若此”的根本原因。同时，乾隆重申，兆惠、雅尔哈善等“此次进取回城，须申明纪律，使其知畏”。

安抚果然未能奏效，“回部”上下异常团结，坚守诸城，顽强抵抗。

乾隆见此情形，决定“先办厄鲁特，再办‘回部’”。同时，乾隆给前定边右副将军兆惠、靖逆将军雅尔哈善、大学士管陕甘总督黄廷桂发去急令：“办理‘回部’一事，恐今岁不能就绪，冬间军食关系甚重，屯田收获，谅亦无几，拟暂且撤兵，再筹明年进兵之举。兆惠、黄廷桂来京，会商一切事宜。”

当年十一月，平定“回部”局势出现好兆头，“回部”大头目霍集斯伯克等向官军投顺，愿意协助进剿“回部”首领霍集占。但是，乾隆还是决定放弃冬日进攻霍集占，“于来年回人收获时，再行进剿”。

乾隆二十四年（1759）七月，平定“回部”的战斗正式打响后，战事进展顺利。

九月，定边右副将军兆惠、定边左副将军富德奏报：“大兵进剿逆贼霍集占、布拉呢敦，抵巴达克山界，现已枪毙霍集占，生擒布拉呢敦。今叶尔羌、喀什噶尔均就抚绥，设官定赋。其余‘回部’大局，固已全定。”

十一月，乾隆以“平定‘回部’告功太庙，斋戒三日”。至此，历时五年之久的平定新疆准、回二部的战争，以清廷大获全胜而宣告结束，清朝最终完成了对西北的统一。

平定“回部”后，乾隆还做了一件统一货币的大事。和阗诸城旧有货币叫“普儿”，用红铜制作，重二钱，体积小而厚，中间没有方孔。平定“回部”后，乾隆下令将所有准噶尔旧钱销毁，“另行颁示铸造乾隆通宝钱文”，以规范当地的货币流通，使当地商品贸易更为便利和顺畅。

为实现内地与边疆货币的统一，乾隆要求该货币“遵奉乾隆年号”，让该地回民“万年敬守”，大清朝子孙“亦当万世遵行”，“不便照内地钱文，随时改铸”。同时，乾隆谕令各“回部”办事大臣，“记档永远恪遵”，户部、工部“一体存载，垂为成宪”，以表乾隆平定准、回二部，功标青史。

有了统一的货币，当地玉石贸易开展更为便利。叶尔羌附近的部落纷纷请示，欲来叶尔羌进行玉石等交易。如，以头目默默斯帕尔、乌苏完为首的两个部落，向大清朝廷申请来叶尔羌进行玉石贸易。他们说，两个部落相隔一河，各有八千余人。部落西接克什米尔和痕都斯坦，南接哈普伦，东接土伯特，北接博罗尔，祖上向来在叶尔羌进行玉石贸易。今朝廷平定“回部”各城，并统一货币，“愿来归附”。

朝廷奏准了二部落首领的请求。因为是平定“回部”后这两个部落民众首次来此贸易，朝廷还给了“免其纳税，并酌给口粮”的特殊优惠政策。但当时的贸易活动还没有完全放开，还要“俟贸易事竣，护出卡伦”。

◎三、和阗贡玉成为制度

平定准、回二部后，除了举办各种庆典仪式外，朝廷颁布了《理藩院则例》和《蒙古律例》，以法律的形式治理北疆。同时，对南疆进行治理整顿，颁布一系列治理南疆事务条文，并于嘉庆十六年（1811），正式颁布《南疆则例》。

大清朝廷彻底摆脱了西部新疆的后顾之忧。朝廷驻扎新疆的办事大臣，每年春秋二季进贡朝廷和阗、叶尔羌玉石，每季二千斤，两季共计四千斤。

平定准、回二部后，乾隆曾就新疆玉石进贡朝廷发出感慨：“平伊犁，定‘回部’，和阗良玉，岁有恒贡。”

新疆当地的首领们知道乾隆皇上喜欢玉石后，纷纷令当地回众采集当地美玉进献，并请求乾隆皇上，“有献美玉者，赏给缎匹”。

朝廷驻扎新疆的办事大臣，见此是与皇上联络感情的最好方法，也纷纷效仿。除了每年春秋两季公办贡玉外，他们指使当地回民采集和阗好玉，进献皇上。大规模开采新疆和阗玉石的态势，即将在乾隆二十五年（1760）爆发。乾隆及时发现了这个问题。

乾隆二十五年（1760）七月，叶尔羌参赞大臣舒赫德给乾隆上了一道折子，请求皇上批准当地回民踊跃进献玉石，并酌情赏给缎匹。

乾隆喜好玉石，但他有自己的办事原则，毕竟他是统治大清王朝的一国之君，不是爱美玉不爱江山的庸碌之辈。

乾隆阅览舒赫德的折子后，在折子上朱批：“朕命大臣等驻扎回城，原以镇抚新疆，绥徕初附。至拣选玉石，何关紧要，舒赫德尚知此意。着传谕伊等，嗣后，除旧例照常贡玉外，回民等有求售及来献者，酌给价值，不可传知回众，令其采办。至大臣大人等，果能实心办事，自必优加恩遇。若办事平常，虽购得美玉，亦复何益？伊等知此，庶识事体之轻重矣。”

到了乾隆晚年，朝廷玉石供应充裕。乾隆考虑到三十年来，新疆当地回众协助驻地朝廷官员开采玉石，连年受累辛劳，没有过多的休息时间。于是，乾隆决定改春秋两季贡玉，为秋季一季贡玉。

乾隆五十二年（1787）十一月，乾隆在给内阁的上谕中说：“向例每年叶尔羌、和阗春秋二季，采玉输纳。该处回民，按季跟随大臣，无甚闲暇，俱各奋勉，既应酌量施恩，以纾其力。而此时节次采运之玉，亦足充用。嗣后，每年春季停止采纳，惟秋季仍令采玉解运。自明年起，即着为令，以示朕惠爱回民之意。”

嘉庆继位后，由于嘉庆皇帝对玉石等玩物不喜好，加之国力逐渐衰退，新疆进贡朝廷的玉石呈逐渐下降趋势，最终停采。

嘉庆十七年（1812）十月，嘉庆发布谕旨：“造办处所贮之玉甚属丰足，减额每岁采进二千斤。”

道光元年（1821）四月，道光以“查造办处所贮之玉尚多，足以敷用”为由。着交和阗、叶尔羌办事大臣等，将此项每岁应交贡玉，暂行停采。这一停采令，此后一直没有恢复，以致到了同治朝，皇上为了要一件玉如意，还要举全国之力，但仍难以觅得。

◎四、阿克苏——清代新疆玉石交易中心

和阗和叶尔羌两地距离不远，但和阗距离阿克苏非常远。乾隆曾为此说："朕批阅地图，见和阗去叶尔羌颇近，阿克苏甚远。"

清初划定阿克苏的地界是：东至雅尔汉，接拜城；西至遮尔格吉克得，通乌什界；北至他木哈他什，通伊犁界；南至喀代噶尔河。至京城一万九千七百九十里。

清初，阿克苏有四座城，四城连峙，"每城周里许"，说明当时的城池很小。每城东、西、南三面环一大城垣，"垣外以沟界之"，所属村庄三十六个，五千七百五十三户人家，人口八千零六十七人。

四城中，一个为阿奇木伯克居处，一个为火药局绿营房，其余二城官府还没派上用场。四城的南边，为驻扎大臣公署，北为祠庙，东为印房，河东为健锐营牧驼马处，东北角为钱局公署。

阿克苏是当时新疆最著名的玉石交易中心，乾隆曾说："回城售卖玉石之地，且满洲兵丁一城，回民一城，中间相隔，即买卖街，玉石皆聚于此，其地甚属紧要。"

当时，阿克苏仅由乌什大臣派游击一员在此办事。乾隆对此心有疑虑，称"未为妥协"，认为"应派内地大臣一员驻扎稽查，方为有益"。

乾隆四十三年（1778）十一月，乾隆颁布特谕："阿克苏地当冲途，应专派大臣驻扎。景福人尚稳实，着授为领队大臣，驻扎阿克苏办事。乌什与阿克苏相距不远，倘景福不得主意之处，即与喀什噶尔办事大臣永贵商酌办理。"

永贵此时已年过七旬，在官场上命运多舛，晚节未保，由从一品大学士降为三品顶戴，发往新疆乌什办事。

作为重要的玉石贸易中心，朝廷当时并没有在阿克苏派驻满兵，仅有一百名绿营兵驻防，乾隆不放心。于是，乾隆令从乌什"调驻满兵五十，酌派章京、骁骑校二员管束"。同时，令"调笔帖式一、帖写二承办档案，为驻防官兵添置三四十间营房"。

玉石大量进京

◎ 一、八万斤玉石进京

大清朝廷平定准、回二部后，新疆玉石得以大量开采，但也引发了一系列涉及官员私采、受贿玉石的腐败案件。仅乾隆四十三年（1778）一年，在密尔岱山开采和官员犯案查获并可直接运往京城的玉石，累计就达到了八万余斤，成为乾隆晚年大量制作筵宴用玉餐具的重要玉石来源。

从乾隆四十四年（1779）十月开始，这八万多斤玉石分三十二批次运往京城。

十月十日，叶尔羌办事大臣复兴等奏："拟将采获密尔岱山并各处查出应行解京之玉石，分作三十二批，每批二千五百斤运送。从即日起，起运头四批，共计八十一块，重一万斤，解送到京。除交造办处查收、恭请御览外，理合奏闻。谨奏。"

十月十九日，起运三批次，共七千五百斤；十一月十七日，起运五批次，共一万二千五百斤；十二月二十七日，起运六批次，共一万五千斤等。

官办玉石的进京路线，仍旧走朝廷制定的官道，即，叶尔羌—肃州—甘肃嘉峪关—陕西潼关—山西汾州、永宁州—直隶涿州、良乡—京城。

运送玉石的交通工具是用牛车，每日行走不到三十里，异常艰辛。

乾隆四十六年（1781）正月三十日，走了近十五个月的头四批次玉石，运抵直隶。

乾隆急于想看到这些玉石，已经等得有点不耐烦了。他派人去直隶总督府询问玉石在直隶省的运送情况。

直隶总督袁守侗解释说："四十五年（1780）十一月三十日，据内丘县禀报，叶尔羌解京玉石抵境。十二月十六日，运解玉石行抵正定，当即委员护送前进。"

乾隆对袁守侗的解释不满意。乾隆说："内丘、正定等处距京不远，道路又甚平坦，行走自应迅速，何以至今俱未解到。"

袁守侗回称："用牛驾运送玉石之车，日行二三十里，已于四十六年

（1781）正月二十二日护送至涿州，即日内可抵良乡。”

乾隆对袁守侗的解释仍旧不满，并颁发上谕：“涿州至京不过两站，今已越七日，尚未见此项玉石运到，是伊所奏牛车日行二三十里之说仍未明确，实为外省相沿陋习。着传知袁守侗，务即催运赶到，毋迟。沿途仍小心防护，毋致疏虞。钦此。”

由于八万斤玉石解送进京，数量大、批次多、持续时间长，在引来沿途路人百姓围观的同时，也让窃贼惦记上了。

乾隆五十一年（1786）四月初九，陕甘总督福康安奏报：“叶尔羌运送之第二十六批次玉石，在泾州地区部分被窃。”

案件虽然很快破案，偷窃玉石之人海生莲也被绳之以法，但依照清代官员问责的有关规定，朝廷要对此事件的相关责任人做出处理。

经奏请乾隆皇上批准，将疏防之护都司千总马国泰、泾州营把总范璜革职，交刑部议处。

此事在护送玉石的官员们中引起不小的震动，大家从该事件被查处的官员中，吸取了深刻教训，在以后运送玉石的过程中，安全第一、严防死守，此后未再发生类似的玉石被窃事件。

◎二、最大一次贡玉

乾隆五十六年（1791）四月，从新疆和阗、叶尔羌等地一次进京玉石大小五千五百八十五块，创历年之最。但有五千一百三十六块“属无用，难以成做活计”的五等玉石，而交由广储司银库收贮，剩下的四百四十九块玉石中，二等玉一百五十五块、三等玉二百块、山料玉五十块，共计四百零五块。其中，能够马上画样承做玉器的只剩下四十四块。

由此可以看出，到了乾隆晚年，新疆贡玉的玉石质量已经大不如以前，官方大量开采加上民间私采，已使新疆和阗等处好玉数量锐减。这仅有的四十四块可以马上承做玉器的玉石，乾隆谕令交京外“八处”承做玉器。

这一年的四月十八日，军机大臣奏明：“叶尔羌、和阗等处送到采获大小青白玉子五千三百九十二块、大小山料玉一百九十三块，共计玉石大小五千五百八十五块。奴才率启祥宫员外郎福庆、金江等，按件逐细查点数目，俱属相符。其内有堪可成做活计玉四十四块，查其形式，俱于本玉上画样，恭呈御览，如蒙允准，分发各盐政织造成做。”

军机处随奏报附上造办处拟做玉器派活清单："拟交两淮盐政全德成做玉六块，内一块做凫鱼壶一件、一块做双环瓶一件、一块做宝月瓶一件、一块做双管瓶一件、一块做象耳瓶一件、一块做汉瓶一件；拟交苏州织造征瑞成做玉八块，内一块做文王鼎一件、一块做英雄合卺觥一件、一块配做杯盘壶各一件、一块做汉瓶一件、一块做苍龙觥一件、一块做双环瓶一件、一块做云龙洗一件、一块做马一件；拟交长芦盐政穆腾额成做玉三块，内二块做册宝四份、一块做牛一件；拟交杭州织造基厚成做玉五块，做宴盘十件，余玉做轴头四对；拟交江宁织造同德成做玉六块，做宴碗十二件，余玉做轴头六对；拟交凤阳关监督刁玉成成做玉七块，做宴碗十件、宴盅一件；拟交九江关监督福昌成做玉四块，做宴盘四件、宴碗三件、宴盅二件；拟交淮关监督董椿成做玉四块，做宴碗七件、宴盅一件；交如意馆成做玉一块，做苍龙觥一件、扳指一件。”

此时，八十一岁高龄的乾隆，玉器欣赏重点已转向青史留名的玉宝、玉册，已不再像过去那样对一般玉器物品细致查验，逐项审核，只是以"知道了"，回复了事。

◎三、回族贡玉

新疆地方少数民族部落进贡朝廷玉石，可以追溯到清以前。但当时的玉石进贡，不是朝廷委派官员采办玉石，而是地方部落首领为表示对朝廷的敬重所送上的礼物，数量也非常有限。

大清定鼎中原后，新疆当时的少数民族部落首领，没有马上向大清朝廷进献贡物，他们不知道大清朝的江山是否能够稳如泰山、天长地久。

在观察了一年后，二部落的首领们认为，大明政权确实已经穷途末路、日落西山，遂于顺治二年（1645）闰六月二十六日，以"表贺平定燕京"的名义，向大清朝廷进献了第一批玉石。

顺治皇帝命内务府，"查收贡物，将贡使安顿馆驿，加意抚恤，以称朝廷柔远至意"。

第一次批量到京的贡玉，是在平定准、回二部后的第二年正月。这个月的十五日，太监胡世杰收到新疆少数民族部落首领运送而来的青白玉大小一百二十块，放置在造办处库房前的空场上。

乾隆亲自前往查看，甚为喜悦，并对身边的造办处官员郎中白世秀、员外郎金辉说："着交如意馆选用。"

如意馆的玉匠们，将此批玉石分为三个等次，这是清代宫廷玉石分类设等的雏形。最好的三十五块，较次之的二十三块，选剩下的青玉六十二块，共计一百二十块。

造办处员外郎白世秀，再次请来乾隆验看。乾隆看后当场表示："将大小青白玉石子三十五块，留如意馆；青白玉大小二十三快画样，交苏州织造安宁带往成做；其选剩青玉石子六十二块，交内务府银库收贮。"

从中可以看出，在乾隆二十五年（1760）时，用好玉料制作玉器的任务，还是留在宫内。即便是最低等次的玉石，乾隆也不会丢弃或随便赏赐，而是作为财富，放入存贮金银珠宝的广储司银库。

回疆第一次正式批量进贡玉石，乾隆甚是高兴，除恩赏押送玉石进京的来者外，还指示如意馆，将分配给苏州织造的这二十三块青白玉画样，批准后，再交由苏州织造安宁带往苏州承做。

如意馆领会乾隆的心情和感觉，专挑乾隆平日喜欢的器型画样，特别是还画了一件"回民进宝"陈设，以表示新疆部族对朝廷的顺从。

这二十三件玉石共画得："回族进宝"陈设、拱璧、圭、碗、荷叶洗、山高水长陈设、汉瓶、鸠、月斧、骆驼、马暖手、异兽、松鼠暖手等。其中，拱璧三件、圭三件、汉瓶二件，均刻"大清乾隆仿古"款；碗二件，刻"乾隆年制"款。

画样和木样呈送乾隆御览后，乾隆令太监胡世杰传旨造办处："俱照样准做，着交苏州织造安宁带往，细致里成做。钦此。"

◎四、贡玉进京路线

汉唐时期内地通往西部的交通线，即今天所称"丝绸之路"的主要路线。丝绸之路是广义的载体，它既是军事路线，又是联系东西方经济、文化和宗教等的交流路线。

汉唐时期的玉石之路，实际上是这条交流路线上的某一区段。汉唐从于阗运玉石至内地，在新疆境内经行路线主要有三条：一是于阗东行经昆仑山北麓的汉代西域北道；二是于阗北行沿河，至天山北麓的汉代西域北道；三是于阗西绕行今喀什，至汉代西域北道，然后再转至楼兰道和伊吾道至内地。由于受史料的限制，很难断定汉唐时期新疆玉石运往内地，是经由上述哪一条路线。

从明代开始，新疆玉石运往内地的路线已经基本确定。特别是到了乾隆朝，朝廷每年春秋两季（乾隆晚年改为一季）从叶尔羌、和阗等地区置办玉石送京，有一条进京的“官路”，途经今天的新疆、甘肃、陕西、山西、河北等省份，共分为六个主要站点。

第一站，嘉峪关。嘉峪关是大路总汇之区，也是进京的必经之路，朝廷在此设立关防重点守护。

嘉峪关关楼，位于嘉峪关市西南隅的嘉峪山麓。这是一座古老巍峨的关楼，象征着中华民族悠久历史文化的万里长城的终点，就在这里。

其北侧有合黎山、马鬃山，南面有祁连山，其间夹着一条狭长的戈壁滩，古“丝绸之路”即从这里通过。

由于嘉峪关扼居咽喉要道，地势险要，因而又有“天下雄关”的美誉。所以，清朝派重兵在此把守，查验过往路人。其中，严防不法商贩将西域玉石偷运内陆，也是守卡官兵的重要职责和任务之一。

第二站，肃州。肃州是古代称谓，位于甘肃省西北部，河西走廊的西端，即今天的甘肃省酒泉市。

清代，肃州是商人买卖玉石的地方，但周边大片地区是荒郊戈壁，土地辽阔，千里无人烟。从新疆运往内地的玉石，无论是官运，还是私贩，都要从这里经过。为此，朝廷在肃州设置关卡，查验过往路人。

第三站，凉州。这是甘肃省境内的最后一站。凉州是古代地名，即今天甘肃省西北部的武威。它地处河西走廊的东端，是古丝绸之路的重镇，史有“四凉古都，河西都会”之美称，自古以来就是“人烟扑地桑柘稠”的富饶之地。

出了凉州，主要是沿着古长城一带行走。进入陕西后的首站是陕西长武县。

第四站，潼关。潼关历史悠久，闻名遐迩，史上曹操为防关西兵乱，于建安元年（196）在此始设潼关。潼关也是大路总汇之区。

清朝不断扩建潼关，使其北临黄河，南跨凤凰、麒麟二山，东至东西大路临黄河南延上麒麟山，西至东西大道靠河南沿上象山，并设置六个独立城门，每个城门有两个洞，进出有序。

潼关是陕西的东大门，地处陕西省关中平原东端，位居陕西、山西、河南三省交界处，是连接西北、华北、中原的咽喉要道，有“关门扼九州，飞鸟不能逾”之称，是进京的必经之路。

第五站，渭南县。陕西渭南县，即今天的陕西渭南市。清朝政府在渭南设八县一州一厅，渭南县是其中之一。

渭南县地处陕西省东部，东濒黄河，西临西安，南倚秦岭，北接延安，是陕西省和西部地区进入中东部的必由之路。渭水横贯其中，是八百里秦川最宽阔的地带，素有“三秦要道，八省通衢”之称。清朝在此设立关卡，查验过往路商贾，从此进入山西。

第六站，汾州府。汾州，即今天的山西隰县。唐朝称汾州，明万历二十三年（1595）设立汾州府。清代朝廷贡玉由此进入直隶地区，直至京城。

◎五、私玉贩运路线

商人私自从叶尔羌、和阗地区采办玉石，除一小部分在当地或周边地区售卖，大部分要运到苏州等内地销售，这样才可以卖出好价钱，赚大钱。

为躲避朝廷所设关卡的盘问和查验，这些商人要冒极大的风险走小路。通过几十年甚至上百年的实践和探索，逐件形成了一条由新疆贩运玉石至苏州的“地下通道。”这条私贩玉石路线，基本是沿着城边小路行走，不能离城太近，以免被官府或关卡稽查官兵发现并查抄。但又不能离城太远，离城太远会给粮草补给带来困难。

私贩玉石的商人，在叶尔羌、和阗地区采办到玉石后，在当地回民的帮助下，就地装箱，或装入粗麻布袋，用骡马车驮运，运往内地。

私贩玉石人马出叶尔羌后，进入内地基本走以下路线：

沿肃州（今甘肃省酒泉市）至甘州（今甘肃省张掖市）、凉州（今甘肃省武威）边缘地带行走。这里地广人稀、空旷无垠，很少有官府的兵马出现，比较安全。

过了凉州，进入宁夏府中卫县，过河进入陕西靖边县，至吴堡县渡河，再进入山西绥德。绥德位于陕西省北部、榆林市东南部。

过了绥德，进入永宁，即今天的宁夏银川永宁县。但不经过城区，而是沿着古城墙边行走。从这里到汾州有两条路，一路是由黄河东岸进入山西境内，这是一条近路，但官府衙门较多，私贩玉石的车队不敢从这条道走；另一路是北路，从保德州过河，经由五寨等县又迤北进入杀虎口。

杀虎口位于山西省朔州市右玉县境内、晋蒙两省(区)交汇处,北倚古长城，西临苍头河，为有两千多年历史的一代雄关，地势险要。其东西两山之间形成一条三千三百米长的狭长走廊，自成天然关口，“走西口”中的西口，即是杀虎口。清朝，此关口已被废弃，无人把守，成为流民出走关外的必经之路。私贩玉石的商人车马队，即从杀虎口通过。

过了杀虎口，经由朔平进入汾州。这条路虽然较为绕道，但较前一路安全得多。

从汾州直接进入平阳，即今天的山西临汾市。这是山西的最后一站，从此进入河南。

由河南的灵宝、新安、偃师、商丘，经安徽省凤阳的宿州入境，再经过灵璧县，进入东北部的临淮关镇。

临淮属凤阳县，地处淮河中游南岸、蚌埠市东部，古称濠州，是安徽四大名镇之一。从临淮至浦口，还要经过安徽定远县、滁州至江苏的江浦县等地，最终在今天南京市西北部、扬子江北岸的浦口登船，过地处秦淮河与长江交汇处、素有“六代豪华之地”称谓的江宁，经今天浙江省西北部的中国历史文化名镇泗安，一路绕道到达苏州阊门。

阊门，即今天的江苏省西中市，是贩玉商人要到达的最终目的地。

乾隆朝，阊门是万商云集的商业城，城外有吊桥通往码头，城内就是阊门至枫桥的十里长街，是典型的水陆城门。这里店铺林立，多达数万家，各行各业应有尽有。“居货山积，行人流水，列肆招牌，灿若云锦”，是当时对阊门繁华商业的真实写照。《红楼梦》在开篇写道，“阊门最是红尘中一二等富贵风流之地”，阊门也因此成为当时苏州的代名词。商人为此冒杀头坐牢的风险远赴新疆叶尔羌、和阗地区贩运玉石，其巨大的商业、金钱诱惑，在此可见一斑。

◎六、官玉不得变卖

叶尔羌、和阗等地开采出来的贡玉，在当地即进行分类筛选，好的先期运往京城。而石性、绺道过多的杂玉,也要随后运送进京,不得流散在当地民间。

清政府平定准、回二部后，新疆运往朝廷的玉石“始成恒贡”，玉石的开采量逐年增加。于是，一些官员就将“不入流”的玉石筛出，就地变卖给商人或当地回民。

乾隆闻此事后，虽几次降旨饬禁，但因“天高皇帝远”，采获的玉石数量又很大，官员变卖次杂玉石的事情，仍时有发生。

乾隆四十三年（1778）十一月二十日，乌什办事大臣、吏部尚书永贵，见当年采获的玉石高达十余万斤，其中次杂玉石就有七万余斤，若将这些次杂玉都运往京城，费时费力，未免劳民伤财。于是，永贵给乾隆上了一道折子，建议将挑选出来的贡玉三万一千余斤，运往京城。余下的七万六千余斤杂玉，“六成招商承买，四成赏给回民”。

乾隆认真阅览折件后，当即在折子上批示：“其事断不可行。发卖官玉，实开影射私玉之端。从前所办，本属未妥，永贵仍欲招商承买，官为变价，是未知去弊根源也。前已屡降谕旨饬禁，永贵此奏自尚未接奉谕旨，着再传谕永贵，所有变卖官玉一事，即着永远停止，并不许丝毫透漏。其未奉节次谕旨，以前或将零星玉块赏给回民，即不必复行查追，致滋烦扰。”

乾隆四十年（1775）左右，买卖玉石可以赚大钱，已经成为朝廷官员和内地商人心目中的共识。他们不惜冒着杀头坐牢的危险，从事着朝廷明令禁止的私贩和买卖玉石的活动，期待着有朝一日能够大捞一笔，或作为升官的贿赂金，或一生享受荣华富贵，从此可“金盆洗手”，颐养天年。乾隆的三令五申，对他们而言，已经不重要了，从而引发了诸多震惊朝野的玉石案件。

轰动朝廷的高朴玉石案

家族显赫

高朴本性玩世不恭、争强好胜、好大喜功，喜欢抛头露面，这与他的家族在社会上有较高的权势和地位、从小养尊处优，不无关系。

◎ 一、祖父高斌

雍正朝，高斌主管朝廷河务，曾任河东副总河、两淮盐政兼办理江南副总河事务、两淮盐政署江南河道总督，在黄河、淮河、运河等河流防洪治理、经济开发等方面，深得雍正皇帝的信赖。

乾隆朝，高斌继续他的河务老本行，即使职务升迁变动，但都与河务密不可分：

乾隆六年（1741），补授直隶总督，乾隆令“河工一切机宜，俱着伊相度办理”；

乾隆七年（1742），任礼部尚书，“查看直隶水利”；

乾隆十一年（1746），任协办大学士、礼部尚书兼管直隶河道总督；

乾隆十二年（1747），任文渊阁大学士兼礼部尚书，监察江南河道事务；

乾隆十四年（1749），任内阁大学士管江南河道总督；

乾隆二十年（1755），高斌去世。乾隆对他的评价是“久任河工，素称谙练，系熟悉河务之人”，并亲切地称他为“河臣”。

高朴被就地正法后，乾隆每每想起高斌老臣在河务工作上的不畏辛劳和呕心沥血，想起他在为大清朝河湖治理方面做出的贡献，都不禁会潸然泪下。是对高朴处置过重、过快而后悔？还是有愧老臣的一片忠心？乾隆的一番话，给人们留下了一些遐想的空间。乾隆说：“朕何尝不念及高斌，但此等孽种，不惟国法所不容，亦其家所断不可留者。”

◎二、父亲高恒

乾隆朝，高恒在朝廷中的职位举足轻重。他曾历任山海关监督、长芦盐政、淮关监督、两淮盐政、户部右侍郎、总管内务府大臣、正黄旗汉军副都统、正白旗满洲副都统、礼部侍郎等职。

乾隆三十三（1768）年，因侵占应缴公款，高恒遭商人举报，被革职查办，从此结束政治生涯。

十年后，乾隆在查办高朴玉石案时，也没忘了提及高恒。他在分析高朴为何能在扬州、苏州顺利贩卖玉石、玉器时说："高朴之父高恒，曾任盐政，扬州行盐商人均系伊父的熟识，遣李福等前往该处售卖玉器，亦非不可能。"

◎三、叔父高晋

高晋官至大学士，继承了堂伯高斌的河务事业，在朝廷上也是一位重要人物。他历任山东运河道、山东按察使、两淮盐政、安徽布政使、江宁织造、安徽巡抚、署两江总督安徽巡抚、署两江总督兼管河道总督、江南河道总督、大学士管两江总督等朝廷要职。

高朴玉石案发生后，高晋因收到侄子高朴家信未引起警觉，以及给高朴家人李福开具护牌赴苏售卖玉石，而受到案件牵连。

起初，乾隆在气头上，称高晋"负恩藐法，堕其家声。此事获戾甚大，实属大谬"，准备交刑部依法治罪。

高朴正法后，乾隆内心感受复杂，在给刑部的谕旨中说："朕简任高晋封疆有年，平日尚能秉公持正，颇知大礼。其地方公务，实力妥协。而于河务，亦能实心筹度。是以加恩申饬。"

随后，高晋官复原职，仍任大学士管两江总督。高晋为感谢皇上不株连之恩，更加呕心沥血、废寝忘食地工作。在侄儿被正法的第二天，就带着感恩的心情，拖着年迈体弱的病躯，前往河南十六堡仪封漫口工地。他提出将引河挑深、改道出河口的治理清水河漫口方案，以阻止河床漫堤，得到乾隆的认可。

此时，高晋已经咳痰带血，行动迟缓。乾隆闻讯后，立即下旨："大学士高晋患咳嗽，痰中带血，朕深为挂念。着派乾清门侍卫一等子布彦达赉，带太医院堂官陈世官，驰驿前往河南诊视。务须加意调养，不宜过劳，即堵筑要工，止须在寓与众详细商酌，不必亲在堤上办理也。"

乾隆四十三年（1778）十二月十六日，即高朴被正法的第二个月，高晋奏报：河南仪封十六堡漫工，已于十八日寅时顺利合龙。第二天，高晋病死在筑堤工地。

乾隆闻讯后，深感痛心，随即发布了一道上谕："大学士管两江总督高晋，品性端醇、材猷练达，老成淳朴、体用兼优，秉公持正、统率有方。其兼管南河事务，亦能经理得宜，资深倚任。昨以豫省漫口工程紧要，特令驰赴工次，督办堵筑事宜。近据袁守侗等奏，其染患咳痰之症，不能眠食，即派乾清门侍卫一等子布彦达赉，带同太医院堂官陈世官驰往诊视，并谕安心调养，以冀速愈。兹闻溘逝，深为轸惜。着仍派乾清门侍卫布彦达赉，驰驿前往奠醊，并加恩入祀贤良祠。其任内革职降级注册之案，俱着开复。所有应得恤典，仍着该部查例具奏。钦此。"

同时，乾隆特谕："原任大学士高晋灵柩到京时，着加恩令其入城。"

接替高晋治理南河的几任官员，都不能令乾隆满意。每当治理河工遇到难题时，乾隆不免都要怀念高晋，常常发出这样的感叹："若有高晋，朕必无此忧也。"

◎四、堂伯西宁

西宁在朝廷也是有头有脸的人物，是深得乾隆皇上信赖的朝廷要员。西宁多年掌管朝廷的关税、织造和盐政事务，历任管理荆关税员外郎、江宁织造兼管龙江关税员外郎、河东盐政、河东盐政盐察御史、长芦盐政等要职。

在高朴玉石案中，因李福和西宁之子基厚有书信往来而没举报，本应议罪。但乾隆念其"虽系高朴堂伯，但相隔甚远，朕不肯因其侄而累及"，免于治罪。西宁为谢恩，愿罚银一万五千两赎罪。

乾隆四十六年（1781）六月，西宁在长芦盐政任上退休。

◎五、姑姑慧贤皇贵妃

慧贤皇贵妃在乾隆四十一个妻妾中排行老三，是大学士高斌的女儿、高朴的姑姑。

在乾隆还是皇太子时，慧贤皇贵妃是侧福晋。乾隆二年(1737)册封为贵妃。死于乾隆十年（1745）正月，加封为慧贤皇贵妃。

高朴玉石案发生时，慧贤皇贵妃已经去世三十三年。乾隆没有因她是高朴的亲姑姑，而网开一面。乾隆在处死高朴后说："高朴罪孽深重，不能念其是慧贤皇贵妃的亲外甥，而宽免其罪。"

案件背景

乾隆四十三年（1778）九月，新疆叶尔羌发生了震惊朝廷的高朴私采玉石案。时任叶尔羌办事大臣的高朴，被乾隆皇帝以"私采玉石"的罪名，就地正法。

清朝政府为避免官员建立关系网、扰乱吏治秩序，滋生贪污腐败，实行官员岗位交流制。尤其是外派官员，干到一定年限，经考察合格后，召回京城，另派他用。

顺治四年（1647）定，三年大计，永为定制。这是指，一般情况下，官员在一个岗位上的任职期限是三年。

从贫瘠的地方交流到富裕的地方，官员都会心情舒畅。反之，则不然。但是，如果是职务升迁，即使到落后、贫瘠的地区，官员也心甘情愿，因为他们都知道这是个跳板，跳到其他富裕的地方，或跳回京城，都是早晚的事情。

康熙将外官任职年限，确定为国家定制，"外官三年一朝，朝毕，吏部会同都察院吏科河南道考察，奏请定夺。"

乾隆四十一年（1776）七月，依照外官三年一朝的规定，玛兴阿任叶尔羌办事大臣已经四个年头，本来早就该回京城，但由于办事不力，引来乾隆的不满，所以一拖再拖。听说最近皇上要颁谕旨，让他重回京城，甚是满心欢喜，整日翘首以待。

十月十六日，乾隆终于发出调整玛兴阿岗位的谕旨："玛兴阿驻叶尔羌已四载有余，着派侍郎高朴前往叶尔羌任办事大臣，换回玛兴阿。"

高朴时任兵部侍郎兼署理礼部侍郎，玛兴阿回京后，即着以礼部侍郎兼兵部侍郎。

这道谕旨对玛兴阿来说，真是天大的好消息。虽然去叶尔羌时是兵部左侍郎，四年多回京城还是侍郎衔，但毕竟是回来了，终于结束了“举头望星空，垂首泪湿胸；把杯独自饮，四处寂无声”的边疆游官生活。

对高朴而言，已经官居礼部侍郎兼兵部侍郎，正二品职衔，仕途之路一路平坦、光明，此时平调到地处边远荒凉的叶尔羌，确实是事出有因。

乾隆三十九年（1774），山东民众因旱灾闹事，被乾隆定性为“逆贼倡乱”。但都察院给事中李漱芳，却说是“饥民滋事”，引来乾隆不满。但乾隆最终因担心各省督抚因此不敢报告当地水旱灾害，而未对李漱芳处置。但李漱芳的相左意见，已引起乾隆的不满，在其心中打了一个结。

乾隆四十三年（1778），高朴因替李漱芳升补礼部奏仪制员外郎一事，说情辩护，将乾隆心中的暗火重新燃起。乾隆谕令吏部：“高朴谬妄实出情理之外，深负朕恩，着将所有职任悉行革退，并拔取花翎，格外施恩赏给三品顶戴，自备资斧，前往乌什办事。钦此。”

乾隆对李漱芳事件的处理，深感窝囊，将一切积怨，都发泄在高朴身上，称高朴“若仍不痛改前非，实心任事，必将伊在彼正法，以示炯戒”。此话为事后高朴犯案，被迅速就地正法，埋下了伏笔。

案件过程

就在玛兴阿收拾好行囊，告别同僚准备起程时，时任和阗领队大臣、四品顶戴德风密奏朝廷，举报和阗钦差大臣常福“任意妄为”。

当时和阗地区归叶尔羌管辖，常福有罪过，玛兴阿是脱不了干系的。随后一道谕旨驰驿送到：“常福在彼任意妄为，玛兴阿岂无闻见？乃并未查恭，待德风揭报后，始行具奏，其咎实无可辞。玛兴阿此时不准回京，即作为和阗领队大臣，过三年再行更换。”

玛兴阿没有回京，却没能阻止高朴就任叶尔羌办事大臣。高朴到任后，面对官场上的明争暗斗，感叹“春冰薄，人情更薄；江湖险，官场更险”。他吸取以往的经验教训，发誓不参与当地的“人事斗争”，兢兢业业地干好本职工作，回报皇上对自己的一片良苦用心。

◎一、初得褒奖

乾隆四十三年（1778）二月，高朴到任不久，正赶上甘肃派拨叶尔羌驻防绿营兵届满换班。按照以往惯例，换班兵丁应得到服役银两，该银两应从驻地政府银库中拨付。可是，当时叶尔羌库贮空虚、银两不多，不够支付兵丁银两，以往历届叶尔羌办事大臣，都要上奏朝廷要钱。

高朴想，如果从朝廷调拨，一来手续烦琐，二来初到叶尔羌，即向皇上要钱，很没面子。如果借此机会能改变以往奏报朝廷要钱的惯例，定会得到皇上的赏识和信赖。

于是，他通过调查了解，发现叶尔羌银库里存有不少的普尔钱。这种钱在当地每百钱可抵一两白银，可以用来支付兵丁服役费。

随后，高朴给乾隆上了一道奏折："甘肃派拨叶尔羌驻防绿营兵，届年满换班之期，例有借支整装银两。惟叶尔羌库贮往往不敷，须由内地调拨，未免烦琐。查，叶尔羌库贮普尔钱，在本处每百抵银一两。现在库贮充裕，请以钱抵银，支借换班兵丁。"

乾隆接到奏报后，内心喜悦，在多位部院大臣面前称赞高朴。不久，乾隆回复："好，依议行。"

工作上得到皇上的首肯，加上又是皇上的钦差，高朴对自己的前途充满信心，工作上更加大刀阔斧的施展才干。

◎二、遭遇举报

高朴初来乍到，带着一身朝廷满洲贵族的傲气，又是皇上的钦差，根本不把新疆小小的地方官——阿奇木伯克放在眼里。

阿奇木伯克是官名，在当地负责综合治理"回部"事务，品级从三品至六品不等。其地位犹如部落的首领，在当地具有一定的挟制权，朝廷派驻当地的官员，也要与他们协调沟通好，才能在当地站稳脚跟，行使应有的权力。

一次，阿奇木伯克色提巴尔第找到高朴，想利用叶尔羌当地盛产玉石的得天独厚的条件，请高朴说服朝廷，在当地开办玉石贸易基地，一来可为朝廷增加财政税收；二来又可为当地回众增加收入，是个两全其美的好事。可高朴连想都没想，就严词拒绝了。

好景不长，不知是高朴职场拳脚施展得过于洒脱，还是他太自信，不愿与当地少数民族官员打成一片。高朴最终遭遇色提巴尔第的举报。

乾隆四十三年（1778）九月十五日，阿奇木伯克色提巴尔第，控告高朴在叶尔羌与苏州商人串通，私采玉石运进内地贩卖。

据举报人阿奇木伯克色提巴尔第说，密尔岱山盛产玉石，为防止当地回民私自开采，朝廷下令封山，严禁开采。高朴到任后，奏请将“久经封闭、严禁开采”的密尔岱山，隔年开采一次，“名为严防回民之涉险营私，其实与商人串通赢利”。

九月十七日，控告信送到京城，乾隆大为震怒，当即降旨：“将高朴革职，并传谕永贵严加究审，严行治罪。如果属实，一面具奏，一面将高朴即在该处正法。”乾隆将此案交永贵办理，想必是出于对永贵的信任。

永贵仕途还算一帆风顺。从乾隆九年（1744）的正五品一等吏部郎中，到乾隆三十八年（1773）已是从一品的署理户部尚书，并多次担任皇上的直讲官。

高朴之所以能够私采玉石贩卖，主要基于两个原因：一是盛产山料玉的密尔岱山，曾为防止当地回民私自开采，朝廷下令封山，严禁任何人开采该山的玉石。高朴就任叶尔羌办事大臣后，奏请将“久经封闭，严禁开采”的密尔岱山，隔年开采一次，以增加朝廷财政收入。此事乾隆曾奏准，这为高朴开采密尔岱山玉石提供了重要依据。二是根据以往规定，“五十斤以下之玉块，向来俱不具奏，因招商变卖，每斤定价一钱”，这为高朴的玉石买卖，提供了重要的依据。

高朴奏请密尔岱山“隔年开采一次”，乾隆没想到高朴会利用这个说辞，大肆私采玉石变卖，这也是乾隆为什么在高朴犯案后，从重、从快处理的原因。

关于“五十斤以下之玉，向不具奏，及招商变价每斤一钱”的惯例，乾隆并不认同，称“该例系何时所定？何人任内所办？曾否奏明？”

乾隆在给办案大学士阿桂等四人的上谕中说：“嗣后，此等犯禁偷出之玉石，无论多寡大小，一经盘获，该处之大臣官员自应一面具奏，并将玉石送京，一面将偷带玉石之人照例治罪，何以转送叶尔羌核办，致高朴得以操纵自如，滋生弊端。至五十斤以下之玉，向不具奏，及招商变价一钱之例，着查明具奏，并着传谕回疆办事大臣等。嗣后，凡盘获偷带玉石之回民商贩，即行具奏治罪，并将玉石开明斤重、块数解京，不得仍照前以较小之玉，私自变卖完结。如敢故违不遵，一经发觉，定行从重究治。至新疆偷运内地玉石，必进嘉峪关，例应盘诘。将此由四百里传谕知之。”

◎三、案件追查

高朴私采玉石案发后，乾隆令大学士公阿桂、内务府大臣福长安、户部侍郎金简、刑部侍郎喀宁阿等四名大臣，组成调查班子，负责对高朴案件的调查工作。同时，令乌什办事大臣永贵负责整个案件的审理工作。

永贵以乌什办事大臣的身份来到新疆，除了有皇上的尚方宝剑和殷切希望，还有来自朝廷当年遭受高朴迫害臣僚们的呼声，加之他本人与高朴这个晚辈没什么深交，所以审起案来，快刀斩乱麻，毫无顾忌。

乾隆四十三年（1778）九月十九日，乾隆谕令：“传谕永贵，严加究审矣。着将原折抄寄永贵，令其究诘，务使水落石出，务得实情，迅速具奏。”

高朴玉石案的主角是高朴，但从事贩玉过程的是高朴的家人李福等人。他们受高朴的指派，携带高朴私藏已久的玉石和银物，从叶尔羌起程，远赴苏州等地贩玉。由于叶尔羌阿奇木伯克的举报，李福等人从叶尔羌起程后不久，就遭到沿途各路官员的围追堵截。

乾隆四十三年（1778）三月，受高朴的指派，李福与高朴家中管理笔墨事项的北京人熊濂，以及家在苏州、长期在甘肃做生意的山西人张名远，一同携带玉石到苏州售卖。

他们所带的玉石共九十块，在叶尔羌过秤共计二千八百余斤，共卖得白银约十二万两。这些玉石是“在高朴的任内所积下”的。当时，张名远在叶尔羌做玉石生意，结识了高朴。高朴托张名远售卖玉石，得银后“按股分成”，高朴得五股，张名远得二股，李福、熊濂共三股。

李福三人从叶尔羌携带玉石出发后，从小路抵达山西汾州，因熊濂要回京探母，即与李福、张名远道别，并相约在苏州会面。

李福、张名远到达苏州后，找到张名远在苏州的玉石生意合伙人，将玉石重新过秤。因叶尔羌秤大，苏州秤小，玉石重量比原来多出四百多斤，实际重量三千二百六十九斤。对多出的四百多斤玉石，张名远建议售卖后，由张、李二人平分。

第一次售卖玉石就卖掉了六十二块，按市场价九十四折计算，获银十一万九千零六十七两。其中高朴五股，得银五万九千五百三十三两；张名远二股，得银二万三千八百一十三点四两；李福、熊濂三股，得银三万五千七百二十点一两。剩下的二十八块玉石，二块准备制作玉器，二块有人看重拟售出。余下二十四块共重五百四十七斤。

李福见玉石赢利巨大，当场要求买下，作价每斤白银四两，共计二千一百八十八两，该银从李福应得的银两内抵扣。玉石仍由张名远售卖，卖得的银两归李福。

乾隆四十三年（1778）九月三十日，署两江总督萨载、淮安关监督寅著，向乾隆奏报了拿获李福等人的情况。

萨载在奏报中称："臣萨载，一面遴委干员前往江宁密访查拿，并委员于淮扬一带沿路侦缉，一面札会江苏巡抚臣杨魁、两淮盐政臣伊龄阿暨臣寅著一体严密访拿。臣寅著自管理关务以来，因淮关为南北往来要道，诚恐奸匪偷越，每日启放之时，亲诣泊船逐细稽查。兹于本月二十六日，据派委家人回禀，见有太平船一只、尖头船一只离关停泊，臣寅著立即亲诣盘诘。太平船内即系高朴家人李福并方八儿、李三元及山西人任效曾；尖头船内系高朴任所办事之熊濂并伊家人郭兴，遂一并拿住，飞札知会臣萨载，会同查办。臣萨载星夜驰赴淮关，讯明实系高朴家人李福等，随将各犯并在船银物押至清江，会同臣寅著搜查。共有大小玉器八十四件，杂色银二万四千八十两，钱二百四十九两四钱，金镯二只重四两，并绸缎衣服零星等物，通共四十余箱。并搜有汇票、期票、收票、账簿等项。臣等检查李福所带账簿，内开：买卖玉石，共银十二万八千八百五十九两。而李福船中所带之银，仅有二万四千余两，加以汇票四张，共银一万一千七百九十两，期票一张，银三万五千五百七十一两，与所卖银数不符，是必另有寄顿存留之处。遂提李福等到案，督同淮扬道松龄、河库道李奉翰、淮安府知府荆如棠等，隔别严讯。"

审讯高朴家人李福时，并未费多大力气，李福就全盘供出。使案情获得重大进展。

据李福供称："小的是高朴家人，跟随家主（高朴）在叶尔羌任所。家主有陆续积下玉石共二千八百余斤，共计九十块，存在城外庄上，想要带到南边售卖。适有山西人张銮（张名远），向在叶尔羌贩卖玉石，上年十月里才与家主认识。家主托他销售，议明卖出银两七股分派，家主得五股，张銮得二股。差小的与张銮同行。还有在家主处管理笔墨的熊濂，家主托他同来照料，许愿卖出玉石，得有利息帮助他四千两银子。随于十月十一日一同起身到了汾州府，熊濂则分路进京，小的同张銮于今年三月内到苏州。小的与张銮将玉石重加秤验，苏州秤比口外之秤较轻，秤出盈余四百余斤，实重三千二百六十九斤。小的与张銮私下计议，将盈余玉石算给小的一股。张銮经手，陆续卖了玉石六十二块，共讲成市平行银十二万八千八百五十九两零，九四折算，实银十一万九千六十七两零。家主该得五股，银七万五千七百四两零；张銮该得二股，银三万二百八十一两零；小的该得一股，银一万三千八十二两九钱零。余盛玉石二十八块，做料用了四块，其中两块做成玉器二件，另交存张銮两块，开出都是石性，未经做成，放在张銮家内。尚有二十四块，共重五百四十七斤零，因玉色平常，一时卖不出去，小的认买，每斤作价四两银，共银二千一百九十两，即在小的应得一股银内抵算，其玉石仍交张銮在苏零卖，俟卖出时归还小的价银。所有家主名下应得五股银七万五千七百四两，已收银二万一千两，即系箱内搜出的。又，张銮，欠银三万五千五百七十一两零，立有期票，约至四十四年（1779）二月底，到京交清。又，张銮经手交付汇票四张，共银一万一千七百九十两，汇到京中。声闻银号等店兑付，又给张銮银四千两，立有收票；又买金子四十九两四钱，用银九百三十八两六钱；做玉工钱并雇船等项，用银二百八十一两五钱。另有元宝三个，作色银一百六十五两二钱零。小的名下应得一股银一万三千八十二两九钱零，买金子二百两，用去银三千八百两；买郭四、贾三玉器十二件，共用去银三千六两。尚有元丝银三千两、元宝十八个、纹银一百两、相同大小玉子十七件、山料玉二十四块，俱寄存张銮处。那十七个玉子内，十二个是家主的，五个是小的的。那跟随小的的方八儿，是二十两银子典的；李元三是在苏州用二十四两银子买的，俱有白契可验。那玉器内，有如意二件、桃洗一件，是同船任效曾代卫姓带到京里去卖的。熊濂是今年八月到的苏州，他去年在路上曾借过张銮银五百五十两，原说在家主许的四千两银内扣除。小的先后共给熊濂银三千四百两，连张銮扣回借项，共成四千两。熊濂先于九月初七日在苏州起身，小的是初十日起身，约会熊濂在镇江上船。张銮现在苏州取讨欠银，住黄鹂坊桥地方，可以拿来质问。”

关于李福等所乘船只持有兵部侍郎护牌的事情，李福也没有丝毫隐瞒，如实供出。

李福供称：“我起身时，主儿对我说，到江宁时问四老主儿（高晋）要一张护牌，以便回来好走。我将这话回了四老主儿，当日就给我一张用印的牌，叫我路上不要生事，若有带的东西，到关口照例报税。至牌上写的什么，我不识字，实不知道。我从苏州起身时拿了主儿的帖子并护牌，到过织造衙门，舒大人传出话来说，船户自带的货是要上税的，你主人的东西，你开单来，我替你上税罢。我就将所带绸缎等物件开单送进去，也就过关了。我过闸扬关也出示了帖子、护牌，管关人也验放了。到了淮关，就被拿获了，寅大人将护牌拿去了。”

萨载、寅著立即派员赴黄鹂坊桥，将熊濂拿获，随即突击审讯，熊濂如实招供。

据熊濂供称：“我原是镇江驻防汉军，乾隆二十七年（1762）裁出旗为民，进京入大兴县民籍，向来教习清书。于三十六年（1771）代高朴写折子起，高朴替我捐纳监生，在四库馆充当誊录。四十一年（1776）冬间，高朴带我到叶尔羌办事，上年又借给银三百六十两，加捐州同职衔。八月内，我要回京，高朴说，我现在积下几块玉石，要带往苏州变卖，叫我与李福同走。我当时再三劝阻，高朴就是不听，并说，你去走走，将来有利息，送你四千两银子。于是，我就于十月十一日，同李福、张銮在叶尔羌起身。我因要进京探望老母，路上曾借过张銮五百五十两银子。我在汾州府与李福、张銮分路，他们往南走了。我于今年闰六月二十九日出京，八月初八日到镇江，十二日到苏州与李福、张銮会面。他们说玉石已经卖了，李福等两次给我市平杂色银共三千四百五十两，连前借张銮银五百五十两，共成四千两，立有收票。我陆续置办了衣服等项，用去一千余两，尚剩银二千二百三十五两，已在箱内起出。”

随后，萨载、寅著建议乾隆，拟将高恒隔离讯问。二人称：“查，高朴之父高恒，曾任两淮盐政，熟悉商人，难保无嘱托代销玉石情事。而督臣高晋，与高朴为同堂伯侄，江宁织造厚基其时尚未调任，与高朴系同祖兄弟，李福到宁，焉有不通音问之理，拟加究诘。”

乾隆对此不置可否，因为萨载、寅著提到的高恒等人，都是皇室或乾隆本人的亲支近派。他要仔细权衡考虑后，才能做出决断。

乾隆对萨载、寅著拿获高朴家人李福等，表示满意。但对李福等人大摇大摆地通过扬州关和淮安关，表示强烈不满，令淮安关监督寅著说明情况。

乾隆四十三年（1778）十月初三，乾隆发布谕旨："李福、熊濂由苏州采用大船装载物件银两，并有箱笼四十余只，且船上张挂高朴官衔旗号，众所共见。其经过淮关时，寅著因何并不查验，任其过关北上，不即据实具奏。寅著屡获罪愆，朕皆曲加宽宥，今于此事复敢徇私容隐，良心何在？着传谕寅著，令其速行明白回奏。将此由六百里传谕知之。"

同时，乾隆对"放纵"李福等过关的苏州织造（兼理关务）舒文革职查办。

乾隆四十三年（1778）十月初三，乾隆发布上谕："高朴家人李福等在苏半年有余，携带玉料值银至数十万两，肆行售卖，公然明目张胆，毫无顾忌，已属众所共知。况李福等于九月中旬乘坐大船，装载箱笼四十余只，张挂高朴兵部左堂旗号，必由浒墅关经过。舒文管理关务，船只过关时，岂有竟不查验货物上税，听其北上之理？抑系讨关免税，或径行放过，二者必居其一。于此，舒文乃敢徇情故纵，不行参奏，其罪实无可逭。前因其在任办事，尚属认真，加恩擢授武备院卿。乃于此等大案，敢于徇私欺隐，如此深负朕恩，实属天良丧尽，自问应得何罪？舒文着革职，令其白身在苏州织造上效力行走，并自行议罪具奏。若再不知愧悔悛改，其获罪更重，不能复邀曲贷矣。将此由六百里谕令知之。领侍卫内大臣尚书额驸公福崧、内务府大臣侍郎和珅，遵旨传谕苏州织造舒文。"

案件的另一个主角是玉石商人张銮。张銮又名张名远，祖籍山西，长期驻扎新疆从事玉石贩卖生意，在业内也是一个小有名气的人物，高朴之所以看重他为自己赴苏州售卖玉石，也是基于这一点。

张銮除了协同李福赴苏售卖玉石，他自己的玉石买卖，也可谓生意兴隆。据在高朴玉石案中抓获的其同伙冯致安供称，他曾与张銮共同贩卖玉石，近期运到苏州的玉料就有上万斤，其中"白大者，六七千斤"。

永贵接受案子后，仅用了一周时间，就草草将高朴罪名上奏皇上。

最让人不可思议的是，此断头案是零口供，高朴在几天的审讯中，始终低头，一言不发。高朴可能知道，此杀头罪，再辩解也没用。况且，办案人又是过去自己得罪很深的人。

◎四、罪证罪状

永贵调查高朴私采玉石案的罪状，主要有以下七条：

第一，串通商人，私自开采玉石，运往内地贩卖。

第二，役使当地回众三千人，使回众苦不堪言，积怨日深。

第三，已缴获玉石大小一百九十一块、共计一千三百六十七斤。

第四，抄家搜出家信，内有带银物回京等语。

第五，高朴送金简(署工部尚书，高朴密友)玉扳指二个、小玉镜一个。

第六，托带寄京银两二千余两。

第七，由叶尔羌带回京城珠宝玉器，计有：白玉莲花碗、白玉有耳盅碗、葱玉碗、墨玉大碗、葱玉有耳碗、青玉拉古鲁碗、葱白玉有盖盅碗、葱白玉有耳盅碗、青玉葵花大碗、白玉大碗、青玉海棠双耳碗、青玉碗、青玉双耳碗、青玉盅碗、葱玉盅碗、葱白玉盅碗、葱白玉小碗、白玉盅、葱玉双耳盅、葱白玉四方莲盘、白玉嵌宝石花瓶、葱白玉有花玉锁链有盖执子壶、葱白玉六马滚阵图陈设、白玉有盖花壶、葱白玉有花如意、葱白玉有花双耳樽、白玉单耳盅、白玉有花单耳杯、白玉剑把、白玉杖头、青玉净水盅、青玉盅、碧玉盅碟、葱白玉小盅、墨玉攒盒、玉手串、珊瑚手串、玉镜、葱白玉镶宝石刀、白玉花刀把、碧玉单耳酒杯各一件，玉戒指、玉翎管、青玉单耳水盛、玛瑙大碗各二件，玉手镯一对，金手镯四个（重二十两），葱白玉栀子花托菊花盘、玉把剑、白玉套盅、玉簪各五件，白玉羹匙、白玉扳指各六个，金条大小二十一个（重一百四十两），以及绸布料十二匹等。

乾隆四十三年（1778）九月二十日，乾隆在接到永贵的奏报后说："今高朴家内查得的金珠玉碗等物，与色提巴尔第所称约略相仿，其事断非虚妄。阅单内开载玉碗甚多，且其家信云系极好者。高朴每次所进玉器不过几件，又俱甚平常，今乃以佳者留藏家内，即此一端，亦可见其天良尽丧矣。"

随后，乾隆向永贵下了执行死刑的命令："将高朴审明，即于该处正法。"

高朴玉石案中，共搜查出各类玉石十万七千余斤，除了挑选出贡玉三万一千余斤并先期解送京城外，其余七万六千余斤玉石，永贵拟陆续解送。其中，密尔岱山中存留有大玉九块，准备在一两年内运京，其余七万多斤玉石，拟分做数年解京。

◎ 五、京城抄家

高朴私采玉石案发后，京城调查班子成员大学士阿桂、福长安、金简、喀宁阿等，遵照乾隆的旨意，立即下令对高朴抄家。

乾隆四十三年（1778）九月二十一日，阿桂等奏报："奴才等奉旨查抄高朴家产，详查得高朴现有住房一所，计一百十三间，坐落涿州等处，地四十二顷八亩、家人男妇大小八十名、制钱十五串、大小玉器八十四件、人参二两、金银花四十二枝、零星首饰九两、银杯盘匙三十七件、皮棉夹单衣共二百四十八件、各色皮褂筒十一件、银鼠三百二十个、羊羔皮七百二十张、缎绣纱十八块、珊瑚手串一挂、珊瑚帽顶三个、香木朝珠七盘、钟二架、铜器四十六件、锡器一百〇一件、新旧房地人口契纸五十九张等。"

奏报中，阿桂等人对查抄的高朴家产，提出了处理意见："将房屋银钱交内务府，地亩交户部，人口交该旗照例办理，其玉器衣服及一切什物，俱交崇文门变价。所有查出高朴由叶尔羌寄来玉器等物，奴才等逐一点明，严密封识，俟回銮时呈览。其余什物内有应行进呈者，奴才金简会同奴才和珅，另行查明呈览。至高朴所有房地财产，除现在查出之外，有无隐匿寄顿之处，交该旗另行详查核办。"

查抄高朴北京家时，没有多少确凿证据。福长安、金简、喀宁阿在呈报乾隆的折子中说："高朴于上年四月间始抵叶尔羌，乃于上年八月间即托带寄京银两，前后已有二千余两之多，而其他金子、玉器、缎匹等件陆续寄回，又复不少，是其到任未久贪黩妄行情形已确。但查其家内，只有京钱五吊，而寄回银两并无留存，殊难凭信。"

福长安等人认为，高朴托带寄京银二千二百两，是倒卖玉石所得，这是不是高朴本人的合法收入，还有待于"严切根究"。他们怀疑高朴的胞弟高棫、堂侄双庆，应该知道详细内情，遂传唤。

福长安讯问高棫、双庆："尔家世沐国恩，以前高恒犯罪之后，皇上又加恩尔家，将高朴用至侍郎。今伊如此私营不法，尔等若再不据实供出，不但辜负天恩，并且一并有罪，还不趁早供吐么？"

高棫、双庆回答："我等俱系另居，他（高朴）家中的事，实不能详细晓得，并未听见有售卖玉石的事。"

随后，福长安等又将高朴在京家人韩渭“隔别严审，并镣刑吓问”。福长安说：“尔若从实说明，并无干涉。倘稍有隐瞒，你主儿在外供出尔等，倒有不是了。”

韩渭不冷不热地回答：“我主儿寄回玉器原不少，现俱存贮家中，但实无成块玉石带来，亦不见曾卖过，况有屡次寄回的原账可以查点得的。今蒙如此开导，安敢再有隐匿。”

高朴私采玉石案定罪要件，也有值得商榷的地方。如，“私采玉石”之说，确有不妥之处。一是，叶尔羌密尔岱山虽“久经封闭”，但高朴于到任当年五月间，已上奏朝廷，请求隔年开采一次，为朝廷提供贡玉，并获批准。二是，高朴此次赴叶尔羌就任办事大臣，其使命之一就有为朝廷解办贡玉的任务。所以，该案用“官采私藏私卖玉石案”冠名，似乎更确切些。但为尊重原称谓，仍用“私采”。

高朴托带寄京银两二千两，实际不能算多。高朴官居正二品，年俸一万二千两，当时高朴已在叶尔羌工作四个多月，寄往家中二千银两，应该是分内的钱。

高朴送同在内务府共事多年的密友金简几件小玉器，似乎也在人情之中、情理之内。况且，有的外廷官员逢年节，一次进献乾隆的玉器就有几十、上百件之多。虽被驳回，但也没有受到乾隆的处置。

与此同时，乾隆谕令刑部，对主要协助高朴贩卖玉石的商人张銮、赵钧瑞抄家。

张銮，又名张名远。居住地，山西省朔平府郭之右玉县杀虎口。乾隆四十三年（1778）十月十二日，署山西布政使事、按察使李承邺奉旨率员查抄张銮家产。

查得张銮家产：银九百一十一两，祖遗住房一所，土房十五间，玉器玉料、瓷器佛头、皮统粗重衣物等。

乾隆四十三年（1778）十一月初七，江苏巡抚杨魁请旨，将查抄张銮家产中，除玉器玉料等项委员解京外，其余分别解送内务府崇文门处变卖。

赵钧瑞，又名赵乡约。居住地，陕西省渭南。乾隆四十三年（1778）十月二十日，陕西巡抚毕沅奉旨查抄赵钧瑞家产。

查得赵钧瑞家产：住房二十四间半、店房一所（计房二十二间）、旱地七十八亩、银一千四百余两、谷麦十余石、马骡牛驴六头、衣物三十余件、行李车四辆。阿克苏、叶尔羌等处客店四座、饭铺一所、住房一所、骡马十五头、骆驼七十只等。肃州有出雇骆驼九十余只等。

◎六、偷运路线

高朴私采玉石案发生后，乾隆除了传旨彻查严审相关人员外，还提出在关口堵截运送玉石车马。

乾隆四十三年（1778）九月十九日，乾隆谕令："因思甘肃嘉峪关及陕西之潼关，均系大路总汇之区，各商进口，必由该关行走。着传谕陕甘总督勒尔谨、陕西巡抚毕沅及其属员，在关口留心盘诘。如有客商私贩玉石经过者，即行严拿，奏明治罪，并将所带玉石搜查送京。"

吏部也行动起来，遵照皇上的谕旨，行文相关各省："失察高朴家人私玉过境各官，分别作降职、革职处理。山西、陕西、甘肃三省，滥给高朴家人银两之驿站，各员降职、调换。"

但是，玉石商贩一般不会走乾隆所说的"官路"，而是走几十年，甚至上百年形成的"小路"。"小路"的路线有多条，行走时不固定，有时是一条走到底，有时是多条交叉行走，目的都是躲避关卡和官员的盘查。

乾隆四十三年（1778）九月二十七日，陕西巡抚毕沅在给乾隆的奏报中说："商人自知偷卖情虚，多有不由潼关及大路行走者。查商州之龙驹寨，及汉中兴安等处，原系通江水路，而朝邑之大庆关，及黄河上游一带，处处具有津渡，并恐有绕至榆林口外草地偷越者。"

高朴家人李福、熊濂，以及玉商张名远一行三人，即使有高朴这面"官府大旗"，但也没敢走运送贡玉通常所走的路线，而是另辟小路行走。

乾隆四十二年（1777）十月十一日，李福、张名远、熊濂从叶尔羌起程，人、行李、玉石共计十六马车。十二月二十四日到达肃州休整，改换马驮。

乾隆四十三年（1778）正月初九，一行人马休整后从肃州动身，经甘州（张掖）、凉州（武威）、宁夏府中卫县，穿越黄河，经陕西靖边县、吴堡县，再渡黄河，经山西绥德、永宁、汾阳、平阳，安徽宿州、临淮关、定远、滁州，江苏江浦县的浦口，坐船至江宁（南京）。

李福一行从江宁上岸后，将高朴给叔父高晋的请安折及青玉碗一件、黑羊皮套筒一件、回布四尺、催生石佛头一副，一同送到高晋府上。得到高晋颁发的通行牌照后，一行再次登船，由江宁经泗安入太湖，于四月到达苏州城。

经过扬州时，两淮盐政伊龄阿奏报称："李福一行于今年携带物料约值价银数十万两，乘坐大太平船一只、尖头船一只，船上有兵部左堂旗号，有箱子四十余只，并持有官照路牌，所以一路通行无阻。"

乾隆四十三年（1778）八月，熊濂到达苏州，并与李福相约在镇江会面，张名远则留在苏州结账。

九月二十六日，李福、熊濂的船只在淮安关外停泊等待张名远时，被抓获。

九月三十日，张名远前来会合时，也被擒获。

乾隆对高朴能大摇大摆地将几百斤重的玉石运往内地，百思不得其解。他在乾隆四十三年（1778）九月十七日的一道上谕中说："叶尔羌至内地，处处俱有关隘盘查，其商人图利，藏带小块玉石偷过者，尚属有之。今以数百斤重玉石，竟至携带行走，俱系地方大臣官员日久懈弛，不以事为事所致。况稍大块头玉石，官运尚且费力，今高朴如何将数百斤重玉石运至内地，伊等所查者何事?！"

江苏巡抚杨魁在给乾隆的奏报中，讲述了李福到苏州以后的玉石售卖情况。

杨魁在奏报中说："臣查，苏州、江宁等处，向多买玉商人，不难跟究李福踪迹（朱批：如此留心，谁则不能！）。当即密札司道府等严查确访，一面即于苏州城内委员访察，有山西人张銮寓居苏城，出售玉器甚多。并查有李姓同伴来苏州。臣随即亲督两司府县等，前赴张銮家查讯。据张銮供明：上年八月，同高朴家人李福自叶尔羌起身，至本年三月内到苏州。李福带来玉料九十块，张銮自带玉料五十一块。李福所带玉料六十二块，议价银十二万六千六百两，已收银五万九千一百余两，未收银三万五千九百两零。尚有张銮名下应派分银三万一千六百余两，即以玉料抵算。其余李福玉料二十八块，除自做玉器四块外，尚有二十四块存在张銮家中。张銮将抵算玉料，同自己带回至玉料做成玉器，并有交存匠作尚未成做各件。其李福已带卖玉银二万一千六百余两，又汇票至家中，付银一万一千七百余两，又金子合银四千七百余两，所制货物约值银二千数百两，并大小玉器十余件，于九月初十日自苏州城进京。所有查出李福、张銮携带玉料各数，及现在应行解京玉器、玉料各件，谨分析开列清单，并将起出账簿，恭呈御览。”

乾隆看过杨魁的奏报，没有任何批语。乾隆心里想的是，杨魁只是在叙述过程，毫无自查自责之意，待案件审理得差不多后，所有失职渎职的官员，一定依律严肃处理。

◎七、牵连玉商

清初，朝廷并没有制定私贩玉石治罪的法律条文。高朴案发前，乾隆曾批准了高朴的“间年开采一次密尔岱山”的奏请，并允许商民、官兵认买一些玉石并过关赴内地售卖。

高朴玉石案发生以后，乾隆处置了一批官员、商贩。为了整肃玉器市场，严禁客商私贩玉石，以前奏准的各项贩玉、采玉事项，乾隆本人均不予以认可。

现任陕甘总督勒尔谨认为，尽管现在不再执行以往奏准的定例了，但也应该向乾隆说明事情的来龙去脉，即使被革职议罪，也要实事求是地陈奏。

乾隆四十三年（1778）十一月初九，陕甘总督勒尔谨给乾隆上了一道折子。勒尔谨在折子中说：“伏查叶尔羌等处采办玉石，前经原任侍郎期成额于乾隆三十八年（1773）奏准，新疆开采的玉石，除了挑选质地好的玉石进呈朝廷外，其余编列号数，令官兵商民认买。无论山玉河玉，总以五十斤为度，发给照票。五十斤以外的，概不估变。数年以来，臣严饬关津渡口，细加搜查，凡有携带玉石之人，都有照票，是以依照原议，验票放行。高朴任叶尔羌办事大臣后，曾于乾隆四十一年（1776）奏准，于本年为始，间年官为开采一次密尔岱山，选取色润整重者办理送京。其余玉石，六成令商民领票认买，四成赏给采玉回众。同时，高朴到任后议定，以期成额原议五十斤为度，未免将整块玉石凿破，亦觉得拘泥可惜（朱批：此即伊作弊本意！），嗣后，河玉仍照原议五十斤，其山玉变价改为一百五十斤为度。自此以后，商民贩玉进关较多于往昔，守关人员及经过地方官员，见有照票者甚多，未免稽查疏懈，以致无票私玉亦得以潜行过境，实为臣未能随时严饬之所致。惟有仰恳天恩，将臣勒尔谨交部严加议处。至失察之地方官，容臣查取职名，另折参奏。伏乞皇上圣鉴。谨奏。”

对勒尔谨的奏报，乾隆仍不提以往奏准的事项。对勒尔谨的说明，乾隆也不予以评论，既不否定，也不肯定。而对勒尔谨本人，也不提议处的事。

乾隆只在勒尔谨的折子上，朱批了模棱两可的六个字："该部严察议奏。"

随之而来的问题，令乾隆不得不发话了。据与高朴合伙贩玉的赵钧瑞供称，乾隆四十年（1775），叶尔羌办事大臣雅德、玛兴阿曾发售过官玉万余斤，"我本人从中购买了四千二百余斤，俱给有官票"。

永贵随即对雅德询问。雅德称："乾隆四十年（1775）间采办大玉，除挑选进呈外，其余零碎平常玉块，于折内声明照例变价，分给官兵认买。我尚未奉到朱批，即奉旨调喀什噶尔，所有叶尔羌官玉变价之事，系玛兴阿、淑宝接办，我不得深知。"

随后，永贵了解到，乾隆接到雅德的奏请后，奏准了变价官玉这件事。永贵据此建议乾隆，继续变价零碎官玉，被乾隆及时纠正。同时，乾隆也第一次承认，以往的奏准，实有不妥之处，它最终导致了高朴私贩玉石的严重后果。乾隆决定发布谕旨，正式告知天下。

十一月十六日，大学士公阿桂、大学士于敏中，将乾隆的上谕，字寄新疆诸办事大臣及吏部尚书。

乾隆在上谕中说："此项官玉，虽经雅德奏明变价认买，但原定之价，为数过轻，若再照高朴所定之价出售，则伊等渔利尤重，更不成事体矣。总之，发卖官玉，实开影射私玉之端，从前所办，本属未妥，而且日久弊滋，遂至高朴勾串官商赃私狼藉若此，不可不彻底严惩。至叶尔羌官兵与喀什噶尔、阿克苏无异，劳逸亦同，何以他处俱无，独叶尔羌酌赏，亦未平允。永贵前奏仍欲官玉变价，是未知去弊之根源也。前已谕令永贵，嗣后将官兵、回民议给赏玉之处，一并停止，并谕知永贵，将密尔岱山即行永远封禁，丝毫不许夹带偷漏，方为正本清源之道。永贵深体朕意，妥议行之。至玛兴阿等从前办理此事，是否照所定官价发卖，抑或系轻价收买官玉，重价发给商人，从中牟利染指。及雅德尚未经手，既交给玛兴阿办理之处，是否确情，着永贵详细确查，据实迅速覆奏。"

大学士于敏中，在得知乾隆官玉变价的立场后陈奏，拟将叶尔羌官兵过去分买的官玉，追缴价银，入官入库。

乾隆四十四年（1779）正月二十九日，大学士于敏中奏请："据称，乾隆四十年（1775），叶尔羌发卖官玉，分给官兵认买。照期成额乾隆三十五年（1770）'酌定'之例，每斤玉石缴官银一钱，所有玉石共计五千七百八十斤，系官兵九百三十四人承买。玉石发卖，俱照官兵差使轻重，官员每员八斤至十斤不等，兵丁每名四斤至十斤不等。这些官兵除已班满撤回外，现存驻扎者只有二十九人。这些官玉被赵钧瑞等买去，每斤玉石给价银五钱至一两不等，核计现驻扎官兵买玉二百四十余斤，余皆已撤官兵所买。售卖之价逾官价数倍，应照从前叶尔羌官兵承买库车拿获的私玉之例，各缴价银三十倍。”

同时，于敏中还建议乾隆，是否在罚缴银两三十倍的基础上，把官兵购买玉石的成本也一同收缴。

乾隆阅览于敏中的折件后，令永贵查明叶尔羌官兵承买库车私玉后，提出意见奏报。

永贵不想扩大事态，不同意于敏中的做法。永贵在奏报中说：“库车曾拿获私玉一千六百五十斤，解送叶尔羌官为变价，除高朴、淑宝等认买外，其余由文武官员等分买。此事已向皇上奏报，钦奉谕旨：‘不必深究，缴价入官’。各官感激，俱原照官价三十倍缴银。”

永贵还建议乾隆皇上，当年承买库车私玉，均为官员所买，现叶尔羌官兵认买官玉，大多为兵丁，兵丁生活清苦，若三十倍缴银，未为妥协，不如以十倍缴银入官。

于敏中闻此，不依不饶，继续奏请：“今此项变卖官玉五千七百八十斤，虽与库车拿获私玉承买不同，且认买者兵丁众多，亦与库车私玉均系官员承买有间，但兵丁买得官玉，辗转售与奸商，恣行牟利，实有应得之咎。应如前所奏，官兵所买玉石五千七百八十斤，除先缴价一钱外，仍照前例以三十倍赔缴，用示惩儆。”

乾隆对此事有点拿不定主意，一边是朝廷重臣大学士于敏中，一边是高朴玉石案办案有功且深受信赖的永贵。乾隆最终决定，由军机大臣议奏。

军机大臣们明白乾隆的用意，如果乾隆倾向于敏中的意见，自然不会为此犹豫不决。因为于敏中是大学士，位居永贵之上，论资历，永贵也不可及。依照职场定例，职位高的官员，他们的意见和建议，自然要比职位低的分量重。即便是同级官员，排名在前的，也要比排名在后的有更多的话语权。这明显表明，乾隆倾向永贵的意见，只不过是让军机大臣们过渡一下，以给于敏中一个台阶下。

军机大臣们经过商议，向乾隆陈奏：“于敏中奏请、永贵覆奏兵丁变价官玉一折，钦奉朱批，令臣等议奏。兵丁令其十倍缴银，实属格外施恩。今臣等照永贵所奏议复，并遵拟谕旨，一并进呈。谨奏。”

随后，军机大臣们代乾隆皇上拟定了一道谕旨，一并送呈乾隆审批。

乾隆同意了军机大臣们代拟的谕旨。谕旨全文如下：“据永贵奏，叶尔羌官兵承买官玉转售商人，均情愿照原价各缴银三十倍。现经军机大臣议准具奏，固伊等咎所应得。但念官玉变价，令兵丁承买，从前办事之员经理本属未善，况叶尔羌驻防官兵与和阗、喀什噶尔无异，何以叶尔羌之官兵独应沾惠，所办尤未允协。但其事在乾隆四十年（1775），非高朴案内之玉，而兵丁亦非官员可比，若均照三十倍缴价，兵丁未免拮据。着加恩令其照原价十倍完缴，以示格外体恤之意。余依议行。”

乾隆的谕旨，就是最后的决定，于敏中最终不再提及此事。

这次高朴玉石案，各地督抚也抓获了一些与本案无关的玉石商贩，他们的玉石被官方收缴，人员解京讯问。

赵钧瑞，陕西渭南县人，回族，常年在叶尔羌、阿克苏等地贩卖杂货，因办理商贸等手续，与高朴相识。

乾隆四十三年（1778）三月，赵钧瑞欲回陕西做生意，到高朴衙门领取路牌。自认为老相识的高朴，将私存玉石一千五百斤、侍卫纳苏图玉石五百斤、高朴家人常永玉石一千斤，共计三千斤，一并交由赵钧瑞带回内地销售，并令常永随同。

赵钧瑞、常永二人原定在肃州销售，因客户出价过低，交易未果。二人决定前往苏州售卖。

八月二十一日，常永自肃州起程，九月初一日行至凉州。常永担心官兵盘查，令随行马万金等先行。

九月初二，马万金行至大河驿住宿，遭管理马号的长随肖得福敲竹杠。要求马万金留下一车玉石，或付银一千两，否则报官。马万金无奈，找人借银九百七十两，肖某才予以放行。

九月十二日，常永一行行至靖远县麋子滩，常永担心黄河渡口盘查，将四千斤玉石放在随行的马守宾家，用柴草盖好，并叮嘱马守宾、马万龙、马万金，俟赵钧瑞到时，令赵带往苏州，常永则先走一步。

九月二十五日，常永行至陕西长武被抓获。随后，赵钧瑞在甘肃固原被抓获。审讯后，起获藏匿玉石四千三百多斤，并解交京城。

在处理高朴玉石案中，涉及很多苏州玉商，有的官员为逃避自身失职、失察责任，欲以扩大处置他人范围，来代其自身之过。如李福、张銮将玉石转交苏州玉商售卖，江苏巡抚杨魁欲戴罪立功，扩大处置玉商范围，引起乾隆的警觉。

十月初五，乾隆给两江总督署江南河道萨载、江苏巡抚杨魁发了一道上谕："张名远（张銮）手内转售者，苏州玉铺自皆不能免，亦无不知系高朴家人从新疆带来之玉，恐杨魁欲图稍救其过，以致矫枉过正，辗转追求，株连必多，即不免于扰累，殊非朕不为已甚之意，已谕令杨魁分别妥办。萨载奏报所称，拿获之顾姓，及顾姓家人郑全，若有干碍张名远之处，自当一并解京；若无，亦毋庸波及，萨载等仍行遵旨照办。"

由于皇上对高朴私贩玉石案异常重视，各地在查出高朴家人私贩玉石中，不免波及与此案无涉的玉商，有扩大打击面的倾向。

乾隆四十三年（1778）十一月初四，陕西巡抚毕沅奏报，抓获私贩玉石客商若干，他们均与高朴玉石案无关。

泾阳县知县葛晨，拿获雷英私贩玉石，共计一百二十九块，重六百二十斤十三两，其中玉子大小十三个，重三十七斤三两；孙全德私贩玉石，共计四十二块，重三百零九斤二两；王德章私贩玉石，共计十九块，重八十七斤。以上三人均与高朴私贩玉石案无关。

靖边县知县赵赞署、巡检李尚志，拿获樊迎吉、李文芳私贩玉石，共计一百〇一块，重八十三斤十三两，玉鱼一件。以上二人均与高朴玉石案无关。

咸宁、长安二县知县王朝爵、丁尹志拿获施贵私贩玉石，共计二十六块，重六百六十三斤，后施贵潜逃，但与高朴玉石案无关。

上述与高朴玉石案无关的私贩玉石事件，乾隆最终都谕令释放了，但玉石都被收缴。

为了缩小打击面，乾隆四十三年（1778）十一月初十，乾隆发布上谕，凡没有直接从高朴家人李福、张銮处购买玉石的商贩，"不必查办波累，不必追究。朕办事，不肯使稍有株连"。同时，严厉训饬了矫枉过正的陕西巡抚毕沅，并将与高朴、张銮无关的新疆玉商张英等，谕令予以释放。

◎八、就地正法

乾隆四十三年（1778）九月二十七日，高朴在案发十天后，在叶尔羌被就地正法。

永贵事后说，乾隆给高朴定死罪，既正常，也是情理之中的事。有比高朴还贪婪、家产还富足、声名还狼藉而躲过一劫并毫发无损的官员，这也是很正常的事情。谁让高朴为人过于张扬，做事过于跋扈，不知平衡上下左右关系呢。你得罪了大家，最终自己也“得罪”了。

永贵不会忘记高朴走向刑场时的场景。当时叶尔羌城外，秋风凛冽，大风刮起阵阵沙石。摘去顶戴花翎的高朴，一身囚装，五花大绑。多日没有修整的胡须，使他显得格外苍老。他独自低头走在行刑队伍的前头，仍是一言不发。但心里似乎在说：时至今日，后果只能自己承担。如果有来世，宁做一介普通草民，有个其乐融融的家，温饱度日足矣。

后据举报人色提巴尔第回忆说，高朴是个实实在在为朝廷做事的人，但他没学会与当地少数民族官员打成一片，不知道要立足，先要站稳脚跟的道理，而总是高高在上、盛气凌人。

嘴上虽是这么说，色提巴尔第仍为自己的密报，使高朴丢了脑袋而恐惧和担忧。他将心里的感受说与永贵。

永贵心里也有同样的感受，他决定借色提巴尔第之口，找皇上为自己鼓劲打气。他随即上奏乾隆：“高朴在叶尔羌城外就地正法，回众皆悦服，惟色提巴尔第以此案因伊控告，恐不知者谓其挑衅，实深愧惧。”

乾隆亲自下令杀了既是宠臣又是亲戚的高朴，自然也要自圆其说。属下都坐不住了，如果皇上再不撑腰打气、说出道理，将来自己不就成了孤家寡人、千古罪人了吗？

了解了永贵的想法后，乾隆令军机处传旨：“高朴平素扰害回民，众皆痛恨，今见其明正典刑，无不欢悦，自属情理。至此事由色提巴尔第发觉，颇为奋勉，朕尚当施恩嘉奖，有何愧惧之有？即着永贵传谕，令其实心办理，以承恩眷。钦此。”

以往嘉奖，要不加官晋爵，要不赐赠物品，而此时只是口头对色提巴尔第“施恩嘉奖”，表明乾隆似乎也觉得未经刑部审理，十日内即就地正法，已属过于严厉，再奖赏告发者，于情于理，于幕僚好友，实在有点说不过去。至少，现在他只能这么做。

高朴在叶尔羌被正法后，乾隆在朝廷重新组织调查班子，彻底调查高朴私采玉石案的相关人员。据统计，高朴玉石案被查办或牵连的大小官员，有几十人之多。

高朴因私采玉石贩卖被处死，最重要的原因，是乾隆将其与谋叛等同看待。乾隆在高朴被正法后曾说："若高朴以大臣而明目张胆偷盗官玉，与奸商合伙贩卖，此而尚相容隐。推此量也，虽谋叛亦可也。"

不过，高朴被乾隆正法，还有一个致命的原因，就是高朴夺了乾隆所爱。乾隆视玉石为生命，你非要染指其间，那就犯了致命的错误。

大贪官和珅在被赐自缢时忏悔道："皇上所爱，臣子要投其所好，不可夺其所爱。"你可以用珠宝玉器上贡，即使乾隆三令五申，不准进献珠宝玩物，但也不会把你治罪，因为你多少也是一片良苦用心，怎么能随便治罪友善送礼之人呢。这就是进献屡禁不止的原因。但是，你不能白拿、占有或分享皇上认为本属于他自己的东西，或他自己所爱的物件，因为你摆错了君臣关系，这是对皇上的大不敬，这就犯了致命的大忌。

高朴最终没能把握住自己，因私采玉石贩卖被正法。随后，和阗办事大臣玛兴阿又被乾隆下令，"前赴叶尔羌，暂管地方及采玉等事"。

尽管乾隆在处置高朴这个问题上多次解释和说明，但朝廷上下还是有不少说法。针对种种置疑、担心、猜测和谣传，乾隆四十三年（1778）十月初一，乾隆给内阁发了一道长篇上谕。

乾隆首先简要陈述了高朴私采玉石案的缘由，并强调已将高朴就地正法。

乾隆在上谕中说："高朴在叶尔羌向回民勒索金宝诸物，又多累回民开采玉石，串商牟利，并公然遣家人赴内地私卖，种种贪黩款迹，均出情理之外，已降旨将高朴革职严审，即于该处正法矣。"

在谈到朝廷驻疆大臣的职责时，乾隆重点强调了职责和责任。

乾隆在上谕中说："回疆办事大臣精力该处事务，责任非轻，当体朕意，抚辑回民，俾得安居乐业，断不宜稍有派累滋扰，致蹈素诫覆辙，贻误国事。即间有不能诘己畏法之人，意图染指，或向商人私分余润，未必非事之所无。然亦幸而不发，得逃法网。乃高朴在叶尔羌勒取回民财货，赃数累累，已属从来所无。"

在针对朝廷内外有官员说高朴量刑过重，私采私贩玉石罪不至死这个问题上，乾隆重申量刑依据，并称这已经是从宽处理了。

乾隆在上谕中说："先期开采久经封闭之密尔岱山，预为作弊地步，遂派回民三千余，至该山采取玉石，致诸回民受累含怨。且与苏商串通，以官玉私获厚利，并差家人装运多车至内地各处，冀得重价，实属从来所罕见，是直全无人心，非复人类之所为，朕岂能废法，稍为曲贷。即现在如此办理，已属从宽矣。"

对总理新疆事务的绰克托，乾隆在上谕中也表露出对其失察失职的不满。

乾隆在上谕中说："绰克托为总理回疆事务大臣，各城之事，皆应留心体察。乃高朴狼藉若此，且在彼回民无不抱怨。乌什距叶尔羌不远，且绰克托亦曾至其地，岂竟毫无闻见？何以不据实指参？其徇隐之事，实无可逭。"

淑宝在叶尔羌是高朴的副手，高朴职场犯事，乾隆认为他也有重要责任。

乾隆在上谕中继续说："淑宝与高朴同城办事，高朴肆行不法，赃迹累累，更不得诿为不知。若讯明与高朴通同作弊，亦当解京，即正典刑。设仅系畏惧高朴，不敢举发，误国家回疆重务而不顾，其罪更重于绰克托，亦不能轻宥也。"

对于色提巴尔第举报高朴，传说是乾隆有意安排其在高朴身边工作，以监督高朴的职场行为。

乾隆在上谕中解释说："今年三月，鄂对病故，高朴即奏请以鄂对之子鄂思满接办该处阿奇木伯克事。朕以为，若此父子相继办事，竟以叶尔羌之阿奇木伯克为伊家世职，久之，与唐时藩镇何异？因将色提巴尔第调至该处，以鄂思满调赴喀什噶尔，意在为'回部'伯克防微杜渐，并非令色提巴尔第往查高朴之事也。色提巴尔第到彼，闻知高朴贪婪不法各款，及回民抱怨情形，并据高朴代其遣人至采玉处取回元宝五十个，色提巴尔第即将元宝交伊通事萨木萨克封贮，一面将高朴之事向永贵呈控，其事乃得败露。若照高朴之奏，令鄂思满在彼为阿奇木伯克，鄂思满知其父鄂对与高朴相好，有碍颜面，且伊年轻未能更事，必顺从高朴所为，扶同徇隐，不能如色提巴尔第之和盘托出矣。"

朝廷内外还有一种说法，令乾隆不能接受。说永贵办事能力远不如绰克托，此时乾隆将永贵替换绰克托来审理此案，是朝廷与高朴结怨的大臣们，担心绰克托与高朴同城共事，案件审理会出现不公。

乾隆在上谕中最后说："永贵往乌什，因绰克托年班已满，而永贵适有市恩李淑芳之事，身获重谴，随即革职示惩。念其向在新疆年久，事尚熟悉，因赏以三品衔，派令换绰克托回京。然犹恐永贵才力未必能如绰克托之周到，更不冀其有整顿稽核之效也。乃永贵一接色提巴尔第之呈，即据实参奏，且迅驰往叶尔羌亲身查办，遂令高朴赃款水落石出。假使绰克托不换，虽得色提巴尔第之呈，未必能如永贵之秉公办理也。色提巴尔第之调缺，永贵之换班，朕初意并未逆臆及此，乃因二人到彼，而高朴之事使得败露，回众借以辑宁。若无此调换，其事必不能破，回众积怨日深，一二年内必致如昔年素诚在乌什激变之事。而叶尔羌地大城坚，较乌什尤甚，倘复成何事体？"

官员问责

在高朴私采玉石案的审理过程中，涉及很多人员，除了高朴家人外，一些官员也因失职、渎职，而难辞其咎。

高朴私采玉石案调查审理取得初步结果后，乾隆对几位曾经的"内府世仆"——大学士管两江总督高晋、署两江总督萨载、淮安关监督寅著、苏州织造舒文等，进行了申饬。

乾隆四十三年（1778）十月十六日，乾隆发内阁上谕："外官，官官相护恶习，固结不解，实为可恨。李福过淮关时，高朴之事业经发觉，寅著既将李福等盘获，即当将其持有护牌情节据实奏闻。乃寅著辄敢将高晋所给护牌收去，意欲消弭，实属徇情胆大。着传谕寅著，自行议罪具奏，并着寅著将所收高晋原给李福护牌，即行缴出呈览。至高晋，身为大学士，受朕厚恩，既给予李福护牌，朕屡次传谕询问时，即应据实陈奏，乃竟敢隐瞒欺罔，其心实不可问。况高晋于李福到署时，询知高朴差其往苏州办贡，并不穷诘查察，又不立时恭奏，实系知情容隐，其获罪本属不小，即将护牌一并奏出，于罪亦无可加。且伊两次自行议罪之奏，朕俱经批允，又岂肯因此即将伊革职拿交刑部治罪乎？高晋宁不自计，既给李福护牌，断无不破之理。高晋久任封疆，简给阁务，宠荣已极。且朕平日所以依靠高晋者，因其公正自持，尚得大臣之体。即伊昨奏，每年只领取养廉银八千两，朕亦准其留以自赡，朕之施恩体恤，可谓至矣。乃护牌一事，胆敢涉欺，能不惭愧无地乎？且问心亦何以自安乎？着高晋即行明白回奏。至舒文、李福过浒墅关时，持帖及护牌告知舒文，因何令其开单代为上税？李福单内所开俱系何物？亦着传谕舒文，令其明白回奏。”

乾隆利用高朴私采玉石案，严厉处置官员失职渎职，警示朝廷内外大小官员，严肃问责纪律，在朝廷内外引起强烈震撼，这在封建吏治发展史上也不多见。

◎ 一、两江总督、大学士高晋

高晋是高朴的叔父，官居大学士、担任两江总督要职。在高朴玉石案中，高晋发给李福等护牌，使其在水上畅行无阻，令乾隆异常震怒。

高朴案发后，高晋给乾隆上了一道折子。高晋在折子中说：“伏查奴才之侄高朴，自奉命差赴叶尔羌办事之后，并无只字往来。惟今春高朴差家人赴苏办贡，路过江宁，寄奴才家信一次，不过通候之意。嗣奴才屡次公出在外，其家人几时赴苏，曾否回京，奴才处亦无信息。今高朴既在叶尔羌私采玉石运回内地，其办贡家人自必知情（朱批：此时方疑至此乎？），获即交其在苏售卖，亦未可定。奴才现即飞札苏州抚臣杨魁，密速查拿，严搜究明，据实奏办。如已起程，亦即查明根由，追拿解京究审（朱批：不待汝如此急功无私也！）。至高朴，簠簋不饬，辜负皇上天恩，皆奴才平日不能教导所致，而家门有如此玩法之人，奴才愧恨悚惧，无地自容，惟有仰恳圣恩，将奴才一并交部治罪，庶奴才之心稍安。伏乞皇上恩鉴。谨奏。”

高晋没有提及护牌的事，而是先将自己与高朴择开，称已很久没有和高朴联系，特别是高朴赴新疆任职以来。随后又向乾隆解释，高朴派家人赴苏州有办贡的差事。虽然高晋把高朴痛斥了一番，但乾隆认为高晋是在有意袒护高朴，为自己的过失行为辩解。

乾隆四十三年（1778）九月三十日，乾隆在给内阁的上谕中说：“高晋办此一事实属大谬。回疆办事大臣，从无进贡之事，或伊等因所赏养廉优厚，积有盈余，将‘回部’玉碗及痕都斯坦所做玉器，购买数件呈进，朕亦间为收存，此情理之常也。若和阗所产玉皆为官物，驻回疆之大臣取此持往苏州制造充贡，朕一见即知，不但不收，且必罪其监守自盗，十余年来从无此事，众所共闻共见，高晋岂得诿为不知。若因庚子岁为朕七旬万寿，思欲玉杯贡品，不特为期尚早。且高朴侍郎亦非应行进贡之人。况朕曾经降旨，七旬万寿不许内外大臣进贡，亦高晋所深知者，高朴有何贡之可办而差家人赴苏州乎？高晋一闻高朴家人之言，即应计度及此，向其家人详细严诘，并将所携带物件逐一搜查，见有玉石等物，即行讯明，据实参奏，朕必嘉其公正。假使高晋彼时早为举发高朴，或尚不至狼藉若此，且几酿成事端。即高晋为其侄高朴计，早发以杜其弊，何如今之溃败决裂而不可挽救乎？高晋与高朴虽系从堂叔侄，高朴之贪黩负恩，原与高晋无涉，朕亦不肯因高朴而累及高晋。乃高晋明知高朴差人赴苏州，不为诘究，听其自往，谓非徇私容隐，其谁信之？高晋此事获戾甚大，着交部严加议处。"

高晋是乾隆信任的朝廷老臣，他继承堂伯河道事务后，兢兢业业，克己勤勉，为乾隆朝的江山社稷，也算撑起了一片蓝天。高朴运货通行需要护牌，作为叔父，给予亲属适当方便，也算是情理之中的事。杀了高朴，已是对高晋的重大打击和惩戒，乾隆也隐约产生愧疚。但因护牌得以使私贩玉石成行，而又不惩戒，乾隆总觉得不成体统，此事如果换了他人，定会严惩不贷。

十月二十五日，乾隆再次发布谕旨申饬高晋。乾隆说："朕简任高晋封疆有年，因其平日公正自持，将其视为督抚中杰出之员。今以此事而论，所谓公正者安在？尚得称为好总督乎？况高晋身为大学士，尤当公而忘私，乃于伊侄高朴偷卖玉石一案，始终隐匿欺罔，实属昧良负恩。高晋以阁臣而兼总督，事君之道当如是乎？今朕已加恩，不明治高晋之罪，着将寅著缴到护牌，发交高晋阅看，使其知所愧耻。伊如尚有人心，能无汗惧无地？且将何以自解乎？高晋着再传旨严行申饬，仍令即行覆奏。"

当日，大学士公阿桂、大学士于敏中，将乾隆的上谕面交高晋。次日，高晋给乾隆回了一道赎罪折，对自已的所作所为，表示谢罪，并对前折未提护牌之事，做了解释。

高晋在折子中说："奴才跪读之下，惭愧战栗，不能起立。查，高朴在叶尔羌偷盗官玉，与奸商合伙贩卖，实非人类所为。其实，奴才痛恨高朴行此玩法之事，神昏气沮，不但奴才给过护牌不曾想起，即高朴家人姓名及给奴才几样东西，奴才回给高朴何物，均不能记忆，是以未敢入奏。后经想起，愈思愈觉愧悔害怕，不敢再奏，此实奴才罪该万死之处。伏念奴才身为大学士兼任封疆，受恩至深至重，凡事均应实心实地办理，事既获罪，亦惟有直陈于君父之前。乃高朴前差家人赴苏，既给以护牌，亦不具实奏明，致干天怒，奴才伏地悚惶，自觉无颜立于人世。问心，则有昧天良，无可解免;论罪，即皇上将奴才革职拿问，治以重罪，亦不足蔽辜。今复蒙圣主恩外施恩，奴才只有感激涕零，惭愧悚惧，无言可奏。前请每年支领养廉银八千两，虽蒙恩准，今思奴才获此欺罔大罪，问心实难一刻自安，若再请留养廉自赡，更觉虚縻廪禄。今奴才惟恳于此内留银三千两，以为幕友休金，其余五千两一并解缴充公，此亦不足以抵奴才之罪于万一。伏乞皇上恩鉴。谨奏。”

高晋的赎罪折得到了乾隆的理解和谅解。乾隆在高晋的折子上朱批:“览。”但高晋担心检查通不过，于折子送出后，又补充了一个折片，欲革去自己的大学士职务。

高晋在后折补充说：“奴才于前折缮就。伏思，奴才此次获戾重大，罪于隐瞒，虽蒙圣恩不即革职治罪，但奴才问心惭愧，寝食靡宁，惟有仰请皇上将奴才解退大学士，暂留两江总督任，容奴才自奋自效，再图上报天恩，庶奴才寸心稍安。伏乞圣鉴，奴才不胜惶悚，待命之至。谨奏。”

如果是一般官员，仅发给护牌一事，即可革职问罪。但高晋绝非一般官员，堂伯高斌在河务上对大清朝廷的贡献，对他的仕途发展影响很大。乾隆对高晋辞去大学士的奏请，没有采纳，朱批：“亦可不必。”

为感谢乾隆不治罪、不解大学士职衔，十一月初六，高晋给乾隆上了一道谢恩折。

高晋在折子中说：“奴才之侄高朴，受恩深重，罔顾天良，肆意贪婪，行同市侩，非人类之所为。奴才昏聩糊涂，不思及高朴本非应行进贡之人，且驻扎叶尔羌办事大臣从无差人赴苏办贡之事。奴才既不向其盘诘搜查，又给予护牌，事发之后又未据实具奏，昧良负恩，罪无可逭。仰蒙皇上不即治奴才之罪，将奴才给过护牌发交阅看，奴才更觉置身无地，悚惧愧耻，涕汗交流。奴才请求解退大学士，复奉恩批‘亦可不必’，更出鸿施于再造，天高地厚，感激涕零，伏地碰头，莫能自已。奴才惟有誓矢此生，倍加奋勤，时时常存敬畏，事事秉发天良。若再稍涉欺蒙，稍存玩忽，则是奴才罪上加罪，为天地覆载所不容，更难再邀圣恩于格外矣。恭折叩谢天恩，伏乞皇上恩鉴。”

在高朴私采玉石案的官员问责中，高晋是被乾隆相对自身问题处置最轻的朝廷大员。

◎ 二、陕西巡抚毕沅

陕西巡抚毕沅接旨追拿高朴家人后，于陕西长武县将高朴家人常永拿获。在审讯常永时，遇到点麻烦。常永坚称自己是因病告假回京，并无携带玉石。毕沅虽不相信，但也没有查到真凭实据，只好将审讯结果奏报乾隆。

毕沅在给乾隆的奏报中说："臣思，常永从叶尔羌回京，必有携带大玉材料。今检查行李，并无大玉，或有沿途寄顿之处，俱未可定。再经反复严讯，常永称：实在因病告假回京，并未携带玉石，亦无隐匿寄顿（朱批：此系谎供，可恶！）。但系一面之词，究难凭信，臣仍飞饬各路及关隘宿店，严密搜查，毋令稍有藏匿。查，常永随身行李内虽无大件玉料，但该家人一入陕境，即行就获，恐随后或有同行之人，抑或客商等代为携带，俱须密访严拿，随即飞饬知会甘省，一体设法速行查拿，以防窜匿。除派委干员将常永锁押，即日起行兼程送京外，所有拿获高朴家人讯取供词，查验物件清单及书信十八件，恭呈御览。谨奏。"

随后，在直隶拿获常永的同行张元、马德亮，二人供出"常永带大车九辆、箱子四只，内载有高朴玉料三千斤，家人们玉料一千斤"等。乾隆闻此，对毕沅轻信常永供词，甚为恼火。

乾隆四十三年（1778）十月初六，乾隆谕令："毕沅既然将常永拿获，即应向其严切跟究，讯则所带玉石车辆，自无能掩饰。乃毕沅竟深信其别无携带，不复穷追，此乃外省官员恶习，甚为非是。毕沅平日办事尚属认真，何于此等大案，荒唐乃尔。着传旨严行申饬。"

十月十一日，接到乾隆谕令的当日，陕西巡抚毕沅回奏："臣跪读之下，不胜悚惕惶愧。伏思，日前既然将常永拿获，自应即行跟究。乃竟信其谎供，冒昧具奏，昏聩糊涂。兹蒙皇上详细指示，如梦方醒，抚衷自问，实觉无地自容。今提常永复加严讯，该犯供认高朴交有玉石一千斤，伊先起程到肃州，赵钧瑞随后同玉车抵达肃州。因玉未卖出，赵钧瑞令伊先行至渭南良天坡居住，伊随后同玉车行走，沿途出售，入陕西界首站之长武县，即被拿获。臣当即一面委派干员在境内严密搜查，一面飞咨督臣，查拿赵钧瑞及所带玉车。

现已在甘肃省固原州将赵钧瑞拿获。但常永所供一千斤玉石之数，与张元等在京所供带大车五辆、载有高朴玉料三千斤、家人玉料一千斤之数，尚未符合。臣遵旨选派凤翔府知府张所受，前往长武至肃州一带地方，实力踪迹，务将常永所带玉料尽数搜获。但臣办理此事，询问初供未得实情，惟有仰乞皇上，将臣交部严加议处，以为办事草率者戒。谨奏。”

常永坚称只携带了一千斤玉石，与同伙张元在京招供的斤数相去甚远。乾隆谕令勒尔谨，“派委明干大员，分路搜查”。使得案情终于有了结果。

十月十八日，陕甘总督勒尔谨、陕西巡抚毕沅联名向乾隆奏报：“兹据固原州那里善禀报，赵乡约（赵钧瑞）、马万金等供，在糜子滩埋藏玉石已经起出，称重九百七十八斤。常永等在靖远县所属之打捞池的地方，尚有埋藏玉石十一二包，斤两不能确悉。臣等即刻带犯起获打捞池地方埋藏玉石，称重三千三百二十四斤，内玉子儿四十二个，山材玉石四百一十一块。现将赵乡约、马万金及玉石，遴委干员押解赴京。谨奏。”

乾隆认为毕沅“不能实心办事，与勒尔谨无异”，但念其平日于地方事务尚属认真，免其交部治罪，自行议罪。

十月二十三日，在内务府大臣和珅当面向毕沅宣读乾隆的谕旨后，毕沅给乾隆写了一道赎罪折。毕沅说：“臣跪读之下，感激惶愧，莫可明言。伏念臣质本庸愚，仰蒙皇上天恩豢养生成，委以封疆重任。数载以来，岁月虚糜，抚衷自问，负疚良多。鉴于高朴私贩叶尔羌玉石一案，陕西一路为奸徒往来所经，既不能预为查察，又未切实跟究，妄据狡供，即行陈奏。蒙恩详细饬谕，如梦方醒，清夜自思，愧悚无地。兹复仰荷皇上格外优容，免其交部，着臣自行议罪。可否容臣缴银三万两，稍示薄惩，以为办公草率者戒。如蒙恩准，今冬先交一万五千两，明年全数交完。伏乞皇上睿鉴。”

乾隆认为，他对毕沅的处理已经完毕，不用再说什么了，遂在毕沅的折子上朱批：“已有旨了。”

只因第一次审讯高朴家人常永未审出结果，就被罚银三万两，乾隆问责官员可谓力度空前。

◎ 三、陕甘总督勒尔谨

在稽查高朴家人偷运玉石过境过程中，陕甘总督勒尔谨称得上是尽职尽责。

乾隆四十三年（1778）九月三十日，陕甘总督勒尔谨跪奏："臣现在飞饬肃州镇道，在嘉峪关严加盘诘，并通饬沿途地方官，实力稽查，如遇高朴家人过境，即行锁拿，并将随带物件一并搜查，委员解京。其有客商私贩玉石经过者，亦即严拿，奏明治罪，并将所带玉石搜查送京。犹恐高朴家人私贩玉石之客商在途闻信，或不由大路行走，亦未可定，并饬沿边一带及偏僻州县，一体实力查拿务获外，所有现在查办缘由，理合遵旨先行覆奏。"

但李福等还是顺利通过了嘉峪关，并进入陕西。勒尔谨犯有失职、失察过错，且对拿获的案犯审讯，也不深入细致。对此，乾隆对其进行了训斥。

乾隆说："勒尔谨受朕厚恩，委任封疆，接奉屡次谕旨，自应切实查办，务使人赃俱获，方为认真办事。况常永在入陕西境首即经盘获，则其所带玉石车辆，自全在甘肃境内，无难踪迹，且赵钧瑞现已就获解省，该督自应迅速催提该犯到案严讯，其所带四千斤玉石寄存何处，或转卖何人，即当严拿转卖之人，方为实心任事之道。乃勒尔谨率据属员之禀，辄称其并无携带玉石，并不派委明干大员挨次严查，乃辄据属员报词，率行陈奏，敷衍了事，岂视高朴之明目张胆偷窃官玉谋利作弊为平常之事，漠不关心乎？勒尔谨办理此事荒唐太甚，天良何在？着传旨严行申饬，即行议罪具奏。"

勒尔谨的议罪折子还没递上来，乾隆又发现了新情况，认为勒尔谨身为陕甘总督，对高朴案之前的私贩玉石情况，未能事先察觉，应令其再行议罪。

十月二十日，乾隆再发上谕："昨据毕沅奏，在西安省城搜获私贩玉石之吴凯洲等七人，并起出大小玉石一千三百余斤。此项玉石贩运在前，固非高朴偷贩之玉石。回疆私贩玉石久经查禁，伊等必不能越嘉峪关而过，即如毕沅在西安省城查获吴凯洲等七犯，大小玉石一千三百余斤，伊等所带之玉必须经过甘肃地方，方至陕西，何以毕沅尚能查获，而勒尔谨竟听其坦行无阻？是勒尔谨于查诘玉石一事，全然不以为意，并未遵旨办理，其错谬甚大。前因其拿获赵乡约（赵钧瑞）时不将其所带玉石切实跟究，已降旨严饬，令其自行议罪。今此案又复如此，其罪更浮于毕沅。着再传旨严行申饬，令其扪心自问，如何而可以稍蔽其罪。迅速由驿覆奏，将此六百里传谕知之。"

十月二十三日，陕甘总督勒尔谨给乾隆上了一道缴银赎罪折。勒尔谨在折子中写道："大学士公阿桂、大学士于敏中奉旨寄信前来，奴才跪读之下，感激悚惶，无词可奏。伏念，奴才满洲世仆，仰蒙皇上天恩，委以封疆重任，于高朴家人常永等私带官玉进关，既未能随时查察，又未能迅速跟究，实属罪无可逭。蒙我皇上格外优容，仅令自行议罪。奴才反复思维，此事即予以重谴，实属罪有应得。惟有勉图自新，以期稍赎前罪，可否仰恳天恩，准奴才交银四万两，以示薄惩。如蒙恩准，奴才于本年解交内务府二万两，明年再解交二万两。此后，奴才惟有加意奋勉，诸事尽心竭力，以期仰报高厚鸿慈于万一。伏乞皇上睿鉴。谨奏。”

属员失职，总督分担其过，反映出清代官员问责的广泛性和连带性。这种官员问责的广泛性和连带性，时刻提醒着各级官员在“职场”做事，要如履薄冰、要如临深渊。

乾隆同意了勒尔谨的议罪请求，朱批：“览。”

◎ 四、山西巡抚巴延三

高朴家人李福自叶尔羌携带玉石起身，经过嘉峪关到达肃州后，由边墙一带行走至山西汾州，又从山西汾州进入河南，过浦口到达苏州。乾隆不明白，李福等是怎么通过山西境内的，为什么山西巡抚巴延三未能查获？

乾隆四十三年（1778）十月十五日，乾隆谕令：“李福由肃州边墙一带到山西汾州府，由山西何处进口？因何并无盘诘？着巴延三明白回奏。”

十月十九日，山西巡抚巴延三跪奏：“查，高朴家人李福携带玉石到肃州，经过甘州、凉州，由边墙一带行走至山西汾州府，前赴河南，过浦口至苏州。臣详查地图，并访讯自边墙一带行走至汾州府路程。一从黄河东岸入山西境，即汾州府所属永宁州地方，由汾州前往河南，此为甘肃至江苏通行之路；一从北路保德州过河，经由五寨等县至汾州，路程稍远，又往北入杀虎口，经由朔平，亦可抵汾州府。今李福等驮载玉石潜入晋境，其由何路行走，地方官未经盘获，以致偷漏。臣不能先事稽查，疏忽已甚。蒙圣慈格外矜怜，不加严谴，仅令明白回奏。抚衷自问，感惧交深，惟有仰恳皇上天恩，将臣交部严加议处，以为不能查察者戒，臣不胜激切惭惶之至，谨遵旨明白回奏。伏乞皇上圣鉴。谨奏。”

乾隆对巴延三的解释不满意，特别是对李福进入山西境内，身为山西巡抚的巴延三竟毫无觉察，不能理解。

十月二十三日，乾隆再发上谕："巴延三平日不能稽查觉察，所司何事？甚属非是。即交部严加议处，不过革职留任，仍不足示儆。着传谕巴延三，切实自行议罪具奏。"

十月二十七日，巴延三给乾隆递交了一道赎罪折。巴延三在折子中说："奴才仰蒙圣主豢养生成，事事自当实力稽查。乃高朴家人携带玉石由山西汾州经过，漫无防范，致被偷越，皆由奴才平日不能加紧督饬，以致地方官盘诘不严，实属罪无可逭。奴才惟有伏地叩头，感激涕零，不揣冒昧，愿自议罚银四万两，于本年尽力先缴二万两，其余二万两于明年后年各缴一万两，解送内务府，以冀稍赎前罪于万一，奴才不胜感激悚惶之至。伏乞皇上恩鉴、谨奏。"

一个巡抚年薪银一万多两，仅仅是因李福等案犯从本省茫茫人海中经过而未觉察，就被罚相当于三倍的年俸银两，确实令人称奇，叹为观止。

乾隆认可了巴延三的自行议罪，朱批："览。"

◎五、江苏巡抚杨魁

杨魁接到高朴家人李福等前往苏州售卖玉石的廷寄后，立即在全苏州查找李福踪迹，于城内将李福同伙张銮抓获，并查出玉器等物，"管押解京"。

乾隆对杨魁半年后才抓获张銮，不能理解。张銮在苏州半年中，已卖出大部分玉石，且用玉石承做玉器，而身为江苏巡抚的杨魁，竟然毫无察觉。乾隆越想越生气。

乾隆四十三年（1778）十月初六，乾隆谕令："张銮随同李福等携带玉料，在苏州半年有余，制造玉器卖银十余万两，为时既久，为数又多，断难掩人耳目。况苏州人情性喜悦新闻，此等奇诧之事，自早已喧传城市。杨魁身任巡抚，岂得诿为毫无见闻？若实毫无见闻，设更有奇于此者？亦无见闻，则用汝为巡抚何用？不几成死物乎？接奉朕旨，将张銮拿获，如此留心，谁则不能。杨魁以为严查确访而得，不几恬不知耻、丧尽天良乎？前已严谕申饬，并令自行议罪。着再传谕杨魁，令其抚心自问，切实自行议罪，迅速由六百里覆奏。将此由六百里传谕知之。"

十月初八，江苏巡抚杨魁奏请交银三万两，赎李福等入境卖玉失察罪。杨魁在奏折中说："高朴令家人李福串通商人贩卖玉器一事，奴才不能觉察查拿，昏聩糊涂，有负职守，业经奏恳天恩，将奴才从重治罪，以昭儆戒。兹复奉谕旨，令奴才自行议罪，跪读之下，感激涕零，倍深战栗。伏念，奴才汉军世仆，自县令荐擢今职，生成豢养，皆出圣主高厚隆恩。今获罪滋重（朱批：实在应惭愧，实在糊涂，岂有如此明目张胆如贼之事，而汝不知之理？），夙夜疚心，局蹐难安。窃奴才历官二十余年，有节省养廉银二万两，不揣冒昧愿充公用，并于一年内，再缴银一万两，以冀稍赎罪愆。如蒙俞允，容奴才先后解交内务府查收。为此，沥情具奏，伏乞皇上恩鉴。谨奏。"

乾隆同意了杨魁的自行议罪请求，在杨魁折子上朱批："拿交刑部，固不必；交部，不过革职留任，汝不惧。此亦足以蔽汝之辜矣。"

杨魁担心乾隆事后反悔，将自己革职查办，欲戴罪立功，将近日严审张銮后，拿获还未来得及详细讯问的玉商包万顺等五人，解京审讯。

为求有立功表现，杨魁加紧审讯张銮。十一月初十，杨魁上奏："据拿获张銮案内冯致安供称，曾与张銮共同贩玉，苏州近日将到玉料万余斤，内大白者六七千斤。又据张銮供称，本年八月，在苏州开玉行的山西平阳府人李尚贤说，包万顺行内有六七百斤玉石，是山西人赵爱等人从阿克苏贩来的，后头还有七八千斤，又白又大。八个成色的玉石，能卖到一百两银一斤。臣当即密饬藩臬两司，督同府县各员，亲赴各玉行，将包万顺、赵爱、彭信义、董伯易等各犯拿获。臣查，各行内现存玉石五十二块，玉子儿六个，半块玉子儿两个，共重八百八十六斤一两。已卖出玉石五十六块，共重一千二百八十七斤十两，共得价银四万一千二百三十一两三钱。现将各犯供单并玉料银数清折账簿九本，恭呈御览。理合将臣查办缘由，由驿覆奏。伏乞皇上睿鉴。谨奏。"

杨魁的目的达到了，乾隆没有再提革职的事，但也没有因为杨魁再立新功，而降低他的罚银。

乾隆在杨魁的折子上朱批："已有旨了。"

◎ 六、苏州织造舒文

李福、张銮等到苏州城售卖玉石，负责朝廷玉器承做、谙熟苏州玉器行业方方面面人脉关系的苏州织造舒文，竟全然不知，也令乾隆异常不解和恼怒。

乾隆四十三年（1778）十月初三，领侍卫内大臣尚书额驸公福崧、内务府大臣侍郎和珅向舒文宣旨："舒文于高朴家人在苏州半年有余售卖玉石，并乘坐大船,用高朴官衔旗号连樯北上。舒文置若罔闻,徇情故纵,不行据实参奏,实属负恩昧良，罪无可逭。舒文着革职并革顶戴，令其白身在苏州织造上效力赎罪，明白回奏。钦此。"

十月初七，苏州织造舒文接旨后，给乾隆写了一封检讨信。信中说："奴才内府世仆，蒙皇上豢养，天恩授予织造重任，兼理关务，犬马报主之诚，虽梦寐隐微，无刻不图仰酬高厚于万一。今高朴合伙贩玉来苏，近在同城，理应事先觉察，查明参奏。乃奴才不能密访于平日，又不能查察于临时，以致李福、张銮贩玉如此之多，私相谋利，实属昏聩糊涂，如同木偶。仰蒙皇上不加重谴，仅令明白回奏，奴才感激私衷，实切沦肌浃髓。"

舒文先做了深刻检讨，随后又为自己的过失行为做了辩解，并请求皇上治罪。

舒文在奏报中接着说："苏城五方六处，百货聚集。自蒙皇上天威，开拓新疆以来，各处商人时有私贩玉料来苏之事，但不过零星运贩，未有如高朴、张銮伙贩至九十及五十余块之多。奴才与高朴素不相识，从无书札往来，因抚臣杨魁接奉廷寄，查拿李福、张銮等，方知该犯于三月间来苏之事。奴才当即调查过关号簿，并据在关委员家人等禀称，三月二十五日，有李福乘坐尖头船一只到关，查无应税货物，遂验放。九月十一日，李福乘坐太平船一只进京，曾来讨关，奴才当即饬委员家人，照例查报科税。据委员等查禀，装载箱笼四十余只、红木灯物等件，该船户投报税银七十九两零，放行，现有亲填印簿可据。查，高朴以侍郎身份在叶尔羌办事，系不应该办贡之人，奴才既然知道李福装载贡物过关，即应留心跟查，一面据实参奏。今奴才只令查报完税，未能将高朴家人李福串通西客，在苏州贩卖私玉，及过关时又不能查明办贡来历，实属辜负天恩。今蒙圣慈训饬，奴才如梦方觉，愧恨无地自容。惟有仰恳圣主天恩，将奴才从重治罪，以为糊涂昏庸者戒。所有奴才不能查出高朴在苏私贩玉料缘由，理合遵旨，据实明白回奏。伏乞圣主睿鉴，奴才不胜惶悚战栗之至。跪奏。"

舒文的织造职务被革了，本人也做了深刻检查，但乾隆对舒文的检查不满意，认为辩解太多，没有诚意，遂再令其"自行切实议罪，迅速覆奏"。

十月十二日，舒文给乾隆上了一道自行议罪折。舒文在折子中说："今高朴同张銮合伙贩玉，令家人李福来苏州售卖，奴才近在同城，毫无察觉，又未奏及，实属昏聩糊涂，即将奴才重治其罪，亦属罪有应得。”

舒文不愿无辜被罚银两，即使被罚，他也要再做说明和解释。乾隆看出了舒文的用意，异常恼怒，对舒文的奏文进行了针锋相对的回应。

舒文在议罪折中继续说：“李福、张銮等伙贩私玉来苏，诡秘掩藏，零星分售（朱批：舒文尚敢为此巧辩，实属胆大！），所以奴才被其蒙蔽，未能先事觉察。九月十一日，李福雇太平船一只进京，曾来讨关，奴才当饬委员家人，照例查报科税。据委员等查禀，装载箱笼四十余只及红木灯物杂货等件，查收杂货税银七十九两有零。高朴在回疆办事，系不应办贡之人，奴才既知李福装载绸缎灯物杂货，即应查明来历，跟究原委，据实参奏。乃只令完税放行，实属糊涂错谬（朱批：有心欺罔，况李福在苏州半载有余，制卖玉器逾十万。）。奴才昧然不知（朱批：汝且代李福上税，何谓不知？），不能查察于事前，面为陈奏，及至李福过关，又不查拿奏办，任其远去，负恩昧良（朱批：此四字是汝自招！），实属罪无可逭。前奉谕旨，奴才悔恨感惕，遵旨明白回奏。又蒙皇上如天之恩，仅将奴才革职，仍令白身在织造上效力行走，并令自行议罪（朱批:汝谓此任非汝不可乎？汝病死将不办此事乎？不但此也，满朝大小臣工皆如此。朕非赖尔等，方能办事者也！），奴才抚心自问，愧悚感激，沦肌浃髓，当即沥陈下悃，奏恳天恩，恭缴银二万两，稍赎罪愆（朱批：不足蔽辜，再议来。若因此于关上作弊，即汝之身家性命将安往？），奴才犬马私衷，亦得稍安。伏乞圣主睿鉴，奴才不胜悚切战栗之至。跪奏。”

乾隆认为，舒文在议罪折中对自己缴纳的罚银太少，“不足蔽辜”。除了在舒文的奏折上批注外，十月二十日，乾隆再发上谕。

乾隆在上谕中说：“本日，舒文明白回奏一折。舒文办此事错谬甚大，朕未将伊拿问治罪，已属格外施恩。今阅其回奏之折，种种欺饰支离，实为胆大可恶，已于折内抹出矣。李福、张銮等携带玉石数千斤之多，久在苏州，制器售矣，全城其必皆知。舒文织造衙门常有承办玉器之事，玉匠等时常出入，必相传说，舒文岂得诿为毫无见闻？虽饰词巧辩，岂能掩盖？适见其昧良自欺耳！至李福所供，自苏州起身时，曾持高朴名帖及高晋所给护牌。舒文曾说‘你主儿所带东西，你开单来，替你上税’，其说甚为确凿，业已屡经饬谕舒文，令其明白回奏，并再行议罪。今舒文此折，尚敢称为查报完税，而于代为上税之处，隐晦不吐，实属有心欺罔，丧尽天良。今其抚心自问，当得何罪乎？着再传旨严行申饬，仍遵前旨再行切实议罪，并即由驿站迅速覆奏。”

十月二十四日，舒文接旨后再次回奏：“奴才跪读圣训，伏地汗流，悚惧战栗，无以自解。伏查，高朴伙同张銮私贩玉石，令其家人李福来苏州售卖一案，奴才节次钦奉圣主训谕，愧悔悚惕，无地自容，业经先后敬谨缮折，将李福进关出关日期，照例查验报税缘由，据实跪奏在案。兹蒙圣训严饬，奴才如梦方醒，何以昏聩糊涂一至如此。至令家人传谕李福代为上税之语，奴才自问，实属错谬不堪。今蒙圣慈训饬，奴才深自痛恨，愧悔内疚，实无可以覆奏，惟有另折沥陈犬马下悃，切实自行议罪，再缴银二万两，得以稍安万一。伏乞圣主睿鉴，奴才不胜战惧悚栗之至。跪奏。”

乾隆内心的愤怒，依然无法平息，他在舒文的折子上朱批：“竟不是人类！”

舒文两次自行议罪，先后缴纳银四万两。可乾隆认为，舒文在高朴玉石案中，确实负有非同一般的重要责任，即使革职，仍不足饶恕，况且四万两罚银并不算多。

十月二十七日，舒文再次给乾隆递交追加罚银赎罪折。舒文说：“奴才赋性愚昧，辜负天恩，于高朴伙同张銮私贩玉石来苏售卖一案，种种错误已极。荷圣主高厚隆恩，恩准奴才先后恭缴银四万两，并将每年织造养廉银一万两，叩求恩准奴才按年扣存，恭缴内务府，以冀稍赎重罪。但奴才获罪甚重，惟有跪恳圣主，俯准奴才再恭缴银一万两，解交内务府，俾奴才才得与昆虫草木同沾覆载深恩，从此痛改前非，竭尽血忱报效，实荷天地深恩于生生世世矣。伏乞皇上睿鉴，奴才不胜惶悚战栗之至。跪奏。”

这次，乾隆通过了舒文的自行议罪，不再和舒文没完没了。乾隆在舒文的折子上朱批：“览。”

“屋漏偏逢连夜雨”，此时，舒文在危难时刻又遭人举报。举报人称其曾经购买过一块玉料，用来制作玉器。举报人是江苏巡抚杨魁抓获的玉商李业。

十一月初八，江苏巡抚杨魁奉旨约见舒文，当面询问购买玉石情况。舒文如实告知后，心里在想，我堂堂一个苏州织造，管理着整个苏州城的御用玉器制造，用自己的俸银购买块玉料，又算得了什么？如果不是赶上高朴私贩玉石案，别说买块玉石，就是开个玉铺，也不至于兴师问罪吧。舒文认为，这事还是先主动报皇上，别让皇上轻易听信他人的煽风点火、落井下石。

十一月初十，舒文为购买一块玉石事，奏报乾隆皇上。舒文在奏报中说："十一月初六，抚臣杨魁面询奴才正月内曾否买有李业玉料之事，奴才当面将正月内购买玉料一块，现正在琢做告知。奴才伏查，苏州城内卖玉器虽多，但款式俱未能成规矩。是以，奴才历来均系自费购买玉料，自行仿照旧样，督匠成做。本年正月内，经玉匠头介绍，购买任公客栈李业玉料一块，重一百九十斤，折银八千二百两（朱批：此皆因汝等抬价赏买，以致奸商获利，朕若知此，早不收尔等玉器矣。可笑。然此非汝罪，罪在高朴之事。），当即令玉匠截绺去石性，依照材料大小，酌取得玉瓶、玉洗、陈设等共七件玉料，以及插屏料一对。因奴才六月间要进京陛见，以致延误，俱未做完。现将玉料连同式样一并进呈御览，应否照样成做之处，仰恳天恩，仍发给奴才成做完工，交造办处恭缴。再，扎下回残玉料大小八十块，计重四十七斤十三两，一并送京呈览。谨据实情缮折恭奏，伏乞圣主睿鉴训示。谨奏。"

乾隆的想法与舒文如出一辙，如果高朴不案发，舒文这是在主动创新工作思路，至多是玉价的上涨，与他大张旗鼓地承做御用玉器有关。

乾隆在舒文的折子上朱批："览"，表示这件事就这样过去吧。

◎ 七、两淮盐政伊龄阿

同舒文一样，两淮盐政伊龄阿也遭遇到私自购买玉石的举报。举报信送到乾隆手里，乾隆仍令江苏巡抚杨魁当面询问伊龄阿。

杨魁问："高朴的同伙徐舜如供称，他曾到阿克苏、叶尔羌地方贩运玉石。本年三月间，在扬州将玉料二块，计重二百二十斤，在王宝玉行凭焦麻子、闵东藩撮合，卖与淮关监督，得价银七千两，是否确实？"

伊龄阿回答："确有其事。"

杨魁知道伊龄阿是"内府世仆"，深得乾隆的信赖，绝非同于朝廷一般官员，加上有上一次舒文的前车之鉴，杨魁请伊龄阿自行向乾隆皇上奏报，自己就不便多问了。

乾隆四十三年（1778）十一月十二日，伊龄阿为购买玉石一事，奏报乾隆皇上："奴才今春在淮关时，找买需用玉玩，着家人闵东藩向扬州玉行寻觅。据禀，现成玉玩中，没有适用之件，惟王宝玉行内有玉料二块，重二百四十余斤，值价银一万零五百两，系该行作保，现有押帖为凭。奴才诚恐来历不明，再三诘询。因系牙行出帖作保，不复疑虑，遂于二月二十八日，着家人闵东藩照价认买，现在令玉匠成做，尚未完工。今据抚臣杨魁面述前因，虽与奴才所买玉料月份、银数、斤重俱未相符，但撮合之闵东藩系奴才家人，玉料属徐舜如之物无疑。奴才闻信之下，不胜惶悚。奴才系受恩深重之人，即有需用玉料，自当详查来历，方可承买。乃因牙行作保，率行买用，实属冒昧（朱批：此系常有之事，何必引罪。）。奴才谨将原买玉料及现在成做未完如意六柄、腰圆洗一件、虎彝一件、桃料一件，一并上缴，并情愿照原价银一万零五百两充公，以为冒昧者戒。伏乞圣主睿鉴。谨奏。"

乾隆不认为伊龄阿购买玉料是罪过。不过，现在是高朴玉石案的风口浪尖上，有人举报，你伊龄阿也愿意任打任罚，作为在高朴案中奉行"严打"的乾隆，也不好多说什么。

乾隆在伊龄阿的奏报中朱批："览"，表示认同伊龄阿在奏报中的陈述和罚银。

◎八、署两江总督、江南河道萨载

萨载的职务是署两江总督，淮安关在其管辖范围内。淮安关监督寅著搜去李福船上护牌后，萨载没有及时过问并验看，引来乾隆强烈不满。

乾隆四十三年（1778）十月十六日，乾隆在发内阁的上谕中，点名批评了署两江总督、江南河道萨载。

乾隆在上谕中说："萨载尚属晓事之人，既经李福供明寅著收去伊护牌之事，即应向寅著取讨，据以人告。乃竟匿不上闻，只顾袒护同官，不复知有国法，初不料萨载竟至如此。着传谕萨载，自行议罪具奏。"

针对乾隆的申饬和通报批评，一直认为自己与高朴玉石案无太大干系的萨载，此时也有点坐不住了。

十月二十一日，萨载向乾隆递交了自请交银赎罪折。萨载在奏折中说："前于淮关拿获李福，押至清江审讯。据其称，督臣高晋给有护牌一张，已被寅著搜去。奴才旋与寅著共同阅看，内写'过关照例纳税'字样。查，各处办送贡物进京，给以护牌，令其过关纳税。虽系外间常有之事，但既系高晋所给护牌，自应一并具奏。而奴才前折未曾声叙，亦未将护牌呈缴，实属昏聩糊涂。今蒙圣明训饬，如梦方觉，自恨自愧，追悔莫及，即将奴才革职治罪，亦咎由自取。乃蒙圣主洪慈不即加以严谴。今奴才自行议罪，天恩逾格，感激涕零，容奴才缴银二万两，稍赎罪愆。本年先交一万两，明年再交一万两，均解内务府查收，以充公用。伏乞皇上恩鉴，奴才不胜悚惕待命之至。谨奏。”

随后，萨载在自行检讨的基础上，开始追究负有失职、失察责任的属员，而且下手狠、出手重。他要以此取得皇上对他的谅解。

萨载在随后给乾隆的奏请中说：“臣于江宁事毕至扬关，提审该关值日书办家人郑启福等，逐加严讯。臣查，设关原以稽税，今李福等张挂高朴官衔旗号，连樯北上，不即查拿，并将应纳税货物，任其讨关通过。常镇道孙恬、于李福等九月十七日过关，虽先在清江办事，但其不能督率在关人员严密稽查，以致纰漏，殊属有负职守。查，货物漏税，例应罚半充公。今该犯船内钱财业已查抄，无从追罚，相应请旨将常镇道孙恬革职，在该道名下罚银一万两，勒限一年完缴，以为委管查办关税不实者戒。至该关书办郑启福、殷元舒家人胡元和刘玉，不将李福等船内箱匣逐细查验，至被漏税，未免轻纵，应将郑启福等，于关口各枷号三个月，示众满月后重责四十大板，分别革役，递籍安插。伏乞皇上睿鉴训示。谨奏。”

在高朴玉石案中，严厉查处失职、失察的官员，正是乾隆的本意，否则，高朴怎么会在案发十天内，就被正法。萨载惩罚失职官员的奏请，照以往惯例虽然重了很多，但它涉及高朴玉石案，这样的处置正合乾隆的意，不会遭到反对。

乾隆在萨载的奏请中朱批：“知道了。”

◎ 九、淮安关监督寅著

寅著虽然收缴了高朴的护牌，但没及时呈送皇上御览，被乾隆斥之为“匿不上闻，袒护同官”。

乾隆四十三年（1778）十月二十一日，寅著给乾隆上了一道徇私罚银赎罪折。寅著在折子中说：“当日拿获李福船只时，搜见护牌一张，奴才曾与署督臣萨载共同阅看，愚昧之见，以为此护牌有‘关津持验放行’字样，便视为外省常有，因此，交随同审办之淮安府知府荆如棠存案。但高朴偷盗官玉业已败露，非寻常可比，奴才竟未随折呈奏，实属昏聩糊涂（朱批：不过仍欲回护耳！）。今奉谕旨训饬，如梦方醒，罪无可逭。仰蒙皇上格外施恩，谨令自行议罪，感激百叩，涕泪交零，惟有恳请天恩，俯准罚缴银二万两，交造办处充公。于年内缴银一万两，余银一万两，容俟明春缴清，以冀稍赎罪愆于万一。所有高晋护牌，已向淮安府荆如棠取回，封呈御览。理合遵旨恭折，由驿覆奏，伏乞皇上睿鉴。谨奏。”

乾隆原谅了寅著，也同意寅著缴银赎罪。但为发泄心中的不满，乾隆还是在寅著的折子上批了几个字：“实在可恶，下贱之包衣奴才！”

◎十、江宁织造基厚

受高朴的委托，李福等曾去江宁织造基厚衙门请安。乾隆认为，基厚错在“不加询问，毫无盘诘”，应当斥责。

乾隆四十三年（1778）十月二十三日，乾隆令内务府大臣福崧、和珅传谕基厚。

乾隆在谕旨中写道：“今年三月，李福路过江宁，到总督衙门送信物、请安后，又到织造基厚衙门去请安。李福既至基厚衙门面见请安，言明赴苏州办贡，基厚何以不加询问？况伊等所过浦口，岂非基厚龙江关所管之地，何以毫无盘诘，任其坦行无阻，已大不是。高朴事已败露，基厚尚始终掩饰，不急自行举首，实属徇私负恩，获咎甚重。着令其即速明白回奏。将此由六百里传谕知之。”

十月二十八日，基厚奏请赎罪。基厚说：“高朴差家人李福贩卖玉石南来，奴才任其坦行无阻，毫无盘诘。李福至奴才衙门，适值奴才出署遇见，李福近前请安。面询，李福称高朴差伊赴苏州办买贡器、绸缎，带有高朴寄给奴才书信，并黑羊皮、回布。奴才将书信接收，其羊皮、回布即嘱令交与门上。奴才回署，李福赴奴才叔父高晋衙门，即往苏州去了。伏思，奴才于李福投书之时，既未逐细查出贩卖玉石之事，又不自行举首。奴才愚昧糊涂，实属深负圣恩，惟仰恳皇上天恩，将奴才交部严加治罪，以为掩饰者戒。为此，据实明白回奏。伏乞皇上睿鉴。谨奏。”

基厚的检讨，言词并不夸张，也没提及罚缴银两，乾隆却通过了。毕竟高朴家族的人均被处置了，且基厚在此案中，所担当的角色和承担的责任，也并不算重大。

乾隆在基厚的折子上朱批："此次姑宽汝。"十月初六，基厚被乾隆从宽降二级留任。

◎ 十一、安徽巡抚闵鹗元

高朴家人李福等赴苏州贩卖玉石，也过境安徽的州县，安徽巡抚闵鹗元难辞其咎，乾隆谕令其"查明参奏"。

乾隆四十三年（1778）十一月初十，安徽巡抚闵鹗元奏报乾隆皇上。奏报中称："兹据布政使农起、按察使秦雄飞详称，李福等私带玉石，应由安徽省凤阳府所属之宿州入境，经灵璧县至凤阳县之临淮关出境。所有经过地，不能盘查职名系：宿州知州金明源、灵璧县知县徐德怀、凤阳县丁忧知县于万培、定远县知县西登额、滁州知州李秉义、涂县知县冀迈建、平县知县杜明德、广德州知州石应璋；不行查察之道府职名系：凤阳府知府兼护庐凤道福保、太平府知府沈业富、宁国府知府恒豫。以上应请开参，听候部议。至失察两司职名系：布政使农起、按察使秦雄飞，请旨交部分别议处。至臣，自任封疆，乃于奸徒私带玉石经过地方，不能督察稽查，实非寻常失察可比，相应请旨，将臣交部一并严加议处，以为疏玩者戒。伏乞皇上睿鉴。谨奏。"

闵鹗元是官场上的明白人，他没有做任何无谓的辩解，在乾隆对他自己问责之前，他已经拟定了对手下失职失察官员的处理意见，并一并上报乾隆皇上，取得了乾隆的信赖和谅解。

十月初六，乾隆发布谕旨："闵鹗元着从宽，免其革任，仍注册。"

十二、浙江巡抚王亶望

李福、张銮携带玉石，进入苏州的最后一站是浙江的泗安。时任浙江巡抚王亶望，也受到了乾隆"查明参奏"的追究。

乾隆四十三年（1778）十一月十三日，浙江巡抚王亶望奏报："臣查泗安地方，系湖州府所属长兴县所辖，设有巡检一员。由泗安至苏州，有水路二处：一由官塘，一由太湖。其经由何道行走，必须确切查明。据张銮家属刘庆供称，实由泗安、长兴、太湖而至苏州。臣又遴委干员，前赴该处逐细查勘。由泗安至虹星桥，计程七十里；由虹兴桥至夹浦，计程六十里，均系长兴县地界，并无关隘。由夹浦出口入太湖，便可直抵苏州。现将所有浙江境内，不能查察之泗安巡检吴超、长兴县县丞萧学儒、长兴县知县耿学模、前任湖州府知府杨成龙、杭嘉湖道孔毓文、按察使国栋、前任布政使孙含中，相应查明参奏，请旨交部分别议处。至臣亶望，身任封疆，于此等新疆违禁之物，不能督率属员实力盘诘，咎实难辞，仰恳皇上敕部严加议处，以为玩视地方者儆。臣谨奏。”

在李福贩卖玉石过境的省份中，浙江只沾了一点边。乾隆也知道，如果过重惩治王亶望，也难寻强有力的说辞。乾隆在王的折子上朱批:“该部议奏。”

王亶望的奏报递上去后，自己的顾虑反而多了起来。他听说有此过节的同僚，一般都以交纳罚银了事。于是立即在递交奏报的当日，追加了一道赎罪折。

王亶望在折子中说:“张銮、李福携带玉石过境，臣不能率属员实力盘诘，现在另折陈请议处。臣蒙皇上天恩，由知县拔至巡抚，生成教养，服官二十余年。乃奸臣携带玉石于境内行走，毫无觉察，扪心自问，愧悚交集，无地自容，即严加议处，亦不足以赎臣之罪。今愿认缴银二万两，分作两年解交内务府充公，稍赎臣愆，俯准恩赐赏收，臣不胜激切惶悚之至。谨奏。”

王亶望的责任，应与闵鹗元一样，同为“过境失察”，且只是一般性过境责任,高朴家人并未在泗安久留和售卖玉器。王亶望只是担心不主动缴纳罚银，会招致乾隆皇上更加严厉的惩处。

乾隆在高朴案中处置的官员太多了，此时也没有过多地考虑王亶望缴纳的罚银是否合理。王亶望署理的浙江，虽然在李福过境中只是“擦边而过”，但也是过境失察。既然王亶望同意交纳罚银，乾隆也没有阻拦的道理。

乾隆在王亶望的折子上朱批“览”，表示认可。

◎十三、原任织造、盐政西宁

清代官场问责，有牵连的，必问责无疑；无牵连的，但有父子关系的，也必问其教子无方、有损朝廷形象之责。

只因李福前去请安，基厚受到了问责。又因基厚是西宁之子，曾任织造和盐政的西宁，也受到了乾隆皇上的问责。

乾隆四十三年（1778）十月二十五日，乾隆谕令基厚，对李福的请安“毫无盘诘，徇私负恩，明白回奏”后，再发上谕，对追究西宁的责任，进行了说明。

乾隆在上谕中说："西宁虽系高朴堂伯，但相隔甚远，朕不肯因其侄而累及。高晋给予护牌之事，已令高晋自行议罪。然西宁系高晋亲兄，朕亦不肯因而相累。李福至基厚署中请安，基厚毫无盘诘，当时既不奏闻，事后又不举首，实属徇私负恩。基厚系西宁之子，西宁岂得诿为不知，其将何辞以对？着将张銮、李福口供，抄寄西宁阅看，令其明白回奏。"

十月二十六日，西宁给乾隆写了一道议罪折。西宁在折子中说："奴才之侄高朴，在叶尔羌贪婪无忌，私采玉石运赴苏州售卖，罔顾法纪，实为从来所未闻未见之事。今蒙圣训指示，奴才详阅抄寄张銮、李福口供，始知奴才之子基厚于本年三月间，在江宁织造任内，李福亦曾到署投书。窃念基厚仰荷皇上格外天恩，补授织造，自应事事留心体察，小心秉公。今高朴如此贪婪不法，李福至基厚署中，基厚毫无盘诘，错谬如此，实堪痛恨，惟有仰恳皇上天恩，将基厚交部严加治罪，以为徇私负恩者戒。高朴系奴才堂侄，奴才亲弟高晋又有给予护牌之事，皇上即将奴才治罪，亦属罪有应得。况基厚系奴才之子，又何敢以不知自诿。仰恳皇上天恩，将奴才交部严加议处，以示惩戒。伏乞皇上恩鉴，奴才不胜战栗恐惧之至。谨奏。"

乾隆对西宁的自行议罪，甚不满意。交部议处，不过革职留任，西宁现已无官一身轻了，交部议处还能议处出个什么结果来。乾隆本意是要罚款，罚款对于已经退休的官员来说，要比降级触动大得多。

乾隆在西宁的折子上朱批："此事岂交部议处完事？汝自议来。"

西宁是官场上的明白人，清楚自己的责任大小和乾隆皇上的真正用意。

十一月初一，西宁接到乾隆的上谕后，再次陈奏："奴才一家，父子弟兄叔侄，世受殊恩，理应互相诫勉。今奴才之侄高朴，贪婪狼藉至此；奴才之弟高晋，又复办理错谬；乃更有奴才之子基厚，当李福路过江宁投递书信，既未盘究于前，又未举首于后，奴才父子之间，毫无觉察，清夜自思，昏聩实甚。仰蒙圣慈，谕令奴才自议，皆出圣主格外天恩。奴才感激涕零，情愿罚银一万五千两，稍赎前愆。仰恳皇上格外鸿慈，奴才于年内先交银五千两，解赴内务府充公。其余一万两，讨限三年，自明年起分年完交。伏乞皇上恩鉴，奴才不胜惶悚之至。谨奏。"

西宁毕竟是退休人员，薪酬不多，能出一万五千两罚银，已属尽力而为了。

乾隆认可了西宁罚银数量，朱批："览。"

◎ 十四、驿站官员

在案件审理过程中，高朴除私采私贩玉石罪外，其家人还供称，高朴前往叶尔羌任职路上，曾指使家人向沿途驿站索要银两。

乾隆四十三年（1778）十月二十三日，乾隆发布上谕，严厉训斥直隶总督周元理、山西巡抚巴延三、陕西巡抚毕沅、陕甘总督勒尔谨等涉及管辖驿站的朝廷大员，对他们隐忍不参奏，表示不满。

乾隆在上谕中说："据高朴家人常永供称，伊跟随高朴前往叶尔羌时，向沿途驿站索要银两，少者四两六两，多至五六十两。直隶境内少些，到了山西一带，渐渐多了起来。从前，各省驿站遇有钦差大臣官员过境，往往预备公馆，随同小吏也备办供应，任意开销。而大臣官员之家人，前站亦每有索要骚扰之事，曾屡降谕旨严加饬禁。乃高朴奉差前往叶尔羌，沿途经过各驿站，纵容家人索取骚扰，该督抚岂竟毫无闻见，何以不行参奏？况高朴曾在保定喝令鞭打办差家人，周元理安得诿为不知？乃竟隐忍不言。伊等不过因高朴系兵部侍郎，出差驿站事务亦其专管，故而畏惧逢迎，甘心徇隐。假设钦差大臣势位更有大于此者，沿途地方官员又将如何应酬乎？此事于吏治甚有关系。着传谕周元理、巴延三、毕沅、勒尔谨，将因何不行查察、参奏之故，明白回奏。将此由五百里谕令知之。"

十月二十七日，针对"高朴曾在保定喝令鞭打办差家人"一事，直隶总督周元理先行回奏："据深州知州郑制锦回称，乾隆四十一年（1776）十二月间，高朴过境住宿西关。历来官员过往，总在公祠内安歇，并未另设公馆。据高朴家人李玉说：'高大人吃饭时，想要好清酱，我因进城买不及，用红糖调盐水送去。高大人以为我搪塞，拿马鞭把我打了一顿。那时是冬天，衣服穿得厚，并未受伤。'臣查，郑制锦经管驿站，高朴家人被打，即应据实禀报，乃竟隐忍不言，咎无可逭。臣身为封疆，事无大小，俱应细加体访。乃高朴过境滋事，近在省城，臣竟毫无觉察，实属昏聩，无可辞咎。惟有仰恳皇上天恩，将臣及深州知州郑制锦一并交部议处，以仰我皇上整饬吏治之至意。伏乞皇上睿鉴。谨奏。"

对周元理的自行议罪，乾隆不太满意，直隶臬司专责驿站事宜，为何没有处理意见？乾隆在周元理的折子上朱批："该部严察谨奏。"

十月三十日，陕甘总督勒尔谨、陕西巡抚毕沅回奏乾隆的上谕，共同递交了一道整顿沿途驿站折。

二人在折子中称：“陕甘地方，幅员辽阔，差使往还络绎不绝，驿站应严定章程、认真查办。驿站易滋弊窦，奉差大臣官员若不能约束家人，势必借端需索，并由与管号、长随私相勾结，以为浮开使费之地。臣等现在钦遵谕旨，详议熟商，必须将各驿站大加整顿，以求诸弊尽绝，永远遵行之良法。所有一切应行改革事宜，容臣勒尔谨、毕沅悉心定议，并与直隶督臣周元理、山西巡抚巴延三互相札商，彼此关会，以便严饬各站，一律遵行。臣等此次仰蒙训饬，务必详筹妥办，断不敢稍有徇隐。伏乞皇上睿鉴。谨奏。”

十一月初一，乾隆对直隶臬司隐忍不报高朴家人需索，直接提出处理意见。

乾隆在上谕中说：“各省驿站遇有钦差大臣官员过境，向每预备公馆，承办供应，屡降谕旨，严加饬禁。地方大吏如果遵旨查饬，力除积弊，遇有需索骚扰之事，即行参奏，钦差过境自皆不敢妄行。直隶为各省首途，直隶如此，他省自效尤滋甚。需索骚扰之弊，皆由直隶而起，已无可辞咎。今高朴纵容家人需索骚扰，即在达尔吉善任内，直隶臬司专营驿站事务，乃容各州县违例支应，达尔吉善所司何事？至高朴责打家人一事，达尔吉善近在省城，岂得诿为漫无闻见？乃竟匿不具奏，其获戾尤重。达尔吉善着交部严加议处。”

十一月初六，乾隆对勒尔谨、毕沅甘愿自行承担高朴家人需索的责任，不行参奏陕甘沿途地方官员的责任，发布上谕。

乾隆说：“高朴家人沿途勒索，其经过各州县如何迎合应付，原可逐程查核，无难追出实情，秉公参奏。现在，周元理已将直隶逐一参查，交部严加议处。直隶既能如此办理，陕甘何独不能？乃勒尔谨、毕沅仅自请交部议处，重不过革职，朕亦必加留任，该督抚故意独立承担，而于属员意存袒护，此岂封疆大臣秉公整饬之道？勒尔谨、毕沅着传旨严行申饬，将高朴沿途经过各地方官逐站详查，据实参奏，毋得稍有徇纵。”

吏部依据乾隆的几次谕旨，拟将高朴家人索取银两的各驿站官员，降职调任。乾隆认为，此为历史遗留问题，现在一并严加处置，对现任驿站官员未免有失公允。

乾隆四十四年（1779）二月初六，内阁奉乾隆上谕：“吏部议山西、陕西、甘肃三省，滥给高朴家人银两之驿站各员降调，现加恩从宽留任。驿站官员滥给银两，予以实降，固属应得之罪。但此三省员数过多，特从宽典。所降之级，从宽留任。如已出缺离任者，仍着发往该省，交该督遇有相当之缺补用。”

臣子犯罪，君王无责，这是两千多年中国封建社会的官场文化现象。它反映了一定历史局限性的官场文明，但这是堕落的官场文明。堕落的文明，似乎更具有生命力、更被人们所接受、更容易传承有序。几千年来的传承和磨砺，已经使中华封建社会的官场文化被深深地固化，使之成为不可轻易改变和动摇的定式规程。因为它与君臣利益息息相关、千丝万缕，若想改变这种体制，不仅有损自身利益，也会动摇当权者的政治基础和统治根基。

文明可以堕落，但不可以后退。堕落的文明可以用外科手术式的方式予以根治或铲除，而后退的文明，将会把人们带入疯狂的年代和愚昧无知的社会。

新疆善后

乾隆四十三年（1778）十一月初三，为从源头上杜绝私采玉石，乾隆谕令永远封禁密尔岱山。对叶尔羌当地回民和驻防官兵手中已有的玉石，乾隆谕令以物交换，不得私自买卖。

乾隆在谕令中强调说：“嗣后，凡采玉回民，量其玉石多少、美恶，或腾格或绸缎布匹，量为给赏，伊等转得实济。该处存贮钱文绸布等物，均属宽裕，尽堪赏用。至官兵，更不必赏买。叶尔羌之兵，与喀什噶尔、阿克苏相同，各处既无此赏赉，何独叶尔羌兵丁予以优恤，亦非平允之道。”

对于密尔岱山，乾隆下令永远封禁。乾隆在谕令中说：“密尔岱山宜永远封禁。回民赴山偷采，惟卡伦兵丁严行稽查，一经盘获，即将人赃一并解送该管大臣处，严行究治。如果能实力巡查盘诘，私玉自不能偷越其卡伦，兵丁回役亦视其所获之玉多寡、美恶，量为赏赉，官兵回役当益知感奋于事，更属有益。至和阗之玉，似亦可停止二年开采更为妥协，或恐回民私赴河内捞采，虽禁止亦属有名无实，则不妨仍旧着永贵悉心筹划，奏闻办理。”

阿克苏是新疆玉石交易中心，玉石买卖兴隆，乾隆对此也不放心，决定派员加强管理。

乾隆在谕令中说："俱悉，阿克苏玉石买卖，或与回民交手，或内地商人在彼开铺收买。其地为回城售卖玉石之地，且满兵一城，回民一城，中间相隔，即买卖街。玉石皆聚于此，其地甚属紧要。该处仅系乌什大臣派游击等官一员在彼办事，未为妥协。着永贵悉心酌量，阿克苏应特派内地大臣一员驻扎稽查，方为有益。永贵即速奏闻，候朕酌量派往。"

高朴私采密尔岱山玉石，动用了当地回众三千多人，有些回民头领借机勒索、压迫采玉回民，并伙同玉石商贩赴内地售卖玉石，从中获利。

为安抚当地回众，避免因高朴私采玉石案的发生而在当地引发事端，进一步重申朝廷打击贪官污吏、惩治贪污腐败的决心和信心，乾隆决定向新疆当地回众及少数民族官员，讲明朝廷的政策和立场。

乾隆四十三年（1778）十一月初六，乾隆令内阁发布上谕："从前各城回众于厄鲁特时，受其种种苦累，复被霍集占兄弟任意扰害，回民等甚属难堪。朕因怜悯西域群生，特移平定准噶尔之兵前往平定'回部'，安抚地方，于各城分驻官兵，并派钦差大员经理其事，以致回民等得以生存，各安本业。后素诚在乌什不知爱养回民，且与阿奇木伯克阿布都拉任意滋扰，于私事辄行派累差使，以使回民怨愤激变，复经派兵平定。迄今二十年来，各处办事大臣均知守法，抚辑地方，颇属宁谧。不意高朴又与鄂对、阿布都、舒库尔等，朋比为奸，恣意勒索，希图渔利，私行派拨三千余人往密尔岱山采取玉石，伙同奸商潜赴内地售卖。而鄂对、阿布都、舒库尔等亦冀携带伊等私玉，遂告知高朴复凑二百余人，致使回民力不能支，各怀怨恨，实非意料之所及，殊堪骇异。幸色提巴尔第感激朕恩，念地方紧要，据实呈告，永贵即秉公参奏，其事始得败露，彻底查办，以肃法纪而辑回民。若再迟一二年不办，安知又有如乌什从前之事耶？今已将高朴并阿布都、舒库尔等审讯明确，于彼处正法。并将协同办事之淑宝、派往密尔岱山采玉之达三泰和乌什参赞大臣绰克托等，亦俱拿交刑部治罪。其与高朴代赴苏州贩卖玉石之商人张銮、张军芮，及家人李福、常永、沈太，解京严讯，从重办理，以昭炯戒。"

乾隆的上谕，对当地回众和地方官员起到了一定的"稳定军心"的作用。同时，乾隆为了进一步巩固维稳成果，决定正式公开嘉奖举报人色提巴尔第和案件审理人永贵。

乾隆四十三年（1778）十二月月二十二日，乾隆令内阁发布上谕："因色提巴尔第据实控告，赏给贝子职衔；永贵秉公参奏，仍擢用尚书。"

同时，为了安抚三千多上密尔岱山采玉的回民，乾隆谕令："念回民等屡被扰累，甚为可悯。将高朴所有派累之腾格普尔（新疆地方钱币），均令其于宫项内动支，照数拨还。其派出采玉之回民三千余人，所有明岁应缴钱粮，概行免除。钦此。"

为表示将密尔岱山永久封闭的决心，乾隆特降谕旨："将密尔岱山采玉石之例，永行禁止，交色提巴尔第管理，以绝滋扰。"

最后，乾隆对朝廷驻扎各回城办事大臣、官员、伯克，进行了训诫。

乾隆说："朕办理庶务，一秉大公，惟视其人之自取，从不肯稍存成见。驻扎各回城办事大臣、官员、伯克等，果能仰体朕爱养回众之至意，善为抚驭，于伊等应行输纳官赋之外，毫不多为派累，俾新疆回众永享升平，方不失满洲体面，副朕恩眷。倘有肆行扰累，不知体恤抚育，恣意勒索，致使回民心存怨恨，酿生事端，朕必重治其罪，断不稍为宽宥，高朴即其榜样也！近复谕令军机大臣，将各城伯克每日上衙门及大臣接见伯克礼节，另行酌议，以后自不至复有往来交结之事。如果将来众伯克内仍有鄂对及阿布都、舒库尔之营私作弊者，该管大臣能据实参奏，除讯明将该伯克从重治罪外，必将持正大臣加以赏赉；若大臣中有如高朴之贪黩狼藉者，伯克等有能如色提巴尔第据实告发，一经审实，亦必将伯克照色提巴尔第之格外施恩。"

从严管制玉石市场

继续打击贩卖玉石

高朴私采玉石案件，对乾隆的打击很大，不仅自己的宠臣被正法，大批官员和玉商也被处置。同时，朝廷内外要求开放玉石市场的呼声更加高涨。

乾隆没有反思自己在玉石政策上的得与失、功与过，他内心深处固守着一代天子唯我独尊、一言九鼎的行为防线。在办事、做事、处事上，他不会过于迁就民意和民声，也不会频频附和臣僚和属下。即便一件看似常理、常规或是人之常情的事情，他也会始终不渝地按照自己的思维定式去坚持。社会的前进与进步，体制的改革与创新，文化的发展与繁荣，往往因此而停滞或大打折扣。

乾隆继续坚持从严的玉石政策，乾隆初年稍为宽松的玉石买卖政策，在高朴案后也一律废止。朝廷遵照乾隆的旨意，继续依照大清律例，“私贩新疆玉石者，比照窃盗计赃科罪，枉法赃三十两，杖八十、徒二年……”，从严、从重、从快处置私贩玉石人员。

但即使乾隆继续从严的玉石管制，大清律例也亮剑高悬，但由于玉石有很高的经济价值和巨大的诱惑力，很多人宁愿冒坐牢杀头的危险，也要继续偷偷地进行玉石采挖和买卖。高朴玉石案发后至乾隆末年，这种态势有增无减，私贩玉石的事件仍不断发生，致使苏州、扬州等地的玉器买卖，继续呈现出一片繁荣的景象。

从下面一起乾隆末年发生的私贩玉石案件中可以看出，玉石民间的买卖，在当时还是被严格禁止的。玉石的虚浮价值在朝廷的一再打压下，虽有很大的下滑，但仍具有一定的经济诱惑力。商民为谋生，仍愿意冒险从事玉石买卖。乾隆虽已年届八旬，但惩治贩卖玉石的决心，依然坚定不移，一如既往。

乾隆五十三年（1798）八月间，甘肃武威县从事毛毛匠营生的回民海生莲，因本行生意在当地经营惨淡，“出口至叶尔羌地方寻觅生意”。

乾隆五十四年（1799）正月，海生莲在新疆八杂尔市内像以往一样在寻觅生意，忽见一回民手中拿着几块玉石在找买主。海生莲知道玉石是朝廷禁止民间买卖的物品，但他也知道玉石在内地南方具有很高的经济价值。最终，还是利益战胜了恐惧心理。他“用茶叶一封、海龙帽檐一副，向不知姓名的回民换得渣子玉石六块，共重二十六斤”。并将玉石小心地埋藏在住所的床底下。

两个月后，海生莲见没有什么风吹草动，于是将玉石从埋藏的寓所内起出，并用当地普尔钱四百文，雇人将玉石带往阿克苏。此时，海生莲已先期到达阿克苏，接手玉石后，将玉石埋藏在河边。

五月初八，海生莲遇见从喀什噶尔做生意归来的老相识——车夫马成保，海生莲“许给脚价三十两银，令马成保将玉石带至肃州”。此事正巧被马成保的同行马开功窥见。为避免马开功妒忌举报，海生莲“许给银五两，嘱弗声张，言定到肃州付银”。

于是，马成保、马开功二人将两块方木挖空，将玉石装入，绑在车辕下，于五月十三日从阿克苏动身赴肃州。可没走多远，当马车行至扎不卡伦时，即被驻卡官兵搜获。

经报请喀喇沙尔办事大臣明兴批准，驻卡官兵将海生莲、马成保、马开功三犯押往内地审办。因偷贩玉石系朝廷重案，为表示当地官员对此案的高度重视，陕甘总督兼甘肃巡抚勒尔谨亲自审理此案。

案件很快审理完结。勒尔谨在给乾隆的结案报告中称：“此案海生莲系内地回民，胆敢出口私贩玉石，辗转埋藏，雇人偷运。马成保也系内地车户，明知海生莲私买玉石，辄敢图得银两，代为设法夹带，情节均属刁滑。所换玉价仅值四两六钱，该犯即口许脚价银三十两，以枉法赃，拟以杖徒。虽已加重办理，但该犯等贪狡性成，徒满仍回原籍，殊难保其不再行出口私贩，自未便仍留本省，致令滋事。海生莲、马成保均应从重杖一百、流三千里，以示惩戒。同行车户马开功，因海生莲许银五两嘱弗声张，即行允从，虽其赃未入手，但知情隐匿，应照律，于海生莲等流罪上减一等，杖一百、徒三年。海生莲口许银两均免。着追搜获玉石，应听阿克苏遇便解京。”

乾隆五十四年（1789）九月初十，乾隆在勒尔谨的奏报上朱批：“依议。”

乾隆对玉石的偏爱和情有独钟，使其对新疆当地民人偷采偷贩玉石，一直深恶痛绝，直到临退位前，这种态度始终没有改变。

乾隆五十九年（1794）七月，乌鲁木齐都统尚安被乾隆亲下谕旨，更改姓名为宜绵，调任陕甘总督。

乾隆六十年（1795）七月，宜绵在其管辖的嘉峪关关卡，查获新疆当地民人王宜修等九人，在玛纳斯偷采碧玉二百六十八斤的犯罪事实。

新疆玛纳斯山盛产碧玉，朝廷贡玉中的绝大多数碧玉，都产自这个山区。由于质地温润、纯净的上等碧玉不仅数量少，其价值也接近白玉，所以乾隆对该山碧玉的开采颇为关注，曾一度禁止开采。

乾隆在得知有人私自偷采贩卖玛纳斯山碧玉后，大为不悦。虽然已到退位之年，乾隆还是给内阁下了一道谕旨。

乾隆在谕旨中说：“玛纳斯山内所出碧玉，早经严禁。今复拿获九人，想来内地白玉、碧玉皆系由新疆偷采者，不然从何得来。着交经过地方各大臣等，严饬隘口驿站，不时留心搜查，毋得稍有疏漏。”

变价宫廷过剩玉器

乾隆五十年（1785）以后，由于宫廷存贮的玉器越来越多，同时为了有效打击抬高玉价、利用玉石获取暴利，乾隆决定大规模变卖宫廷过剩的玉器。

乾隆朝，宫廷变卖玉器有一个逐渐发展和演变的过程。最初是变卖那些残破、质次的玉器，而且数量有限。到了乾隆中后期，玉器变卖的数量呈逐年递增的趋势。以致乾隆五十年（1785）十二月十一日，乾隆就一次谕令变价各种玉器一千六百多件。由此也折射出，乾隆朝后期，宫廷玉石存储和玉器的制作，产能过剩的一面。

乾隆朝，如遇有宫廷玉器变卖，均由乾隆下旨后，交由崇文门官员全权办理。

◎一、崇文门

崇文门，是明清两代外埠进入京城的一个税关，初设于明朝成化年间。那时的崇文门东面的通惠河与大运河相连，漕运成为当时京城与南方各省客、货运输的主要通道，来往商人市民很多，因而崇文门也就成了南方各省客商进入北京城的重要关口。

明朝天启年间，崇文门税关年收税银曾达近九万两，在当时列全国八大关口之首。由此可见，当时崇文门地区商业呈现出贸易繁忙、店铺林立、人流涌动的繁荣景象。

清初，崇文门税关只用满人，不用汉人，设正副监督各一人，由皇上亲自指派，主要负责“监督征收京城及地方盐引，后征商税”。

康熙朝，崇文门是顺天府下的一个衙门，初设未入流副使一员，后设大使、书吏各一名。后又归四川清吏司、贵州清吏司代管。康熙五年（1666）以后，曾一度“崇文门货物出门者免税，加派正蓝旗甲兵三十名”。

乾隆朝，崇文门设监督，任期一年，期满后由户部咨奏，乾隆亲派人员继任。

乾隆二十四年（1759）七月十六日，户部咨称，崇文门税差监督于本年七月十五日一年期满，其副监督员缺，应行内务府办理。乾隆谕旨：“着派英廉（时任户部郎中）去。”监督的随任笔帖式由内务府“除派”。

乾隆朝，崇文门是京师“国家经费”的一个重要来源。乾隆十八年(1753)，“崇文门税入十万二千零七十五两”，在全国是一个收税大户。这些收来的银两，也有相当一部分作为“劳务费”，赏赐给了内务府官员。

乾隆朝，官员犯案罚没的物件中，“应变价者，十两以上交崇文门监督变价”，然后将变价的银两交户部。不足十两的物件，由刑部和物件库存官员“公估变价后存刑部库内，积至万两，造册具题解户部”。

崇文门的税关收入，名义上解缴户部，实际上有相当数额交由乾隆自行处置。由此可见，宫廷淘汰的玉器交由崇文门税关变价，其目的也是充实皇室用度，缓解皇室成员们的日常开销。

乾隆十四年（1749）十二月初五，都虞司以《为向崇文门取银一万两赏给内务府武职官员事》上奏乾隆。内务府武职官员每年赏银一万两，是参照每年赏赐文职官员的做法，在雍正朝即已确定。到了乾隆二年（1737）以后，因乾隆御批“文职官员既经赏给双俸，不必赏给”后，此项银两就只赏给武职官员了，从此一直延续下来。

◎ 二、初试变价玉玩

乾隆二十一年（1756）六月初一，太监如意呈送乾隆汉砚一方、黑漆有屉春盛一件、红玛瑙镶嵌一块。乾隆指示内务府："着变价。"这是乾隆朝，宫廷变卖文玩器物的第一次官方记载。

乾隆朝，第一次较大规模变价宫廷御用物件，发生在乾隆二十四年（1759）。当时，宫廷存贮的本朝以及前朝遗留的物件越来越多，乾隆打算试着变卖一些。但此时还没有把玉器列入其中，主要是瓷器。

这一年的二月初四，乾隆指示太监胡世杰，令造办处到库中挑些瓷器等物，"着交崇文门变价"。

造办处郎中白世秀、员外郎金辉遵旨，从库中挑出各类瓷器，品种有：把盅、碗、盘子、碟子、酒圆、瓶、挂瓶、罐、筒子、把碗、盅子、壶、把盘、斗杯、花插、炉、缸、花浇、盒、水盛、笔抻、洗等，共计五百一十一件。此外，还有宜兴壶九件、宜兴盘四件、钧釉盘三件、金线四子、银线四子、金线一轴等。这也是清朝宫廷御用物件，第一次规模化流入民间。

前两次变卖宫廷御用物品中，均没有玉器，这说明玉器自古作为皇权和身份的象征，同时也是乾隆的最爱，不会轻易变卖到民间。但是，这种局面在乾隆二十五年（1760）以后，被逐渐改变了。

乾隆二十五年（1760）三月，造办处官员呈上启祥宫制作玉器剩下的玉"回残一小块零一点"，请示乾隆如何处理。乾隆令"交崇文门变价"。这是清宫第一次变卖玉石。

乾隆二十七年（1762）五月二十二日，乾隆指示内务府，将一柄拴双面回头穗、上缀两个孔雀石珠的青玉如意，"交崇文门变价"。这是乾隆变卖的第一件宫廷玉器，从此拉开了宫廷御用玉器流入民间的序幕。

起初，变价的玉器基本上是制作玉器剩下的回残剩料。后来逐渐发展为雕工一般、绺道较多、磕碰残破、器型较小的玉器。

乾隆二十七年（1762）九月二十五日，太监如意奉旨，交给造办处郎中白世秀一柄紫檀木嵌玉二块如意，上面的一块玉镶嵌破碎，乾隆令"着另配玉镶嵌一块，其玉向里边（造办处）要"。

九月二十九日，造办处找来一块白玉莲荷镶嵌，由太监如意转呈御览。乾隆对这块玉镶嵌较为满意，令“着在紫檀木如意头上嵌用，其换下破玉镶嵌，交崇文门变价”。

◎ 三、变价玉石、回残料

最初变价玉石回残剩料，只是很少一点回残残渣碎料。较大规模的变价回残玉料，发生在乾隆四十年（1775）十二月。

当时，乾隆令太监如意到造办处找来一块重达二百四十斤的青白玉，准备做一对玉象和一件玉瓶。玉料扎开后，乾隆改变了注意，决定将扎开的三块玉料，“着如意馆邹景德照宴上用盘、碗、盅、碟，料估足能做几件做几件”。

当邹景德一切准备就绪，正要开工时，乾隆又改变了注意，令太监胡世杰传旨：“将玉象一对、玉瓶一件，照样成做。钦此。”

这次玉象、玉瓶扎下回残“共重六十三斤八两”，除了挑出较大块玉料留做材料用外，仍有“不堪用玉大小三十六块，重三十六斤；不堪用碎小玉回残，重三斤八两”。所有这些玉回残都被造办处呈送乾隆御览，由乾隆定夺它们的去留。

乾隆仔细查看后觉得，“做材料用回残玉内，再将平常者挑些出，归并不堪用之玉回残，一并交崇文门变价”。

谕旨发出后，乾隆认为处理得还不够有力度，他知道，每年送交广储司银库内的回残玉料，应有几千斤。如此多的回残剩料，总存着也不是个办法，早晚要处理掉，不如尽早变价换成银两。

于是，乾隆再次下旨：“传与广储司，将现收玉内不堪用者，亦挑出呈览后，归入此玉一并交崇文门变价。”这是乾隆第一次颁旨变价处理广储司银库中的回残玉料，或末等玉石。

乾隆四十四年（1779）三月二十四日，造办处交出新疆新近送到山料玉大小一百四十四块，经过如意馆玉匠分别等次，挑出一百二十四块五等山料玉、重七百七十五斤九两。乾隆令造办处：“交崇文门变价。”

变价的玉石回残等，一定是“不堪留用”或质量较差的。好一点的，即使是山料玉，也不会随便变卖。一般情况是：颜色洁白山料玉，留如意馆收贮做活计用；玉质平常的山料玉，留造办处作为材料备用；颜色很差、碎小的山料玉或回残料，送崇文门变价。

乾隆五十一年（1786）四月十七日，造办处因玉质差“不堪留用”，一次交崇文门变价“颜色不堪碎小山料、回残玉三百十七块”。

有时，从准备变价的回残玉料中也能挑选出好的玉石，再用这些玉石承做器物，即变废为宝。

乾隆五十五年（1790）七月十一日，苏州织造五德从变价的回残玉料里挑出若干玉石，承做青白玉册页二份、青玉轴头四十个、青白玉别子一百二十个、青白玉扳指五十个，并将这批用回残玉料承做的器物送交乾隆御览。

乾隆御览后认为，用回残料制作的器物确实不错，与“正品”相比，毫不逊色。乾隆在褒奖了苏州织造五德后，令内务府传旨：“玉册页交懋勤殿，贴刻字文本呈览；扳指交大人赏用；玉轴头、玉别子着伊家人送京，将玉别子轴头交如意馆，有用处。钦此。”

◎四、变价玉器

乾隆四十五年（1780）以后，乾隆颁旨变价玉器的等次逐步提高，这和宫廷存贮玉器的数量逐年增加有关。

乾隆四十五年（1780）九月二十九日，由于京内外各处承做宴上用玉盘、碗、盅、碟逐步增多，乾隆令造办处挑一些变价。

造办处遵旨从茶膳房挑出玉碗十五件、玉盘五件、玉碟子二件。乾隆令太监鄂鲁里传旨：“着俱变价。钦此。”

乾隆四十六年（1781），乾隆下令变价玉如意，这是乾隆朝首次大规模变价玉如意。

四月二十五日，乾隆令从宫内、圆明园、香山等处，搜集不中意镶嵌如意三十三柄，令造办处交崇文门变价。其中：嵌玉三块紫檀木如意九柄、嵌玉三块紫檀木镶丝如意五柄、嵌玉三块紫檀木描金如意一柄、嵌玉三块紫檀木圆杆如意二柄、嵌玉一块紫檀木描金如意二柄、嵌玉一块竹丝如意九柄、嵌玉三块竹丝如意二柄、嵌玉二块如意竹丝如意三柄。

乾隆五十三年（1788）八月十三日，乾隆再次谕令造办处，交崇文门变价玉如意九柄。

乾隆视汉代玉璧为古董珍玩，年代准确、品质上乘、器型完好的玉璧，往往会令造办处用紫檀木精雕木座，做成插屏供摆设用，不会变价。如果不是汉代的玉璧，是本朝仿制的，即便是白玉质地，也有变价处理的可能。

乾隆四十九年（1784）七月二十六日，乾隆将一件仿汉代白玉双螭乳钉璧，令造办处“交崇文门变价”。

乾隆五十七年（1792）十一月二十日，太监鄂鲁里奉旨到造办处，交给员外郎大达色、库掌舒兴一件青玉爵盘，并传旨：“变价。钦此。”

十一月二十五日，太监鄂鲁里再到造办处，交给员外郎大达色一件仿汉玉诗意佩，该玉佩原藏于乾清宫百什件内，乾隆令“变价”。

◎五、最大规模变价

乾隆五十年（1785），宫廷造办处奉旨进行了一次乾隆朝最大规模的玉器变卖活动。变卖从年初开始，历时十二个月，共进行了二十四次，平均每个月两次，变卖了各类新旧玉器，共计一千九百六十八件。其中十二月十一日，造办处一次奉旨变卖了由乾隆亲自过目审核的各种玉器一千六百四十五件，创乾隆朝一次变卖玉器的最高纪录。

这次玉器变卖活动，乾隆非常重视，指示内务府会同圆明园各处、香山等地，做好变价玉器的收集、鉴定、整理、造册、登记等工作。同时，令内务府监督崇文门，做好玉器变卖后的银款收缴、登记、入库等工作。

这次变卖玉器的玉质有：白玉、青白玉、青玉、黄玉、碧玉等。主要器型有：杯、盘、盅、壶、鼻烟壶、瓶、樽、筒、磬、如意、扳指、牌、佩、璧、圭、玦、洗、笔搁、墨床、笔架、水盛、笔恬、笔托、笔管、镇纸、筷子、铲子、剪子、陈设、暖手、达摩、仙人、娃娃、马、鱼、蟾、鹅、蝉、螳螂、螃蟹、佛手、荔枝、花、瓜、图章、全带、带板、带钩、带头、花头、花扣、护口、穿带、提头、道冠、发簪、冠簪、炉顶、镶嵌、扇器、镜背、匙、锁、结子、小圆、腰结、圈、坯子、刀把、轴头、双环、四连环、剑扣、盖、手巾束、嵌玉壁灯，以及各式玉小玩器等，几乎涵盖了所有宫廷玉器品种。

此次变卖数量较多的玉器有：配有紫檀木架的白玉夔龙花纹磬、青玉夔蝠磬等各式玉磬三十八件，白玉莲花叶镶嵌紫檀木墨床、青白玉山水八方镶嵌紫檀木墨床等各式玉墨床三十四件，白玉筷子八双，碧玉筷子二十七双，白玉琴式牙签筒、青玉兰花筒等玉筒三十三件，青白玉双耳杯、青白玉单耳杯等各式玉杯二百三十四件等。

这些变卖的玉器，主要是来自皇家园林中的淳化轩、清漪园、静明园、九州清晏、秀山房、乐善园、寿康宫和香山等处撤换下来的玉器，以及内库旧存。其中，内库旧存数量最大，共计一千六百四十五件。

这一年同玉器一同变价的，还有玛瑙、象牙、牛角、玻璃、绿苗石、绿晶石、牛油石、绿猫石、白石、绿石、木变石、画石、西洋石、玛瑙器等六百七十九件，象牙器三十件等。

制玉册，绘人生

世界上除了中国以外，有许多国家产玉石，有的也拥有很悠久的历史，但都是断断续续、传播不广，最终没有在任何一个国家形成一种文化。世界上只有中国的玉石，绵延数千年，被古代封建王朝历朝历代帝王所宠爱，被黎民百姓所追宠。直至今日，人们仍把它作为一种贵重而高雅的装饰物，点缀生活中的方方面面。这不能不说，中华民族对玉石有着不同于世界其他国家所特有的感受和情结。它是中华文化的脊髓，支撑起照耀世界文明的文化脊梁，使中华文化更加充满活力和生动。

中国古代玉文化传承了数千年，而乾隆皇帝是唯一一位留下了大量有关玉文化文字记载的古代帝王。他使中国玉文化继往开来，他将中国古代玉文化推向了最高境界和辉煌，他在中国帝王玉器史乃至世界玉石发展史上，有着至高无上和不可撼动的地位。

据称，乾隆留下的与玉石、玉器有关的御制诗有八百多篇。这些诗词佳作大多赞美和阗玉之美，有的甚至对江苏玉作坊也有细致入微的描述，但它们是否都出自乾隆皇帝之手，还有待深入考证和研究。不过，有清一代，确实发生过多起篡改、虚构皇上御笔，或假传圣旨、无中生有的事件。收缴民间“御笔”，也是历朝皇上要做的一件大事。

康熙四十四年（1705），康熙皇帝曾给礼部发了一道上谕。上谕说：“前内阁中书博尔多来京陛见奏称，僧人弘素处有朕昔年赏赐《金刚经》一部，上有朕所制序文，今欲刊刻。朕细思，向来未曾有此事，因命博尔多将此经书取来阅看。昨日齐到，朕阅看时，文与字俱非朕笔，且将朕讳皆书写错误，甚不可解。闻弘素已经身故，其同寺僧人必有知其来由者，可即行文问明具奏。着不必严拿拘禁。”

康熙回忆，可能是自己曾与僧人闲谈过，被僧人记录下来，以为“御笔”。

康熙在上谕中继续写道：“前令各处呈缴御笔，伊等既将此序认为御笔，何以不行呈缴；若以为非御笔，何以不行详察，亦着问明。朕在藩邸时，因府第与栢林寺相近，闲暇之时，间与僧人谈论内典，并非以僧人为可信用也。况今临御天下，岂有密用僧人治天下之理。近日，直隶宣化府、江南苏州府等处，竟有僧人假称朕旨，在此招摇生事。惩治此等小人行为，皆于朕之声名大有关系，尔部不可不严行禁饬。若再有此等事，着该地方官访拿参奏，不得疏纵。一年来，各处呈缴御笔今限期已满，尚有未缴者。所缴之内亦有假笔混杂者，朕俱从宽不行深究。今又有《金刚经》序文之事，尔部可严行各省，以文到之日，再限一年，务令全缴。倘更隐漏，定行治罪。特谕。”

乾隆朝，刊刻出版皇帝朱批奏折曾盛行一时，但有相当一部分是根据皇上的旨意，用朱笔写的“批红”，而非皇上本人亲自书写。而且，字词和句子也有写错的地方。乾隆发现后，及时予以制止和纠正。

乾隆四十四年（1779）九月，乾隆发内阁上谕：“朕检阅查抄高朴家内书籍，见有已故大学士黄廷桂奏疏刻本，系恭载所奉皇考朱批及朕朱批之折，深为骇异。偶阅一篇，其所载皇考朱批，与颁行之朱批谕旨，多有未符。经军机大臣校核，则其所刊奉有皇考朱批者，计一百七十余折，较之朱批刊行者，几多至两倍，而字句亦多不符合。”

对于乾隆本人所发布的谕旨，乾隆自己也承认“尚有阁臣等之撰拟也”，可以刊刻出版的，“计不过十分之二三”。另外，乾隆很少创作虚无缥缈、赞美景物的诗句，作品多为“一己之见，教人为善，戒人为非”。乾隆分析，之所以出现虚假奏章，是因为黄廷桂系汉军世仆，有“汉人好名恶习”，故“借章奏虚词，以为美谈也”。

坊间流传的大量乾隆御制诗赋，除了有上述“假笔混杂者”，有相当一部分是出自江南学子之手。这些诗词由乾隆命题，学子创作，被乾隆选中的诗赋，该诗赋创作者就可进京做官。

从乾隆十六年（1751）首次南巡开始，乾隆利用南下江南的机会，采取呈献诗赋的方法，从江南才子中挑选可塑造人才，直接进京做官。

诗赋由乾隆亲自命题，“各省士庶、绅士、单寒苦志力学者，皆可报名进献诗赋”。

乾隆最初令大学士傅恒、协办大学士梁诗正、兵部侍郎汪由敦，会同该地督抚、学政，“详议具奏”。进献诗赋的学子，经学政初试后，令在省城候试，待乾隆驾临该地后，酌情请旨，派大臣监试。届时，“学政等恭请钦命试题，收卷呈览。并令各该督抚，饬备士子茶饭”。

参加进献诗赋的如果是进士或举人，并考取一等，则直接授为内阁中书，遇缺即补；如果是一般士子，同时考取一等，则特赐举人，授为内阁中书，学习行走，与考取候补人员，挨次补用；考取二等的进献诗赋者，则赏给缎二匹。

通过上述方式，确有不少怀才不遇的江南才子，得以进京在朝廷做官。如，翰林院侍讲学士梁同书（协办大学士梁诗正之子）、都察院御史沈咸熙、鸿胪寺卿衔御史冯浩、内阁中书贵州乡试副考官张培等，都进京当了官。但也有不少考取一等的进献诗赋者，虽有“遇缺即补”、“挨次补用”的说法，但还是因为职位限制，一辈子也没能做官。

这些由乾隆亲自命题、江南才子们创作、书写装帧考究的大量诗章辞赋，由此进入京城朝廷。以致其中不少被后人误认为是乾隆的御制诗赋。

乾隆五十三年（1788）三月，乾隆闲暇时，“偶加展阅”这些诗册，发现不少诗赋有“假手捉刀”的剽窃行为，而且受当时士风浮靡的影响，不务实际，“殊属可鄙”。

乾隆对自己诗词出版的数量、内容，有自己的规定要求。他在乾隆五十三年（1788）三月的朱谕笔记中写道：“朕临御以来，出诗词二、三、四集（亲王时代出诗词第一集，退位前拟出第五集），风行海宇。由于聚集日多，承学之士，妄意朕雅尚词华，遂不思务本力学，为立身行己根基，此则非朕崇实黜华之意也。且朕所作诗文，皆关政教，大而考镜得失，小而廑念民依，无不归于纪实。御制集俱在，试随手披阅，有吟弄风月浮华之词而于政治民生毫无关涉者乎？是朕所好者载道之文，非世俗徒尚虚车之文。若朕所制名集，俱不过词章能事，则朕早将御制四集诗文，概行废而不存矣。”

由此可见，乾隆一生正式出版并经乾隆本人认可的诗词，仅仅五集，且内容多关“政教民生”，而非“风月浮华”。

乾隆御制诗文除了正式出版了五集外，嘉庆朝以后还有补充诗集出版。但内容上是否可靠，或是否被后人改动过，无从知晓。

嘉庆八年（1803）正月，在军机处行走的大学士庆桂，给嘉庆上了一道《恳请刊刻御制诗初集颁示中外》的折子。嘉庆以当年皇考乾隆刊刻御制诗集作为依据，说："敬思皇考高宗纯皇帝，学集大成，奎章富有，每十二年为一集，编至五集，尚有余集，实古来诗人所未有。朕游艺篇章，曷敢上同圣制。意欲以八年为一集，今既据内廷臣工合词奏请颁刊，着照所请，交庆桂等将元年至八年御制诗编为初集，缮校刊刻。"

以上说明，当年乾隆在位六十年，只正式刊刻过五部诗集，数量极其有限。虽然有余下的诗未刊刻，但终究不是正式出版物，也未经乾隆本人审阅认可。

乾隆的《开惑论》《南巡记》《为君难》《十全记》《自强不息》等名篇大作，用乾隆本人的话说，"一字一句，皆出朕之心思，无一件假手于人"。创作的目的，是令天下臣民"咸知朕图治之念、诲人之诚，人人观此，感动奋发"。

乾隆将这些佳作制作成玉册，意寓大清江山万代，臣民永世尊藏。

西师成功，作《开惑论》

乾隆二十四年（1759）十月初四，定边将军兆惠、巴达克山素勒坦沙将军富德等，率领朝廷官兵，彻底击败准噶尔部。首领霍集占身受重伤不治身亡，其部落全部归诚大清。至此，"平定准噶尔全局，亦于此大定"，"办理'回部'，固告成功"。

十月初五，定边将军兆惠、巴达克山素勒坦沙将军富德等，押送霍集占首级及战俘前往京城。兵部侍郎观保奉旨在德胜门迎接，并率官兵由长安右门进入内城，再进天安右门至太庙街门外。战俘全部面向北跪，王公百官穿朝服站立午门前两侧，告祭仪式准备就绪。

一个小时后，乾隆来到午门城楼上，顿时鼓乐齐鸣。兵部侍郎观保"跪奏请旨"。乾隆令刑部侍郎谢溶生"跪领旨"，押解战俘出天安右门，并将霍集占首级悬挂在午门通往天安门的大道上。乾隆虽然对未能生擒霍集占略显不满，但还是称前线官兵"劳绩殊堪嘉悦"，并下令对兆惠、富德等官兵，"俱分别加恩"。

乾隆之所以如此隆重地庆贺平定准噶尔部，除了新疆整个"回部"彻底归顺外，还因为攻打准噶尔部，费时费力多年，都未能拿下。击败霍集占为首的准噶尔部，实属有点意外，这也是乾隆创作《开惑论》的主要原因。

乾隆在御制《开惑论》中说："夫人情有所弗概于怀者，则不能无惑。况西师之役，决机于午夜之密勿，驰檄于绝域之阻阂。语言泮不相同，风俗夐然各别，是安能人人而告之，以祛其疑。故事以问明，理以答晰。因仿四子讲德之遗意，作《开惑论》。"

乾隆二十八年（1763）十月，在平定准噶尔四周年之际，乾隆令内务府造办处制作玉册《开惑论》，以此纪念大清朝廷彻底稳定和掌控新疆各部。

十月二十一日，乾隆的贴身奏事太监胡世杰，奉旨到造办处传乾隆皇上的口信："着将如意馆收贮玉内挑几块，画样呈览。钦此。"

乾隆很少亲自下旨挑选玉石，一般是由造办处预先选好玉料后，画样呈览。此时，乾隆亲自颁旨挑选玉料，想必他要制作重要器物。

内务府郎中德魁、员外郎安泰询问太监胡世杰，此次皇上准备制作什么物件。胡世杰答，这几天皇上嘴里总在念叨平定准噶尔之事，时不时地翻看御制《开惑论》，想是可能要制作玉册。

多亏了胡世杰的提醒，制作皇帝玉册，一般要挑选上好的青玉或青白玉，意寓"清清白白"。德魁、安泰不敢怠慢，马上在如意馆库内精挑细选出一块重达七十五斤的青玉，恭送乾隆御览。

乾隆对这块重七十五斤的青玉甚为满意，他谕令造办处："做《开惑论》册页八片，交苏州织造萨哈岱成做。"

西师成功，在乾隆一生中占有非常重要的位置，它不仅祛除了乾隆对西部边陲不稳定的一块心病，还使新疆和阗、叶尔羌的玉石，源源不断地运往京城，成就了乾隆朝玉器制作空前绝后的繁荣昌盛。乾隆在继位五十周年时曾说："予御临五十年，凡举二大事，一曰西师，一曰南巡。"所以，西师的成功，恐怕是乾隆最为看重的、治理内乱的一次军事大捷了。

明理论哲，作《南巡记》

有些事，宜迟，欲速则不达；有些事，宜速，欲迟则不达。速和迟的关系，没有优劣、好坏之分，不能一概而论，它们是辩证的统一。

乾隆四十九年（1784）三月，乾隆在御制《南巡记》中，讲述了治理黄河水患的重要性，强调官员要心系民命，坚固修防，不可自以为是，更不可牟利其间。但在文章一开始，乾隆并没有直接说河工治理之事，而是巧妙地利用平定准、回二部和南巡二者的关系，论证了“速”与“迟”的辩证关系，读后耐人寻味，发人深省。

乾隆说：“举大事者，有宜速而莫迟，有宜迟而莫速。于宜速，而迟必昧机以无成；于宜迟，而速必草就以不达。能合其宜者，其惟敬与明乎。敬者，敬天；明者，明理。敬天斯能安民，明理斯能体物，千古不易之理也。”

随后，乾隆以亲身经历，来论证“速”与“迟”的关系。乾隆继续说：“予临御五十年，凡举二大事，一曰西师，一曰南巡。西师之事，所为宜速而莫迟者。幸赖天恩有成，二十余年疆宇安晏，兹不絮言。若夫南巡之事，所为宜迟而莫速者。我皇祖六度南巡，予藐躬敬以法之。兹六度之典幸成，亦不可以无言。我皇祖荡荡难名，予藐躬瞠乎景仰，述且弗能，作于何有。然而，宜迟莫速之义，则不可不明示予意也。盖南巡之典，始行于十六年辛未，是即迟也。南巡之事，莫大于河工。而辛未、丁丑两度，不过敕河臣慎守修防，无多指示，亦所谓迟也。至于壬午，始有定清口水志之谕；丙申，乃有改迁陶庄河流之为；庚子，遂有改筑浙江石塘之工。今甲辰，更有接筑浙江石塘之谕。至于高堰之增卑易砖，徐州之接筑石堤并山，无不筹度咨诹，得宜而后行。是皆迟之又迟，不敢欲速为之。夫臣之事君，其有知不可，而强诤者，鲜矣。河工关系民命，未深知而谬定之，庸碌者惟递旨而谬行之，其害可胜言哉。故予之迟之又迟者，以此。”

乾隆的“迟速论”，一改以往人们对“欲速则不达”的单一通行看法，而是辩证地看迟与速的关系，既有宜速而莫迟，也有宜迟而莫速，有耳目一新之感。

乾隆五十九年（1794）四月二十五日，乾隆令太监鄂鲁里传旨造办处，挑选良玉制作《南巡记》玉册十片，“交苏州织造舒文成做”。

乾隆五十九年（1794）十二月二十日，乾隆再令太监鄂鲁里传旨造办处，挑选良玉制作《南巡记》玉册十片，“交苏州织造舒文成做”。

总结从政，作《为君难》

“为君难”一词出自论语。乾隆一生多次发出“为君难”的感叹。乾隆用玉册制作《为君难》，说明他对天子执政天下的难处，有着深深的感触。

人们一般认为，做臣子的一定不容易，不是有“君忧臣劳，君辱臣死”之说吗？臣子侍奉主子稍有闪失，就会断送前程，这在历朝历代是不争的事实，也是仕途道路上传承有序的“游戏规则”。可谁知道，作为一言九鼎、君临天下的皇上，即便是“康、雍、乾”盛世时期的三位皇帝，也都有他们的难处，而且要常常引用《论语》中“为君难”，来作为自己的执政格言，时刻铭记于心，并要用温润华贵的和阗良玉制成玉册，永世珍藏。那么，康熙、雍正，特别是乾隆皇帝，为什么对“为君难”如此刻骨铭心？他们的国事、家事都有哪些困惑和难处呢？

康熙五十二年(1713)，都察院左都御史赵申乔呈奏康熙皇上，再次提出“皇太子国本，应行册立”之说。

册立皇太子，是自汉代以来历朝历代皇位继承的做法。由于存在诸多弊端，清灭明后，努尔哈赤、皇太极并未采用。此时，康熙皇帝于康熙十四年（1675）十二月和康熙四十八年（1709）三月，两立皇太子允礽，都因允礽“不仁不孝”、“专擅威权”、“结党营私”等罪名，两次废黜，已让他心力交瘁。

此时，赵申乔再次提及册立皇太子，更让康熙感到为难。康熙在给领侍卫内大臣、大学士、九卿等的上谕中说：“朕自幼读书，凡事留意，况建储大事，朕岂忘怀。但建储关系重大，有未可轻定者。昔立允礽为皇太子时，索额图（时任正黄旗领侍卫内大臣）怀私倡议，凡皇太子服御诸物，俱用黄色，所定一切仪注，几与朕相似，骄纵之渐，实由于此，索额图诚本朝第一罪人也。宋仁宗三十年未立太子，我太祖皇帝并未预立太子，太宗皇帝亦未预立太子。唐汉以来，太子幼冲，尚保无事。若太子年长，其左右群小，结党营私，鲜有能无事者。今众皇子，学问见识不后于人，但年俱长成，已经分封，其所属人员，未有不各庇护其主者，即使册立，能保将来无事乎？古来人君穷兵黩武者有之，崇尚佛老者有之，任用明法者有之。朕御极五十余年，朝乾夕惕，太子之为国本，朕岂不知。凡人醉后伤人，醒时知悔。允礽似长醉不醒，所为过恶，身不自知。允礽自废而复立以来，朕尤加意教训，心血耗尽。因伊狂疾终不痊愈，故又行废黜。孟子云：'父子之间不责善，责善则离，离则不详莫大焉。'"

此时，康熙长叹"为君难"，决定"皇太子事未可轻定"，遂将赵申乔奏折发还本人。

雍正七年（1729）十月，雍正到内阁巡视工作，偶然翻阅臣工正在整理归档的皇父康熙帝的御制档案，发现所记录的康熙谕旨，"舛错疏漏之处甚多"。雍正回想自己"服侍皇考圣祖仁皇帝数十年，时时祇聆圣训"，今日的记载，确实出入太大。雍正又查找自己即位最初几年的谕旨档案，发现内阁的记录，与自己当时的口授，出入也很大。

随即，雍正转身对陪同巡视的协办内阁大学士三泰说："自张廷玉为大学士，听朕谕旨，悉能记忆，缮录呈览，与朕言相符。盖记载一事，差之毫厘，谬之千里，不可不慎。"

这件事以后，雍正进行了一次颇具规模的试验，来考证口述与记录之间的差错率。

一日，雍正来到翰林院，召集了一百多名詹事臣工。他口述上谕，令这百余号人同时记录，缮写进呈。雍正"一一批阅，则人人各殊"。有的与谕旨完全不相同，有的部分相同，有的"词句鄙俚，意义蒙晦"。

雍正在测试后感叹："以一日同奉之谕旨，而至于百其人者，百其说，不亦舛谬之甚乎？其中，若有能文之士，私自存录，传流于后，遂以为朕当日之训旨固然也，其贻误不浅矣。"

雍正最后说："朕观前史所载，未可全信。孔子曰：'为君难。'即此可见。"

乾隆元年（1736）七月二十一日，乾隆即位刚满半年，四川巡抚、兵部侍郎王士俊上了一道密折。密折称：很多部院臣工，都在翻前朝的旧案。还提出，大学士不应该兼部院尚书。

乾隆闻此，"不胜痛恨"，指出："群臣之翻驳前案，即朕之翻案也。大学士之兼部院，乃皇考之成宪，汝欲朕改之，非翻案乎？"

对此，乾隆感叹："为君难，且天祖付托之重，民物仰赖之殷为难，即此用人一段，千难万难者也。"

乾隆可不像其父雍正、祖父康熙那样待人心慈手软，刚一上任，臣下就给自己来个下马威，今后还如何统率朝廷王公大员。他要讨个说法。

七月二十二日，乾隆召集总理事务王大臣、九卿等在养心殿开会训谕。此前，乾隆已将王士俊原折发给这些大员们传看，心想他们一定会提出一个令自己满意的处理意见。

不料，这些大员们只是"口奏其陈奏之罪，而未劾其巧伪之罪"，令乾隆大为不满。乾隆直截了当地说："夫指群臣为翻案，是即谓朕为翻案矣，此大悖天理之言也。从事为政之道，损益随时，宽猛互济。《论语》曰：'张而不弛，文武勿能。弛而不张，文武勿为。一张一弛，文武之道，文武岂有意于张弛哉。'古称为君难，即此用人一节，已千难万难矣。"

这回大员们可听明白了，回去会商后，奏请乾隆，"将王士俊拿解来京，交刑部严审定拟，明正其罪"。

最后，刑部以"照大不敬律，拟斩立决"。乾隆达到了目的，令传旨："改为斩监候，秋后处决。"

乾隆处决了王士俊后，耳闻有人说，作为臣子的也确实不容易。知情不报要治罪，密报说过了更要治罪，有点无所适从的感觉。乾隆决定用考试的方法，了解臣下心里的真实想法。

乾隆二年（1737）五月，乾隆将翰林院的詹事等大小官员统统召集起来，以《为君难，为臣不易》命题，令翰林院的官员们笔答。翰林院的官员们对"为君难"似乎不太理解，帝王一言九鼎、君临天下，说话办事无所顾忌，有何可说难的呢。倒是臣子说话做事需小心谨慎，一不留神，不是丢了乌纱帽，就是丢了性命。他们不知皇上的真正用意，答题时大吐苦水，将他们在职场上所经历的酸甜苦辣，统统说了出来，大谈作为臣子和部下，如何的不容易，而没有过多地谈及为君有多难。

乾隆阅看后，并没有动怒和太大的不悦，毕竟这些官员们只是文人墨客，没有做什么过头的错事。但是，乾隆还是就此发了一道上谕。

乾隆在上谕中说："昨考试翰林詹事官员，以《为君难，为臣不易》命题，各就所见，敷衍成文。至难与不易立言之本意，原有轻重，伊等尚未见及。人之言曰：为君难，为臣不易，此以见为君甚难，为臣亦不易耳。盖为君者，以一人立乎万民之上，宗社之安危、民生之休戚系焉。崇尚宽大，则启废弛之渐；

稍有振作，则长苛刻之风；言路不开，则耳目壅蔽；不集思广益，则混乱是非;厌弃群言，则不能发扬民主。即此一端，为君之难，概可知矣。至为臣者，奉公忧国，为上为德，为下为民，鞠躬尽瘁，殚精竭虑，不足以尽为臣之道，故曰不易。然较之为君，究未至若彼其难也。”

乾隆四十三年（1778），高朴玉石案发生后，乾隆一怒之下，将高朴就地正法，也曾为“为君难”大发感言：“朕常深为君难之言，即知人任用，亦其一端矣。至封疆大吏，坐享高爵重禄，且受朕倚任厚恩，若自昧天良，忍于欺隐，上苍必诛其心而夺其魄，使之自触法网矣。”

乾隆四十三年（1778）十一月，乾隆自家内部发生了惇妃毒打婢女致死事件，再次考验作为一国之君，将如何秉公处理自家私事。

乾隆了解情况后，认为丫鬟将御制和阗白玉山子打碎，惹怒了惇妃，也有一定过错，但终究罪不至死。于是，乾隆给各皇子和军机大臣发了一道上谕。

乾隆在上谕中说：“昨惇妃将宫内使唤女子责处致毙，事属骇见。尔等想应闻知。今惇妃此案若不从重办理，于情于法，未为平允。况满汉大臣官员，将家奴殴责立毙者，皆系按其情事，分别议处。重则革职，轻则降调，定例森然，朕岂有稍存歧视。惇妃，即着降封为嫔，以示惩儆。并令妃嫔等，嗣后当引以为戒，毋蹈覆辙。若为人君，不能见及于此，何以抚驭天下，统率群臣乎？此即为君难之一端也。”

乾隆三十四年（1769）三月十七日，造办处库掌四德呈报内务府，说太监胡世杰交来青白玉《为君难》册页一份，共计八片，并传乾隆皇上的口谕：“将册页上字填金配紫檀木匣盛装，先呈样。”

功成名就，作《十全记》

乾隆早就有御制《十全记》的打算，只是因为尼泊尔部族廓尔喀，滋扰后藏没有被彻底平息，此夙愿就一直没能如愿以偿。

乾隆五十三年（1788），廓尔喀在大清西藏边境一带劫掠滋事，被朝廷派兵击退。

乾隆五十六年（1791），廓尔喀又与唐古忒因账目不清，在后藏边境滋扰劫掠，乾隆派兵进剿平乱。

乾隆五十七年（1792）十月，已臣服投降的廓尔喀派人向大清朝廷禀报，欲派贡使进藏，谒见达赖喇嘛、班禅额尔德尼，“叩头请罪”，呈递哈达、土物等。

乾隆对此不屑一顾，但出于对江山社稷和朝廷大局的考虑，还是令派驻藏钦差大臣、工部尚书、镶白旗汉军都统和琳，向达赖喇嘛、班禅额尔德尼传话，令他们“酌量收存数件，勿虚其意，仍加倍酌给回赏，不可为廓尔喀所轻”。

此时，乾隆才正式提出，“此事完善后，御制《十全记》一篇，以志武成十告”。

御制《十全记》很快写成，主要内容：“昨廓尔喀归降，命凯旋班师诗，有十全大武扬之句，盖引而未发，兹特叙而记之。十功者，平准噶尔为二，定‘回部’为一，扫金川为二，靖台湾为一，降缅甸、安南（今越南）各一，即今二次受廓尔喀降，合为十。”

乾隆为此下令翻写四体字，“俟缮写完竣，再行发交和琳，酌量于圣祖御制碑之旁竖立，或另相地势，建盖碑亭，以昭武功而垂永久”。

在圣祖仁皇帝御碑旁边，建立自己的碑亭，与祖父康熙帝平起平坐，对外人来说，感觉有点过分。乾隆似乎也觉察到这一点，所以他留了个活话——“另相地势”，以留给臣下或后人去理解、评说。

御制《十全记》碑，令由大学士兼两广总督公福康安设计。福康安是个聪明人，从一个正六品蓝翎侍卫，很快晋升到正一品大学士署两广总督公，他深知仕途的艰辛和职位的来之不易，也十分懂得皇上的心思。他在给乾隆的奏折上说：“圣祖仁皇帝的御碑，位于布达拉山前、前后藏大通路上，山形地势十分理想，不宜另选地方竖立。”于是，福康安请旨乾隆，建议在圣祖仁皇帝御碑旁，“添建碑亭一座，砻石为方碑，正面刊国书，碑阴刊汉文，左刊蒙古字，右刊唐古忒番字”，得到了乾隆的批准。

整个碑亭工程于乾隆五十九年（1794）八月竣工完成。乾隆没有为此奖赏福康安，因为这样做过于彰显用意，而是表彰了在此项立碑工程中，立下汗马功劳的驻藏钦差大臣和琳，目的也算达到了。

乾隆在颁发给和琳的谕旨中说：“和琳此次于西藏地方建立御制《十全记》碑亭，调募工匠，采石勘测，兹据将御制文四体字墨拓进呈，又代廓尔喀王拉特纳巴都尔等恭进表文，办理俱属妥协。着赏给御用玉扳指一个、大荷包一对、小荷包四个，用昭优眷。”

乾隆五十五年（1790）六月乾隆八旬万寿前夕，造办处奉旨挑选青玉，交由苏州织造舒文承做《十全记》玉册一份十片。

永不懈怠，作《自强不息》

“自强不息”一句，出自《易经·乾》中“天行健，君子以自强不息”。用今天的话说就是：自觉地努力向上，永不懈怠。

《易经·乾》中的“乾”字，是八卦之一，卦形是☰，代表天。“健”字，乾隆解释为“不息即健”。如此，天行健，君子自强不息一句，应解释为：天之运行，终古不息；君子自强，永不懈怠。

清朝皇上对“天行健，君子以自强不息”一句，多有提及，唯乾隆对此有自己太多的理解和感受。但是，清朝最早提及“君子自强不息”一句的，不是皇上，而是臣子。

康熙即位不久，国力微弱，饥荒、洪涝灾害时常发生，国家百废待兴，急需摆脱国弱民穷的苦难局面。但官员中却盛行讲大话、讲排场、讲奢侈的风气，贪污腐败事件时有发生。

康熙七年（1668），一位名不见经传的内阁秘书院侍读学士熊赐履，斗胆给康熙皇帝进言。他说：“自新朝建立以来已有七年之久，但前朝的一些废弃陋习仍未祛除。年来灾害频仍，饥荒遍野，腐败陡增，渎职叠见。臣下听说古代帝王治理国家，‘贵力行，不贵多言。人主格天，在实政感孚，不在铺张仪具’。当下，治理国家的第一要务，应该是勤政治，恤民生，治腐败，讲廉洁。皇上是朝纲独握、天下之人。伏乞皇上思祖宗托付之重，念朝野望治之殷，恪谨天戒，顾畏民怨。以诚为奉若之本，以敬为绥猷之要。乾行健，自强不息。所为君志定，而天下之治成矣。”

康熙皇帝对熊赐履的疏陈，很是赞赏，令“着据实逐一明白具奏”。同时引用宋代儒臣程熙“天下治乱系宰相，君德成就责经筵”一句，强调治学、勤政，二者不可偏废。

乾隆朝，每年的仲春二月和八月，乾隆都要在文华殿听课。陪同一起听课的有大学士、九卿等朝廷重臣。有时也令皇子、皇孙们列席听讲。根据规定，经筵讲官由十六人组成，满汉各八人。满讲官由内阁或部院升任的三品以上官员担任;汉讲官由部院升任的三品以上官员担任。讲课的老师称作"直讲官"，由翰林院列名排队，请旨批准后才可以讲课。直讲官每次由四人组成，二人一组，分讲经的满汉各一人，讲书的满汉各一人。讲课的内容仅局限为经书，如《论语》《尚书》《孟子》《周易》《中庸》《大学》等。授课的讲义，由讲官、掌院学士"会拟，奏请钦定"。

乾隆朝，给乾隆讲过课的官员主要有：时任吏部右侍郎阿山、礼部尚书任兰枝、兵部侍郎班第、礼部尚书三泰、刑部右侍郎梁诗正、户部尚书史贻直、刑部侍郎岱奇、都察院左副都御史索柱、吏部左侍郎蒋溥、工部右侍郎阿克敦、五朝国史馆监修总裁官刘统勋、兵部尚书彭元瑞、工部右侍郎嵇璜、礼部侍郎伍龄安、兵部左侍郎于敏中（后任大学士）、礼部尚书永贵、礼部右侍郎谢墉、协办大学士刘墉、礼部尚书纪昀（纪晓岚）等。

乾隆听课，有一套严格的礼仪规定。讲课地点设在文华殿，乾隆入座后，在台阶下的大学士、九卿等，行二跪六叩礼后，分别排队入殿，站立于皇上宝座两侧。这时，讲课的四位直讲官来到讲桌前，行一跪三叩礼。礼毕后，直讲官分两批次开始讲课。每批次讲完后，全体成员要"恭聆御谕"。整个课程结束后，直讲官的讲义要进呈乾隆皇上御览。

从乾隆三年（1738）二月至乾隆六十年（1795）二月，乾隆在文华殿经筵听课的活动，从未停止。

乾隆在经筵讲课活动中，多次提到"自强不息"一句，对《易经》中"天行健，君子以自强不息"一句，乾隆有他自己的独到见解。他说，宇宙的不息，在于自身的运动规律，无须任何内外动力，即可永不停止的运动。君子则不然，他要通过拼搏、勤奋、顽强地工作，才能达到永不停止的目的。所以，宇宙运行无须做功，即可不停止，如地球每天都在自转，白天黑夜周而复始，这就是天的运行，"终古不息"。而君子只有依靠自己的意志品质，才能永不懈怠。乾隆学习"天行健，君子以自强不息"一句的最终结论是："天之不息，无为而为；人之不息，则在自强。"

乾隆八旬万寿前夕，苏州织造奉旨刻做"自强不息"碧玉玺一枚及玉册一份十片。

附录一

京外“八处”承做玉器名录

一、苏州织造

乾隆二年（1737）

九月初二，白玉青玉笔抻、青玉连环各十件。

乾隆三年（1738）

二月二十六日，由宫内旧存中挑出白玉带板一百块、青玉带板五十四块，改做仿古款式佩、璧、环、合符、三四层妆盒、扇器等，并俱刻“乾隆年制”款。

七月初四，青玉双鸠佩、青玉三层扇式盒、白玉宝杵佩、白玉双喜佩、白玉飞鳌佩、白玉三层桃式盒、白玉三层方盒、白玉凤池笔抻、白玉蟠桃臂搁、白玉草封三祝臂搁、白玉万方有庆佩、白玉太平有象佩、白玉福缘善庆佩、白玉鸡心双螭佩、白玉吉庆双鱼佩、白玉年年如意佩、白玉福寿双圆佩、白玉天禄连环扇器各一件，青玉璇玑佩二件。

七月二十七日，白玉满朝如意佩、白玉五福如意佩、白玉双全六合如意佩、白玉飞熊佩、白玉五福璇玑葫芦佩、白玉双凤佩、白玉祥麟如意佩、白玉万年如意佩、白玉双喜合欢佩、白玉麟凤呈祥佩各一件。

九月二十八日，白玉吉祥如意佩、白玉连环双凤佩、白玉龙凤子母环佩、青玉莲花佩、白玉双龙扇器、白玉双连环扇器、白玉洋杵扇器、白玉虎爪扇器、白玉夔龙扇器、白玉双鸠扇器、白玉瑞草扇器、白玉双连环扇器、白玉藕花扇器、白玉龙爪扇器、白玉双喜扇器、白玉飞鱼扇器、白玉双凤扇器、白玉双鱼扇器、白玉双如意扇器、白玉双杵扇器、白玉宝科扇器、白玉双夔龙扇器、青玉夔龙扇器各一件。

十月二十六日，青玉凤舞升平符、青玉虎符、青玉福禄永长佩、白玉天玑佩、白玉夔龙佩、白玉凤翔佩、白玉龙福佩、白玉双喜三层盒、白玉云龙笔抻、白玉八方如意合符、青玉如意环庆、青玉五福环庆、青玉八方环庆、青玉双连环庆、青玉双鱼环庆、青玉太平环庆、青玉九如环庆、青玉双夔龙环庆各一件。

十二月二十五日，白玉九龙吉庆、白玉瓜果绵绵佩、白玉三寿作朋佩、白玉四时多福佩、白玉万年安乐佩、白玉八仙祝寿佩、白玉连环佩、白玉太平如意佩、白玉佛会蟠桃佩、白玉鸡心佩、白玉鹦鹉佩、白玉丝纶佩、白玉双寿喜、白玉喜相逢合符、白玉夔龙合符、白玉蝴蝶合符、白玉双鸠佩、青玉兰蝶合符、青玉杏林芜合符、青玉万年福寿合符各一件。

乾隆四年（1739）

二月二十八日，青玉江山一统万年佩、青玉四龙鸡心佩、青玉四海升平佩、青玉龙凤合符、青玉双鳌合符、青玉夔龙合符、白玉景星庆、白玉花甲再来庆、白玉三凤佩、白玉福寿连佩、白玉双全佩、白玉双夔龙拱寿佩、白玉双喜合符、白玉四喜合符各一件。

乾隆八年（1743）

十二月十六日，葱白玉爵盘二件。

乾隆九年（1744）

四月二十九日，青玉钩环、碧玉钩环各一件。

乾隆十年（1745）

二月二十日，白玉万寿山喜瓶一件。

乾隆十一年（1746）

八月十九日，白玉开其里筒三件。

乾隆十二年（1747）

七月十八日，由宫内旧存中挑出白玉昭文带五件，白玉八角长方盘、白玉别子、汉玉昭文带各二件，白玉八不正半块，白玉有棱玉一块，青玉昭文带、青玉镇纸、青玉片各一件，改做玉别子一百一十件。

乾隆十三年（1748）

五月初四，白玉双喜玦一件、青白玉玦一对。

乾隆十四年（1749）

九月初一，白玉苏武牧羊一件。

乾隆十五年（1750）

八月十一日，白玉如意仙人、青玉龙凤镶嵌、青玉螭虎云地炉顶、青玉石壁题诗、白玉英雄、白玉放鹤图各一件。

乾隆十六年（1751）

十月十一日，白玉御制诗卧蚕地回纹边菊兰莲花碗一件。

十一月十七日，白玉刻字扳指一件，黑汉玉山二件，白玉阳纹扳指三件。

乾隆十七年（1752）

正月初九，汉玉别子大小三件，刻字。

乾隆十八年（1753）

四月十八日，玉碗一百五十件。

乾隆十九年（1754）

三月二十一日，白玉杯、白玉盖碗、白玉图章二方改做蜡扦各一件，白玉螭虎图章二方改做扳指四件，白玉桃式带板四块改做合符二件，白玉傍带二块改做带头腰眼束子傍带七件。

十一月初八，白玉英雄回纹地扳指、白玉如意纹扳指、黑汉玉卧蚕纹扳指、汉玉夔龙圆图章各一件。

十二月初七，旧器刻款：碧玉松寿双友盖罐、青玉双鳌鱼花插、碧玉三喜双环有盖瓶、甘黄玉麟凤双友盖罐、白玉暗喜单耳卮、白玉桃式杯、汉白玉单耳有盖觥、青玉有锁盖罐、碧玉双环有盖罐、白玉蕉叶方花觚、青玉子母鳌鱼、白玉双耳方花觚、白玉牛头觥、白玉人龙扁盖罐、甘黄玉三阳开泰刷改有盖罐各一件、白玉合符二件。次等：青玉炉、白玉苓凤双友盖罐、青玉苓鹅双友盖罐、白玉松竹梅三友花插、碧玉螭虎三友盖罐、白玉杯盘、青玉苓凤花插、白玉双凤盖罐、碧玉葡萄洗、白玉佛手花插、青玉三喜双友盖罐、碧玉夔凤盖罐、白玉单螭虎耳有盖觥、青玉福寿花插、白玉梅椿三友盖罐、汉玉海内升平有盖罐、汉玉龙凤杯、白玉双友瓶、白玉三友瓶、碧玉佛手花插、碧玉灵芝花插、青玉佛手陈设各一件。

乾隆二十年（1755）

六月二十二日，长宜子孙夔龙佩一件、白玉砚台一方改做白玉册页四片。

八月初六，旧器白玉象改做白玉素壶、白玉素杯各一件。

乾隆二十一年（1756）

正月初一，白玉杯、汉玉娃娃、旧器改做汉玉象配掐丝盘各一件。

三月二十七日，旧白玉砚台一方改做斧头一件，旧器碧玉大图章改做扳指、枪头斧钻各二件。

乾隆二十二年（1757）

二月份，旧云南玉素扳指十八件改做刻字扳指六件、卧蚕扳指六件、夔龙扳指六件。

三月二十九日，青玉“大清乾隆仿古”款兽面洗一件。

五月初二，旧白玉碗一件，刻“乾隆御用”款。

五月初八，黑白玉卧牛陈设一件。

五月二十日，旧白玉粘足娃娃二件改做添足娃娃二件，旧白玉娃娃三件改做持莲娃娃三件。

五月二十九日，旧汉玉镶头改做锦鸡、旧白玉镶头改做玉兔、旧汉玉兽面改做秋蝉、旧汉玉灵芝葫芦图章改做螭虎玦、旧汉玉蚕蛾改做夔龙玦各一件。

六月初一，新器白玉有把素碗改做白玉阳纹莲花瓣碗一件。

十月十五日，旧青玉如意一件，刻字。

十月二十九日，旧汉玉异兽钮方图章、旧黑汉玉螭虎钮圆图章各一方，刻字。

乾隆二十三年（1758）

二月十五日，旧青玉如意一件，刻字。

九月二十四日，旧白玉花浇上灵芝把把去掉改做杯一件，旧白玉香碟一件底足空地落平，旧白玉杯、青玉杯各一件上下边画细花中空诗堂，旧汉玉扳指一件上下口刻花纹中刻诗字。

十二月初五，青白玉周处斩蛟陈设一件。

十二月十四日，旧汉白玉三螭虎宝一件，刻字。

十二月三十日，旧白玉臂搁一件，长厚各截开成四件，刻字抛光。

乾隆二十四年（1759）

二月二十一日，青白玉碗一件。

六月初七，旧汉玉圆钻心改做水盛一件。

六月初六，旧白玉盘改做刻字插屏芯一件，旧青玉盘改做刻字插屏芯一件，旧鹦鹉仙桃杯一件、刻诗字年款，旧鼻烟壶九件、刻诗字年款。

十二月初七，旧碧玉宝二方刻“乾隆宸翰”阴文字，旧白玉宝二方刻“信天主人”阴文字，旧甘黄玉引首一方刻“养心殿”阴纹字。

乾隆二十五年（1760）

正月初九，旧汉玉方圈改做汉纹手镯一对。

正月二十三日，青玉诗字回族进宝陈设、青玉荷叶洗、青玉山高水长陈设、青白玉“大清乾隆仿古”款汉瓶、青玉鸠、青白玉“大清乾隆仿古”款粗花压细花汉瓶、青白玉骆驼、白玉马暖手、白玉异兽、白玉松鼠暖手各一件，白玉月斧、青玉“乾隆年制”款上下边刻细花纹碗各二件，青玉“大清乾隆仿古”款拱璧、青玉“大清乾隆仿古”款圭各三件。

二月初四，白玉诗字牛、白玉莲瓣仙、白玉举觞白眼望青天陈设、白玉莲瓣洗、白玉天鹅、白玉双鸳鸯、白玉双喜、白玉英雄、青玉觥、青玉飞龙玦、青玉仙鹤各一件，青玉别子若干件。

七月十七日，旧青白玉壶配青玉壶盖一件。

十月二十七日，白玉臂搁二件。

十月初九，大青玉海马（郎世宁画纸样）、青玉碗各一件。

十一月二十四日，青玉册页二份，每份八片。

乾隆二十六年（1761）

正月十三日，白玉山石陈设一件。

二月十三日，青玉插屏一件。

三月十八日，白玉笔山三件。

三月二十一日，旧汉玉法盏二件，绿色处补黑色、黑色处补绿色。

三月十七日，青玉山石陈设一件。

五月初六，青玉镌云龙心紫檀木蹲龙跕牙插屏一件（高二尺四寸、宽二尺三寸）。

五月二十三日，青白玉撇口盅一件，青白玉盅、青白玉碟子各二件。

五月二十四日，旧青白玉盒子一件改做山水人物芝麻地回纹花囊一件，底面足子磨平。

十月二十二日，白玉观音一尊。

乾隆二十七年（1762）

正月初七，白玉花囊一件、青玉荷叶盖罐三件。

十月初六，青白玉宝（见方三寸五分、高八分、钮高一寸五分）、青白玉宝（见方三寸二分、高八分、钮高一寸五分）各一方，青玉碗一件，青玉碟子二对。

十月初九，承接启祥宫未做完活计青玉戏猿陈设、白玉洞蛮进宝陈设、白玉云山陈设、刘晨阮肇山石陈设、白玉采芝仙山陈设各一件。

十月十一日，旧汉玉龙马赋图陈设一件，刻字。

十月二十日，配做汉玉花觚配做玉胆一件。

十月二十六日，玉石特磬三十三件。

十一月十六日，青白玉碗、青白玉碟子各八件。

十二月二十二日，青白玉宝一方（见方三寸九分、高一寸三分、钮高一寸七分）。

乾隆二十八年（1763）

正月初六，旧白玉碗（启祥宫将口上绺去掉琢磨齐整），刻“乾隆御用”款。

正月二十二日，白玉笔山三件。

二月初十，青玉双环瓶一件、青玉册页十片。

二月十八日，旧青玉菱花盘一件，改刻花纹。

四月二十五日，次白玉别子一百二十七个、次白玉轴头四十一对。

五月初十，青白玉手镯十对、碧玉插屏一件。

五月十三日，青白玉喜鹊、五福捧寿花囊、二龙捧寿花囊各二件。

十月二十一日，青玉《平定金川图》册页六片、青玉《开惑论》册页八片、青玉《平定准格尔》册页六片、青玉《盛京赋》册页八片、青玉《西师诗》册页八片、青玉《平定“回部”》册页八片、青玉盘子四件、青玉《周牺罍》一件。

十二月初二，白玉别子八件。

乾隆二十九年（1764）

正月初四，旧白玉串铃盒改做花囊一件。

正月二十八日，青玉象一对。

四月二十五日，白玉双喜罐一件，青玉异兽、青玉达摩各二件。

十一月初七，青玉册页二份十六片、青玉宝二方、青白玉羽觞洗一件。

十二月二十七日，青白玉梅花瓶、青玉盘、青玉碟各一件。

乾隆三十年（1765）

正月初十，青玉象三对。

十一月初八，青玉象一对、青玉宝二方、青玉册页二份。

乾隆三十一年（1766）

三月十二日，汉白玉山石陈设、白玉荷叶螃蟹、青白玉卧象、白玉卧牛、青白玉观瀑各一件。

三月十九日，汉白玉长宜子孙佩一对。

四月初四，青玉钵盂一件。

五月十八日，白玉宝一方（如意馆做宝身，苏州做龙钮、抛光）。

五月二十日，青玉册页二片（与如意馆承做八片合为十片一份）。

十月十三日，青白玉天球樽、青白玉宝月樽各一件。

乾隆三十二年（1767）

正月二十九日，青玉盘八件。

三月二十七日，青白玉爵盘一份、青白玉汉瓶一件、青白玉宝月瓶一件。

四月二十六日，白玉爵盘、白玉三喜盘各一份。

闰七月初二，青玉册页二片。

乾隆三十三年（1768）

二月二十一日，青白玉荷叶鸳鸯、青白玉龙洗、青白玉碗、青白玉插屏座、青白玉蜡扦各一件，青白玉宝一方，青白玉册页十片。

三月初三，碧玉杯、白玉壶各一件。

三月十一日，碧玉宝一方。

九月二十七日，青白玉盒底（配旧器）一件、青白玉盒盖二件。

九月二十八日，白玉刻字枪托十一件。

十月初五，青玉碗十件、青玉盅二件。

十月十五日，青玉碗十件、青白玉盅二件。

十月二十日，碧玉索纹瓶一件、碧玉爵盘一份。

乾隆三十四年（1769）

二月十九日，白玉宋龙双耳杯二件、白玉菊花双耳杯二件。

三月初一，白玉册宝三份（册页三十片、宝三方）。

三月初六，青白玉碗一件。

五月十三日，碧玉夔龙纹手镯一对。

六月初二，白玉册页十片（长七寸五分、宽三寸五分）。

十月十二日，玉象棋一副（青白玉子十六个、青玉子十六个）。

十一月十五日，青玉碗四件、青玉碟子二件。

乾隆三十五年（1770）

三月初九，山料玉碗（径四寸五分、高二寸）三十七件，山料盘子（直径五寸、高一寸）三十七件。

三月二十九日，配做白玉盒底、青玉盒盖（旧存圆盒盖为白玉、底为青玉）各一件。

四月十八日，白玉圭四件。

五月二十一日，白玉双仙耳杯一件、白玉盘二件、白玉双仙耳碗四件。

闰六月十九日，白玉带头、白玉腰眼各一件，白玉傍带、白玉束子各二件；皮糙玉带头、皮糙玉腰眼各一件，皮糙玉傍带、皮糙玉束子各二件（皮糙迎面留颜色）；青白玉带头、青白玉腰眼各一件，青白玉傍带、青白玉束子各二件。

七月二十六日，青白玉大宝月瓶一件、青白玉碗十六件，青白玉盘子五件。

十月初九，青白玉碗（高一寸八分、直径四寸）六件，青白玉宝（三寸七分见方、钮高一寸四分）一方。

十二月二十二日，青白玉双管瓶（料重一百七十七斤）、青白玉豆（料重九十二斤）各一件，青白玉高头碗十八件，青白玉群宴碗四十件，青白玉鲍螺盘四件，青白玉看盒盅二十件，青白玉捶手果盅八件，青白玉宴盘四十件，青白玉点心高头盘五件，青白玉饽饽奶子盘六件，青白玉小菜碟四件，青白玉宴瓶二件。

乾隆三十六年（1771）

四月初八，白玉碟子二件、白玉碗一件。

四月二十五日，青玉方汉瓶一件、青玉册页一份十片（长七寸五分、宽三寸五分、厚二分）。

五月二十二日，白玉五龙云纹瓮一件（用时二十三个月零二十八天，用银二千一百零四两六钱，均围长五尺六分、高八寸，折见方寸四百零四寸八分）。

十月十三日，白玉碗八件，青玉盘三件，青玉瓶、青玉盖罐各一件。

十月二十六日，甘黄玉手镯一对。

乾隆三十七年（1772）

三月初九，淳化轩白玉宝（见方三寸三分、钮高一寸三分，乾隆三十九年三月初六日做得）一方，白玉碗（直径四寸、高一寸八分）一件。

四月初三，碧玉荷包花囊一件。

九月二十七日，青白玉碟子五件、青白玉盅六件。

十月初一，皮糙玉鹤鹿镶嵌二件。

十月十七日，白玉盘一件。

十一月十八日，青玉宝月瓶一件。

十二月初六，青白玉“乾隆年造”款嘎不拉鼓大小各二件。

乾隆三十八年（1773）

二月十八日，青白玉观音、青白玉双仙杯、青白玉荷叶洗、青白玉秋林访道陈设各一件，青白玉象一对，青白玉看盒盅十一件，青白玉碟子六件。

二月二十五日，旧青玉四方宝坯改做轴头四对，青玉碗坯改做轴头三对。

五月初四，青白玉围棋子三百六十个、青白玉双陆三十个、碧玉围棋子三百六十个、碧玉双陆三十个。

九月二十七日，青白玉宝月瓶一件、青白玉宴碗四件、青白玉宴碟十件。

十二月初五，白玉《读欧阳修从因论》册页一份八片、白玉《天竺五印考讹》册页一份十片、白玉《三传晋假道伐虢辩》册页一份八片、青玉《土尔扈特》册页一份十片、青玉《国风正伪》册页一份十片、青玉《前哨鹿赋》册页一份十片，刻做。

乾隆三十九年（1774）

五月初七，青玉八方盒底（配做）、青玉宝莲盒各一件。

十月十五日，青玉宴盘十三件、青玉宴碗五件、碧玉宋龙盘一件（配旧存碧玉宋龙杯），刻做。

十二月初二，《文渊阁记》玉宝及册页一份十片、《文渊阁记》玉宝及册页一份十片、《文津阁记》玉宝及册页一份十片（宝刻阳文，册页刻阴文），刻做。

十二月初十，青玉站象、青玉卧象各一对。

乾隆四十年（1775）

二月十九日，皮糙白玉兽吸水盛、碧玉苍龙杖头、菊花盒底、青白玉盅子、青白玉碟各一件，青玉宴碗四件，青玉宴盘五件，白玉书灯一对，青玉爵盘一份，青白玉碗大小三件，白玉荷叶镶嵌二件。

四月十三日，白玉宝三方。

十月初一，白玉观音二尊。

十月二十八日，碧玉御制诗“乾隆年制”款苍龙杖头，配杖底一件。

十二月初七，白玉凫鱼壶一件、青白玉册宝四件（宝见方四尺、高一寸五分、钮高一寸五分、册页每片长八尺、款四寸、厚二分五厘）。

十二月二十二日，白玉爵盘一份、白玉天鸡罐二件、白玉双管瓶一件、白玉提粱卣一件、白玉拱璧一件、青玉凫鱼壶一件、青玉宴碗二件、青玉宴盘三件。

乾隆四十一年（1776）

正月初六，青玉宴碗二件、青玉宴盅十件。

二月初九，青白玉杯盘壶一件，青白玉爵盘三份，青白玉宴盘二件，青白玉宴碗、青白玉看盒各三件。

五月初九，青玉罗汉十三尊、青玉御笔释迦牟尼佛一尊。

十二月二十七日，青玉如意洗一件。

乾隆四十二年（1777）

正月十一日，青玉碗二件、青玉三阳开泰一件。

二月二十六日，青玉宴盘十二件、青玉宴碗五件、青玉爵六份、青玉册页六份每份十片（长七寸、宽四寸、厚二分）。

三月初三，青玉碗四件、青玉盅三件。

八月二十日，青白玉宴碗、青白玉云龙洗、青白玉蕉叶仙人陈设各一件，青白玉宴盘四件，青白玉宴盅二件，青白玉册页一份十片，青白玉象一对。

乾隆四十三年（1778）

二月二十三日，青玉宴碗九件、宴盅七件、宴盘一件、宴碟六件。

六月二十二日，白玉鸡鸣昧旦扳指、白玉秋声赋扳指、白玉弓矢喻政扳指各一件。

九月二十七日，青白玉宴盘一件，青白玉宴碗、青白玉宴盅各五件。

十一月初六，碧玉河清海晏书灯一对。

十一月十一日，玉宴盘七件、玉宴盅十一件、玉宴碗十件、玉宴瓶二件、玉宴罐二件、玉罐盖一件、玉宝二方、玉册页二十片。

乾隆四十四年（1779）

正月二十九日，山料玉大木瓜盘一件、山料玉轴头三对、山料玉宝四方、山料玉册页四十片。

九月二十七日，青白玉杯盘一份、青白玉盘一件、青白玉宴瓶二件。

十月初四，山料玉瓮一件、山料玉狮子一对、山料玉宴罐一对。

十月初八，山料玉宴瓶二对，山料玉河清海晏书灯一对，山料玉菜高头碗十对，山料玉群膳碗、山料玉鲍螺碗、山料玉看盒盅各一件。

十一月二十七日，山料玉把碗九件、山料玉嘎不拉鼓铃杵三件。

乾隆四十五年（1780）

正月初九，青白玉宝一方、白玉《读宋仁宗本纪赞》册页四片、白玉龙凤合符一件，刻字。

五月初九，青白玉方盒二件、青白玉宋龙杯盘壶一份、青白玉小轴头十四对。

乾隆四十七年（1782）

三月初二，山料玉长宜子孙佩五件、山料玉别子六件。

三月二十九日，青玉十二辰一套十二件。

四月初四，青玉鹿耳杯、青玉菱花杯各一件，青玉盘四件。

四月十六日，山料玉香筒一件、山料玉双须别子十二件。

五月初三，新器白玉卧牛改做菱花杯一件。

九月二十二日，白玉天圆地方连二盒一件、白玉文殊菩萨一尊、白玉菱花杯二件。

乾隆四十八年（1783）

十二月初九，旧汉玉素璧一件，其无汉玉颜色一面补色。

乾隆四十九年（1784）

正月初四，白玉“五福五代堂”宝一方、刻字，白玉乳丁圭、白玉五月圭各一件。

正月十九日，子儿玉小碟、鸡缸杯各四件，子孙佩十六件，爵盘二份，羽觞洗一件，图章五份，小碟八件，山料玉子孙佩十二件。

五月初六，子儿玉菱花大盘、鹿耳杯、鹿耳盘各一件，爵盘一份。

十月初一，青玉文王鼎一件。

乾隆五十年（1785）

正月初二，配做青白玉鸠杖头四件，配做竹杖四根。

三月二十五日，子儿玉花觚、卧牛各一件。

五月十五日，青玉合卺觥一件。

九月二十八日，子儿玉百兽豆、三多壶杯、三多壶盘、圆盘各一件。

乾隆五十一年（1786）

二月二十一日，青玉象三对（长一尺、高八寸一对；长九寸，高六寸五分二对）。

四月十七日，白玉龙尾觥、黄皮糙玉花觚各一件。

九月二十七日，子儿玉爵盘七份、宴盘九件、宴碗二件。

九月三十日，接做启祥宫半成品七佛偈海螺、皮糙玉苍龙、旧玉卧龙宝、天然式引首各一件，天然式宝、旧玉卧龙圆宝各二方。

十二月初三，山料玉群膳碗十件。

乾隆五十二年（1787）

三月二十四日，青白玉汉瓶一件、爵盘五份、杯盘一份。

十一月初八，青白玉卧牛、汉器饰、鸠杖头、汉瓶各一件，爵盘六份、杯盘壶一份。

十二月二十二日，白玉花觚一件、白玉宴碗四件、白玉宴盅二件。

乾隆五十三年（1788）

正月十七日，山料玉汉瓶、大拱璧（直径过八寸）、小拱璧（直径过五寸）、苍龙觥各一件，奶茶碗三件。

四月初九，青白玉宋龙杯盘壶一份，圆洗、双环瓶、双鱼洗各一件。

九月十九日，山料玉碗一件。

九月二十六日，山料玉杯二十二件。

乾隆五十四年（1789）

二月二十七日，接做如意馆半成品皮糙玉觥、旧玉象、旧玉花插各一件，青玉高足奶茶碗、青白玉盘各三件，青白玉宝月楼宝一方、青白玉《宝月楼记》册页一份十片。

四月初六，子儿玉卧象、卧牛、苍龙觥、螭虎觥各一件。

十月初二，青白玉宝四方，英雄合卺觥、达摩山子、苍龙觥、青玉盘、青玉壶、英雄双管瓶、文王鼎、白玉盘、白玉壶各一件，山料玉双龙钮宝二方，杯盘壶一件。

十月十九日，青玉“五福五代堂八征耄念宝”、“天恩八旬之宝”各一方，刻字。

十月二十日，青白玉“五福五代堂八征耄念宝”、“八征耄念之宝”、“自强不息”宝各一方。

十一月初五，子儿玉引首宝七份（每份三方），碴子玉云龙香筒、碴子玉角端、子儿玉天鸡罐各一对，碴子玉双环洗一件，碴子玉宝一方册页十片，碴子玉宝一方册页十片，碴子玉引首宝二份（每份三方）。

乾隆五十五年（1790）

正月初四，白玉杯盘各二件。

二月初二，汉玉宝坯八方：刻阳文“信天主人”、阴文“奉三无私”、阳文“八征耄念”、阴文“自强不息”、阳文“古稀天子”、阴文“犹日孜孜”、阳文“长春居士”、阴文“五福五代堂”。

四月十八日，青白玉“五福五代堂古稀天子宝”一方（长芦做宝坯）、白玉“八征耄念之宝”一方（董椿进宝坯），刻字。

四月二十二日，青白玉苍龙觥、龙尾觥、双环洗、钵盂洗、马各一件。

八月初六，青玉宝坯刻“八征耄念之宝”（墙子上贴《八征耄念之宝记》本文）、青玉宝坯刻“古稀天子之宝”（墙子上贴《古稀说》本文），刻字。

十月初一，子儿玉宝四方、子儿玉双环洗一件、子儿玉“八征耄念”宝一方、子儿玉“古稀天子”宝一方，刻字。

十月二十七日，白玉杯盘壶托盘一件。

十一月十八日，青玉册宝一份、奶茶碗二件。

乾隆五十六年（1791）

四月二十一日，青白玉文王鼎、英雄合卺觥、杯盘壶各一件。

十月初四，碧玉引首宝一份三方：“翠云馆”引首、“八征耄念”宝、“自强不息”宝。碧玉引首宝三方：“重华宫”引首、“八征耄念”宝、“自强不息”宝。青白玉引首宝三方：“景祺阁”引首、“八征耄念之宝”、“自强不息”宝。碧玉“延春阁”宝，刻字。

十一月二十五日，青白玉《石刻蒋衡书十三经于辟雍序》册页一份十片。

十二月十五日，青白玉书灯一对，龙尾觥、文王鼎各一件。

乾隆五十七年（1792）

十月初四，青玉册页十片（御笔壬字元旦诗，随御笔肇元衍庆签子），青玉宝一方（“壬字元旦之宝”），青玉册页二份（“戒得堂”，《御笔戒得堂前后记》签子），青玉宝二方（“戒得堂宝”），青玉册页二份每份十片（《十全记》，随御笔《十全记》签子），青玉宝二方（“武功十全之宝”），刻做。

十一月二十四日，山料玉嘎不拉鼓铃杵三份。

十二月二十五日，白玉引首宝一份三方：“萃赏楼”引首、“八征耄念”宝、“自强不息”宝。白玉引首宝一份三方：“延春阁”引首、“八征耄念”宝、“自强不息”宝。白玉引首宝一份三方：“静怡轩”引首、“八征耄念之宝”、“自强不息”宝。白玉引首宝一份三方："漱芳斋”引首、“八征耄念”宝、“自强不息”宝。青玉引首宝一份三方："五经萃室”引首、“八征耄念之宝”、“自强不息”宝。催生石引首宝一份三方："敬胜斋”引首、“八征耄念”宝、“自强不息”宝，刻字。

乾隆五十八年（1793）

正月初四，山料玉文王鼎二件。

三月二十一日，青玉“十全老人之宝”一份、青玉《十全老人之宝说》册页一份十二片。白玉引首宝一份三方："宁寿宫”引首、“十全老人之宝”、“企何如之宝”。碧玉引首宝一份三方："长春阁”引首、“十全老人之宝”、“幸何如之宝”，刻字。

四月初三，青玉“十全老人之宝”、青玉《十全记》一份十二片（本年十二月二十六日刻得交宁寿宫），刻字。

四月十七日：青白玉双环瓶、象耳瓶、花觚、云龙瓮各一件，子孙佩四件、嘎不拉鼓铃杵三份、爵盘六份。

五月十三日，青玉《平定廓尔喀》册页二份、《十全记》册页二份，刻做。

五月十四日，青玉册页二份每份八片（长六寸七分、宽二寸六分、厚二分五厘）、二份每份八片（长六寸六分五厘、宽二寸六分、厚二分五厘）。

八月三十日，青玉引首宝一份三方："同乐园”引首、“八征耄念之宝”、“自强不息”宝。白玉引首宝一份三方："淳化轩”引首、“八征耄念之宝”、“自强不息”宝。青玉引首宝一份三方："奉三无私”引首、“八征耄念之宝”、“自强不息”宝。白玉引首宝一份三方："九州清晏”引首、“八征耄念”宝、“自强不息”宝，刻做。

九月初三，青玉“四得十全之宝”，刻做。

九月初五日：青玉册页《四得论》一份册页十片、青玉《十全记》宝一方、青玉“天贶十全之宝”一方，刻做。

十月初五，青玉“五福四得十全之宝”、青玉“五福五代堂记”册页一份十片，刻做。

乾隆五十九年（1794）

四月二十五日，青玉“敬天明理之宝”、青玉御笔《南巡记》册页一份十片、青玉“敬天法祖之宝”、青玉御笔《开国方略序》册页一份十片、青玉“万世法戒之宝”、青玉御笔《祭历代帝王庙礼成恭记》册页一份十片、青玉“十全武功之宝”、青玉《十全记》册页一份十片，刻字。

五月初六，青玉“祈天永命之宝”、青玉御笔《读诏诰》册页一份十片、青玉“极建锡福之宝”、青玉谕旨《读洪范》册页一份十片，刻字。

五月初七，青白玉兽面瓶、双环宝月瓶、云龙洗、出戟瓶各一件，文王鼎四件。

五月十七日，青玉子料山壑流泉一件。

八月二十二日，青玉“避暑山庄之宝”、青玉“热河考并识”册页各一份、白玉拱璧一对（周边刻诗句），刻字。

十月初八，青玉引首宝一份三方：“勤政殿”引首、“八征耄念之宝”、“自强不息”宝。青玉引首宝一份三方：“飞云轩”引首、“八征耄念”宝、“自强不息”宝，刻字。

十二月十九日，青玉“天恩六十年宝”、青玉“五福颂”册页一份十片、青玉《圭瑁说》册页一份十片，刻字。

二、两淮盐政（扬州）

乾隆二十五年（1759）

三月十二七日，青玉周处斩蛟、青玉洗、青玉把碗各一件。

五月初四，青白玉双管瓶一件、青玉双管瓶二件。

五月初四，青玉“乾隆年制”款碗、青玉双面回族字斧佩各一件。

八月十七日，青玉观音一尊，白玉寿星、青玉善财、青玉龙女、青玉山子各一件。

乾隆二十六年（1761）

正月初五，青白玉喜鹊四件、鞍板一对。

五月二十八日，青玉大宝月瓶、青玉大腰圆盆、青玉大拱璧、青玉大汉瓶、青玉大碗各一件。

十一月二十二日，青白玉山子、青白玉降龙罗汉陈设、青玉寿星各一件。

同日，青玉大宝月瓶、青玉汉瓶、青玉腰圆洗、青玉碗、青白玉钵盂各一件，俱刻“大清乾隆仿古”款。

乾隆二十七年（1762）

八月初七，旧白玉象改做扳指二件，旧青玉盒盖一件，不正处琢齐。

十月初六，青白玉爱莲陈设一件。

十月初九，青白玉僧繇点睛、青玉天台梁图、白玉普陀显应陈设、白玉竹梅陈设、白玉岭南香雪陈设、青玉观音各一件（接做启祥宫未做完活计）。

十月二十九日，青玉观音一尊。

乾隆二十八年（1763）

二月初十，青玉盖碗二件（上下刻款）、青玉盘子一对、青玉仙山陈设一件。

十月二十一日，青玉兽面壶、黑青玉双喜洗各一件。

乾隆二十九日（1764）

四月十九日，汉白玉伏虎罗汉陈设一件。

四月二十一日，白玉洗、青玉赤刀、白玉飞熊、青玉乳钵、青玉笔筒各一件，黄玉荷包一对，白玉镯子三对。

四月二十五日，白玉扳指、汉玉扳指、青玉大碗、白玉龙碟子、白汉玉舟渔、甘黄玉鼻烟壶、白玉喜鹊、白玉山石陈设、白玉刘海、白汉玉伏虎罗汉、青玉凫鱼壶各一件，青白玉山石陈设二件，青白玉别子四件。

乾隆三十年（1765）

十一月初八，青玉赤壁、青玉荷叶洗、白玉双兽、白玉象、青白玉宝月樽各一件。

乾隆三十一年（1766）

三月十二日，白玉鸠、白玉蛤蟆、白玉蟾、白玉娃娃各一件。

四月十一日，白玉竹丝如意三柄。

十月十三日，青白玉汉瓶、青白玉盘、青白玉钵盂各一件，青白玉盖碗四件。

乾隆三十二年（1767）

二月初三，白玉十八罗汉渡江陈设、青玉茄带瓶各一件，青玉大盘二件。

三月二十七日，青白玉双鹌陈设、青白玉水盛、青白玉水盛各一件。

乾隆三十三年（1768）

二月二十一日，青白玉羽觞洗、青白玉双鱼洗、青白玉汉瓶、青白玉如意头各一件，青白玉鼻烟壶二十四件，青白玉水盛二件。

二月二十三日，白玉茶壶、白玉茶盅、白玉铎各一件。

三月十一日，白玉香筒一对、青玉香筒二对。

三月十一日，碧玉碗三件。

三月十八日，白玉双荷镶嵌竹丝如意一柄（如意头旧有）。

十月初二，汉白玉竹丝如意一柄。

乾隆三十四年（1769）

三月初一，白玉碗、青白玉盘、白玉象耳瓶、白玉文王鼎、碧玉羽觞洗、碧玉鼻烟壶各一件，白玉鼻烟壶五件。

六月初九，碧玉朝珠三挂（二百一十六颗）。

九月二十三日，青白玉象耳瓶、青白玉碗、青白玉碟子各一件。

乾隆三十五年（1770）

三月初九，皮糙玉山石陈设、碧玉瓶各一件。

闰六月十二日，青白玉汉瓶一件。

七月二十六日，青白玉宝月瓶、青白玉仙鹤各一件。

十二月二十二日，白玉丹台春晓山子一件（料重一千一百斤），白玉宝一方（见方三寸六分、高一寸、钮高一寸四分）。

乾隆三十六年（1771）

十月二十六日，配做青玉壶盖一件。

乾隆三十七年（1772）

十一月十八日，青玉汉瓶一件。

十二月十二日，青白玉虎溪三笑陈设一件。

乾隆三十八年（1773）

二月十八日，青白玉四喜瓶一件。

九月二十七日，青白玉象樽一件。

乾隆四十年（1775）

二月十九日，青玉象一对，青玉《匡卢飞瀑图》山子、青玉皮糙玉云龙洗、皮糙玉三喜水盛、碧玉双耳瓶、白玉狮子、青玉牺樽、青玉荷叶洗各一件。

十二月初七，青白玉香筒四对，青白玉冠架一份，青白玉轴头四对，青白玉宝月瓶（料重一百五十斤）、青白玉文王鼎（料重八十斤）各一件。

十二月二十二日，青白玉观音一件（料重六十二斤）。

乾隆四十一年（1776）

二月初九，青白玉双环瓶、青白玉双管瓶、青白玉《松严观瀑图》、青白玉《清溪泛艇图》各一件。

五月二十八日，“云龙山水大玉瓮”一件（料重五千斤，共用外雇匠一万三千七百零四工，工饭买办银九千八百四十七两二钱四分九厘）。

六月初二，“青玉大宴盘碗盅碟”一百四十七件。

十二月初二，“南山积翠”山石陈设一件（玉料三千余斤）。

乾隆四十二年（1777）

二月二十六日，青白玉“停车坐爱枫林晚”陈设、青白玉马褂瓶各一件。

八月二十日，青玉碗、青玉苍龙觥、青玉象各一件，青玉碟子二件。

十二月二十四日，叶尔羌青白玉双管瓶一件（料重四十七斤）。

乾隆四十三年（1778）

二月二十三日，白玉双虎陈设一件、皮糙玉天台仙境山子陈设一件、青玉宝月瓶一件（料重一百六十斤）。

十一月十一日，玉宴碗七件。

乾隆四十四年（1779）

正月十二日，山料玉象耳汉瓶一件。

二月十二日，青白玉酒膳盘、青白玉膳碗各四件。

二月二十九日，山料玉宴瓶一件（料重一百六十五斤）。

三月十八日，小菜碟、小酒盅、垂手果盅、鲍螺碗各一件，大酒盅二件，山料玉酒膳盘三件。

九月二十七日，青白玉杯、青白玉云龙洗、青白玉鳌鱼、青白玉卧牛各一件。

十月初四，山料玉《秋山行旅图》陈设一件（摆放瀛台）。

十月初八，山料玉璧一件，宴罐一对，渣斗、宴盅、酒膳盘各二件，鲍螺碗五件，菜高头碗九件，群膳碗四件。

乾隆四十七年（1782）

四月十六日，白玉释迦牟尼佛一尊。

九月二十三日，青白玉兽面洗、青白玉云龙洗、青白玉小碗各一件。

十一月十二日，白玉宴盘八件、白玉宴碗四件、白玉宴盅五件。

乾隆四十八年（1783）

三月二十五日，白玉宝一方（见方四寸、高三寸）、白玉册页一份十片（长七寸六分、宽三寸三分、厚二分），白玉碗、白玉盅各三件。

乾隆四十九年（1784）

正月初八，山料玉爵盘三份，杯盘一份，云龙洗、渣斗、兽环壶、汉瓶各一件，山鸡缸杯、花觚各二件。

五月初六，子儿玉宴罐二件、宝一方、册页十片。

十月初三，青玉象耳瓶、汉炉各一件，青玉汉炉二对。

乾隆五十年（1785）

三月二十五日，子儿玉四喜觥、龙尾觥、桐阴清暑山子、宝月瓶、双环洗各一件。

九月二十八日，子儿玉观音山子、苍龙觥各一件。

乾隆五十一年（1786）

四月十七日，汉青玉汉炉、汉青玉兽面双环壶各一件。

九月二十七日，子儿玉爵盘三份、宴盘九件、宴碗二件。

十二月初三，山料玉宴盘三十二件。

乾隆五十二年（1787）

三月二十四日，青白玉三世佛三尊、十八罗汉十八尊、云龙觥一件。

十一月初八，青白玉大兕鱼壶、大云龙洗、苍龙觥、螭虎觥、虎头匜各一件。

十二月二十二日，白玉宴盘、白玉宴盅各五件。

乾隆五十三年（1788）

正月十七日，山料玉菜高头碗十八件、鲍螺碗四件、群膳碗四十件、点心盘五件、酒膳盘四十六件、果盅八件、看盒盅二十件、宴盅十件、小酒盅十件、小菜碟四件（共一份一百六十件）。

四月初九，青白玉佛三尊，汉瓶、双环洗各一件。

九月十九日，山料玉杯二十二件。

乾隆五十四年（1789）

四月初六，子儿玉汉瓶、象牙瓶、英雄合卺觥、水纹鱼座各一件。

十月初二，山料玉双环瓶、兽环瓶、汉炉、方花觚、双鱼洗、双环洗各一件，大拱璧二件。

十月二十八日，碧玉宝月瓶（料重一百一十八斤）、卧牛（料重九十五斤）、云龙洗（料重三十一斤）、携琴访友陈设（料重八十六斤）各一件，碧玉料四块系陕甘总督勒保进呈。

十一月初五，子儿玉汉炉、碴子玉汉瓶、子儿玉双环洗、碴子玉九老山陈设、碴子玉宝月瓶、碴子玉英雄觥、碴子玉四喜觥各一件，子儿玉大碗二件。

乾隆五十五年（1790）

四月二十二日，青白玉宝月瓶、双环瓶、汉炉、象耳瓶各一件，宝一方，册页十片。

十月初一，子儿玉汉瓶一件、小菜碟二件，山料玉宴碗四件。

十一月十八日，青玉双环瓶、青玉宝月瓶、青玉大盘、青玉宴盘各一件，青玉角端、青玉云龙香筒各一对，青玉宴碗二件。

乾隆五十六年（1791）

四月二十一日，青白玉凫鱼壶、双环瓶、宝月瓶、双管瓶、象耳瓶、汉瓶各一件。

十二月十五日，青白玉云龙洗、汉炉各一件，角端、香筒各一对。

乾隆五十八年（1793）

四月十七日，青白玉汉瓶二件，苍龙觥、云龙洗、碗、英雄合卺觥、马各一件。

乾隆五十九年（1794）

五月初七，青白玉宝月瓶、双鱼洗、卧马各一件，象耳瓶、汉炉各二件，角端一对。

五月十七日，青玉子料汉瓶二件、小碟一件。

三、长芦盐政（天津）

乾隆二十七年（1762）

正月初十，青白玉陶渊明爱菊陈设、青白玉临清流而赋诗陈设、青白玉罗汉、青白玉老虎各一件。

十一月十七日，青玉回族取宝陈设、青玉九苓笔山各一件。

乾隆二十八年（1763）

正月二十七日，白玉水盛、青玉秋水山行旅图陈设各一件。

十月二十一日，青白玉执壶、青玉随形云龙山石各一件。

乾隆二十九日（1764）

二月初五，青玉香炉、青玉蜡扦各一件。

四月二十五日，青白玉水盛一件。

乾隆三十三年（1768）

二月二十一日，青白玉盖碗一对，青白玉梅瓶、青白玉周伯壶各一件。

乾隆三十五年（1770）

十二月二十二日，青白玉索环壶一件（料重四百七十七斤）。

乾隆三十八年（1773）

三月二十七日，青白玉提梁卣、青白玉梅瓶、青白玉彝各一件。

七月二十六日，皮糙玉石榴、皮糙玉娃娃、白玉鼻烟壶、白玉素面樽各一件。

乾隆三十九年（1774）

正月初四，皮糙玉石壁题诗山子、皮糙玉荷叶水盛各一件。

乾隆四十年（1775）

二月十九日，白玉太白樽、白玉骆驼、皮糙玉石榴、白玉双马、青玉双兽各一件，青白玉拱璧二件，青玉象一对。

十二月初七，青白玉云龙洗（料重一百八十斤）、青白玉豆（料重一百一十斤）各一件。

乾隆四十一年（1776）

二月初九，青白玉和合、青白玉卧牛各一件。

八月二十二日，青玉云龙瓮（料重二千余斤）、青玉双环樽（料重一千余斤）各一件；两淮大玉瓮底部回残做：青玉双环洗（面宽一尺三寸、进深九寸、高三寸五分）、青玉如意洗、青玉双环瓶、青玉双管瓶、青玉扁方樽各一件。

十二月二十七日，青玉双鱼洗、青玉荷叶洗、青玉角端各一件。

乾隆四十二年（1777）

八月二十日，青玉盘子、青玉彝各一件。

乾隆四十三年（1778）

二月二十三日，青玉宴罐一对（高八寸、径五寸，料重一百四十斤）。

九月二十七日，青白玉宝月瓶、青白玉双环瓶各一件。

十月十八日，山料玉“乾隆年制”款宴碗、“乾隆年制”款宴盘各八件，“乾隆年制”款宴盅四件。

十一月初五，山料玉宴碗八件、宴盅七件、宴盘七件。

十一月十一日，玉宴盅九件。

乾隆四十四年（1779）

正月二十九日，山料玉碗八件。

三月初四，青玉轴头十对。

十月初四，山料玉宝月瓶一件。

十月初八，山料玉菜高头碗、山料玉群膳碗、山料玉果盅各二件，山料玉鲍螺碗、山料玉大酒盅各四件，山料玉酒膳盘十件。

乾隆四十七年（1782）

正月二十二日，白玉天鸡罐三件、白玉双环瓶二件。

三月二十九日，青玉宴罐一对，青玉宴碗、青玉宴盘各二件，青玉宴盅、青玉小菜碟各四件。

乾隆四十八年（1783）

三月二十五日，白玉宝一方（见方四寸、高三寸）、白玉册页一份十片（长七寸三分、款三寸三分、厚二分），白玉盘、白玉碗、白玉盅各二件。

五月初三，青白玉“古稀天子之宝”一方、青白玉“戒得堂宝”一方。

乾隆四十九年（1784）

正月初八，子儿玉三环壶、宝月瓶、汉炉、兽鼻樽、蟠夔彝、斧佩、象耳瓶各一件，螭虎璧二件，把碗四件，图章三份，杯盘一份。

乾隆五十年（1785）

三月二十五日，子儿玉宝一方（见方四寸、高三寸）、册页十片（长九寸、款四寸、厚三分）。

九月二十八日，子儿玉云龙瓮、羚羊各一件。

九月三十日，子儿玉闲凫拂羽一件。

十一月初二，青玉轴头十二对。

乾隆五十一年（1786）

四月十七日，白玉宝一方、青玉双环洗一件。

十二月初一，山料玉高头碗十件。

乾隆五十二年（1787）

三月二十四日，青白玉凫鱼壶一件、册宝三份。

十一月初八，青白玉大卧牛、大盘各一件，册宝二份（宝见方四寸、高二寸七分，册长九寸、宽四寸、厚三分）。

乾隆五十三年（1788）

四月初九，青白玉兽面瓶一件、册宝一份（宝见方四寸，册长九寸、宽四寸、厚三分）。

乾隆五十四年（1789）

四月初六，子儿玉宝二方、册页二十片，子儿玉碗、盘各二件。

十月初二，山料玉宝月瓶一件、宝二方、册页二十片、象一对。

十一月初五，碴子玉汉炉、汉瓶、牛、木瓜盘各一件，子儿玉木瓜盘一件，青白玉宝一方、册页十片。

乾隆五十五年（1790）

四月二十二日，青白玉双管瓶、双环瓶、双鱼洗各一件，白玉宝一方、册页十片。

十一月十八日，青玉大盘、宴盘各一件。

乾隆五十六年（1791）

四月二十一日，青白玉册宝四份、牛一件。

十二月十五日，青白玉册宝二份。

乾隆五十八年（1793）

四月十七日，青白玉册宝四份。

五月十四日，云南玉卧牛一件（摆放瀛台）。

乾隆五十九年（1794）

五月初七，青玉册宝四份。

四、江宁织造

乾隆四十三年（1778）

二月二十三日，皮糙玉卧牛陈设、青玉汉瓶（料重六十三斤）各一件。

十一月十一日，玉宴盘十件。

乾隆四十四年（1779）

十月初八，山料玉菜高头碗二件、群膳碗四件、酒膳盘八件、小菜碟一件。

乾隆五十年（1785）

九月三十日，青白玉宴碗一件。

乾隆四十四年（1779）

十月初四，山料玉菜高头碗十件、群膳碗三件、酒膳盘六件、果盅四件。

乾隆四十七年（1782）

九月二十二日，青白玉宴碗、宴盘各四件，青玉宴盅二件。

乾隆四十九年（1784）

正月十九日，子儿玉兽面瓶、山料玉双环炉各一件，碗二件，小碟五件，鸡缸杯十一件。

五月初六，子儿玉宴碗一件、宴盘二件。

乾隆五十年（1785）

三月二十五日，子儿玉母国盘一件、宴盘五件。

九月二十八日，子儿玉盘三件。

乾隆五十一年（1786）

四月十七日，青玉碗、小菜碟各一件。

九月二十七日，子儿玉宴碗四件、宴盘四件、宴盅一件。

十二月初三，山料玉高头盘三件、看盒盅八件。

乾隆五十二年（1787）

十一月初八，青白玉宴碗五件、宴盘七件。

乾隆五十三年（1788）

四月初九，青白玉宴碗九件、宴盘二件。

乾隆五十四年（1789）

四月初六，子儿玉碗四件、盘六件。

十月初二，山料玉宴碗五件、宴盘三件。

十一月初五，子儿玉扎古扎牙碗二件、碴子玉诗意碗四件、碴子玉奶茶碗二件、子儿玉奶茶碗一件。

乾隆五十五年（1790）

四月二十二日，青白玉云龙瓮一件、宴碗四件。

乾隆五十六年（1791）

四月二十一日，青白玉宴碗十二件、轴头六对。

十二月十五日，青白玉双管瓶一件、汉纹璧四件。

乾隆五十八年（1793）

四月十七日，青白玉宝月瓶、汉瓶、象耳瓶各一件。

五、淮关监督

乾隆四十三年（1778）

十一月十一日，玉碗二十一件、盘五件、小碟三件、盅八件。

乾隆四十四年（1779）

十月初四，山料玉菜高头碗九件、看盒盅五件、宴盘六件、酒膳盘二件。

十月初八，山料玉菜高头碗十二件、鲍螺碗二件、小菜碟二件。

乾隆四十七年（1782）

四月二十四日，皮糙玉白泽呈祥山子一件、四龙洗一件、青白玉拱璧二件、大盘坯三件、酒膳盘一件、小盘坯六件、小碟二件、青玉小碗一件、笔山三件、七佛偈海螺六件。

九月二十二日，青白玉宴盘八件。

乾隆四十八年（1783）

三月二十五日，白玉盘七件，白玉碗、盅各二件。

乾隆四十九年（1784）

正月十九日，子儿玉双管瓶、汉瓶、帽瓶各一件，子儿玉小图章三份，山料玉扎古扎牙碗四件，鸡缸杯十件。

五月初六，子儿玉宴盘二件、木瓜盘一件。

乾隆五十年（1785）

三月二十五日，子儿玉宴碗六件、宴盘四件。

九月二十八日，子儿玉盘、碗各二件。

九月三十日，青白玉宴碗二件、宴盅一件。

乾隆五十一年（1786）

四月十七日，青玉盘二件。

乾隆五十二年（1787）

三月二十四日，青白玉宴碗三件、宴盘七件。

十一月初八，青白玉宴碗、宴盘各六件。

乾隆五十三年（1788）

四月初九，青白玉宴碗四件、宴盘七件。

乾隆五十四年（1789）

四月初六：子儿玉碗五件、盘八件。

十月初二，山料玉宴盘六件、宴碗十件。

乾隆五十五年（1790）

四月二十二日，青白玉木瓜盘、宴碗各一件，青白玉宴盘三件。

乾隆五十六年（1791）

四月二十一日，青白玉宴碗七件、宴盅一件。

十二月十五日，青白玉象耳瓶、卧牛各一件。

乾隆五十八年（1793）

四月十七日，青白玉云龙瓮、碗、钵盂洗、螭虎觥、牛各一件。

乾隆五十九年（1794）

五月初七，青白玉卧牛、双环洗各一件，木瓜盘、双管瓶各二件。

六、杭州织造

乾隆四十四年（1779）

十月初四，山料玉群膳碗四件、菜高头碗六件、酒膳盘七件、看盒盅八件。

十月初八，山料玉酒膳盘六件、菜高头碗六件、群膳碗二件。

乾隆四十九年（1784）

正月十九日，子儿玉拱璧四件，子儿玉天鸡罐、汉瓶各一件，山料玉汉炉、凤樽各一件，山料玉小碟七件、鸡缸杯八件，刻字。

三月二十五日，青白玉《御笔乐善堂记》册页四片。

五月初六，子儿玉宴碗三件、宴盘二件。

乾隆五十年（1785）

三月二十五日，子儿玉木瓜盘一件、宴碗五件。

九月二十八日，子儿玉碗一件、盘四件。

乾隆五十一年（1786）

四月十七日，青玉盘、碗、盅各一件。

九月二十七日，子儿玉宴盘、宴盅各四件，子儿玉宴碗二件。

十二月初三，山料玉垂手盅十件。

乾隆五十二年（1787）

三月二十四日，青白玉宴碗、宴盘各六件。

十一月初八，青白玉宴碗六件、宴盘七件。

乾隆五十三年（1788）

四月初九，青白玉宴碗十一件。

乾隆五十四年（1789）

四月初六，子儿玉碗四件、盘六件。

十月初二，山料玉宴碗、宴盘各四件。

乾隆五十五年（1790）

四月二十二日，青白玉宴盘五件。

乾隆五十六年（1791）

四月二十一日，青白玉宴盘十件、轴头四对。

十二月十五日，青白玉宝月瓶一件、木瓜盘二件。

七、九江关监督

乾隆四十四年（1779）

十月初四，山料玉鲍螺碗、群膳碗各四件，山料玉菜高头碗八件，山料玉酒膳盘二件，山料玉果盅六件。

十月初八，山料玉群膳碗、菜高头碗各四件，山料玉酒膳盘七件、看盒盅二件、山料玉果盅一件。

乾隆四十九年（1784）

正月十九日，子儿玉汉炉、双鱼洗、汉瓶各一件，子儿玉拱璧二件，山料玉碟子十件、鸡缸杯五件。

乾隆五十二年（1787）

十一月初八，青白玉宴碗一件、宴盘十件。

乾隆五十六年（1791）

四月二十一日，青白玉宴盘四件、宴碗三件、宴盅二件。

乾隆五十八年（1793）

四月十七日，青白玉盘二件、宴高头盘五件。

八、凤阳关监督

乾隆四十四年（1779）

十月初四，山料玉菜高头碗四件、果盅四件、群膳碗五件、酒膳盘二件、宴盅十件。

十月初八，山料玉菜高头碗一件、群膳碗七件、酒膳盘九件。

乾隆四十九年（1784）

正月十九日，山料玉鸡缸杯十件、碟子九件、双环瓶一件、扎古扎牙碗四件。

乾隆五十二年（1787）

十一月初八，青白玉宴碗二件、宴盘十件。

乾隆五十三年（1788）

四月初九，青白玉宴碗一件、宴盘九件。

乾隆五十六年（1791）

四月二十一日，青白玉宴盘十件、宴盅一件。

附录二

乾隆钦定玉器等级名录

（排名不分先后）

一、钦定入乾清宫做上等（头等）玉器

瓶：白玉双环瓶、青白玉四喜有盖方瓶、青玉汉瓶、青玉蕉叶汉瓶、青玉双蝠耳扁瓶碧玉双耳扁瓶、碧玉双环瓶、碧玉双耳方瓶、碧玉龙凤双友扁瓶、碧玉梅花螭虎瓶、甘黄玉三喜瓶、甘黄玉三喜扁瓶、甘黄玉有盖瓶、甘黄玉规矩瓶、甘黄玉凤瓶、甘黄玉双耳扁瓶、汉玉蓍草瓶、碧玉兽耳双环瓶（有绺）、青玉四喜汉瓶（有绺磕）、白玉扁瓶、白玉双环瓶（有透绺）、青玉蕉叶汉瓶（有透绺）、白玉双喜扁瓶、白玉四喜象耳双环有盖瓶等。

壶：青玉大凫鱼壶（仿古）、青玉有盖水壶、青白玉瑞草回族壶等。

罐：白玉人龙盖罐、白玉人龙有锁盖罐、碧玉双环苓凤盖罐、碧玉双环夔蝠盖罐、碧玉双环盖罐、碧玉螭虎双环盖罐、碧玉双友盖罐、白玉天鸡罐（透绺、有磕）、碧玉五喜盖罐、白玉盖罐、白玉人龙盖罐、青玉三足龙凤盖罐（有磕绺）等。

樽：白玉龙凤樽、白玉亚戟樽（口有磕，底足有补）、白玉异兽象耳双环樽、青白玉象耳双环樽、青白玉乳钉三喜小盖樽、青玉索纹樽、青玉三喜宝月樽、白玉亚戟樽（口足有磕、底足有补）、青玉索纹樽（有磕、有透绺）、碧玉天鹿樽、白玉双喜万年樽等。

卣：白玉提梁卣、甘黄玉有盖提梁卣等。

花插：白玉鸣凤在竹花插、白玉子母飞鳌花插、白玉六方花插、白玉飞脊扁花插、白玉菱花双友花插、青白玉苓凤花插、青玉螭虎鳌鱼花插、青玉蕉叶花插、青玉凤尾三友花插、青玉龙鱼花插、青玉福寿花插、碧玉双友花插、

碧玉双凤海棠花插、碧玉螭虎海棠花插、碧玉人龙鳌鱼花插、碧玉子母鳌鱼花插、碧玉海棠花插、碧玉鸣凤在竹三友花插、青玉双环龙凤花插、甘黄玉双喜合卺花插、汉玉双鳌鱼花插、青白玉苓凤花插等。

盘：青玉盘、青玉爵盘、青玉诗意圆盘、青玉镶嵌圆盘、青玉腰圆菊瓣盘、青玉宋龙爵盘、青玉盘（边缺）、青玉诗意圆盘等。

碗：青玉碗、青玉双龙耳碗、青玉龙耳碗、青玉高足碗、青玉撇口碗、青玉有把回式盖碗、碧玉碗、汉玉旧做双龙碗、青玉高足碗、青白玉盖碗（顶足有粘）、青白玉碗等。

盅：白玉盖盅等。

杯：白玉螭虎八方杯、汉白玉单螭虎耳杯等。

卮：白玉双螭单耳卮、汉白玉双螭虎单耳卮、汉白玉单耳卮、碧玉灵芝单耳卮（有绺）等。

觥：青白玉飞脊长方觥、青玉龙头有盖觥、青玉有盖环龙头觥、甘青玉三喜合卺龙头觥、甘黄玉龙耳方觥等。

洗：白玉莲花洗、白玉松苓枝梗洗、白玉腰圆洗、青白玉双耳葵瓣腰圆洗、青玉双喜单耳梅瓣洗、青玉双耳葵花洗、青玉瓜式洗、碧玉海棠桃式洗、碧玉海棠洗、青玉瓜式洗（透绺两道）、碧玉荷叶洗、碧玉双喜腰圆洗、白玉五子洗（周边透绺）、白玉羽觞洗等。

水盛：青玉菱花双友水盛、白玉水纹水盛等。

觚：碧玉飞脊长方花觚、碧玉五龙捧圣花囊、碧玉蕉叶海棠花觚、碧玉海棠花觚（有磕绺）等。

盒：青白玉拱花腰圆盒、嵌玉一块紫檀刻诗葫芦盒、镶嵌青白玉桃式盒等。

如意：青玉如意等。

扳指：白玉扳指（四件），汉玉扳指、甘黄玉扳指、汉玉扳指（二件，有磕）等。

佩：甘黄玉斧佩、汉玉佩等。

环：白玉九连环等。

圭：白玉圭等。

璧：白玉乳钉卧蚕璧一件，青白玉大璧、青玉卧蚕璧各四件等。

印章：青玉宝、汉玉图章、碧玉双喜大宝（摆放西暖阁）、汉白玉“乾隆”

宝等。

摆件：甘黄玉虎、汉玉犬、青白玉双马、白玉兽面、汉白玉桃、青玉山子等。

砚山：青玉砚山等。

陈设：白玉四喜有锁葡萄陈设、青玉山子等。

磬：汉玉磬等。

爵：白玉爵等。

剑：汉玉剑等。

其他：白玉瑞凤来仪、云南玉异兽水注、白玉匙子、碧玉五龙捧圣花囊、青玉宋龙爵盘、汉白玉桃、青玉山子、青白玉双马等。

二、钦定入乾清宫做次等玉器

瓶：青白玉蕉叶出脊扁方瓶、青汉玉天鸡双喜蓍草瓶、白玉双螭耳方瓶（有绺）、青玉双环有盖瓶（有磕绺）等。

罐：白玉天鸡盖罐、白玉苓凤双友盖罐、白玉人龙双喜耳罐、青白玉龙凤盖罐、青玉龙凤盖罐、碧玉象耳双环盖罐、碧玉四喜双环盖罐、新黄玉双耳兽面扁盖罐、新黄玉双耳葫芦扁盖罐、青玉龙凤盖罐、碧玉灵芝三友盖罐（有绺）、青玉四喜双友盖罐（有透绺，盖有莹）等。

花插：白玉三友花插、白玉苓凤花插、白玉苓凤松椿花插、白玉松竹梅鹤花插、白玉灵芝花插、白玉松梅灵芝花插、白玉鸣凤在竹花插、白玉三友梅椿花插、白玉佛手双友花插、青玉祥凫花插、青玉梅椿双友花插、青玉松竹梅花插、青玉双鱼花插（有磕绺）、青玉松竹梅双友花插、青玉鹤鹿松椿花插、碧玉松椿花插、碧玉把莲花插、碧玉灵芝双友花插、碧玉嵌银片花罐、碧玉凤仪花插、白玉三友梅椿花插、白玉苓花花插（透绺）、碧玉松灵双凤花插（有绺）、碧玉双管三友花插（透绺）、碧玉子母鳌鱼花插（有绺）、碧玉松竹梅双管花插、碧玉松灵双管花插（有绺）、碧玉龙凤花插（有磕绺）、青玉鸣凤松鹤花插（有绺）、碧玉鸣凤松灵花插（有绺）、青白玉松竹菱花花插（有透绺）等。

盘：青白玉小圆盘、青白玉爵盘、青玉粘羊皮金花盘、青玉盘、碧玉双耳盘等。

碗：青白玉碗、青玉碗、青玉诗字碗、青玉撇口碗、青墨玉碗、碧玉碗、青白玉撇口碗、青玉碗、青白玉碗（口缺、有绺）、碧玉碗（足有缺）等。

盅：青白玉盅。

碟：青玉腰圆碟、青玉菊瓣碟、青玉小碟等。

杯：白玉单耳斗杯、白玉杯（口足有缺、有绺）等。

炉：青白玉双耳有盖炉等。

印章：白玉龙钮宝、青白玉图章等。

樽：碧玉凤樽、碧玉夔凤樽（透绺）、碧玉麟凤樽、碧玉松鹤樽（透绺）、碧玉凤樽（有绺）等。

觥：碧玉螭虎有盖觥、甘黄玉龙头觥、碧玉英雄双友觥（有绺）等。

觚：青白玉花觚、葱白玉出戟蕉叶花觚、碧玉螭虎花觚、青玉羊头瓜瓣觚等。

彝：青白玉虎头彝等。

盒：青白玉四方盒、青白玉小盒、青玉桃式盒、青玉蕉叶有盖桃式盒、白玉桃式盒等。

如意：碧玉如意（有透绺）、青玉福寿双连如意（背有磕）等。

佩：子儿玉合符佩、青玉斧佩等。

璧：青玉夔龙乳钉璧等。

洗：白玉圆洗、白玉腰圆洗、白玉羊头把瓜瓣洗、青白玉圆洗、青白玉四喜洗、青白玉双鱼洗、青白玉葵花单耳洗、青玉海棠式双耳洗、青玉小圆洗、青白玉圆洗、青白玉小圆洗、青玉圆洗、碧玉菜花洗、青玉荷叶洗（有绺）等。

水注：碧玉鹦鹉蟠桃水注（透绺）等。

笔架：白玉松梅灵芝笔架等。

压纸：青玉压纸等。

陈设：白玉海内升平陈设等。

宝：青玉宝等。

其他：白玉渣斗、青玉墨壶笔室、云南玉异兽水注、青玉双螭方斗、青白玉三足有盖异兽、白玉九连环（有绺）、白玉云龙同心玦、汉玉夔龙解锥、青玉牛等。

三、钦定入乾清宫做古上等玉器（也称上等古玩）

汉白玉宝、汉玉龙头押匙、汉玉四喜蚕纹同心合符玦、汉玉螭虎刀佩、汉玉大敕宝刀、甘黄玉螭虎连环、汉玉钩子、甘黄玉螭虎连环、青玉大赤宝刀、白玉单耳洗、青玉大凫鱼壶（周身有磕绺）、白玉灵芝（周身有缺）、青玉墨瓶笔室（有透绺）、汉白玉宝等。

四、钦定入乾清宫做古次等玉器（也称次等古玩）

汉玉乳钉双耳杯、汉玉荷叶水盛、汉玉乳钉双耳杯、汉玉五喜圈、汉玉拱璧、汉玉夔龙合符连环、汉玉盅、汉玉单耳觥、汉玉龙头勺、汉玉盘螭连章、汉玉拱璧、汉玉龙头觥、汉玉连环陈设、汉玉印池、汉玉方卮、汉玉三足卮、白玉螭斗、白玉卮、白玉云龙同心玦、白玉菱花三耳杯、白玉如意洗、白玉双螭杯、白玉寿星执壶、白玉乳钉双耳杯、白玉把琴扫、白玉乳钉杯、白玉带板、白玉菱花双耳杯、白玉玲珑带板、青玉乳钉双耳杯、青玉高足杯、青玉单耳卮、青玉耳卮、青玉枕、青玉碗、青玉秘阁、青玉碗托、碧玉带钩环、碧玉璧、碧玉图章、青汉玉刀佩等。

五、钦定入好百什件玉器

汉玉鸳鸯、汉玉夔龙佩、汉玉鱼、汉玉双娃娃、汉玉卧蚕筒子、汉玉猪、汉玉子母异兽、汉玉解链、汉玉龙头勺、汉玉仙人、汉玉螭虎乳钉璧、汉玉卧蚕圆盒、汉玉圭式盒、汉玉汉纹斧佩、汉玉杠头、汉玉螭虎八方盒、汉玉瓜式笔洗、汉玉异兽陈设、汉白玉娃娃、汉玉小花囊、汉白玉夔龙斧佩、汉白玉卧犬、汉甘黄玉卧蚕昭文带、黑汉玉熊。

白玉仙人、白玉卧马、白玉三喜娃娃、白玉卧仙人、白玉盖罐、白玉持莲仙人、黑白玉双娃娃小瓶、白玉龙钮图章、白玉荷叶笔抻、白玉龙尾觥、白玉方瓶、白玉夔凤花插、白玉方碟、白玉葵花碟。

青玉二龙捧寿长方八角盒、黑玉梅椿砚山、甘黄玉汉纹镶嵌紫檀木镶嵌汉玉小插屏等。

六、钦定八百什件玉器（部分）

人物：白玉五仙老人、白玉卧仙、白玉卧云仙人、白玉教子成名人、白玉娃娃、白玉双喜娃娃、白玉鱼娃娃、白玉回族献宝、白玉刘海戏蟾、白玉罗汉、青白玉渔翁、青白玉福禄寿仙人、汉玉仙人、汉玉娃娃、汉玉双娃娃、汉玉渔翁、汉白玉双娃娃、汉白玉艾叶娃娃、汉青玉蕉叶娃娃、汉玉刘海戏蟾等。

动物：白玉卧虎、白玉狮子、白玉子母狮子、白玉子母羊、白玉双鹿、白玉子母异兽、白玉龙头、白玉凤、白玉异兽、白玉卧兽、白玉螃蟹、白玉秋蝉、白玉牺、白玉鸠、白玉麒麟、皮糙玉卧马、皮糙青白玉子母狮子、青白玉牧牛、青白玉麒麟、青白玉太平有象、青白玉狮子、青玉子母羊、青白玉鱼、碧玉鸳鸯、甘黄玉异兽、汉玉螭虎、汉玉羊、汉玉羚羊、汉玉驼龙、汉玉行龙、汉玉马、汉玉犬、汉玉双鹤、汉玉猪、汉玉象、汉玉子母异兽、汉玉三羊、汉玉小异兽、汉玉蝉、汉玉鱼、汉玉鹅、汉玉莲荷鱼、汉白玉蝉、汉白玉羚羊、汉白玉卧羊、汉白玉虎、汉白玉狮子、汉白玉心猿意马、汉青玉羚羊、汉白玉鹅、汉白玉犬、汉白玉异兽、汉白玉蛤蜊、汉青玉异兽、汉青玉子母异兽、汉白玉异兽、汉白玉马、汉白玉鹿、汉白玉螃蟹、汉白玉荷叶螃蟹、汉白玉螭虎、汉青玉秋蝉、汉青白玉双猫、汉青玉鹅、甘黄玉虎、汉玉犬、青玉子母异兽等。

植物：白玉藕、白玉流云荷叶、皮糙玉双荔枝、青玉甜瓜、汉玉葫芦、汉白玉葫芦、汉玉瓜、汉玉荔枝、汉白玉桃、汉白玉樱桃、汉白玉佛手、青白玉有盖小香熏等。

花插：白玉一统花插、白玉筒子花插、白玉蕉叶花插、白玉鳌鱼筒子花插、青白玉佛手花插、青玉三喜蕉叶花插、汉玉筒子花插、青白玉灵芝玉兰花插等。

如意：白玉灵芝小如意、青玉有环小如意、汉白玉福寿如意等。

暖手：白玉仙人诗意暖手、白玉鹿暖手、白玉犬暖手、白玉象暖手、白玉三羊暖手、白玉猪熊暖手、白玉荔枝暖手、白玉双桃暖手、白玉双蝠暖手、白玉狻猊暖手、白玉驺虞暖手、青白玉苏武牧羊暖手、青白玉鸭子暖手、青白玉癞瓜暖手、汉玉瓜暖手、汉玉五福暖手、汉玉海宇同欢暖手、汉白玉子母瓜暖手、汉白玉异兽暖手、汉白玉马暖手、汉白玉狮子暖手、汉白玉荷叶暖手、汉白玉娃娃暖手、汉白玉双桃凤暖手、汉白玉双福暖手、汉白玉子儿暖手、汉白玉行龙暖手、汉青白玉三阳开泰暖手、汉青玉暖手、汉青玉子母兽暖手、汉青玉莲鹅暖手、汉青白玉异兽暖手、汉青玉鹦鹉摘桃暖手、汉青玉荷莲鸠暖手等。

盒：白玉三层腰圆盒、白玉三层长方盒、白玉桃式三层盒、白玉腰圆三层盒、白玉三层双蝶盒、白玉桃式盒、白玉桃式二层盒、白玉双圆二层盒、白玉二层方盒、白玉双蝶盒、白玉双鸠盒、白玉虎符盒、白玉松鹤圆盒、白玉串心盒、白玉琴式盒、白玉如意云盒、白玉有盖三孔盒、白玉海棠式盒、白玉荔枝式盒、白玉卧蚕小方盒、青白玉双圈镀金底盖小盒、青白玉瓜瓞盒、青白玉二层长方盒、青白玉桃式盒、青白玉葫芦桃式盒、青白玉海棠式盒、青白玉有盖海棠式盒、青白玉蕉叶式盒、青白玉葡萄盒、青白玉腰圆盒、青玉桃式盒、青玉梅花式盒、青玉寿字长方盒、青玉圆盒、青玉四圆盒、青玉三圆盒、青玉腰圆盒、嵌玉一块螺钿艾叶式盒、汉玉穿心盒、嵌玉一块长方盒、嵌玉一块紫檀木腰圆盒、嵌玉一块黑漆凤字式砚盒等。

罐：白玉双耳盖罐、白玉扁盖罐、白玉有锁螭虎葫芦盖罐、青白玉兽面小盖罐、青白玉单把盖罐、青白玉双龙盖罐、青玉螭虎双耳乳钉罐等。

瓶：白玉蕉叶瓶、白玉小瓶、白玉娃娃小瓶、白玉腰圆双管瓶、白玉双环小方瓶、青白玉一统小瓶、青玉蓍草小瓶、碧玉蕉叶瓶、汉玉蚕纹扁瓶、汉玉蚕纹匙箸瓶、汉白玉双兽面耳小瓶、汉白玉杠头小瓶、汉青玉杠头小瓶、汉白玉小瓶等。

壶：青白玉有盖小壶、汉玉有盖小壶等。

觥：碧玉龙头觥、汉白玉螭虎觥等。

杯：白玉双耳杯、白玉把杯、青白玉单螭耳杯、青白玉双喜耳杯、青白玉桃式杯、青白玉兽面双娃娃杯、青玉桃式枝梗杯、青玉菠萝杯、碧玉单耳杯、碧玉盖花杯、汉白玉葵瓣杯、汉玉磬式小杯等。

盘：青白玉盘、青玉菊瓣双耳盘、青玉菊瓣单耳盘等。

碟：白玉小碟、白玉菱花小碟、青白玉葵瓣碟、青玉三足圆碟、青玉小碟、青白玉四足双耳菊瓣碟、青玉菊瓣描金碟、青玉菊瓣腰圆碟、汉玉香碟、汉玉小方碟、汉青玉小碟等。

碗：白玉三喜小圆碗、青玉小碗等。

盅：白玉把盅、白玉葵瓣小盅、青白玉茶盅、青白玉小盅、青白玉双耳盅、青玉盅、青玉盖盅等。

炉：白玉双螭耳小炉、青玉双耳炉、汉玉筒子炉等。

洗：白玉荷莲鸳鸯洗、白玉葵花洗、白玉桃式洗、白玉梅花式洗、白玉三螭笔洗、白玉双桃海棠式洗、白玉单耳洗、白玉单螭耳洗、白玉双鱼洗、白玉枝梗桃式洗、白玉单鸠把腰圆洗、白玉单把圆洗、白玉单把葵瓣洗、青白玉嵌红白玻璃垫单把三元洗、青白玉蕉叶洗、青白玉菱花式笔洗、青白玉圆洗、青白玉螭虎三足小圆洗、青白玉单螭圆洗、青白玉莲瓣洗、青白玉三喜圆洗、青白玉双耳圆洗、青白玉蕉叶洗、青白玉羊首瓜瓣洗、青玉诗意圆洗、青玉葵花洗、青玉桃式洗、青玉双耳蕉叶洗、青玉圆洗、青白玉圆洗、青白玉腰圆洗、汉白玉荷叶洗等。

水盛：白玉佛手水盛、白玉莲花荷叶水盛、白玉枝梗桃式水盛、白玉梅花枝梗水盛、汉白玉莲花水盛、汉白玉荔枝水盛、汉青玉仙人水盛等。

臂搁：白玉臂搁、白玉灵芝臂搁、白玉竹式臂搁、汉玉人龙臂搁等。

墨床：白玉墨床、白玉桃卷式墨床、白玉夔龙墨床、白玉琴式墨床、青玉松苓墨床等。

笔抻：白玉蟹荷笔抻、白玉蕉叶笔抻、白玉荷叶笔抻、青玉笔抻等。

笔山：白玉梅鹿笔山、青玉山石笔山等。

镇纸：白玉蚕纹镇纸等。

水注：碧玉蛇龙水注等。

鼻烟壶：白玉单螭鼻烟壶、青白玉葫芦鼻烟壶等。

陈设：白玉螭虎流云陈设、白玉灵芝陈设、白玉太平有象陈设、白玉福寿苓凤陈设、白玉莲鹅陈设、白玉莲荷驼龙陈设、青白玉佛手陈设、青玉山子、汉玉虎山子、白玉山石人物山子、汉白玉三羊陈设、汉玉双喜陈设等。

佩：汉玉佩、汉白玉娃娃佩、汉白玉夔龙佩、汉黄玉斧佩、甘黄玉刀佩、白玉夔凤佩等。

昭文带：汉玉蚕纹昭文带、汉玉乳钉昭文带、汉玉昭文带、汉玉双螭昭文带、汉玉虫纹昭文带、汉玉螭虎昭文带、汉玉异纹昭文带、汉玉星纹昭文带、汉白玉蚕纹昭文带、汉青玉卧蚕昭文带等。

带钩：白玉带钩、白玉苍龙带钩、汉白玉带钩等。

合符：白玉合符、汉玉合符、汉玉螭虎合符等。

玦：汉玉龙凤鸡心玦、汉玉双螭玦、汉白玉单螭玦、汉白玉双螭鸡心玦、汉甘黄玉夔龙玦、汉青玉夔龙玦、汉青玉玦、甘黄玉三喜鸡心玦、白玉雷纹玦、白玉夔凤玦等。

环：白玉螭虎连环、白玉带环、汉白玉三连环等。

璧：汉玉乳钉璧、汉玉夔龙卧蚕璧、汉玉九鼎璧、汉玉双龙圆璧、汉玉小圆璧、汉玉有把璧、汉玉星纹半璧、汉玉多星璧、汉白玉单螭虫纹璧、汉白玉五螭乳钉璧、汉白玉卧蚕璧、汉玉虫纹小璧、汉玉卧蚕小璧、汉青玉乳丁璧、青玉双螭虎璧等。

花囊：白玉交泰花囊、汉玉交泰花囊、汉玉杠头花囊等。

镶嵌：白玉螭虎镶嵌、白玉卧蚕镶嵌、青白玉鳌鱼镶嵌、碧玉双圆镶嵌、汉玉卧蚕镶嵌、汉玉兽面镶嵌、汉玉菊花镶嵌、汉玉穿带镶嵌、汉白玉荷叶双鹅镶嵌、汉白玉荷叶镶嵌等。

插屏：白玉万字小插屏、青玉诗意小插屏等。

插牌：青玉插牌等。

印章：白玉小宝、白玉连环方圆章、白玉图章、白玉引首、青白玉夔龙图章、碧玉三喜图章、汉玉图章等。

磬：白玉福禄寿有锁磬等。

扇器：白玉秋蝉扇器、汉玉八方诗意扇器、汉玉四方诗意扇器、汉玉夔龙扇器等。

杠头：汉玉杠头、汉玉小杠头、汉玉素杠头、汉玉汉纹杠头等。

筒子：白玉八卦筒子、汉玉汉纹筒子、汉玉卧蚕筒子、汉白玉四方八角筒子等。

花浇：青白玉双耳花浇等。

圈：青白玉圈、青白玉双环圈、汉玉五喜圈、汉玉杠头圈、汉白玉杠头圈等。

容镜：青白玉葫芦背容镜等。

把柄：青白玉刀把、青白玉剑把、汉青白玉扫把、汉玉虫纹柄、汉玉蓍草纹方柄等。

其他：青白玉笔船、汉白玉船、汉玉结子、汉青玉螭虎结子、汉玉乳钉吞口、青白玉冠簪、汉玉东升白玉屉、青白玉葫芦火链包、汉玉羊骨钮、汉玉狮子穿带、黄玉双兽面汉纹小铎、汉黄玉石鼓、青白玉墨斗、白玉瓜瓞、白玉念珠、白玉带头、汉青玉蚕纹护口、青白玉啐盂等。

七、钦定配匣、屉、柜盛装玉器

镶嵌：白玉玲珑镶嵌、白玉单凤朝阳镶嵌、白玉五子方镶嵌、白玉葵花圆镶嵌、白玉水仙镶嵌、白玉花镶嵌、白玉荔枝镶嵌、白玉流云圆镶嵌、白玉菊花镶嵌、白玉小虎式镶嵌、白玉透地镶嵌、白玉长方有字镶嵌、白玉篆字镶嵌、白玉夔龙万字镶嵌、白玉四蝠镶嵌、白玉子母鳌鱼镶嵌、白玉龙蝠镶嵌、白玉夔龙镶嵌、白玉子母夔龙镶嵌、白玉夔龙仙工镶嵌、白玉夔龙腰圆镶嵌、白玉夔龙长方镶嵌、白玉夔龙圆镶嵌、白玉双夔龙镶嵌、白玉鳌鱼镶嵌、白玉兰花圈镶嵌、白玉云日镶嵌、白玉鳌鱼海水镶嵌、白玉秋蝉镶嵌、白玉海兽镶嵌、白玉兽面镶嵌、青玉鹭鸶镶嵌、青玉夔鼠镶嵌、白玉双喜镶嵌、白玉四喜镶嵌、白玉连珠镶嵌、白玉汉纹镶嵌等。

炉顶：青白玉鸳鸯炉顶、青白玉鸳鸯花炉顶、白玉鸳鸯炉顶、青玉鸳鸯炉顶、青白玉荷花鸳鸯炉顶、白玉荷莲鹭鸶炉顶、青白玉穿花鹭鸶炉顶、青白玉莲鹅炉顶、白玉灵鹅炉顶、白玉双鹅炉顶、白玉卧鸭炉顶、青玉卧鸭炉顶、白玉凤炉顶、青玉凤炉顶、青玉卧凤炉顶、青白玉凤穿牡丹炉顶、青白玉鹤鹿灵芝花炉顶、青玉鹿寿炉顶、青白玉仙鹤炉顶、青白玉云龙炉顶、汉青玉云龙炉顶、青白玉穿花龙炉顶、皮糙青玉云龙炉顶、青玉异兽炉顶、青玉卧兽炉顶、青玉灵兽炉顶、白玉狮子炉顶、青玉狮子炉顶、黄玉鹰熊炉顶、青白玉仙人山子炉顶、白玉灵芝炉顶、青玉竹灵炉顶、青玉灵芝炉顶、白玉莲花炉顶、青白玉松鹿炉顶、白玉鹤松炉顶、白玉松鹿山子炉顶、白玉蟠螭炉顶、青玉蟠螭炉顶、白玉双螭炉顶、白玉灵螭炉顶、白玉双灵螭炉顶、白玉单螭炉顶、青白玉盘螭炉顶、青玉盘夔龙炉顶、青玉凤凰山子炉顶、青玉象炉顶、青玉仙人字炉顶、青玉素炉顶、白玉仙人炉顶、白玉娃娃炉顶、白玉太子玩莲炉顶、白玉灵芝炉顶、青玉灵芝花炉顶、白玉寿星仙人炉顶、汉黄玉三喜炉顶、白玉双喜兽炉顶、青玉蹲兽炉顶、白玉卧兽炉顶、白玉鹿鹤松炉顶、白玉太平有象炉顶、白玉滚云炉顶、汉白玉猫炉顶、白玉桃式炉顶、青玉灵松山子炉顶、白玉三阳开泰炉顶、汉青白玉行龙炉顶、白玉西洋炉顶、青玉石子炉顶等。

动物：白玉象、白玉太极有象、白玉虎、白玉狮子、碧玉狮子、白玉波狮、白玉有锁象、白玉骆驼、白玉犬、白玉卧犬、白玉猫、白玉双羊、甘青玉羚羊、白玉兔、白玉兽、白玉异兽、白玉子母异兽、白玉海青天鹅、白玉

天鹅、白玉仙鹤、白玉有锁云鹤、白玉双珠边双鹤、白玉圆形双鹤、白玉凤、白玉夔锁凤、白玉子母鸳鸯、巧色玉鸳鸯、白玉鸠、白玉白鹇、白玉小螭虎、白玉东升、白玉蝉、白玉鱼、白玉双鱼、白玉比目鱼、甘黄玉鳌鱼、白玉飞鳌、白玉蝉、白玉秋蝉、汉玉虎、汉甘青玉狮子、汉青玉三狮、汉白玉熊、汉玉牛、汉玉马、汉白玉马、汉青玉马、汉青玉鹿、汉玉寿鹿、汉玉卧鹿、汉玉猪、汉玉羊、汉玉卧羊、汉玉犬、汉白玉犬、汉玉犬兔、汉玉羚羊、汉白玉羚羊、汉玉异兽、汉玉双异兽、汉玉鹰、汉白玉异兽、汉玉鸡、汉白玉鸡、汉白玉鹅、汉玉鸭子、汉白玉飞鱼、汉玉鱼猫、青玉子母猫、汉玉鹤、汉玉鸠、汉青玉秋蝉、汉玉蝉、汉白玉蝉、汉玉秋蝉、汉玉鼠、汉玉蛤蟆等。

佩：白玉万年甲子佩、白玉龙凤万年甲子佩、白玉万年如意佩、白玉年年如意佩、白玉双全六合如意佩、白玉五福连环佩、白玉福禄善庆佩、白玉祥麟如意佩、白玉万方有庆佩、白玉双喜佩、白玉四喜佩、碧玉四喜佩、白玉龙凤子母环佩、白玉连环双凤佩、白玉青莺献寿佩、白玉凤翔佩、白玉天鸡佩、白玉宝杵佩、白玉飞仙佩、白玉双凤佩、白玉三阳开泰佩、白玉洪福齐天佩、白玉五福连磬佩、白玉四喜佩、白玉竹节方佩、白玉万年安乐佩、白玉八仙祝寿佩、白玉江山佩、白玉吉祥双鱼佩、白玉佛会蟠桃佩、白玉太平如意佩、白玉丝纶佩、白玉保合太和佩、白玉太平有象佩、白玉鹦鹉佩、白玉双喜合欢佩、白玉五福璇玑葫芦佩、白玉双鱼佩、白玉福寿双元佩、白玉满朝如意佩、白玉飞鳌佩、白玉飞熊佩、白玉双喜相逢合庆佩、白玉夔龙佩、白玉双凤佩、白玉得意佩、白玉双龙佩、白玉凤佩、白玉异纹斧佩、白玉合符佩、白玉福寿双元佩、白玉篆字佩、白玉吉祥双鱼佩、白玉满朝如意佩、白玉飞鳌佩、白玉飞熊佩、白玉五福连环佩、青玉朝中吉庆佩、青玉龙凤呈祥佩、青玉福寿佩、黄玉螭虎斧佩。

汉玉佩、汉玉螭虎佩、汉玉夔龙佩、汉玉双喜佩、汉玉象佩、汉玉汉纹佩、汉玉云纹佩、汉玉蚕纹佩、汉玉螭虎佩、汉玉飞脊夔龙佩、汉玉刀佩、汉玉汉纹兽面斧佩、汉青玉夔龙佩、汉玉双夔龙汉纹佩、汉玉三喜佩、汉玉夔龙佩、汉玉双夔龙佩、汉玉夔凤佩、汉玉双龙凤佩、汉玉乳钉佩、汉青玉双喜佩、汉玉汉纹佩、汉玉蚕纹佩、西碧玉喜佩等。

图章：白玉引首、白玉图书、碧玉图书、白玉三喜图章、碧玉三喜图章、白玉腰圆式图章、白玉葫芦式四喜图章、白玉螭虎钮图章、碧玉九螭虎流云图章、碧玉三喜图章、碧玉双喜双连图章、碧玉三喜腰圆式图章、碧玉螭虎钮图章、碧玉双喜图章、碧玉双喜腰圆式图章、碧玉四喜图章、碧玉双喜葫芦式图章、甘黄玉三喜莲枝图章、甘黄玉双喜葫芦式图章、碧玉双喜圆形图章、汉玉双喜图章、汉玉引首、汉玉图书、新山料玉双喜长方形图章等。

扇器：白玉夔龙扇器、青玉夔龙扇器、白玉螭虎扇器、白玉螭虎圆扇器、白玉螭虎腰圆扇器、白玉龙虎圆扇器、白玉虎符长方扇器、白玉夔凤圆扇器、白玉夔龙腰圆扇器、白玉夔龙寿字扇器、白玉单夔龙长扇器、白玉卧蚕纹双喜夔龙式扇器、白玉夔符圆扇器、白玉龙凤腰圆扇器、碧玉龙扇器、白玉双兽扇器、白玉双喜天鸠夔龙长方扇器、白玉鹅扇器、白玉仙鹤扇器、白玉双鸠扇器、白玉山鸟扇器、白玉天鸡扇器、白玉秋蝉扇器、白玉卧蚕扇器、白玉卧蚕方扇器、白玉卧蚕长方扇器、白玉鱼扇器、白玉鳌鱼扇器、白玉灵芝扇器、白玉扁豆扇器、白玉桃扇器、白玉八方扇器、白玉长方扇器、白玉双人圆扇器、白玉图章式扇器、白玉双管扇器、白玉扇双喜扇器、白玉卧蚕纹扇器、白玉有锁花篮扇器、白玉鼠爪扇器、白玉有架兽扇器、白玉绳梁扇器、白玉寿字扇器、黑白玉腰圆扇器、汉玉夔龙扇器、汉玉夔龙长扇器、汉玉螭虎扇器、汉玉异兽扇器、汉玉鸳鸯扇器、汉玉双鸠扇器、汉玉蚕纹扇器、汉玉刀郎扇器、汉玉半圆扇器、汉玉羊骨钮扇器等。

花插：白玉小花插、白玉三友花插、白玉凤鸣在竹花插、白玉松竹梅三友花插、白玉灵芝鹤鹿三友花插、白玉凤灵花插、白玉灵芝花插、白玉竹节花插、白玉灵芝松椿兰花三友花插、白玉鸣凤松椿双友花插、白玉鹤鹿同春双友花插、白玉天鸡海棠花插、白玉天鸡花插、白玉天鸡扁花插、白玉螭虎海棠花插、白玉流云福寿花插、白玉子母天鸡花插、白玉乾坤蕉叶双喜花插、白玉交泰花插、白玉鳌鱼花插、白玉福寿花插、白玉双喜花插、白玉苓凤花插、白玉凤竹花插、白玉葫芦小花插、白玉苓凤双耳扁瓶花插、白玉松鹤花插、碧玉鸣凤在竹双友花插、碧玉松椿双友花插、碧玉灵芝松椿双友花插、碧玉福寿榴开百子双友花插、碧玉双喜兰花花插、碧玉鸣凤灵芝花插、碧玉佛手花插、碧玉苓凤松竹花插、碧玉苓凤竹节花插、碧玉松竹梅三友花插、碧玉福寿夔龙海棠花插、碧玉龙凤海棠口花插、碧玉三喜梅花花插、碧玉兰花双友花插、碧玉灵芝花插、碧玉四喜天鸡花插、碧玉双喜天鸡花插、碧玉菱花梅花花插、碧玉三多福寿花插、碧玉福寿麟凤花插、碧玉苓凤佛手花插、碧玉松鹤遐龄花插、碧玉松鹤献寿花插、碧玉鹤鹿松椿花插、碧玉鹤鹿同春花插、碧玉蕉叶花插、碧玉松椿花插、碧玉英雄花插、碧玉龙凤双友花插、碧玉凤鸣在竹双友花插、碧玉龙凤福寿花插、碧玉桃式祥凤花插、碧玉螭虎龙头花插、碧玉双鳌鱼花插、碧玉鳌鱼双友花插、碧玉子母鳌鱼花插、碧玉飞鱼花插、碧玉神龙飞鱼花插、碧玉异兽花插、碧玉双喜苓极花插、碧玉鳌鱼花插、青玉松竹花插、青玉松鹤花插、青玉松苓花插、青玉竹蝠松苓花插、青玉松竹双友花插、青玉松苓双友花插、青玉桃柳双友花插、青玉菱花双友花插、青玉桃竹花插、青玉鹤鹿同春花插、青玉天鸡扁花插、青玉寒鸟争梅花插、青玉乳钉飞鱼花插、青玉福寿山子花插、青玉松云山子花插、黑白玉梅花花插、黑白玉莲梅双友花插、黑白玉蕉叶圆花插、黑白玉莲荷花插、黑白玉梅椿花插、黑白玉松椿花插、黑白玉凤鸣在竹三友花插、黑白玉佛手双友花插、黑白玉凤鸣双友花插、汉玉三喜花插、汉玉双喜小花插、汉玉卧蚕花纹小花插、汉玉汉纹花插、汉玉五子方花插等。

如意：嵌玉三块紫檀木镶金银片如意、嵌玉三块紫檀木镶金银丝如意、嵌玉三块紫檀木镶丝如意、嵌玉五块伽南香镶金银丝如意等。

杯：白玉单把杯、白玉双圆式龙把杯、白玉八角把杯、白玉乳钉圆形把杯、白玉双鱼杯、白玉双喜杯、白玉腰圆双喜杯、白玉双喜八方杯、白玉双喜六方单耳杯、白玉双喜有耳杯、白玉龙耳斗式杯、白玉单耳斗杯、白玉桃式杯、白玉流云双耳杯、白玉八方夔龙兽面双耳杯、白玉双螭虎耳杯、白玉单螭虎耳杯、白玉菱荷双耳杯、白玉单耳杯、白玉双龙头耳杯、白玉单耳方杯、白玉芝兰单耳杯、白玉龙耳杯、白玉瓜式杯、白玉桃式杯、白玉连生贵子腰圆杯、白玉双子杯、白玉登云杯、白玉乳钉双喜杯、白玉梅枝杯、白玉荔枝杯、白玉五螭有环方杯、白玉单环斗杯、白玉桃式杯、白玉荷花杯、青玉单耳杯、青玉瓜式杯、青玉龙耳杯、青玉连生贵子杯、青玉把杯、青玉荷叶式双喜杯、青玉方形把杯、青玉瓜式杯、碧玉双喜八方杯、碧玉荷叶杯、汉玉三足杯、汉玉三足把杯、汉玉单耳杯、汉玉双耳杯等。

附录三

乾隆钦定刻款玉器名录

一、"乾隆年制"款玉器

杯：甘黄玉斗杯、白玉三喜杯、白玉单把杯、白玉登云杯、白玉菱荷双耳杯、白玉双喜八方杯、白玉双喜六方单耳杯、白玉双喜有耳杯、白玉葵花杯、白玉梅花杯、白玉单耳腰圆杯、白玉枝梗桃式杯、白玉桃式杯、青玉龙耳杯、青玉单耳斗杯、碧玉杯、汉玉龙凤杯各一件，白玉双喜杯七件等。

碗：白玉碗、碧玉碗、青白玉小碗、青玉高足碗、青玉撇口碗各一件，青白玉把碗、青玉垫子碗、青白玉撇口碗各二件，青玉撇口碗一对，青白玉盖碗四件，青白玉宴碗五件，青玉碗八件，青白玉碗十八件等。

碗托：白玉碗托一件等。

盅：青白玉宴盅十六件等。

碟：青白玉碟子四件等。

盘：青白玉小盘、青玉碟、青玉大盘、碧玉盘各一件，青白玉大盘、白玉盘各二件，青玉木瓜盘三件、青白玉宴盘五件等。

瓶：白玉飞脊扁瓶、白玉四方瓶、白玉三友瓶、白玉双环瓶、青玉方瓶、甘青玉螭虎扁瓶、青玉双螭瓶、青白玉瓶、青白玉象瓶、青白玉四环瓶、青白玉单龙瓶、青白玉飞脊四方瓶、青白玉规矩扁方大瓶、青白玉蕉叶汉纹瓶、青白玉双环扁盖瓶、青白玉三环圆盖瓶、青白玉百寿象耳瓶、青玉兽面花纹汉瓶、青白玉管环瓶、青白玉双环方瓶、青白玉双环夔纹瓶、青白玉四环盖瓶各一件，青白玉双环瓶、碧玉三喜双环有盖瓶各二件等。

壶：青白玉鼻烟壶九件，白玉扁壶、青玉周伯壶各一件等。

罐：白玉苓凤双友盖罐、白玉双凤盖罐、白玉梅椿三友盖罐、白玉人龙扁盖罐、白玉双友瓶罐、青玉苓鹅双友盖罐、青玉三喜双友盖罐、青玉有锁盖罐、碧玉螭虎三友盖罐、碧玉福桃洗碧玉夔凤盖罐、碧玉双环有锁盖罐、碧玉龙凤双环盖罐、甘黄玉麟凤双友盖罐、甘黄玉三阳开泰双友盖罐、汉玉海内升平有盖罐、青玉四喜双友盖罐（有透绺，有莹）各一件等。

炉：白玉三足鼎炉、青玉双耳飞脊炉、青玉炉、青白玉百寿炉、青白玉双环炉、青白玉有盖炉、青玉汉炉、碧玉双耳炉、碧玉盖炉各一件等。

樽：青白玉三龙海棠樽、碧玉回纹双环樽、碧玉有盖异兽樽、青白玉罍樽（足有缺）各一件等。

爵：白玉爵四十四件，青玉合卺爵、青白玉合卺爵各一件等。

卮：白玉单耳卮、白玉卮、白玉三喜卮、白玉三喜单耳卮、汉玉三喜卮各一件等。

觚：白玉花觚、白玉方花觚、白玉飞脊花觚、白玉蕉叶方花觚、白玉双耳方花觚、青玉飞脊方花觚、青玉方花觚、青白玉蕉叶花觚、青白玉方花觚各一件等。

觥：白玉飞鱼觥、白玉单耳觥、白玉单螭虎耳有盖觥、白玉牛头觥、碧玉英雄合卺觥、碧玉五喜龙头觥、碧玉三喜象头有盖觥、碧玉梅凤觥、碧玉螭虎觥、汉白玉单耳有盖觥各一件等。

彝：白玉彝（盖有粘）一件等。

匜：青白玉虎头匜一件等。

豆：青白玉豆一件等。

花插：白玉龙凤花插、白玉鳌鱼花插、白玉双喜花插、白玉松椿花插、白玉松鹤花插、白玉天鹅有盖花插、白玉竹节花插、白玉荷叶花插、白玉桃椿花插、白玉佛手花插、白玉三阳开泰花插、白玉松竹梅三友花插、白玉佛手花插、青玉扁花插、碧玉鸣凤在竹花插、青玉福寿花插、莱玉一绕花插、青玉松鹤花插、青玉竹节花插、青玉松竹花插、青玉双鳌鱼花插、青玉苓凤花插、青玉福寿花插、青玉松竹梅三友花插、碧玉佛手花插、碧玉灵芝花插、碧玉鸣凤在竹花插、碧玉鸣凤在竹花插、碧玉梅松竹花插、碧玉梅椿花插、碧玉松椿花插、碧玉双龙花插、碧玉英雄花插、碧玉螭虎异兽花插、碧玉灵芝花插、碧玉虎花插、黑白玉松寿花插、青白玉松竹菱花花插（有透绺）、碧玉龙凤花插（有磕、有绺）各一件等。

洗：白玉荷叶笔洗、白玉小荷叶笔洗、白玉年年如意洗、白玉流云五喜笔洗、白玉周诸处蛟洗、青玉腰圆笔洗、青玉瓜式洗、青玉荷叶枝梗洗、青白玉圆洗、青白玉三喜洗、青白玉五龙海棠洗、青白玉荷花洗、青白玉夔纹洗、青白玉莲花瓣洗、青白玉八吉祥洗、碧玉洗、碧玉多福洗、白玉双喜笔洗、青白玉双鱼洗各一件，白玉双寿洗、白玉洋花洗、青白玉双鱼洗各二件等。

砚：白玉瓜式笔砚、白玉枝梗砚山各一件等。

水盛：白玉灵芝水盛、白玉葫芦水盛、白玉三多水盛、白玉石榴水盛、白玉三友灵芝水盛、青玉瓜式水盛、青玉龙凤有盖水盛、碧玉葵花水盛、碧玉花插水盛、碧玉九喜葫芦式水盛、碧玉桃式水盛各一件等。

水注：白玉双喜有盖水注一件等。

水吸：青玉龟龙水吸一件等。

盒：青玉三层扇式盒、白玉三层桃式盒、白玉三层方盒、青白玉印色盒、青玉盒子、白玉三喜三层盒各一件等。

如意：碧玉如意（有透绺）、青玉福寿双连如意、青玉福寿双连如意（背有磕）各一件，碧玉如意二件等。

扳指：白玉扳指一件等。

鼻烟壶：白玉松石盖鼻烟壶、碧玉盖鼻烟壶（刻款后换成珊瑚盖）、碧玉四喜扁鼻烟壶（珊瑚盖、金匙）、碧玉双喜鼻烟壶（红玛瑙盖、金匙）、白玉扁鼻烟壶（松石盖、金匙）、青白玉夔龙圆鼻烟壶（松石盖、金匙）、青玉圆鼻烟壶（琥珀盖、金匙）各一件，甘黄玉鼻烟壶五件等。

带钩：白玉螭虎带钩、白玉带钩各一件等。

环：白玉环（仿古款式花纹）、白玉双连环、白玉夔龙式吊环、白玉九连环（有绺）各一件等。

佩：青玉双鸠佩、白玉宝杵佩、白玉双喜佩、白玉飞鳌佩、白玉万方有庆佩、白玉太平有象佩、白玉福缘善庆佩、白玉鸡心双螭佩、白玉吉庆双鱼佩、白玉年年如意佩、白玉福寿双圆佩、白玉满朝如意佩、白玉五福连环佩、白玉双全六合如意佩、白玉飞熊佩、白玉五福璇玑葫芦佩、白玉双凤佩、白玉祥麟如意佩、白玉万年如意佩、白玉双喜合欢佩、白玉麟凤呈祥佩、白玉吉祥如意佩、白玉连环双凤佩、白玉龙凤子母佩、白玉天玑佩、白玉夔龙佩、白玉凤翔佩、白玉龙福佩、白玉瓜果绵绵佩、白玉三寿作朋佩、白玉四时多福佩、白玉万年安乐佩、白玉八仙祝寿佩、白玉如意连环佩、白玉太平如意佩、白玉佛会蟠桃佩、白玉鸡心佩、白玉鸚鹉佩、白玉丝纶佩、白玉双鸠佩、白玉三凤佩、白玉福寿连佩、白玉双全佩、白玉双夔龙拱寿佩、青玉江山一统万代佩、青玉莲花佩、青玉福禄永长佩、青玉四龙鸡心佩、青玉四海升平佩各一件，白玉斧佩、青玉璇玑佩各二件，白玉长宜子孙佩四件等。

合符：青玉兰蝶合符、青玉杏林春芜合符、青玉万年福寿合符、白玉合符、青玉凤舞升平符、青玉虎符、白玉八方如意合符、白玉喜相逢合符、白玉夔龙合符、白玉蝴蝶合符、青玉龙凤合符、青玉双鳌合符、青玉夔龙合符、白玉双喜合符、白玉四喜合符各一件等。

扇器：白玉扇器、白玉天禄连环扇器、白玉双龙扇器、白玉洋杵扇器、白玉胡瓜扇器、白玉夔龙扇器、白玉双鸠扇器、白玉飞鱼扇器、白玉双凤扇器、白玉双鱼扇器、白玉双如意扇器、白玉双杵扇器、白玉宝科扇器、白玉双夔龙扇器、白玉双连环扇器（仿古款式花纹）、青玉夔龙扇器各一件等。

璧：白玉璧（仿古款式花纹）、白玉乳钉卧蚕璧、青白玉大璧各一件等。

山子：白玉山子一件等。

陈设：白玉仙人陈设、巧玉松鹤陈设、白玉仙人树枝陈设、青玉子母鳌鱼、青玉佛手陈设、青玉牛、青白玉青莺献寿陈设各一件等。

筒：碧玉鳌鱼有盖筒一件等。

笔抻：白玉凤池笔抻、白玉云龙笔抻、白玉松椿笔抻各一件等。

臂搁：白玉蟠桃臂搁、白玉草封三祝臂搁、白玉臂搁各一件等。

磬：青玉如意环磬、青玉五福环磬、青玉八方环磬、青玉双连环磬、青玉双鱼环磬、青玉太平环磬、青玉九如环磬、青玉双夔龙环磬、白玉九龙吉磬、白玉景星磬、白玉花甲再来磬各一件等。

二、“大清乾隆年制”款

青白玉碗（赏班禅额尔德尼）、白玉龙凤樽、白玉圭、白玉合符各一件，青白玉宴盅十六件，青白玉小酒盅三件，青白玉宴盘、青白玉宴碗各五件等。

三、“大清乾隆敬制”款

青玉圭一件。

四、“大清乾隆”款

青玉宴盘一件。

五、“乾隆御玩”款

白玉杯、白玉碗、青白玉大盖碗（有绺）各一件等。

六、“乾隆御用”款

白玉碗若干件，青白玉回族碗、白玉小碗、白玉莲瓣托盘、白玉小碟、青白玉小碟、白玉扳指各一件等。

七、“乾隆”款

珊瑚盖白玉鼻烟壶五件，玛瑙盖白玉鼻烟壶五件，汉白玉螭虎杯盘（杯足内刻“乾”字，盘脐内刻双龙捧“隆”字）、甘黄玉扳指各一件等。

八、“乾”字款

白玉圆璧一件。

九、“二龙棒乾”款

白玉胆（底部刻）一件。

十、“乾隆年制”、“禾亭”、“永宝用”合并款

甘黄玉提梁卣一件（“禾亭”刻在卣底上,“乾隆年制”刻在卣底外面,“永宝用”刻在盖内）。

十一、“乾三连双龙”款

汉玉菊花瓣无底陈设一件。

十二、“大清乾隆仿古”款

青玉拱璧、青白玉汉瓶、青白玉粗花压细花汉瓶、青白玉双耳瓶、皮糙玉龙寿觥（内口刻）、青白玉三龙罐、白玉鹿耳杯（有绺）、青玉双环洗白玉双鱼洗、青玉云龙洗（膛内刻）、青玉兽面洗、青玉碗青玉双鱼洗、青玉回族进宝陈设、白玉粗花压细花雷纹豆（底足上刻）各一件，青玉文王鼎二件，青白玉双管瓶若干件等。

十三、“乾隆仿古”款

青白玉汉瓶、青白玉三喜瓶、青白玉长方瓶、青白玉皂、青玉文王鼎、白玉三足洗、白玉碗各一件等。

十四、“抑斋示稿”款

皮糙玉蓑衣人一件。

附录四：

乾隆钦定变卖玉器名录

乾隆二十一年（1756）

内廷交出：汉玉砚一件。

乾隆二十七年（1762）

内廷交出：破碎如意玉镶嵌一块。

乾隆二十八年（1763）

内廷交出：青玉如意（破坏）、碧玉菱花圈、白玉圆璧、碧玉圆璧各一件。

乾隆三十三年（1768）

内廷交出：青玉小盖（有绺）二件。

乾隆三十四年（1769）

内廷交出：小玉镶嵌十四块（系如意二十八柄上拆下，内三块破坏），汉玉夔凤炉顶、白玉天鸡镶嵌、白玉方圈镶嵌、白玉云头式镶嵌、白玉乳钉小璧、白玉竹根式镶嵌。

思永斋换下：青玉鹅（有粘）、白玉小长方镶嵌、白玉小镶嵌、青白玉嘎什哈、青玉鸠、汉玉小罐各一件。

静怡轩撤下：青白玉镶嵌二件。

乾隆四十四年（1779）

苏州制玉下脚料：山料玉八十五块（重七百四十余斤），青白玉五百零五斤、大小九块。

乾隆四十六年（1781）

内廷交出：小玉盖罐、玉素璧各一件。

乾隆四十八年（1783）

香山撤下：汉青白玉莲鹅炉顶、汉白玉荷莲鹭鸶炉顶（破坏）各一件，万寿山静明园换下汉青白玉荷叶鸳鸯炉顶、汉白玉鹰熊山石炉顶、汉玉莲鹅炉顶、汉玉卧熊炉顶、青玉灵芝炉顶、白玉荷花炉顶、汉玉杠头瓶、汉青玉斧佩、白玉鸳鸯炉顶各一件，汉玉凤穿牡丹炉顶、青玉鸳鸯炉顶、汉玉蟠螭炉顶大小各二件。

内廷交出：汉白玉玉兰花炉顶、青白玉鸳鸯炉顶、白玉桃式炉顶、云南玉灵芝炉顶、汉白玉三喜鸡心玦、汉青玉单耳螭穿带各一件。

乾隆四十九年（1784）

悦心殿换下：青白玉鱼、白玉秋蝉、白玉圭璧、青白玉秋蝉、汉白玉勒子、青玉双瓜扇器、白玉卧娃娃、白玉鸠、白玉石榴蛤蟆、白玉卧兽、汉青玉刻字长方扇器、青玉娃娃玩鱼、汉玉蹲兽、汉青玉素穿带、汉玉夔凤佩、汉玉乳钉压脐、汉青玉兽面瓶式扇器、青白玉鸳鸯扇器、汉青玉回族扇器、白玉蚕纹勒子、汉青玉兽面扇器、青白玉蚕纹勒子、汉玉佛塔各一件，汉青白玉素筒、白玉汉纹长方扇器、汉青白玉素筒各二件，汉青白玉鼻塞三件。

内廷交出：白玉卧马、白玉蛤蜊、青白玉荷叶莲蓬、白玉鸳鸯、白玉夔龙镶嵌、白玉秋蝉、青白玉荷蓬鹭鸶、青白玉双桃、青白玉子母瓜、白玉扁豆、青白玉扁豆、青白玉秋蝉、青白玉桃、白玉双鱼佩、白玉螳螂、白玉蝠葫芦、白玉卧猫、白玉火焰镶嵌、青白玉蛤蟆、青白玉双凤、汉白玉异兽、青白玉艾叶托犬、汉玉筒子、青白玉五棱筒子、青白玉八棱筒子、青白玉蓍草筒、青白玉圆筒子、青白玉玉兰花圆筒、汉玉蓍草筒、汉玉勒子、汉玉圆结子、汉青玉海棠式结子、汉青玉八方结子、汉青玉梅花式结子、汉玉螭虎结子、汉玉菱花式结子、汉青玉连珠镶嵌、汉玉筒子、青白玉圆筒子各一件，白玉玉兰花扇器二件。

乾隆五十年（1785）

淳化轩换下：汉青玉竹节式筒、汉青玉蓍草筒、汉青玉秋蝉蓍草筒、汉青玉蚕纹方筒、汉玉素圆如意把镶嵌各一件，汉青玉素筒大小四件。

清漪园撤下：汉玉斧佩一件。

圆明园撤下：嵌玉商丝紫檀木边绣片壁灯四对（少玉镶嵌三块、无玻璃）。

景阳宫撤下：嵌青玉双扁豆顶紫檀木炉盖一件。

内廷交出：汉青玉乳钉璧、白玉花镶嵌、汉青玉芦雁圆镶嵌、汉白玉三蝠圆镶嵌、青玉双蝠虎圆镶嵌、青白玉螭虎璧、青白玉双鱼圆镶嵌、汉玉蚕纹六方筒子、汉青玉玉兰花筒子、汉白玉乳钉筒子、汉玉蓍草筒子、汉白玉蓍草筒子、汉白玉素筒子、汉青白玉锦地八方筒子、白玉结子、汉青玉双螭腰圆镶嵌、青玉蚕纹璧、白玉双西番莲花腰圆镶嵌、青玉双夔龙筒子、青白玉乳钉圆筒子、汉白玉夔龙方筒子、青白玉夔龙方筒子、汉玉蓍草筒子、汉青白玉蓍草筒子、汉白玉蚕纹入角筒子、汉玉乳钉圆筒子、青白玉六方镶嵌、青白玉螭虎腰圆镶嵌（破）、白玉双瓜圆镶嵌、汉白玉仙鹤桃圆镶嵌、汉玉乳钉压脐、白玉绳纹圈、汉青白玉荷莲鱼、青白玉瓜式暖手镶嵌、汉青白玉竹琴方筒子、青玉乳钉方筒子、汉玉蓍草筒、青白玉蓍草筒、汉玉素圆筒、嵌玉三块紫檀木圆杆如意（无玉镶嵌）、青白玉结子、青白玉六方镶嵌各一件，青白玉回纹结子、汉青玉夔龙如意底镶嵌、青白玉圆镶嵌、青白玉圆镶嵌、青白玉小图章（俱系两截，有粘）各二件，汉玉螭虎圆筒、青白玉圈、青白玉如意底各三件，青白玉如意底圆镶嵌、青白玉小圆、青白玉圆镶嵌四件青白玉筒子各四件，青白玉筒子、青白玉如意小圆镶嵌、青白玉如意头镶嵌、青玉筒子、青白玉如意底各五件，青白玉如意底镶嵌六件，汉青玉结子七件，青白玉腰结七块。

静明园换下：白玉卷书式紫檀木墨床、汉青玉蓍草筒子、青玉苓梅长方镶嵌紫檀木墨床、白玉松鹤海棠式镶嵌紫檀木墨床、镶嵌紫檀木墨床各一件，汉白玉带板三块。

九州清晏撤下：汉玉斧佩一件。

东暖阁撤下：青白玉穿花龙炉顶一件（毁坏粘好）。

秀山房换下：青白玉玲珑长方入角镶嵌紫檀木墨床一件。

寿康宫撤下：汉玉夔龙磬（黑漆画金花座）、青玉夔蝠磬（紫檀木架）、青玉夔龙合符磬（紫檀木架）、碧玉三喜磬（花梨木架）、白玉八吉祥磬（紫檀木架）、青白玉海屋添筹花纹磬（黑漆描金架）、青白玉夔龙花纹磬（紫檀木座）、青白玉鱼磬（紫檀木架）、青白玉花篮磬（紫檀木架）、青白玉鱼磬、青白玉云凤磬、青玉夔蝠磬（紫檀木架）、白玉三喜鳌鱼磬（紫檀木架）、汉青玉鳌鱼磬、白玉殿式花纹磬（紫檀木架）各一件。

香山撤下：青白玉行龙长方镶嵌紫檀木墨床、白玉莲花叶镶嵌紫檀木墨床、青白玉狮蛮献瑞腰圆镶嵌紫檀木墨床、汉白玉素压脐紫檀木墨床、白玉夔龙扇器紫檀木墨床、青白玉山水八方镶嵌紫檀木墨床、汉青玉串枝莲花长方镶嵌紫檀木墨床、青白玉螭虎入角长方镶嵌紫檀木磨床、白玉双夔凤玦镶嵌紫檀木墨床、青白玉英雄长方镶嵌紫檀木墨床、青白玉秋蝉紫檀木墨床、青玉斧佩各一件。

西峰秀色撤下：嵌玉三块紫檀木圆杆如意八柄（玉镶嵌拆下变卖）。

内库交出：青玉双夔龙带钩、汉黄玉带钩、白玉长方小佩、青白玉人、白玉方镶嵌、玉戒圈、青玉镇纸各四件，青玉单夔龙带钩大小八件，青白玉镇纸六件，青白玉花头镶嵌六块，青白玉提头、青白玉枝梗各五件，白玉带钩、青玉圈大小青白玉方护口、青白玉娃娃、青玉人、青白玉螭虎璧、青白玉小鱼、白玉小佩、青玉扳指、青白玉圈、青白玉双螭璧、青玉提头、青白玉圆杯各三件，青白玉带板带环三块，白玉镶青玉开其里筒、白玉扇式水匙、青玉花扣、汉玉夔龙卧蚕昭文带、青白玉桃式镶嵌、青白玉圈、青白玉仙人、青白玉秋蝉、青白玉鹅、青玉鼻烟壶、青玉腰圆、青白玉带环、青白玉锁、青白玉佩、汉青玉素圈、碧玉匙子头、青白玉玲珑长方镶嵌、白玉行龙穿带、青白玉筒、青白玉鸳鸯、青白玉烟袋嘴、青白玉麒麟镶嵌、青白玉水匙、碧玉手巾束、青玉羊骨钮、汉青玉解锥、汉玉镇纸、青白玉镇纸、嵌玉一块紫檀木镇纸、嵌玉一块紫檀镶嵌镇纸、白玉担靶、青玉痒痒挠、青白玉筒子、青白玉螳螂各二件，青玉轴头一对，青白玉全带、青玉全带各一份各计四块，玉带圈二对，青玉鱼、青玉蚕纹磬、青玉斧佩、青玉葫芦洗、青白玉三鹤长方带板、青白玉冰裂纹长方镶嵌、青玉梅花臂搁、青玉长方玉坯、青白玉菊瓣琴扫把、青白玉长方洗、青白玉出脊小方瓶、青白玉卧蚕圭、青白玉螭虎乳钉小璧、青玉葵花镜背、青白玉仙山、青玉刀把、青白玉双娃娃镶嵌、青玉秋蝉、紫檀镶汉玉卷书墨床、青白玉行龙带头、嵌青白玉如意云镶嵌铜带头、白玉象扇器、青白玉双娃娃扇器、青白玉象扇器、青白玉仙人、白玉诗意长方牌、汉黄玉琴扫把、青玉圆筒、青白玉叉子把、青白玉刀把、青玉夔龙小提梁卣（破）、青玉花头、青白玉小轴头、汉青玉仙人、白玉长方入角小镶嵌、青玉解锥、青白玉小佩、青玉鸡小扇器、青玉小娃娃扇器、青玉四耳小瓶、青汉玉乳钉昭文带、青白玉小刀把、白玉琴、白玉四足小砚、青白玉福寿带头、白玉长方带板、青白玉连环、白玉双环、青白玉佛手、青白玉蕉叶仙人、青白玉双仙人、青白玉把盅、青白玉单耳小盅、青白玉蕉叶小洗、青白玉玲珑夔龙长方镶嵌、青白玉夔龙方镶嵌、汉青白玉腰圆夔龙镶嵌、青白玉桃式小水盛、青白玉盘螭压纸、青白玉双螭虎镶嵌、青玉锁心、汉黄玉雷针、汉玉猫镶嵌、白玉夔龙方镶嵌、青白玉双喜圈、青白玉螭虎玦、青白玉行龙镶嵌、青玉夔龙护口、青白玉墨床镶嵌、青白玉小素璧、青白玉夔龙、青白玉行龙、青白玉瓜、青白玉蟾、青白玉夔龙镶嵌、青玉双鱼、青玉龟式扇器、白玉夔龙佩、青白玉山石笔架、青白玉双葫芦镶嵌、白玉镶嵌护口、青玉杖头、青白玉葫芦式筒、黄玉琴式牙签筒、青玉瓶、云南玉开其里、青玉琴扫把、汉玉琴扫把、青白玉腰圆仙人带头、青玉夔龙寿字长方带头、碧玉长方镶嵌、白玉五岳长方镶嵌、青白玉敦鹿扇器、白玉卧兽扇器、青白玉松鼠扇器、青白玉扇器、白玉刘海、青白玉花瓣笔恬、汉玉双环、青玉花扣、青白玉夔龙斧佩、汉白玉夔龙佩、青玉夔龙腰圆镶嵌、青白玉腰圆镶嵌、青白玉福字花纹穿带、青玉鳌鱼提头、黑玉腰圆镶嵌各一件，青玉道冠十二件，青白玉图章十四方，青白玉匙子头大小七件，碧牙西四连环、玛瑙双环、碧玉四连环、青玉四连环、玛瑙九连环、水晶四连环、青玉仙人山子各一件，青白玉玲珑长方带板十四块，青白玉玲珑桃式带板五块，青白玉夔龙长方入角镶嵌、亲改于萱花长方镶嵌、青玉莲鹅镶嵌、青玉双螭镶嵌、白玉玲珑如意云头镶嵌、青玉三喜镶嵌、白玉仙人行龙镶嵌、青白玉佛手、青玉琴扫把、青玉狮子镶嵌、青白玉竹节圈、青白玉石子、白玉腰圆盒盖、青白玉腰圆带头、青白玉小水盛（无底）、青玉轴头、青白玉娃娃、白玉箭扣、青白玉螃蟹带头、白玉蝴蝶盒盖、碧玉荷叶水洗、白玉双荔枝、汉青玉秋蝉、青玉双葫芦、白玉花长方镶嵌、青玉腰圆花镶嵌、青玉玉兰花、汉青玉螭虎镶嵌、紫檀镶黄杨木座、青白玉镇纸（镶丝木座）、青玉乳钉圭（木座）、青玉乳钉圭、青白玉琴、白玉螭虎乳钉昭文带镇纸、云南玉镇纸、汉青玉昭文带各一件，玉把匙子四把（内一件损坏），青白玉笔管四支（各随帽），青白玉玲珑笔管三支（随帽），白玉笔管二支，青汉玉琴扫把、玉小刀把、玉书叉头、青白玉笔管、青玉压纸、白玉小夔龙佩、青玉双鱼、青玉笔托、青白玉罗汉小暖手、青玉象娃娃、青玉小卧马、白玉花头、青白玉剪子、汉白玉行龙提头、青白玉娃娃、白玉嵌宝石小盒盖、云玉冠簪、汉白玉鱼、汉白玉图章、汉青玉琴扫把、青玉小佩、汉玉乳钉小璧、汉青玉螭虎吞口、汉青玉三孔小镶嵌、青白玉灵芝镶嵌、汉青玉花头、汉白玉异兽扇器、汉黄玉扇器、汉青玉鼻塞、汉白玉桃式石子、青白玉带环、青玉和合仙人、汉白玉小鹅、青玉人、汉白玉秋蝉、青白玉螭虎荷叶式镶嵌、青白玉小娃娃、汉黄玉小达摩、汉白玉扇器、青白玉荷莲式提头、青白玉夔龙镶嵌、青白玉福儿扇器、青玉扁豆、青白玉小螃蟹、青白玉小佩、青白玉葵花杯、青白玉菱花杯、青白玉腰圆水盛、青玉笔筒、青白玉三螭盖罐、碧玉三足小炉各一件，青白玉簪二十一支（损坏），碧玉簪二支（损坏），永昌玉料三条，白玉筷十六支（损坏），碧玉筷二十七对（损坏），青玉筷十一对（一支损坏），青白玉铲子一把，青玉全带一份（计四块），玉各式小玩器六十八件、玉玩器等共五百七十六件，青白玉双耳杯一百三十七件，青白玉单耳杯六十七件，青白玉枝梗杯十六件，以上玉玩器玉杯等统共八百一十件。

乾隆五十一年（1786）

内廷交出：青白玉小玉圈八个、青白玉小玉璧一件。

永安寺换下：青白玉小二件，汉玉八方筒、汉玉龟式结子各一件。

乾隆五十四年（1789）

内廷交出：白玉乳钉璧、青白玉莲鹅镶嵌、汉白玉螭虎昭文带各一件。

乾隆五十六年（1791）

内廷交出：汉白玉包袱式卧蚕圭璧一件。

香山换下：青白玉三羊炉顶一件。

海子撤下：青玉文王鼎、青玉双耳乳钉炉各一件，青玉双管瓶二件。

乾隆五十七年（1792）

内廷交出：汉玉诗意斧佩、白玉镶嵌臂搁（牙座）、汉玉河图洛书、汉玉仙人镶嵌各一件。

乾清宫交出：青玉爵盘一份。

附录五

乾隆谕令接收官员进献玉器名录

乾隆十三年（1748）

山东巡抚阿里衮：玉册、玉碟各一件。

乾隆十七年（1752）

凤阳府知府尤拔世：白玉洗一件。

长芦盐政吉庆：汉玉凤头圈佩、汉玉狮子、白玉驼各一件。

署理江西巡抚印务布政使王兴吾：白玉璧、汉玉花囊各一件。

直隶总督方观承：玉寿星、玉壶、玉蟠螭匜、玉英雄双管瓶各一件。

甘肃巡抚鄂乐舜：白玉双凫提梁卣、汉玉拱璧、白玉蟠桃献寿樽各一件。

乾隆十九年（1754）

两淮盐政吉庆：汉玉乳璧、汉玉花插、汉白玉墨床各一件，汉玉佩二件、汉玉、汉白玉童人各一盒二件。

闽浙总督喀尔吉善：玉蕉叶花樽、玉天鹿樽、玉六角壶、碧玉龙凤樽、玉璎珞、玉松琴樽各一件。

乾隆二十二年（1757）

江南河道总督白钟山：玉笔山一件、玉拱璧一盒九件。

两淮盐政高恒：汉玉拱璧蝉二件、黄玉如意樽一件、汉玉图书十方、汉玉娃娃一盒四件。

安徽布政使兼管江宁织造事务讬庸：玉如意一件。

南新关监督瑞保：白玉樽、白玉洗、汉白玉带钩、汉白玉圆盒各一件。

安徽巡抚高晋：白玉如意一件、旧玉玩器一匣四件。

两淮盐政普福：汉玉寿仙、汉玉重羊、汉玉一统、汉玉飞能、汉玉乌马、汉玉伏獾、汉玉天禄各一件，汉玉图童、汉玉双蝶各一对。

福州将军新柱：白玉有把素碗、汉玉阳文莲花把玩各一件。

乾隆二十六年（1761）

长芦盐政金辉：碧玉如意、脂玉鹅、白玉子、白玉娃娃戏狮、白玉三喜水盛、汉玉鹊各一件。

乾隆二十七年（1762）

长芦商人：白玉瑞、白玉鸳鸯、白玉莲蟹各一件。

两淮盐政高恒：玉獾、玉四喜各一件，玉喜鹊、玉圆勒各一件。

安徽巡抚托庸：白玉双环瓶、白玉盒各一件。

河南巡抚胡宝瑔：玉彝炉、汉玉盘各一件。

乾隆二十八年（1763）

山西巡抚和其衷：玉石大小十四块。

两淮盐政高恒：玉和合莲仙陈设、玉拱璧、玉璜、玉方盒、玉螭虎水盛各一件。

乾隆三十年（1765）

湖南巡抚王检：汉玉荷叶洗一件。

长芦盐政高诚：汉玉四件、白玉荷叶洗一件。

河南巡抚阿里哈：玉拱璧一件、玉图书四方。

乾隆三十五年（1770）

长芦盐政西宁：玉太平人瑞、玉双喜花樽、玉金鱼暖手、玉拱璧各一件。

两淮盐政李质颖：玉福禄、玉宝象各一件（奉旨送往热河），玉喜上眉梢一对，玉采芝仙、玉海鹤蟠桃各一件。

乾隆三十六年（1771）

苏州织造舒文：旧玉拱璧、旧玉夔凤佩、旧玉桐叶笔抻、旧玉束发、旧玉犀骨扣、旧玉羚羊、旧玉飞熊、旧玉猫、旧玉琴勒、旧玉束子、旧玉盒、旧玉昭文带、旧玉勒子、旧玉鸡、旧玉蝉、旧玉螭虎佩、旧玉夔龙佩各一件，紫檀嵌玉方盒、紫檀嵌玉万字盒各一对。

乾隆三十九年（1774）

两淮盐政李质颖：御题玉如意、御制玉罗汉山、御制玉瑞石洞、玉宝莲壶、玉宝山、玉迎春花插、玉四喜樽、玉双鹤蟠桃各一件，玉镶文竹蟠龙献瑞九如同庆一盒，玉镶紫檀万方同庆挂屏、玉周铸群芳拱祝几屏、玉周铸万年常青挂屏各一对。

福州将军萨哈岱：紫檀嵌玉如意一件、紫檀镶嵌玉竹挂屏一对。

苏州织造舒文：紫檀嵌玉云龙宝座、紫檀嵌玉云龙三屏风各一件，紫檀嵌玉莺扇、紫檀嵌玉天香几各一对。

两江总督高晋：竹丝嵌玉炕几、竹丝嵌玉天香几、镶玉桌屏、镶玉挂屏各一对，镶玉雕漆盒二对。

杭州织造寅著：镶嵌玉人四十五个紫檀木嵌鸂鶒木爱莲图挂屏、填漆嵌玉石三屏风、填漆嵌玉石宝座各一件。

淮关监督伊龄阿：汉玉琴拂昭文带、汉玉双鸳鸯荣华佩、汉玉昭文带剑盘佩、白玉鞭把、白玉天禄双凫、汉玉杠头花浇、汉玉双喜剑把觥、汉玉昭文带龙佩各二件，汉玉鸣蝉笔抻三件。

乾隆四十年（1775）

两淮盐政伊龄阿：紫檀嵌玉三屏风、紫檀嵌玉宝座、紫檀嵌玉御案各一件，紫檀嵌玉天香几、紫檀嵌玉插屏、紫檀嵌玉炕几、紫檀嵌玉琴桌各一对，紫檀嵌玉绣墩四对。

两淮盐政伊龄阿：汉玉万事如意三柄，白玉瑞鹅水注、白玉年年来朝船、玉鱼佩、玉荷花人、玉报鼓人、玉提梁卣、玉拱璧、玉虎符、玉天鹿、玉马、玉圈、玉勒、玉扣、玉天鸡壶、脂玉双喜轿瓶、汉玉觥各一件，玉提携、白玉文鱼瑞蝉、白玉斗各二件。

浙江巡抚三宝：青白玉象耳双环有盖瓶一件。

乾隆四十一年（1776）

两淮盐政伊龄阿：御制诗玉山、汉玉双螭洗杠头瓶、汉玉一统樽各一件，白玉盘、白玉鞭柄剑把、白玉万代樽各二件，汉玉文带一盒九件。

江宁织造达基厚：玉福寿如意、玉仙船、玉九龙洗、玉山子各一件。

九江关监督全德：紫檀白玉三镶吉祥如意、旧玉双喜炉、白玉梅花笔洗、白玉鹦鹉摘桃各一件。

苏州巡抚萨载：玉如意、玉寿带樽、玉芭蕉陈设、玉山石陈设、玉海棠洗各一件。

苏州织造舒文：玉九龙如意、玉云龙洗、玉前赤壁插屏、玉后赤壁插屏、玉蕉叶美人陈设各一件。

淮关监督寅著：文竹五福捧寿盒内汉玉玩器九件，文竹长方九鼎盒内汉玉昭文带四件，文竹扇面盒内白玉玩器五件，文竹菊花盒内汉玉玩器五件，文竹双璧盒内汉玉玩器二件，文竹磬式盒内汉玉君子佩一件，文竹高方盒一对内汉玉儿童竹马、汉玉蟾折桂各一件，文竹长方盒一对内汉白玉佩、汉玉掠发各二件，文竹腰圆盒一对内汉玉圈璧四件、文竹方胜盒一对内汉玉覆脐三件，汉玉拱璧、文竹册页盒一对内白玉云龙佩、白玉虎符佩各一件，文竹万卷书盒一对内汉玉秋蝉四件，文竹天然桃盒二对内白玉玩器四件，汉玉玩器四件，文竹花篮盒二对内汉玉玩器四件。

两淮盐政伊龄阿：白玉镶嵌如意、白玉寿山、汉玉七贤山、玉祥麟呈祥陈设、玉太平船陈设、青玉插屏、玉灵芝樽、御制玉罗汉、御制千尺雪玉山、白玉寿星、白玉双环樽、汉玉拱璧、青玉浮丘峰山、汉玉杠头、白玉祥云景福如意、白玉一统万年、白玉杠头、汉玉海天浴日、寿星赞玉壶、紫云峰玉山、白玉河清海晏、汉玉拱璧、玉九如仙、玉风云佩各一件，汉玉文带、汉玉蓍草勒雷纹楔、汉玉拱璧、汉玉拱璧鸡心玦、汉玉拱璧素圈、汉玉暖手琴拂柄、白玉如意、白玉剑柄、玉福寿如意各二件，玉炉顶、玉玩器、汉玉文带各一盘九件，汉玉拱璧、汉玉束英各一盒九件，白玉如意五柄，汉玉文带一盒五件，汉玉束樱一盒十六件，玉玩器一盒十件（内汉玉勒、玉螭玦、玉天然佩、玉璧、玉琫、玉压脐、玉钩、玉蚕纹勒、玉勒等），玉盖碗、紫檀细雕嵌白玉人垂拱瓦年三屏、紫檀细雕两面嵌白玉人安乐图插屏各一对（分五次进贡，均收下）。

江南总河萨载：旧玉镶嵌如意一件，雕漆盒四对内（旧玉苍龙佩、旧玉杠头、旧玉昭文带、旧玉甲扣、旧玉带束、旧玉琴拂把、旧玉琴、旧玉夔龙佩、旧玉四喜佩、旧玉昭文带、旧玉双喜玦、旧玉蓍草勒、旧玉提梁卣、旧玉拱璧、旧玉双龙提头、旧玉拱璧、旧玉雷签、旧玉扇器、旧玉拱璧、旧玉图章、旧玉工字扣、旧玉冠簪、旧玉罡卯、旧玉尘拂把、旧玉蝉勒、旧玉汉纹勒、旧玉螭虎佩、旧玉拱璧各一件，旧玉勒子二件）。

两淮盐政伊龄阿代商人江正大：镶玉河清海晏万年如意一柄，御制罗汉玉山一件，玉玩双盒内十二件。

山东巡抚杨景素：梅寿玉如意、旧玉果洗各一件。

河东河道总督姚立德：玉福寿如意、玉昭文带、玉拱璧各一件。

浙江巡抚三宝：玉万年如意、御制诗竹炉煎茶玉山、玉双环福寿瓶、玉双环蕉叶花插、玉方瓶各一件，嵌玉四季花插挂屏、嵌玉西湖十景各一对。

衍圣公之子孔宪培：玉三镶如意一件。

长芦盐政西宁：玉绳武、玉龙纹、玉海棠洗、玉斧佩、玉碗各一件，玉带钩五件，玉剑把一对，玉昭文带、玉文玩各九件。

乾隆四十二年（1777）

山海关监督额尔登布：玉文玩三十七件。

乾隆四十三年（1778）

贵州巡抚图思德：旧玉文玩、旧玉帕勒各九件。

果亲王：紫檀嵌玉如意一件。

肃亲王：玉如意一柄。

豫亲王：玉文玩盒一件。

云贵总督李侍尧：白玉松山耕织图一件。

理郡王：玉文玩一盒九件。

迈拉逊：珐琅如意盒内小玉器六件。

睿亲王：紫檀镶嵌玉如意一件、小玉玩十八件。

和郡王：紫檀玉文玩匣一对。

长芦盐政西宁：玉文玩一盒九件、玉拱璧合锦、玉文玩一盒四件、玉文玩一盒五件、玉刀把一盒二件。

乾隆四十四年（1779）

两淮盐政伊龄阿：钦定样旧玉三镶如意九柄、玉狮子林图几屏一件、玉玩二十四件。

福建巡抚富纲：汉玉瑞皂、碧玉宝莲盘、白玉葵花洗、旧玉杠头、玉太平有象各一件。

乾隆四十五年（1780）

山东巡抚国泰：旧玉无量佛、白玉象各一件。

山东巡抚国泰：玉群仙祝寿插屏一对、御制诗玉泰山图一件。

两淮盐政伊龄阿：汉玉三镶玉如意五柄、紫檀嵌玉四方盒一对内玉玩器四件、紫檀嵌玉长方盒一对内玉玩八件。

河南巡抚荣柱：旧玉彝炉、白玉葵花洗各一件，旧玉炉顶九件。

淮关监督寅著：汉玉子一件、玉玩紫檀九如盒内九件、玉玩紫檀方盒内五件、玉云象海鹤二件。

淮关监督寅著：紫檀嵌玉如意一件、玉祥鸾献瑞双福寿二件。

长芦盐政西宁：玉钵盂一件。

江南河道总督李奉翰：御制诗镶玉如意五柄，御制诗玉日观峰、旧玉双狮、白玉方花插各一件，旧玉夔龙觥一盒二件，玉玩雕漆盒内九件，玉玩竹丝什锦盒一对内十件，玉玩紫檀镶玉福寿盒内九件。

江南漕运总督鄂宝：紫檀嵌玉如意、白玉盖碗、白玉太平有象各一件。

山东巡抚国泰：旧玉盛治昭文一匣。

江宁织造穆胜额：紫檀镶嵌如意一盒五柄、玉玩雕漆海棠盒一对内四件、玉玩雕漆六方盒一对内十件、玉玩雕漆梅花盒一对内八件、玉玩雕漆四方盒一对内八件、玉玩雕漆杏花盒一对内十件。

长芦盐政西宁代山东商人黄廷柱：玉挂屏一对，玉方彝、玉三狮各一件。

两淮盐政伊龄阿：汉玉三镶如意四对、汉玉三镶如意十五柄、钦定样汉玉三镶紫檀如意九柄、玉玩海棠式盒一对内紫檀嵌玉方胜盒对内四件、玉玩洋漆盒七个内三十六件、玉玩鸡翅梅花式盒一对内紫檀嵌玉圆盒扇面盒七个内十八件、玉玩紫檀嵌玉圆盒扇面盒六个内十八件、玉玩紫檀嵌玉圆盒扇面盒六个内十八件、玉玩雕漆盒三对内十八件、玉玩紫檀嵌玉集锦盒内九件、玉玩紫檀嵌玉盒三个内二十三件。（分七次进贡，均收下）

江苏巡抚杨魁：紫檀嵌玉如意二柄。

两江总督萨载：紫檀嵌玉如意二柄。

淮关监督寅著：紫檀镶玉如意一柄、玉玩紫檀平安如意盒一对内三十六、玉玩紫檀方手卷册页盒一对内三十六件、玉玩紫檀方胜盒一对内十件、玉玩紫檀册页盒一对内五件。

原任左都御史张若桂：御制诗玉双鸠砚屏一件。

安徽学政戴第元：御制诗恭刻春华吉庆玉册一部、玉象耳樽一件。

山东布政使于易简：玉山子、玉拱璧各一件。

两淮盐政伊龄阿：汉玉三镶如意五柄。

两淮盐政伊龄阿代商人江广达：汉玉镶如意一对，御题米山诗玉山、御题潇湘八景诗玉几屏、御题梅花诗玉梅瓶各一件，玉玩雕漆圆盒一对内十四件。

两淮盐政伊龄阿代运司朱孝纯：汉玉三镶如意九柄，御题诗玉日观峰、御题诗玉九老松山、御题诗玉海野图山、御题诗玉子、御题诗玉平山堂图几屏、御题诗玉泰山图几屏、玉宝月瓶各一件，玉玩紫檀嵌玉集锦盒一对内十八件，玉玩紫檀嵌玉集锦盒一对内十件。

湖南巡抚李湖：白玉碗一件。

淮关监督寅著：玉玩紫檀文具一对内十八件、玉玩铜瓷器紫檀嵌玉桌搁一对内五十件。

湖南布政使陈用敷：镶玉万年如意一柄。

浙江总督三宝：玉双天鹿一件。

浙江巡抚王亶望：御制诗竹炉烹茶图玉插牌、玉洗各一件。

湖北布政使梁敦书：白玉四方大吉瓶一件。

福建巡抚富纲：玉双环瓶一件、玉耕织图插牌一对。

浙江巡抚王亶望：玉雷纹鼎一件。

浙江巡抚王亶望代总商何永和：御制诗玉插牌一对、御制诗玉山一件。

浙江巡抚王亶望代盐道陈淮：玉松菊长龄图插牌、玉荷叶洗玉花觚各一件。

凤阳关监督基厚：玉暖手、玉剑把、玉暖手拱璧各一盒二件。

浙闽总督三宝：御制诗玉插牌一件。

浙江巡抚王亶望：玉插牌、玉万寿云龙樽、玉双鱼洗、玉南山叠翠各一件。

原任陕西巡抚毕沅：汉玉杠头、古玉尺、古玉钵各一件，汉玉二十件。

两淮盐政伊龄阿：紫檀镶白玉如意一柄。

江苏巡抚杨魁：玉鱼一件。

两江总督萨载：玉莲蓬盒一件。

江宁织造穆胜额：紫檀嵌玉如意一对、玉寿山一件、玉玩紫檀文具一对内三十六件、玉玩紫檀几阁一对内五十四件。

多罗恒郡王：紫檀嵌玉插屏一对。

长芦盐政西宁：玉镶嵌如意一件、玉炉瓶三式一份、玉剑把一盒、玉暖手二件。

刑部尚书胡季堂：玉万年如意一件。

乾隆四十六年（1781）

湖广总督舒常：镶玉笔管如意九柄。

原任山西巡抚喀宁阿：嵌玉如意九柄、玉砚屏一件。

山东巡抚国泰：玉如意九柄。

山西巡抚雅德：旧玉炉瓶三式一份。

山西布政使谭尚忠：玉拱璧、玉三螭觥各一件。

山西按察使袁守诚：玉插牌一件。

云南巡抚刘秉恬：镶玉万年如意、玉牛各一件。

原任山西巡抚喀宁阿：旧玉炉顶一匣五个。

山西巡抚雅德：镶玉云龙如意一柄。

河南巡抚富勒浑：玉云龙瓶一件。

长芦盐政西宁：玉碗一对、玉炉瓶三式一份。

两淮盐政图明阿：玉三镶如意五柄。

乾隆四十七年（1782）

两淮盐政伊龄阿：玉三镶紫檀如意、白玉果碗、紫檀细雕玉狮象罗汉地屏、嵌玉文柜各一对，八宝眉寿万年玉瓶花、八宝桃熟三千玉瓶花、八宝秋英献瑞四季长春、白玉青鸾献寿陈设、白玉花觚、白玉罍樽、白玉双鱼洗、御制罗汉紫檀细雕嵌玉万年藤三屏风、紫檀细雕嵌玉九狮宝座各一件，嵌玉冠擎二对，嵌玉手盂十对。

长芦盐政征瑞：紫檀嵌玉插屏一对。

乾隆五十六年（1791）

两淮盐政全德：嵌玉如意、嵌玉香筒、碧玉双环瓶、碧玉圆花觚、碧玉水吸、玉碗各一对，镶玉如意一柄，玉四环洗、玉双环瓶、玉笔筒、碧玉梅瓶、玉花觚、玉圆插牌、碧玉双环瓶、嵌玉如意、玉双鱼洗各一件，玉炉瓶三式四份，碧玉碗十件。

乾隆五十七年（1792）

江苏巡抚奇丰额：碧玉炉瓶盒、碧玉册宝各一份，玉宴碗一对。

广东巡抚朱珪：镶玉万寿万年如意一柄。

两广总督长麟：玉四喜三式一份。

两淮盐政苏楞额：白玉盖碗一对、白玉四喜炉瓶三式一份、碧玉笔筒一件。

浙闽总督伍拉纳：玉炉瓶三式一份，玉玩、嵌玉龙舟挂屏、嵌玉桌屏各一对。

浙江巡抚吉庆：玉炉瓶三式一份、玉方瓶一件、碧玉册页一份。

江西巡抚陈淮：碧玉炉瓶盒三式一份。

贵州巡抚冯光熊：玉炉瓶三式一份、碧玉盖碗一对。

山东巡抚国泰：御制《补咏战胜廓尔喀图序》玉版册页一份、玉炉瓶三式一份、碧玉方瓶一件。

山东总河李奉翰：御制《五福五代堂记》玉版册页一份。

湖广总督毕沅：镶玉万年如意一柄、御笔洪范玉册页一份、御制《圭瑁楣圭说》玉圭一对、玉洋花双环洗一件。

护理云南巡抚费淳：御制《五福颂》玉版册页一份、玉炉瓶三式一份、碧玉宴碗一对。

陕西巡抚秦承恩：御笔《南苑双柳树赋》玉册一份。

调任湖北巡抚惠龄：玉炉瓶三式一份。

陕甘总督勒保：玉炉瓶三式一份、嵌玉香筒一对。

署理安徽巡抚布政使周樽：御笔《玉泉山竹垆山房记》玉版册页、碧玉册宝各一份，碧玉炉瓶三式一份。

调任湖广总督福宁：御制《五福五代堂记》玉版册页一盒、玉炉瓶三式一份。

署两江总督苏凌阿：玉炉瓶三式一份、玉笔筒一件。

漕运总督管干珍：玉炉瓶三式一份、玉拈花妙谛合锦一件。

署福建巡抚姚叶：御制《四知书屋记》玉版册页、碧玉鄂宝各一份，玉长寿佛、嵌玉佛供、嵌玉八宝各一件，玉炉瓶三式一份，镶玉佛塔、玉万寿菊碗各一对。

广东巡抚朱珪：亿龄镶玉如意、碧玉观音樽各一件（均交热河）。

凤阳关监督刁玉成：玉炉瓶三式一份。

山西巡抚蒋兆奎：玉长寿佛塔一对，玉炉瓶三式一份，嵌玉长春盆景、玉菊花碗各一件（交热河）。

江西巡抚陈淮：御笔《热河考并识语》玉册一函、玉炉瓶盒三式一份、玉长寿佛塔一对（交热河）。玉香筒一对（交佛堂），碧玉板十六块（交懋勤殿）。

两淮盐政苏楞额：白玉紫气东来山、碧玉花甲重周寿山、碧玉万寿樽、紫檀嵌玉香案、碧玉笔筒各一件，紫檀嵌玉佛屏佛龛、镶玉五供碗、镶玉七珍八宝镀金镶玉炉瓶五供各一份，白玉宴碗、紫镀金镶玉香筒（交热河）、檀嵌玉玩盒（交热河）各一对，白玉炉瓶三式一份。

署理河南巡抚吴璥：碧玉无量寿佛一件、玉炉瓶三式一份（交热河）、玉四方瓶一件（交热河）。

江南总河兰第锡：镶玉万福万寿如意一柄（交热河）、玉无量寿佛一件、玉炉瓶三式一份。

河南巡抚景安：玉炉瓶三式一份、玉福寿双喜樽一件。

两广总督长麟：玉双环炉瓶、碧玉四喜炉瓶各三式一份，碧玉册宝一份。

署湖北巡抚惠龄：嵌玉香筒一对、玉炉瓶三式一份（交热河）。

山东巡抚王德：御制《热河考》玉版册页一匣（交热河）、玉炉瓶三式一份、碧玉五供一份、嵌玉香筒一件。

福州将军魁伦：碧玉炉瓶三式一份。

山东总河李奉翰：碧玉炉瓶三式一份（交热河）。

浙江巡抚吉庆：玉笔筒、碧玉图书各一件，碧玉炉瓶三式一份。

广西巡抚成林：御制《圭瑁说》《樯圭说》各一件，玉圭、镶玉寿菊瓶花各一对，御笔《镫词识语》玉版册页、碧玉佛供各一份（交热河）。玉炉瓶各三式一份。

暂署云南巡抚费淳：御制《四知书屋记》玉版册页一份（交热河）、碧玉炉瓶三式一份（交热河）、镶玉无量佛塔一对。

湖南巡抚姜晟：玉莲花洗一件、玉炉瓶三式一份（交热河）、碧玉宴碗一对（交热河）。

安徽巡抚汪新：玉炉瓶三式一份、碧玉果碗一对（交热河）、玉璧五件。

陕西巡抚秦承恩：御制《热河考》玉版册页一份（交热河）、玉莲花佛供一件（交热河）、玉炉瓶三式一份。

贵州巡抚冯光熊：玉双耳炉瓶三式一份、玉飞戟花觚一件。

直隶总督梁肯堂：玉双环炉瓶三式一份、玉佛塔二座（交热河）、玉双环菊花洗一件。

署四川总督孙士毅：御笔玉版册页一匣。

乌鲁木齐都统宜绵：嵌玉长寿佛塔一对（交热河）。

两淮盐政苏楞额：白玉炉瓶三式一份，白玉鹤鹿同春山、白玉双喜樽、碧玉笔筒各一件。

署两广总督朱珪：玉炉瓶三式一份、碧玉水仙花洗一件。

陕西巡抚蒋兆奎：碧玉炉瓶三式一份、嵌玉盆景二对。

湖广总督毕沅：玉芝仙盆景一件。

山东总河李奉翰：御制《开泰说》玉版册页一匣。

江苏巡抚费淳：玉茗碗一对、碧玉炉瓶三式一份、玉提梁卣一件、玉太平钱（十全）。

浙江巡抚吉庆：碧玉册页一份、碧玉图书一件。

云南巡抚江兰：青玉五供一份，青玉角端五供、碧玉耕织图几屏各一对。

江西巡抚陈淮：玉册宝一份。

广西巡抚成林：玉双喜炉瓶三式一份、碧玉册宝一份、碧玉书灯一对。

湖广总督福宁：御制《十全老人之宝说》玉版册页一盒、玉炉瓶三式一份。

贵州巡抚冯光熊：御制《创业守成难易说》玉版册页一份、绿玉炉瓶三式一份、碧玉笔筒一件。

山东巡抚王德：御制《历年上元灯词册识语》玉版一匣，玉一统万年青、碧玉菊花洗各一件，碧玉盆兰一对。

安徽巡抚汪新：碧玉炉瓶三式一份、碧玉书灯一对。

河南巡抚景安：御制《胜亭纪事诗》玉版册页一盒、玉炉瓶盒一份、玉水仙盆景一件、御制《芝屏西番莲赋》碧玉插牌一对。

安徽巡抚张诚基：御制《历年上元灯词》玉版册、碧玉册宝各一份。

云贵总督勒保：玉炉瓶盒、御制《五福颂》玉版册页各一份，御制《宁寿宫铭》玉版册页一盒。

署四川总督孙士毅：玉水仙盆花一对。

（注：所缺年份未见档案记载。）

附录六

清宗室成员称谓

顺治九年（1652）设立宗人府，掌管皇族宗室和觉罗事务。宗室是指清太祖努尔哈赤的父亲塔克世的本支，其成员腰束黄带子；觉罗是指塔克世的叔伯、兄弟的旁支，其成员腰束红带子。

宗人府位高权重，列内阁、六部之上，以和硕亲王或多罗郡王总领府事。多罗贝勒为左宗正，固山贝子为右宗正，镇国公或辅国公为左、右宗人，掌皇族之属籍，以时修辑玉牒，记载宗室子女嫡庶、名封、生卒、婚嫁、谥葬等事。

崇德元年（1636）定，显祖子孙，考论功德，列爵九等。称谓：

和硕亲王：皇子、皇兄及蒙古外藩，授功封或恩封获此爵位。岁支俸银一万两。

多罗郡王：皇子、宗室子及蒙古外藩，授功封或恩封获此爵位。岁支俸银五千两。

多罗贝勒：皇子、宗室子及蒙古外藩，授功封或恩封获此爵位。岁支俸银二千五百两。

固山贝子：皇子、宗室子及蒙古外藩，授功封或恩封获此爵位。岁支俸银一千三百两。

镇国公：皇子、宗室子及蒙古外藩，授功封或恩封获此爵位。岁支俸银七百两。

辅国公：皇子、宗室子及蒙古外藩，授功封或恩封获此爵位。岁支俸银五百两。

镇国将军：皇帝庶妃所生之子，有功绩者，量加封授，出自上裁。岁支俸银一等四百一十两、二等三百八十五两、三等三百六十两。

辅国将军：亲王侧室妾所生之子，有功绩者，量加封授，出自上裁。岁支俸银一等三百一十两、二等二百八十五两、三等二百六十两。

奉国将军：郡王侧室妾所生之子，有功绩者，量加封授，出自上裁。岁支俸银一等二百一十两、二等一百八十五两、三等一百六十两。

其余俱为宗室。

顺治十年（1653）题准，宗室分爵十等。称谓：

亲王：亲王嫡室一子袭封，亲王一子封世子（岁支俸银六千两），候袭亲王爵，亲王余子封郡王。顺治九年（1652）题准，应袭王爵者，必以嫡妃子承袭，若嫡妃无子，方准次妃子承袭。顺治十二年（1655）题准，嗣王袭封者，准称伊父原有封号，其父另给谥号。诸王册印，俱于崇政殿赐授。顺治十八年（1661）又题准，亲王有嫡室所生之子，照例袭封，如嫡室无子，准以庶出之子袭封。岁支俸银一万两。

郡王：郡王嫡室一子袭封，郡王一子封长子（岁支俸银三千两），候袭郡王爵，郡王余子封贝勒。顺治九年（1652）题准，应袭王爵者，必以嫡妃子承袭，若嫡妃无子，方准次妃子承袭。顺治十年（1653）题准，郡王子孙承袭封授郡王者，如无亲生子孙，准其亲兄弟及亲兄弟之子袭封，如绝嗣，奏请上裁。亲王之子岁满照例封郡王者，有亲生子孙，准予承袭，如绝嗣，不准承袭。顺治十二年（1655）题准，嗣王袭封者，准称伊父原有封号，其父另给谥号。诸王册印，俱于崇政殿赐授。顺治十八年（1661）又题准，郡王有嫡室所生之子，照例袭封，如嫡室无子，准以庶出之子袭封。岁满所封郡王，原系世袭王爵，如有绝嗣者，应否袭封，奏请上裁。岁支俸银五千两，后降至四千两。

贝勒：郡王嫡室之子封，郡王嫡室无子，准以庶出之子封。顺治十八年（1661）题准，贝勒有嫡室所生之子，照例袭封贝勒，如嫡室无子，准以庶出之子袭封。岁支俸银二千五百两。

贝子：贝勒嫡室之子封，贝勒嫡室无子，准以庶出之子封。顺治十八年（1661）题准，贝子之子有嫡室所生之子，照例袭封贝子，如嫡室无子，准以庶出之子袭封。岁支俸银一千二百五十两，后升至一千三百两。

镇国公：贝子嫡室之子封，贝子嫡室无子，准以庶出之子封。顺治十八年（1661）题准，镇国公有嫡室所生之子，照例袭封镇国公，如嫡室无子，准以庶出之子袭封。岁支俸银六百二十两，后升至七百两。

辅国公：镇国公嫡室之子封，辅国公嫡室一子授。镇国公、辅国公嫡室无子，准以庶出之子封授。顺治十八年（1661）题准，辅国公有嫡室所生之子，照例袭封辅国公，如嫡室无子，准以庶出之子袭封。岁支俸银六百二十两，后降至四百两。

三等镇国将军：辅国公嫡室之子授，辅国公嫡室无子，准以庶出之子授。顺治十八年（1661）题准，镇国将军有嫡室所生之子，照例袭封镇国将军，如嫡室无子，准以庶出之子袭封。初封俱三等，后遇加封二等至一等。乾隆朝定，亲王侧福晋之子封二等镇国将军，世子侧福晋、郡王侧福晋之子均封三等镇国将军。顺治七年（1650）议准，镇国将军岁支俸银不分等级，均八十两；顺治十年（1653）议准，一等三百两、二等二百七十五两、三等二百五十两。

三等辅国将军：镇国将军嫡室之子授，镇国将军嫡室无子，准以庶出之子授。顺治十八年（1661）题准，辅国将军有嫡室所生之子，照例袭封辅国将军，如嫡室无子，准以庶出之子袭封。初封俱三等，后遇加封二等至一等。乾隆朝定，长子、贝勒侧室之子均封一等辅国将军，贝子侧室之子封二等辅国将军，镇国公侧室之子封三等辅国将军，亲王妾之子封三等辅国将军。顺治七年（1650）议准，辅国将军岁支俸银不分等级，均八十两；顺治十年（1653）议准，一等二百二十两、二等二百两、三等一百七十五两。

三等奉国将军：辅国将军嫡室之子授，辅国将军嫡室无子，准以庶出之子授。顺治十八年（1661）题准，奉国将军有嫡室所生之子，照例袭封奉国将军，如嫡室无子，准以庶出之子袭封。初封俱三等，后遇加封二等至一等。乾隆朝定，辅国公侧室之子封一等奉国将军，世子、郡王妾之子均封三等奉国将军。顺治七年（1650）议准，奉国将军岁支俸银不分等级，均八十两；顺治十年（1653）议准，一等一百五十两、二等一百二十五两、三等一百两。

奉恩将军：奉国将军之子授，奉恩将军之子孙世授。贝勒、贝子庶夫人所生之子授。乾隆朝定，长子、贝勒、贝子妾之子均封奉恩将军。顺治七年（1650）议准，岁支俸银八十两；顺治十年（1653）议准，岁支俸银七十五两。

崇德元年（1636）定，皇室女儿称谓：

固伦公主：皇帝中宫所生之女。岁支俸银四百两。

和硕公主：皇帝庶妃所生之女，或中宫抚养下嫁者。岁支俸银三百两。

和硕格格：亲王所生之女。

多罗格格：郡王所生之女。

贝勒多罗格格：贝勒所生之女。

固山格格：固山贝子所生之女。

公格格：镇国公、辅国公所生之女。

顺治十七年（1660）题准，亲王以下之女汉文称谓：

郡主：亲王之女和硕格格。岁支俸银二百五十两。

县主：世子、郡王之女多罗格格。岁支俸银二百二十两。

郡君：贝勒之女贝勒多罗格格。岁支俸银一百九十两。

县君：固山贝子之女固山格格。岁支俸银一百六十两。

乡君：“入八分”镇国公、辅国公之女。岁支俸银一百三十两。

宗女：“未入八分”镇国公、辅国公以下之女，无俸禄，不授封。

（注：“八分”，是清初宗室贵族享受的八种待遇，即：朱轮、紫缰、背壶、紫垫、宝石、双眼、皮条、太监。清初，八和硕贝勒（八旗旗主）、亲王以下，部分镇国公、辅国公以上，为“入八分”者，享受这八种待遇；部分镇国公、辅国公，镇国将军、辅国将军、奉国将军、奉恩将军等以下，为“不入八分”者，不享受这八种待遇。后逐步演变为代表八旗在议政王大臣会议上决定国家大事的权力。乾隆五十二年（1787）废除议政王大臣会议后，“入八分”仅为待遇和身份的象征。）

另，清皇帝后妃、宗室成员正室称谓。

明思宗崇祯九年（1636），清太宗皇太极改国号为“清”，后妃等级、名分、称谓逐渐完备。

太皇太后：嗣皇帝即位后，对嫡祖母、本生祖母的尊称。

皇太后：嗣皇帝即位后，称前朝皇后为“母后”、本生母妃为“圣母”，皆尊称为皇太后。一般“母后”位居“圣母”之前。

皇后：清太宗皇太极改国号为“清”时，封嫡福晋为皇后，也称“中宫”。

设一人，“主内治”。

皇贵妃：设一人，“佐内治”。

贵妃：设二人，“佐内治”。

太妃：嗣皇帝即位后，对先朝妃的尊称。

妃：设四人，“勤内职”。

太嫔：嗣皇帝即位后，对先朝嫔的尊称。

嫔：设六人，“勤内职”。

贵人：无定数，“勤内职”。

常在：无定数，“勤内职”。

答应：无定数，“勤内职”。

顺治十七年（1660）题准，亲王以下正室汉文称谓：

亲王妃：亲王正室，满族称亲王福晋。

世子妃：世子正室，满族称世子福晋。

郡王妃：郡王正室，满族称郡王福晋。无嗣者，岁给银一千五百两。

夫人：贝勒、贝子、镇国公、辅国公、镇国将军、辅国将军正室。贝勒夫人无嗣者，岁给银八百两；贝子夫人无嗣者，岁给银五百两；公、将军夫人无嗣者，岁给银为伊夫一半。

淑人：奉国将军正室。

恭人：奉恩将军正室

参考文献

［1］中国第一历史档案馆藏：《大清历朝实录》《大清五部会典》《军机处上谕档》《造办处各作成做活计清档》。

［2］中国第一历史档案馆编：《中国第一历史档案馆馆藏档案概述》，档案出版社，1985年版。

［3］中国第一历史档案馆、辽宁省档案局馆等编著:《清代大案要案真相》，辽宁古籍出版社，1995年版。

［4］《清史稿》，中华书局标点本，1977年版。

［5］杨珍著：《清朝皇位继承制度》，学苑出版社，2001年版。

［6］杨伯达主编：《中国玉文化玉学论丛》，紫禁城出版社，2005年版。

［7］万依等著：《清代宫廷史》，百花文艺出版社，2004年版。

［8］刘毅著：《明清皇室》，紫禁城出版社，1997年版。

后 记

本书根据清宫档案史料撰写，讲述乾隆皇帝与玉的故事，读起来似乎缺乏精彩和生动，但这是一段真实、已被世人遗忘很久，并覆盖上了厚厚历史尘埃的往事。

档案不仅要为国家政治、经济、社会服务，也要为祖国文化建设和发展服务。档案为文化建设和发展服务的任务之一，就是要努力打造顺应时代发展、传播覆盖面广、群众喜闻乐见、经得起历史检验的特色文化产品。

出于对玉器收藏、鉴定的喜好，本人很久以前就立志要以清代历史档案为依据，写一本关于乾隆皇帝与玉的书，以正民间传承的各种“真实”故事和“美丽”传说。2003 年开始构思、收集资料，2007 年动笔写作。其间，因工作关系而断断续续，迄今六年方始完成，加上准备时间，前后共用了十年，可谓“十年磨一剑”。

本书不拘泥写乾隆皇帝与玉的旧情往事，而是想通过乾隆皇帝与玉的情缘，向读者展示一个封建帝王治国安邦、理朝庶政、繁荣社稷、富裕百姓、整顿吏治、和谐社会的多彩人生。同时，讲述一个君王与玉的故事，揭示社会与人生普遍存在的一些哲理和感悟，敞露人们藏匿在内心深处的自然天性和本能，也是本书的一个写作目的。

本书的出版，得到了我的好友、中国社会科学院历史研究所副所长、中国社会科学院研究生院历史系博士生导师杨珍研究员的指导，以及梁华京先生的帮助，谨在此一并致谢。

是为后记。

作者　2019 年 2 月 26 日于北京